贵州民族大学学术著作出版基金资助

GUIZHOU MINZUDAXUE XUESHUZHUZUO CHUBANJIJIN ZIZHU

统计理论研究与实务

——2014 贵州省应用统计学术研讨会论文集

◎ 吴有富 / 主编

6225011 0322787
37818126789 8123456723
532901381053 5684126788105
8763211234567890 098765432113569
123452345678907897 123412345678907891
13217125034567895 131712170091250345 62
2345672465798905623 079123456724623
908471637890356 9084716312345678 9056
24681683971234567890 7357902468125683178
131709125034567890 131712170091250783
1278937834569058 1278934567869058
5123456098890521 9123456092813901
3127627809022 79729345123788
980375682 097863258

中央民族大学出版社
China Minzu University Press

图书在版编目（CIP）数据

统计理论研究与实务：2014贵州省应用统计学术研究会论文集/吴有富主编. —北京：中央民族大学出版社，2018.6 重印

ISBN 978-7-5660-1001-8

Ⅰ. ①统… Ⅱ. ①吴… Ⅲ. ①应用统计学—学术会议—文集 Ⅳ. ①C8-53

中国版本图书馆 CIP 数据核字（2015）第 136468 号

统计理论研究与实务：2014年贵州省应用统计学术研讨会论文集

主　　编	吴有富
责任编辑	舒　松
封面设计	布拉格
出 版 者	中央民族大学出版社
	北京市海淀区中关村南大街27号　邮编：100081
	电话：68472815（发行部）传真：68932751（发行部）
	68932218（总编室）　　　68932447（办公室）
发 行 者	全国各地新华书店
印 刷 厂	北京建宏印刷有限公司
开　　本	787×1092（毫米）　1/16　印张：26.5
字　　数	410千字
版　　次	2018年6月第2次印刷
书　　号	ISBN 978-7-5660-1001-8
定　　价	98.00元

编委会组成人员名单

前　言

为进一步加强大数据环境下统计理论与方法的应用研究，促进我省大数据产业的发展；同时为了加强贵州民族大学统计学博士点建设工作，贵州省统计局和贵州民族大学于 2014 年 07 月 12 日组织召开了“2014 年贵州省应用统计学术研讨会”。参会单位有贵州省统计局及下属及市、县统计局、全国相关高校。会议代表共计 153 名。

会议主要围绕统计在大数据中的应用研究、统计理论、统计实务三大主题展开讨论。达成了较多的共识，取得了较大的成绩。

本书为 2014 年贵州省应用统计学术研讨会会议论文集。

此书为统计学博士点建设文库。

目　录

目　　录

三个非参数秩方法检验的比较研究*

田应福　李广周　陈　荣　姜晴琼
（贵州民族大学理学院　贵州　贵阳　550025）

1. 引言

多样本位置的统计比较，最早由 Fisher（1935）提出，使用方差分析模型解决田间实验的统计分析。设 X_{i1}，X_{i2}，…，X_{in_i}，$iid.\ F(x-\mu_i)$，相应的位置参数分别为 μ_i（数学期望，中位数，p 分位数），欲解决的问题有三个

a. 检验假设 $H_0: \mu_1 = \mu_2 = \cdots = \mu_k \leftrightarrow H_1: \exists \mu_i \neq \mu_j (i \neq j)$；　　(1)

b. 如果零假设被拒绝，用多重比较给出差异究竟出自何处；

c. 选优，并给出位置参数的区间估计。[2,3]

方差分析用的是 F 检验，类 t 检验用于模型显著时的多重比较，它们均需要在正态分布和方差齐性的基本假设。也如二样本一样，这两个基本假设很难满足，更有甚者在区组设计试验中，同一处理中的数据独立未必同分布，有时不同总体中的数据也未必独立。例如对小麦品种择优的实验

* 基金项目：(1) 贵州省教育厅《文化生态与社会管理基地》项目“贵州生态环境与经济发展关系的统计分析”；（2）贵州省“模式识别与智能系统”重点实验室建设项目（黔科合计［2009］4002)；(3) 贵州省“信息处理与模式识别”研究生教育创新基地；(4) 数学建模及其应用创新人才团队，黔教科研发［2013］405 号；

中，同一品种的 k 块土地未必是均匀的，因而对同一品种的实验数据虽然独立但不同分布；在学生学业成绩评价中，同一班级若干门课的成绩分析，各门课的成绩是不独立的，是相关的。所以统计学家又发展了多样本的非参数秩方法，诸如 Kruskal-Wallis 检验、Friedman 检验和 Hodges-Lehmann 检验等，使用它们的条件各有不同。若说姻缘，它们和方差分析一起可称多样本统计比较家族的主要成员。本文拟对以上三种非参数秩方法做一个简介，并对它们进行比较研究，给出各自实现的 R 语言程序。

2. 三个非参数检验的秩方法比较[1,4,5,6,7]

2.1 Kruskal-Wallis 检验（秩方差分析）

(1) 秩方差分析

这里省略多样本比较模型的一般描述，只考虑常用的模型：设有 k 个总体，其分布为 $F_i = F(x - \mu_i)$，分布 F 未知。感兴趣的问题是：(1) 从第 i 个总体中抽出 iid 样本 X_{i1}，X_{i2}，…，$X_{in_i}(i = 1, 2, \cdots, k)$，欲检验 (1). 只知道这点信息时不能做方差分析，但模型还是方差分析模型的形式：

$$\begin{cases} X_{ij} = \mu_1 + \varepsilon_{ij},\ i = 1,\ 2,\ \cdots,\ n \\ \text{诸 } \varepsilon_{ij} \text{ 是独立的零均值的噪声(未必 } iid\text{，即未必有方差齐性)} \end{cases} \tag{2}$$

于是不能用方差分析方法了，只能用 Kruskal-Wallis 检验。其思想是：在零假设 H_0 下，诸 X_{ij}（混合样本）是 iid 的 N 个样本（$n = n_1 + n_2 + \cdots + n_k$），对 N 个样本排秩 R_{ij}（R_{ij} 是在混合样本 $\{X_{ij}\}$ 中的秩），如果有结（有相同的值是用平均秩方法）。用秩代替做方差分析。

$$\left.\begin{aligned} SSB &= \sum_{i=1}^{k} n_i \left(\bar{R}_{i.} - \frac{n+1}{2}\right)^2, \\ SST &= \sum_{i=1}^{k} \sum_{j=1}^{n_1} \left(R_{ij} - \frac{n+1}{2}\right)^2 = \frac{n(n^2-1)}{12} \end{aligned}\right\} \tag{3}$$

$$H = \frac{SSB}{SST/(N-1)} = \frac{SSB^{H_0}}{MST} \sim \chi^2(k-1) \tag{4}$$

因此在 H_0 下第 i 总体的平均秩 $\overline{R}_{i\cdot}$ 应该与（n+1）/2 非常接近，SSB 应该小；否则相去很远，可以考虑拒绝原假设。

注 1：在单因素方差分析中，SSB 表示组间平方和。

注 2：在 R 中 Kruskal-Wallis 检验直接调用函数 kruskal. test（x～a），其中 a 为因子向量，使用时应注意因子向量应与数据向量 x 对应。

（2）差异具体出自何处？

如果处理间存在显著差异，要问差异具体出自何处，可仿照 Tukey 多重比较的方法，Dunn（1964）提议用下列方法处理

$$d_{ij} = \frac{|R_{i\cdot} - \overline{R}_{j\cdot}|}{SE}, \ (\forall i, j = 1, 2, \cdots, k, i \neq j)$$
$$SE = \sqrt{MST\left(\frac{1}{n_i} + \frac{1}{n_j}\right)} = \sqrt{\frac{n(n+1)}{12}\left(\frac{1}{n_i} + \frac{1}{n_j}\right)} \tag{5}$$

做 Kruskal-Wallis 检验，以前要查表，现在在 R 语言中做，不用查表，很方便的；但是在 R 语言做多重比较时，要用循环语句编一小段程序。

（3）选优问题

试验设计及其统计比较分析的一个重要目的是选优，如果处理间存在显著差异，何者为优？例如小麦品种实验中，哪个品种的单位产量显著地最高？如果只问这个问题，则用箱线图就可以解决，调用 plot（x～a）函数可以实现，其中 x 为数据向量，a 为相应的因子向量。

2.2 Friedman 检验（秩方差分析）

（1）Friedman 秩方差分析

如果对随机区组试验数据做统计比较分析，就不能用 Kruskal-Wallis 检验了，因为存在区组影响（区组效应），同一处理中各数据是独立的但未必同分布，X_{i1}，X_{i2}，…，X_{in_i} iid 的条件不成立了。这时模型是：

$$\begin{cases} X_{ij} + \mu + \alpha_i + \beta_j + \varepsilon_{ij}, \ i = 1, 2, \cdots, k; \ j = 1, 2, \cdots, n \\ \text{诸 } \varepsilon_{ij} \text{ 是独立的零均值的噪声(未必 } iid\text{，即未必有方差齐性)} \end{cases} \tag{6}$$

其中 α_i，β_j 是处理效应和区组效应，感兴趣的问题还是比较处理效应，即检验假设

$$H_0: \alpha_1 = \alpha_2 = \cdots = \alpha_k = 0 \leftrightarrow H_1: \exists \alpha_i \neq 0 \tag{7}$$

数据结构如表 1，其特点是每一单元只有一个实验。

表 1　Friedman 检验数据结构示范表

	区组
处理	1　2　…　b
1	X_{11}　X_{12}　…　X_{1b}
2	X_{21}　X_{22}　…　X_{2b}
…	………………………
k	X_{k1}　X_{k2}　…　X_{kb}

Friedman（1937）的想法是先消除区组效应，再比较处理效应。方法是：先将同一区组的数据排秩，因而对任意的 j：$R_{ij} \in \{1, 2, \cdots, k\}$，$(i = 1, 2, \cdots, k)$，用第 i 处理的平均秩 $\overline{R}_{i.}$ $\left(R_{i.} = b^{-1}\sum_{i=1}^{k} R_{ij}\right)$ 计量第 i 处理的效应。这样就消除了区组的效应。$SSB = b\sum_{i=1}^{k}\left(\overline{R}i. - \frac{k+1}{2}\right)^2$，

$$SST = \sum_{i=1}^{k}\sum_{j=1}^{n_i}\left(R_{ij} - \frac{k+1}{2}\right)^2 = bk\frac{(k^2-1)}{12} \tag{8}$$

Friedman 建议用（k−1）/k 乘以 SSB/MST 做调整得到下式

$$Friedman = \frac{k-1}{k}\frac{SSB}{MST} \overset{H_0}{\sim} \chi^2(k-1), MST = SST/(bk) \tag{9}$$

如果 H_0 成立，则同一区组中的 k 个样本是 iid 的，因而对每一个 i，R_{ij} 以同等的概率 $1/k$ 取到｛1，2，…，k｝中的每一个数，因此 $E(\overline{R}_{i.}) = (k+1)/2$。所以当成立的时候处理的组间平方和应该小，所以 Friedman 的拒绝域是 $\{Friedman > \chi_a^2(k-1)\}$。

做 Friedman 检验，在 R 语言中直接调用如下函数：

M＝matrix（x，k，b，byrow＝T）；#根据表 1 的数据结构

Friedman. test（t（M））；#检验矩阵是以处理的数据为列

注：Friedman 检验还有一个重要的应用，即 Kendall 和谐系数检验和计算。这时以区组为列，即 Friedman. test（t（M）），如果检验的 P 值 p-value<显著水平时，认为 k 个处理是和谐的，因而 b 个区组变量是相关的。此时应有 Friedman. test（M）的 P 值 p-value>显著水平，b 个区组数据是相关的。

（2）差异具体出自何处？

如果处理间存在显著差异，要问差异具体出自何处，可仿照 Tukey 多重比较的方法，Dunn（1964）提议用下列方法处理

$$d_{ij}=\frac{\left|\overline{R}_{i.}-\overline{R}_{j.}\right|}{SE},\quad SE=\sqrt{MST\left(\frac{2}{b}\right)}=\sqrt{\frac{bk(k+1)}{6}},(\forall i,j=1,2,..,k,i\neq j)\qquad(10)$$

在 R 语言中做多重比较的程序如同前面，只是 SE 的表达稍有不同而已。

（3）选优问题

试验设计的一个重要目的是选优，如果处理间存在显著差异，何者为优？如果只问这个问题，则只用箱线图就可以解决。

请注意，在做数据分析时，要注意条件而选择分析方法，Kruskal-Wallis 检验要求的条件要强一些，同一处理的数据是 iid 的，当存在区组效应时，就要用 Friedman 检验了。

2.3 Hodges-Lehmann 检验

（1）H_ L 调整的秩方差分析

Friedman 检验有两个缺点：①在区组内编秩，这种编秩方法仅限于区组内的效应，所以不同区组间响应的比较就不能奏效[4]；②每个单元只有一个样本 X_{ij}，不能很好地估计该单元的两个效应（α_i，β_i）[6]。Hodges 和 Lehmann（1962）提出改进这两个缺点方法：为改进如上两个缺点，试验设计时每一单元（α_i，β_i）可以多做几个实验（m），其数据结构如表 2。

表 2　H-L 检验数据结构示范表

	区组
处理	1……………………………………………b
1	X_{111}，X_{112}，X_{11m}，…，X_{1b1}，X_{1b2}，…，X_{1bm}，
2	X_{211}，X_{212}，X_{21m}，…，X_{2b1}，X_{2b2}，…，X_{2bm}，
…	……………………………………………………
k	X_{k11}，X_{k12}，X_{k1m}，…，X_{kb1}，X_{kb2}，…，X_{kbm}，

为与 Friedman 检验比较，下面给出 m=1，即完全随机区组试验数据的 H-L 检验的步骤[1,4,5,6]：

1）对每区组 j（j=1，2，…，b），计算其某一位置的平均估计，例如估计均值，$\bar{X}_{.j} = \frac{1}{k}\sum_{i=1}^{k} X_{ij}$；

2）同一区组中的每个观察值都减去均值，即 $AX_{ij} = X_{ij} - \bar{X}_{.j}$，此为调整观察值；

3）对调整后的观察值，像 Kruskal-Wallis 检验一样，求混合样本的秩，有结时用平均秩；

4）如果 H_0 成立，则每个处理的平均值应与总平均（$N+1$）/2，（$N = kb$）相等，检验统计量是

$$H\_L = c^{-1}bm\sum\left(\bar{R}_{i..} - (N+1)/2\right)^2 = c^{-1}SSB \overset{H_0}{\sim} \chi^2(k-1)$$

$$c = \sum_{i,j}\left(R_{ij} - \bar{R}_{.j}\right)^2 \Big/ \left((k-1)b\right)$$

其实 c 就是区组内的均方和。

在 R 中做 H-L 检验需要编程计算，经研究，数据以矩阵表示时编程要方便一些。

（2）差异具体出自何处?

此问题同 Kruskal-Wallis 方法。

（3）优选同上

3. 三个非参数秩方法检验的实例比较

例 1　（陈希孺《数理统计学教程》P97 例 3.3）[2]：为比较 A 与 B 两种施肥方法何者为优，选择 15 块一般大小的地，可能质量不一，把每一块地分成质量和大小一样的两小块，随机地其中一块派给 A，另一小块派给 B，各小块产量如下：

A：188 96 168 176 153 172 177 163 146 173 186 168 177 184 96

B：139 163 160 160 147 149 149 122 132 144 130 144 102 124 144

A-B：49 -67 8 16 6 23 28 41 14 29 56 24 75 60 -48

这里算出 $\sum(A-B) = 314$，m=n=15。检验的假设为

H_0：A 与 B 效果等同；H_1：A 的效果优于 B

陈希孺［2］用 EPT（ExactPermutation test）给出 p 值为<0.0001，作者用 RPT（Randomized Permutation test）的 p 值<0.015。用 Boostrap 检验的 p 值<0.01，下面用刚介绍的三种秩方差分析方法检验这个问题。

x = c（188，96，168，176，153，172，177，163，146，173，186，168，177，184，96）；

y = c（139，163，160，160，147，149，149，122，132，144，130，144，102，124，144）；

xy =c（x，y）；

gr = factor（rep（1：2，c（15，15）））；

（1）Kruskal-Wallis 检验的结果如下

Kruskal-Wallis chi-squared = 9.1886，df = 1，p-value = 0.002435

（2）Friedman 检验的结果如下

Friedman chi-squared = 8.0667，df = 1，p-value = 0.004509

（3）H-L 检验的结果如下

HL = 7.870523；P 值 = 0.04876479；

比较分析：显然，这个试验存在区组效应，所以 Kruskal-Wallis 检验的条件不满足，所以 Kruskal-Wallis 检验的结论是不可靠的，只能选用 Friedman 检验和 H-L 检验。Friedman 检验的 P 值为 0.004509，H-L 检验的 P 值为 0.04876，当显著水平取为 0.05 时两者都拒绝零假设，认为区组存在显著差异。但是 Friedman 检验的 P 值远小于 H-L 检验的 P 值，两个检验是有差异的，前者更接近真实的 P 值（EPT 的 P 值）。这个时候，处理数 = 2，Friedman 检验等同 Wilcoxon 秩和检验。

例 2（王静龙［6］P126 习题 2）[6]有四台测量纺织纤维弹性的测量仪器，为检验这四台仪器之间有无差异，请了 8 位质量检验员，要求每一位检验使用每一台测量仪器对同一批原料进行测量，试验数据如下表

测量仪器	检验员							
	1	2	3	4	5	6	7	8
1	71	73	72	73	75	73	77	75
2	73	75	76	74	78	77	74	74

续表

测量仪器	检验员							
	1	2	3	4	5	6	7	8
3	76	73	79	77	74	75	74	73
4	75	73	73	72	70	71	69	69

数据录入程序如下：

x=c（71，73，72，73，75，73，77，75，73，75，76，74，78，77，74，74，76，73，79，77，74，75，74，73，75，73，73，72，70，71，69，69）；

M=matrix（x，4，8，byrow=T）；

显然这是一个随机区组试验，可能有区组效应，不能 Kruskal-Wallis 检验了，要用 Friedman 检验和 H-L 检验，

（1）Friedman 检验结果：

friedman. test（t（M））；# 检验处理间的差异性

Friedman rank sum testFriedman chi-squared = 8. 6，df = 3，p-value =0. 03511

friedman. test（M）；#检验区组间的差异性

Friedman rank sum test

Friedman chi-squared=3. 1858，df=7，p-value=0. 8673

结果分析：处理间的差异性检验 P 值为 0. 03511，显著水平为 0. 05 时处理间存在显著差异，即 4 台机器存在显著差异；区组间的差异性检验 P 值为 0. 8673，说明检验员是和谐一致的[4,5,6]。

（2）H-L 检验结果：

用例 1 中程序调整一下相应的参数，得到 H-L 检验的结果为

HL=9. 434307；df=3，p-value=0. 02404059

结果分析：H-L 检验的 P 值为 0. 02404，在显著水平为 0. 05 时拒绝零假设，即 4 台机器存在显著差异，这与 Friedman 检验的结果基本一致。但这里与例 1 不同，H-L 检验的 P 值小于 Friedman 检验的 P 值。所以两者之间谁优，不能一概而论。同时使用两种检验，使得检验的可靠性提高，使得统计分析人员更放心。

注：这里提醒学人注意，试验以及统计分析都是为了解决问题，这里要解决的问题不是纤维的弹性的差异性，因为同批纤维的弹性不应该存在显著差异，而是检验机器和检验员的问题。注意到前面 friedman. test 对检验员的检验，认为检验员是和谐一致的，所以该试验问题是同一批纤维经4台机器测量棉花弹性有显著差异，说明4台机器有显著差异，应该调修机器使得4台机器的测量值具有良好的一致性、真实性。

4. 结论与展望

（1）三个秩方差分析的提出与R语言的发展，解决了多样本统计比较仅用方差分析存在的实质问题，即正态假设和方差齐性一般不能满足，这时可用秩方差分析，即 Kruskal-Wallis 检验、Friedamn 检验和 Hodges-Lenmann 检验。虽然还有许多方法，如置换检验等等，但这已经基本满足多样本统计比较的需求。

（2）虽然如此，如上检验体系还是不如人意，如达不到例1中 EPT 的P值，还有待于研究发现更好的检验，使得检验的P值更接近 EPT。

（3）近年来，秩方差分析以及置换检验（Permutation test）已广泛应用于生物医学、神经和行为科学、数值分类学、科技工程等多学科和领域，生态统计，满意度分析等。非参数统计方法的应用前景越来越广阔！

参考文献

[1] 陈希孺，方兆本著：《非参数统计》，中国科学技术大学出版社，2012年版。
[2] 陈希孺，倪国熙著：《数理统计教程》，中国科学技术大学出版社，2011年版。
[3] 陈希孺著：《数理统计引论》，科学出版社，1999年版。
[4] 王星著：《非参数统计》，清华大学出版社，2009年版。
[5] 吴喜之著：《非参数统计》，中国统计出版社. 2006年版。
[6] 王静龙，梁小筠著：《非参数统计分析》，高等教育出版社，2006年版。
[7] 孙山泽著：《非参数统计讲义》，北京大学出版社，2000年版。

[8] 薛留根著:《应用非参数统计》, 科学出版社, 2013 年版。
[9] 荀鹏程, 赵杨等著:《Permutation Test 在假设检验中的应用》, 载《数理统计与管理》, 2006 年 9 月第 5 期。
[10] 谢益辉, 朱钰著:《 Bootstrap 方法的历史发展和前沿研究》, 载《统计与信息论坛》, 2008 年 2 月第 2 期。

大数据下社会经济数量研究结果的二重性

吴述松

（华南师范大学经济与管理学院　广东　广州　510006）

两类社会经济现象的数量研究方法。一是数理经济学，为符号化经济理论，采用演绎方法为主，揭示事物之间的逻辑关系。它的一个现代方向是数值计算和模拟，使抽象的数理方法具体化；一类是经济理论的数据化，可再分为统计学和计量经济学。从计量经济学就是回归分析（李子奈，2008）的观点看，统计方法比计量方法多元，它们的共同点属性：希望通过样本数据揭示事物之间的数量关系，揭示经济运行的数量规律。按照创始人弗里希（ R · Frisch）计量经济学定义："统计学、经济理论和数学这三者对于真正了解现代经济生活的数量关系来说，都是必要的，但本身并非是充分条件。三者结合起来就是力量，这种结合便构成了计量经济学。"[1]本文以计量方法为主探讨社会经济数量研究结果的二重性，考虑有二，一是计量方法已为主流的经济学研究方法；二是计量方法蕴含了数理、数学和统计方法，且它们都能涉及事物之间的数量关系。同样地，以经济学为对象关注社会经济的数量研究，因为经济学的数量研究普及广，水平高。

整体性的计量方法。严格的计量经济学研究路线：由观察开始，经分析和抽象，提出理论假设，演绎推理以建立总体模型。然后，样本数据收集，模型估计和检验，完成归纳推理。结果：揭示事物（变量）间的数量关系或者检验理论。古扎拉蒂（Gujarati，2003）把它细化为八大步骤。数量方法反对者不是从范式上攻击，而是从经济学的人文关怀、杂志社匿名评审制度、样本数据可靠性和作者发表文章的功利性来反对，不足虑。另外，反对者不顾数量方法的整体性，攻击其符号化和数据化部分。事实上，这恰恰是反对者软肋，正如古诺所言："对政治经济学的其他方面固然明辨而善于言词，但因不熟悉数学科学而对这种分析方法持有错误的看法"。数量方法是一个整体，注重知识的先后依赖，不可像读纯文字文章那样跳着读。一个有力证据，截至2014年8月一作者在CNKI上有271篇经济文章，其中约30篇反对数量方法论。但该作者没有以第一作者写过数量方法论文章。该个案与学校数学基础不好，难以在计量经济学上有作为道理一样，同样地，主流派也拒绝对众所周知的结论做"自娱自乐"数量分析，作没有经济理论基础的"自欺欺人"数量分析。奇怪的是，正反双反似乎在数量方法的定量结果上达成共识。主流派有一个数量方法自然蕴含揭示定量关系的"潜规则"，而反对者公然支持数量方法的定量结果，比如，朱家祥认为，计量模型"有的对解决问题（或是在预测上）有用"。定量结果在股票、期货领域更是把"数据惯性"发挥到极致，并形成专有技术及其名词——技术分析。这些都是对数量方法的整体性认识不足的表现，对数量研究方法，对定量结果的实践指导都有害。因此，数量研究在社会经济中滥用、错用情况普遍存在。埃思里奇认为："计算机技术处理信息和求解复杂数学公式的简便性也可能纵容数量研究技术，并使我们对所掌握的知识产生错误的自信"[2]。

因此，深入研究数量方法不等于定量结果，即研究数量方法所获得结果的二重性，十分必要。

一、数量方法等价于定量结果吗?

（一）大数据时代的事物本质由现象到数据的表现转变。社会经济现象，纷繁复杂而受多因素影响，它或直接或间接、曲折甚至扭曲的反应事物本质。获得并形成分析、理清现象与本质关系的工具，就成为认识、改造世界的不可或缺的第一步。现象表现本质，是本质的显现，现象与本质是表现被表现关系，一方不能离开另一方而存在，现象与本质对立统一。因此，现象是认识事物本质的唯一“介质”。今日云计算机时代，通过电商、个人移动终端等设备，容易获得生产生活领域的大数据。因此，社会经济本质的大数据表现日渐明显，现象与本质关系有转化成大数据与本质关系。通过大数据揭示解释事物之间、社会经济活动之间的关系，日益成为显学。一些有影响的经济学家，包括数量方面的领导者瓦里西·列昂惕夫（1982）把对计量、数据的信赖以及定量分析视为将经济学置于如物理学等同科学地位上之工具。处理大数据的社会经济数量研究及其结果更是成为人类生存的“基本技能”和“基本依赖”——大数据储存硬件、储存技术等成为IT业热点；大数据分析、挖掘（data mining）及其结论，已是人们行动的马首是瞻——生产生活的参与和进入、决策和路径、问题与对策等都问道大数据。大数据成为妇孺皆知的热词；数据分析成为社会洪流；数据分析内容占据书店、网络的重要位置；金融分析、行业分析，更是大数据的展示场，甚至彩票也可以大数据分析；大数据产业成为地区发展战略，“××依托大数据，助××产品触网”常成为媒体头条。大数据分析及其结果俨然成为现代经济社会的“指南”。

云计算机解决了大数据的占有、储存和提取，占有不等于拥有，即获得数据与不等于获得数据与本质之间的关系。怎样获得数据与本质的关系呢？可以是直觉，一些企业家不需要严谨推理和分析，凭经验对行业的趋势判断往往比分析师的数据还准确。对于经济学，埃思里奇提出了“发现”与“证实”科学途径揭示数据与本质间的关系。发现，是一个创造过程，类似于任何科学的“艺术”方面；证实，更高的发展阶段，包含确定知识可靠性的活动，乃一个学科的“科学”方面。“一个学科没有发现不能进行证实，但它却可以无须证实而发现”[1]。埃思里奇认为，证实“为形成新的可靠的认识提供了一种已经受过时间检验并已被证实的手段，而这些被积累起来的、不断扩大的、具有可靠性的认识便构成了‘科学’。……经济学研究方法论正是把经济学溶为一体的科学和艺术。它的目标是，既要扩大我们的认识，也要使我们的认识更贴近现实世界。研究方法论并非处于经济学研究基本层次的边缘，而恰恰居于经济学的核心。”大数据与本质的关系，进而转化为对大数据的研究方法与结论的关系，成为拥有大数据价值的“核心竞争力”，而大数据产业发展及其竞争力获得就变成了对大数据的研究方法的养成与提升。

（二）数量分析方法是数据与本质的桥梁。数据是认识的中间环节，它表现各种力量、要素或变量之间的相互关系，而数学是研究关系的学说。赵树嫄（1982）认为："数学是一门研究数量关系与空间形式的科学，因此，'关系'成为数学中的一重要的基本概念"[3]。马克思认为："一种科学只有成功地运用数学时，才算达到了真正完善的地步"[4]。恩格斯说："数学：辨证辅助工具和表现方法"[5]，是科学研究和技术创造不可缺少工具。Toronto 大学认为，现代经济学理论的一个显著特点是广泛应用数学，学生必须学会用数学工具描述和发展经济学理论；Stanford 大学坚信，教学计划的目标之一是教会学生将数学作为经济分析的一个基本工具，去思考和描述经济问题和政策。数据与本质的数学化关系可分为两类，一类是函数关系，即现象与本质一一对应，人们以概念、演绎的方法，获得本质。通过函数方法，人们可从已知、历史的现象去预测，进而控制、改造事物。劳埃德·雷诺兹（1982）认为，经济学是一门"固态"的科目。固态是指数量关系，这些数量关系可计量，并适于数学表达。克洛奇的"一切历史都是当代史"为其极端、夸张描述。函数关系在社会经济研究中表现为数理经济学，描述统计学等；另一类是统计关系，即现象与本质之间的曲折多变和多因素联系，人们通过两点论和重点论，收集样本数据并采用归纳等方法，渐进获得本质，进而认识与改造事物。统计关系在社会经济研究中表现为计量经济学、多元统计中的主成分析等，表现方式就是在数理模型或函数关系中添加随机扰动项 ε 。添加 ε 实现了计量模型的实用化，利用样本数据可估计总体模型的参数，获得变量之间的具体数量经济关系。埃思里奇认为："计量经济学包括经验数据和计量，这使得计量经济学更具有实证主义和实用主义性质，并使它不再仅仅是数理经济学的抽象逻辑"。社会经济研究真正进入实证的定量分析阶段。

从已知数据推断隐藏本质。社会经济研究就转化成为用"已知的数据"归纳、推断"隐藏的本质"。数量方法运用已经由单纯地综合分析转变为推断，超越观察时空，由过去推断未来，由局部推断总体。数量方法使毛泽东的"实事求是"精辟解释有了数量关系和依据。因此，诺贝尔经济学奖获得者克莱因（Klein）评价，"在大多数大学和学院中，计量经济学的讲授已经成为经济学课程表中最有权威的一部分"。萨谬尔森（Samuelson）无不自豪说，“第二次大战后的经济学是计量经济学的时代”。李子奈（2007）说：不懂计量经济学，就很难从事经济问题研究。1998 年教育部高等学校经济学学科教学指导委员会确定计量经济学为经济学门类的核心课程，高校计量经济学得以迅速发展，与计量经济学直接相关的硕士点、博士点得到快速设立。是否采用数量方法成为社会经济类杂志录用文章的一个重要标准，有人对美国《American Economic Review》（AER）21 年的共 2075 篇文章统计分析发现，运用计量方法的文章 435 篇，占 21%。对 1984—2006 年《经济研究》的 3100 余篇论文进行统计，采用计量方法的论文占全部论文的比例，1984 年为 0，2005、2006 年超过 50%。今天它依然维持高比例数据分析文章，并不断规范化、国际化。

（三）计量方法不等价定量结果。计量方法已经取得了大量成果，主要集中在经济研究中的适用范围的扩展与调适——方法的条件使用及其局限；方法与模型调整，符合新数据要求并使参数检验有效。比如向量自回归（VAR）演化成结构向量自回归（SVAR）。计量分析——回归分析以高斯马尔科夫经典假设基础，在假设的前提条件受到破坏时，人们调整方法（数据调整，比如非平稳数据的差分、同方差调整等）与模型以适应新条件。做出类似贡献的文章有《计量经济学的地位、作用和局限》（洪永淼，2007），《经济学研究方法的创新和中国现实经济问题的探讨》（洪永淼，陈国进，方颖，2008），李子奈发表了大量提升计量经济教育、数量方法对我国经济学发展的文章，比如《关于计量经济学模型方法的思考》（中国社会科学，2010），《关于计量经济学课程教学内容的创新与思考》（中国大学教学，2010），《再谈计量经济学模型方法论研究》（经济学动态，2010）。反对数量方法者，有朱富强，撰写了大量反对数量方法论的文章，比如《计量经济分析能够“发现”理论吗?》（浙江工商大学学报，2009），《经济学研究中的实用主义及其庸俗化趋向》（深圳大学学报（人文社会科学版），2009）。皮之不存毛将焉附，反对计量方法，自然反对计量方法所获得定量结论。但是，对于点赞计量方法的主流派，隐含潜在结果——计量研究及其定量结果一脉相承。李子奈（2010）计量方法论者，他强烈反对计量经济学模型“只能检验，不能发现”理论。简单说，按照计量经济学的结果就可以按图索骥地运用于经济实践。这在金融、行业研究方面表现突出。

事实上，计量方法不等价定量结果。埃思里奇认为：“分析工具或技术并不能使我们的认识具有可靠性，因为它们本身不会做任何事，除非我们制定它做什么”[2]。因此，必须深化对数量方法与定量结果之间的关系。

二、数量方法揭示社会经济现象的古典观点

（一）中国古代夸张观点。宋朝秦九韶在其《数学九章》“序”中说：“数理精微，不易窥识，穷年致志，感于梦寐。幸而得知，谨不敢隐。”随后又说，“周教六艺，数实成之；大则可以通神明，顺性命，小则可以经世务，类万物。人事之变无不该，鬼神之情莫能隐。”秦九韶认为，天地万物之规律，人生事故之变故，皆可用数据加以描述与研究，并通过算法推算出来。无独有偶，元朝朱世杰的《四元玉鉴》，莫若作序称：“燕山松庭朱先生，以数学名家周游湖海二十余年矣……先生是书将大用于世，有能执此以往，则古人格物致知之学，治国平天下之道，其在是矣。”他们共同强调，数字与数学方法不仅可以达成个人修炼，还可上升为治理国家的路径与工具。这就容易理解黄仁宇在《万历十五年》中的观点：从大历史看，中国失败无关道德和个人因素，而是不能实现“数目字管理”。

（二）西方数逻辑观点。古希腊毕达哥拉斯学派思想家菲洛劳斯认为，“数是一切事物的参与者”，他指出：“庞大、万能和完美无缺是数字的力量所在，它是人类生活的开始和主宰者，是一切事物的参与者。没有数字一切都是混乱的黑暗的”。19世纪德国大数学家克罗内克说：“上帝创造了自然数，其余一切都是人造的”。[6]三次方程求根公式贡献者——卡丹，是一位数学奇才，他在《我的生平》书中宣称，通过星象数据计算自己将于1576年9月21日去世，那一天他真的死了。

数据、数学与社会经济现象对应的例子不胜举。计量经济学中的分布滞后模型（有限滞后可理解为系数为0的无限滞后）的科伊克参数方法（Koyck）、帕斯卡参数估计方法（Pascal）和自适应预期（Adaptive expectation）模型，是从不同角度提出的问题，经过代数变换后，都变成了本质一致自回归模型，并以一个滞后因变量 Y_{t-1} 代替了大量滞后解释变量 X_{t-i}

(i=1，2，…)，不仅节省了自由度，还解决了滞后期长度难以确定的问题。同样地，对于自适应预期模型，一个滞后因变量 Y_{t-1} 代替了不可观测 X_t 的“预期水平”或“长期均衡水平”。因此，John Derbyshire 在《代数的历史——人类对未知量的不舍追踪》写道：(代数）最令人惊讶，也最神秘的是，在这些非物质的精神对象层层嵌套的抽象之中，包含着物质世界最深层、最本质的秘密。

三、大数据背景下，数量方法揭示社会经济现象的三观点

数量方法对社会经济研究及其结果的作用，分歧已久。1954 年为搁置争端，苏联科学院、（苏联）中央统计局和（苏联）教育部甚至召开统计学的科学会议，以会议“决议”方式定义统计学。统计学是一门社会科学，研究社会现象的数量方面和社会经济发展规律的数量表现；认为统计物理等学科中使用的是数理统计学，为数学分支。苏联的决议并没有成为科学，一个简单理由，科学要求方法与内容的统一，没有无内容的方法，也没有无方法的内容。计量方法功能的结构分析、经济预测、政策评价（检验）和发展经济理论四方面，则颇受多方质疑，尤其是经济预测，“卢卡斯批判”（Lucas，1976）——计量经济模型预测未来经济政策的变化所产生的效用不可信，因为结构模型参数会随时间变化，尤其随政策的变化而改变。萨金特（Sargent，1976）以货币政策为例，重新解析卢卡斯批判，认为结构模型对于评价未来政策无能为力。布劳格（Blaug）曾评价计量方法对工业化国家国民生产总值预测的成就：“仅仅比对未来一至两年的粗糙推断做得好一些，至于对经济的下降和上升的精确时刻的预测，正像我们经常做的那样，仍然会犯错误。”[7] 计量经济学鼓吹者李子奈只好无奈说：“要实现数量经济学研究方向的转移，从以经济预测为主转向以发展经济理论、研究经济政策为主的方向上来”[8]，而洪永淼则为数量方法的前提辩解，他说：“由于经济系统的非实验性、不可逆性和时变性，以及经济数据的种种缺陷，计量经济学理论本身的发展已相对成熟和全面。但是这种实证研究方法论的先进，仍无法代替或克服由经济系统和经济数据特点所造成的局限性，而使得经济学的分析与预测远没有像很多自然科学

学科那样精确。”[1]

与其想方设法辩解，还不如从实际出发，重新审视数量方法在大数据背景下的社会经济研究功能。

（一）方法论。人们以各种模型来阐明、揭示社会经济现象及其本质。传统经济学以概念、范畴为基础，通过抽象思维，演绎、概括出现象之间的本质内在联系，以文字表述理论，可称文字模型。大数学家庞加莱的“纯逻辑不能使我们得到任何东西”的观点，意味着传统的逻辑演绎法难以可持续发展。此外算术（表格）、几何（图形）和代数（函数关系与统计关系）也是社会经济的数量研究方法。社会经济研究，通常是对现实社会经济现象，或者某部分，化繁为简、去枝存杆地设立简化模型——关键要素之间的关系。模型化的目的是，能够用逻辑推理，做出预测。计量经济学为集大成者，“计量经济学是一门探索经济变量间关系的有用方法和工具”[9]。

配第（Petty）的《政治算术》（1672）开创了统计方法的经济学运用。他以数据方法对英国，荷兰、法国两对手的政治经济形势论证后发现：英国将超越它们而主宰世界贸易。该书名声大噪，不在于分析结论，而在于所使用的方法，即“不用比较级、最高级进行思辨或议论……而是用数字，权重和测度来表述自己想说的问题……借以考察在自然中有可见的根据的原因。”内维尔·凯恩斯对数据方法给予高度评价，他指出：“如果清楚地认识到统计的局限，如果它们是在足够广的范围内准确地收集，如果它们的运用是不带偏见而全部的调查深入到其真实的意义中，并且如果它们是完全和合适地进行收集和分类，那么，它们的价值是独一无二的。”[10]

当今科技按照摩尔定理迅速发展，当价格不变时，集成电路上可容纳的晶体

管数目，每隔18个月增加一倍，性能也将提升一倍。科技改变世界，也改变着经济学，包括它的理论、方法。无法想象，在信息化、网络化、时空观念变化了的大数据时代，如果不运用现代化的信息收集和处理技术，我们在经济学领域还能做些什么！二十一世纪，中国经济学比以往任何时候更需要计量经济学。数理经济学之父古诺感慨地说：“确有像斯密和萨伊那样的作者，在政治经济学著作中保持了纯文学的优美风格；但也

有像李嘉图那样的作者，他们在处理极其抽象的问题或为了寻求高度的精确性时，实际上已经不能回避代数学了。”[11]事实上，1969 年设立诺贝尔经济学奖至今，40 多位获奖者的理论中，无不与数学方法使用有关。1993 年的福格尔和诺思最有典型性，他们属新制度经济学派，研究经济史。按理可不用数量方法，但其获奖恰是“在经济史研究中的定量研究领域所作出的贡献”。为此，《人民日报》“坚决反对把西方经济学作为中国经济学的主流”同时，提倡“应采用西方经济学的一些科学方法，如数量分析、比较分析等，有些范畴也可以参用，但更多的是要学习一些分析方法和适用于部门经济的运作经验、管理方式等”[12]洪永淼等认为中国经济学教育、研究的国际化，关键在计量方法。他说：“经济学教育与研究的国际化实质上是中国经济学的对外开放，其目的不是全盘西化，而是批判地吸收西方现代经济理论中对发展中国经济学有益的理论、方法，特别是研究方法与工具，全面提升中国经济学教育与研究水平，并为中国经济改革与发展提供理论指导。”[13]李子奈认为，经济学研究方法有世界先进水平。经济学有没有世界先进水平？有，又没有。讲没有，主要指经济学理论与政策。讲有，是指经济学研究方法和经济分析方法。中国经济学现代化、科学化的重要内容之一就是学习西方经济学的先进的研究分析方法，计量经济学是其中最主要的方面。拉斯缪森强调了数学方法对经济研究的重要意义，他说：“也许最重要的要求莫过于这一被错误定义的能力：数学思维。我们也希望这一能力不被置于显著位置，但它在某种程度上的确是需要的，这一点毋庸置疑。读者必须能够接受条件性表述，即使他感觉假定是错误的；他必须对数学的简洁表示出宽容；他必须耐心地跟随着古怪的数学构造；最重要的是，他必须与这一方法产生共鸣。这种共鸣不仅基于他对这一方法在众多经验科学中亦有的成功的了解，而且基于他对现有科学中严谨的演绎推理的必要性的认识。”[14]

数学方法论述，可以使经济理论严格与严谨。以效用函数及其对应的需求函数为例，效益可比较大小和排序，不能进行加减法运算，人们直观认为序数效用比基数效用好。一旦明白效用函数是从 5 条公理假说中推导而来，而且主要是分析预算约束下人们的消费（需求）行为。数理方法又证明，效用函数对于一个正的单调转换唯一，这种差别就可以忽略。因此，序数效用论者认为：“就分析消费者行为来说，基数效用的特征是多余的，以序数效用的假定比以基数来度量效用的假定受到的限制要少，它可以减少一些被认为是值得怀疑的心理假设"[15]。同样地，斯卢茨基（Slutsky，1915）在没有所谓可度量客观效用概念下，首次进行了需求理论的系统数理检验；（Hicks，1939）证明边际效用递减原理对需求法则的成立，既非必要也非充分条件，而1959年德布鲁（Debreu）完成的需求理论与早先祖先们的有密切而重要联系，但是它更为简洁、精致与一般化。这些都是数理方法的贡献。希腊数学研究权威希斯说："阿基米德的每篇著作无一例外地都是数学论文的纪念碑；解题步骤的循循善诱，命题次序的巧妙安排，严格摒弃叙述的枝蔓和对整体的修饰润色，总之，给人完美印象是如此之深，使读者有染而生敬畏之情。"数学在经济学运用的简洁、精致与一般化，是经济学的一大进步，也是经济学区别于其他社会科学的显著标志。因此，数量经济学是所有经济学科中唯一以研究方法而不是以研究对象定义的学科，为经济学独有。

广泛运用数量方法与实证主义有关。实证主义肇始于孔德（Comte）的实证主义哲学观。孔德认为，自然科学的知识和研究方法是唯一正确的，自然科学和数学的方法应该被应用于包括哲学、社会科学、人文科学的一切领域。20世纪之后在美国继承了孔德的思想，并在哲学、经济学和社会科学各领域大行其道，构成了主流经济学方法论基础。汇集数学、统计学、经济学与计算机科学的计量经济学，无疑成为宠幸。

古典经济学家曾对经济现象的数量表示兴趣，数学发展与接受程度，直到20世纪初期，经济现象的数量表示仍然是非常有限。"20世纪一些技术和事件恰好同时出现导致了对经济问题中经验主义——计量和数量表示的强调"．一旦经济学家掌握了统计学，统计学与数学和经济理论的结合就导致了计量经济学的发展。20世纪40年代或50年代才获得"合法性"，并由于始于40年代的电子计算机的发展而更加有效。另外，早期的经济学的数学背景也是数量方法盛行的原因，如，马歇尔在剑桥大学圣约翰学院获得数学学士学位，1890年的《经济学原理》建立了静态经济学。作为最有才华的数学家之一，马歇尔在他的著作里力求用最简洁的语言表达思想，把数学的定量材料仅仅作为附录和脚注，并独自开创边际效用理论。约翰·梅纳德·凯恩斯14岁以奖学金入伊顿公学主修数学，获托姆林奖金。

不注重严格的逻辑推理，长时间阻碍了中国数学的发展。王树禾（2004）认为，中国古代数学中“寓理于算”、“疏于言证”和“文辞数学”等，阻碍数学深入发展。数学以证明为其生命线。林毅夫（2001）谈到国内经济学者研究成果难以获得国际学术界认可的原因时认为，没有能够用比较规范的理论方法研究中国问题。

（二）参照系。模型目的不是现实而是社会经济的参考。我们有一个完全现实性的模型——它正是世界本身。该“模型”太复杂而难以被理解，也不能单凭直觉获得其中的数量关系。一个数学、数据模型便是对现实世界的特殊提供洞察。罗默认为：“如果一个简化的假设引致模型对其正在强调的问题提供不正确的回答，那么，缺乏现实性可能是一种缺点，但是，简化——由清楚地表明在现实背景中世界的那些特征所产生的结果——可能是一种有用的参考点。”[16]

计量经济学回归模型的总体参考。C- D 生产函数模型中反映资本与产出关系的参数被称为资本的产出弹性，不同企业有资本产出弹性；同样地，线性消费函数模型中反映收入与消费关系的参数被称为边际消费倾向，不同家庭边际消费倾向不同。但是，个体结构参数并非计量经济学模型的结构参数。计量经济学模型被称为“总体回归模型”。总体模型参数无法直接观测，需要利用样本数据通过适当的方法估计。总体模型的结构参数，并不是从每个样本的一次观测得到的变量观测值之间的关系，它不存在是否随着样本点变化的问题。因此，计量经济学模型的结构参数不变性毋庸置疑，但是它仅仅是个体的、实际有用参数的参照。

经济政策不可试验性与数量模型结果的参考作用。这决定了计量经济学模型的政策评价功能的不可替代性，尤其在政策模拟和政策选择方面，计量经济学模型可以起到“经济政策实验室”作用。房地产业狼来了之声绵延好多年，为降低金融风险，各地商业银行在银监部门部署下，纷纷对房地产贷款进行压力测试，设置了不同模型及其不同参数，正是数据模型及其结果的具体运用。李子奈（2010）认为，模型是以经济系统的动力学关系建立，并揭示经济系统中各部分、各变量之间的关系，而政策的影响正是通过这些关系传递和表达的。另一方面，它也可以避免模型系统可能存在的系统性偏差，因为在大多数应用研究中，政策评价需要的是相对性的比较，而不是绝对性的结论。相对性的比较，为经济政策研究提供了参照的依据。

依照邦内恩（1986）的观点：任何专业里的大多数创造力来自于把专业知识与其在运用中所受到的检验相冲突而产生的智力激励，而模型所关注的总体参数，或者简化模型对关键因素及其关系，正好作为参照。

（三）数据分析方法是人能力的扩展。埃思里奇认为："计算机技术与日益发展的统计、数学模拟技术相结合，为我们探索、解释经济现象及其相互关系的复杂性提供了手段。在这些现象和关系中，有许多事我们以前所无所了解的"。李子奈承认："就是要通过计量经济学模型方法发现人们通过一般观察和定性分析难以发现的规律"[17]。杰里认为："对'现实'的抽象允许我们引入强有力的数理方法——借助于它们带来的逻辑约束的磨砺，有助于我们洞悉我们的直觉与经验所无法触及的领域。……对这些观点的思考与洞察将是哺育理论与知识的养料。"[18]反对数量方法的朱富强也不得不承认："实证分析为理论的检验确实提供了一个重要工具"[19]。因此，数据分析方法扩张了人的能力，这在数据驱动方法中表现突出，如VAR。经济学中，机制设计及其数据表现，获得了人直觉之外的信息。机制设计是一种关于适宜的制度设计怎样及什么时候可以获得特定目标的一般理论。当设计者需要一些被他人拥有的信息以便获得他自己的目标时，这种理论是十分适宜的。"一个成功的机制设计的微妙性在于确保机制赋予那些拥有所需要信息的人们向设计者披露其信息的激励"。著名华人经济学家钱颖一认为："运用数学和统计方法做经济学的实证研究可以把实证分析建立在理论基础上，并从系统的数据中定量地检验理论假说和估计参数的数值。这就可以减少经验性分析中的表面化和偶然性。"[20]

计量经济方法四大功能之一的检验，也可称为获得新理论的工具。朱富强坦承："经验数据的统计不仅可以检验和修正理论的假设前提，还可以对理论本身进行检验和发展"。

另外，数据分析方法是人能力的扩展途径，可提高人才培养质量，增强学生的社会适应努力，成为创新人才培养模式的有效途径。培养创新型经济学人才，应该传授给学生产生知识和发展知识的方法论。知识，会过时，回落后，而产生知识和发展知识的方法论永存，它与社会经济活动与时俱进。

四、社会经济数量研究结果的定性、定量二重性

（一）社会经济数量方法的定量结果。挪威经济学家哈维尔莫（Trygve Haavelmo）的观点，是数量方法得出定量结果的最好证明，他说：“许多经济学家有许多深刻的思想，但是缺少数量概念。例如说某一个经济指标受到唯一原因的影响，但是如果对影响的强度一无所知，即使知道这个影响是正的或负的，也没有多少实际的科学意义。如果某一个经济指标同时受到许多不同因素的影响，问题就更加突出了。计量经济学模型就是要回答这个问题，而回答这个问题的正是模型的结构参数估计量。”[21]钱颖一（2002）也认为，运用数学和统计方法做经济学的实证研究可以得出定量性结论，并分别确定它在统计和经济意义下的显著程度。

瓦里安给定量一个鲜明的观点，他认为：“是代数提供了经济学运用中的求解方法，图形展示了洞悉经济现象的途径，但是经济分析的真正魅力在于以数量、以计算来提供答案。每一个经济学生都应该获得把经济事实转化成为方程或数量例子的训练。”[22]

（二）社会经济数量方法的定性结果。计量经济学模型，从经济预测发展起来，但是从计量经济学模型的方法论基础可以看到，经济预测很难成为计量经济学模型的主要应用领域，因为“成功的预测所依赖的必须是‘覆盖性的法则”’，而“计量经济学并不企图发现覆盖性的法则，只是试图寻找不明显的规律”（Hoover，1997）。对于具有“绝对性”要求的经济预测，计量经济学模型对于具有“相对性”要求的政策评价，更有用武之地。政策评价，或者称为政策实验，包括宏观和微观，应该成为计量经济学模型的主要应用领域。这说的正是社会经济数量方法的定性结果。

英国生物学家 F · Galton（1880）应用统计学研究遗传因果关系，发现“子女趋中律”——子代不像父代那样高或者那样矮，子代身高有回归到平均水平的趋势。因此回归估计值是一个条件平均数，它在本质上是定性的。在推断统计中，参数的点估计是与方法对应，“在不致混淆的情况下统称估计量个估计值为估计”[23]。同样地，对于参数的区间估计及其检验，很难界定为定量，因为置信度的意义是：采用如此样本估计总体参数

的统计量，以多大的百分比保证总体真值包含在该区间中。另外，数学上看，社会经济定量分析要求参数的存在性、唯一性和稳定性。实际上，计量分析方法重点是满足存在性，即总体参数的 F 检验和单个参数的 t 检验通过，仅仅是与 0 有显著差异而已，但与估计值的一个细微差距，通常不能检验。这在异方差检验中表现得更为典型，即不看重拟合优度检验（R^2 检验），只要求通过 F、t 的存在性检验。稳定检验是计量方法的常用方法，但是它是一个统计意义上得稳定。唯一性，因为社会经济现象受多因素影响的随机性，成为不可能。

（三）经济学定义与定性。20 世纪中期始，人们对经济学定义不再统一，经济学“是一种思考社会问题的方法”；“是一套用以观察无限丰富和多变的世界的工具”；“经济学的主要贡献是它的分析框架”。弗里德曼就公开表明，要把经济学构建成一门实证科学，其最终目标是建立一套理论或假说，以对尚未观察到的事物做出有效且有意义的推测。张五常则把对经济现象的解释作为经济学重要内容。奈特对经济学的作用就显得更为低调，他认为，对经济学的研究仅仅导致“了解”，而不是真正的“解释”，更不是准确“预测”经济事件。还可以列出其他的经济学得定义，从中不难看出，定义中少了最优、极值概念，也就是说，经济研究不需要追求量的规定，与计量方法是对总体参数估计的定性结果相一致。

凯恩斯强调的模型的定性结果。他说，经济学是逻辑的一个分支，是一种思维方式，经济学中的进步几乎全部体现在模型选择方面的不断改进；相反，如果把模型转换成定量公式，用真实值来填入那些含变量的方程，那么，就会破坏它作为思想工具的有用性，使模型失去普遍性和它作为思维方式的价值。

五、结束语

一些主流经济学者开始主张将经济学的理论和应用区分开来：纯理论仅仅是基于特定假设的演绎和推理，对应这科学方法，包括数据分析方法。应用经济学则是一门艺术，蕴含着回归系数的参数意义。因此，哈耶克指出：“统计信息不会使我们更聪明，除非它可以告诉我们关于特定时刻的特定情势的信息，但从理论上讲，我相信统计研究做不到这点。”[24]应该提倡定性与定量的结合，文字描述与数学表述相结合的经济研究方法。这样可以促进数量经济学与经济学的融合，也可以避免数量经济学研究走上脱离实际的歧途。如果说，对计量的乱用、滥用，是因为能力的话，那么对社会经济统计结果的单相思，不从二重性思考，则是“心术不正”。数字没有说谎，但说谎者在使用数字。记住杰里对模型和数量研究的忠告：“应当对这些假设与方法引发的这些问题持批评的眼光，并反问自己由这种抽象，你获得什么，丧失了什么。对这些观点的思考与洞察将是哺育理论与知识的养料。”[25]

参考文献

[1] 洪永淼著：《计量经济学的地位、作用和局限》，载《经济研究》，2007 年第 5 期。

[2] 唐·埃思里奇著，朱钢译：《应用经济学研究方法论经》，经济科学出版社，1998 年版。

[3] 赵树嫄著：《微积分》，北京人民大学出版社，1982 年版。

[4] 拉法格著：《回忆马克思、恩格斯》，人民出版社，1973 年版。

[5] 邓树增著：《自然辩证法引论》，湖南大学出版社，1987 年版。

[6] 王树禾著：《数学演义》，科学出版社，2005 年版，第 33-34 页。

[7] 马克·布劳格等著，罗杰·E·巴克豪斯编，张大宝等译：《经济学方法论的新趋势》，经济科学出版社，2000 年版。

[8] 李子奈著：《入主流，创一流我国数量经济学的历史使命》，载《数量经济技术经济研究》，1996 年第 6 期。

[9] 邱东著：《经济学类专业统计学、计量经济学课程教学现状调研报告》，载《中国大学教学》，2007 年第 11 期。

[10] J·内维尔·凯恩斯著：《政治经济学的范围与方法》，华夏出版社，2001 年版。

[11] 古诺著：《财富理论的数学原理研究》，商务印书馆，1994 年版。

[12] 杨承训著：《中国经济学的发展方向》。载《人民日报》，2004 年 11 月 25 日第九版。

[13] 洪永淼著：《中国经济学教育与研究必须国际化》，载《光明日报》，2007 年

9月4日。
[14] 艾里克. 拉斯缪森著:《博弈与信息》, 北京大学出版社, 生活·读书·新知 三联书店, 2005年版。
[15] 高鸿业著:《西方经济学(微观部分)》, 中国人民大学出版社, 1996年版。
[16] [美] 戴维·罗默著, 王根蓓, 陈雷译:《高级宏观经济学》, 上海财经大学出社, 2003年版。
[17] 李子奈著:《我国计量经济学发展的三个阶段与现阶段的三项任务》, 载《经济学动态》, 2008年第11期。
[18] 杰弗瑞. A. 杰里, 菲利普. J. 瑞尼著, 王根蓓, 朱保华译:《高级微观经济理论》, 上海财经大学出版社, 2002年版。
[19] 朱富强著:《经济学研究中的实用主义及其庸俗化趋向》, 载《深圳大学学报》(人文社会科学版), 2009年第9期。
[20] 钱颖一著:《理解现代经济学》, 载《 经济社会体制比较, 2002年第2期。
[21] 王宏昌, 林少宫编译:《诺贝尔经济学奖获得者讲演集》(修订版), 中国社会科学出版社, 2008年版。
[22] Hal R. Varian. *Intermediate Microeconomics A Modern Approach*. w. w. Norton & Company · New York · London: xx.
[23] 盛骤著:《概率论与数理统计》(第二版), 高等教育出版社, 1979年版。
[24] 哈耶克著:《走出奴役之路: 预见没落———哈兹利特采访哈耶克》, 秋风编译:《知识分子为什么反对市场》, 吉林人民出版社, 2003年版。
[25] 杰弗瑞. A. 杰里, 菲利普. J. 瑞尼著, 王根蓓, 朱保华译:《高级微观经济理论》, 上海财经大学出版社, 2002年版。

正态分布理论在企业员工绩效考评中的应用

钟立灿
（贵州民族大学商学院　贵州　贵阳　550025）

一、企业员工绩效考评的重要性

当今世界，人才和人的能力建设，在综合国力竞争中越来越具有决定性的意义。因此如何把人作为一种活的资源加以利用与开发，真正调动员工的工作积极性与主动性，是现代人力资源管理的核心任务。对一个企业来说，只有对员工的工作绩效做出公正的鉴定和评估，赏罚分明，才能充分调动人的积极性，为实现组织目标服务。正如法兰克福·*H*·巴比森指出的那样："不管有无制度？经营上总是要经常对人进行考评。如果缺少对业绩、能力的制度性考评，我们只能依赖一线监督者的意见做出人事安排，稍不注意就会出现不平、不公，导致不满，损害士气和效率等。所以，有作为的经营者都会采用评估考核制度，努力对员工的能力和业绩做出客观而公正的评价[1]"。正因为如此，作为现代人力资源开发管理活动的一个重要手段和基础工作——对人员绩效的考评制度，也受到越来越广泛的重视。

事实上，根据日本经营者联盟所做的调查，日本早在1974年实行绩效考核的企业就占全部企业的96.5%，而拥有1000名以上职工的大型企业，

100%都实行了绩效考核。20世纪90年代后，80%~90%的美国和英国的组织使用了某种形式的绩效评估[2]。当前，在我国企业改革与发展的过程中，也有越来越多的企业已认识到绩效考核在企业经营管理工作中的地位和作用，并在企业实施现代意义上的人员绩效考评制度。

目前我国大多数企业普遍推行的绩效考评手段，仍然是建立在传统的以经验判断为主体的绩效考评手段基础上的，因此主观随意性较大，科学性较差。考评手段单一，缺乏客观的考评标准，考评封闭，不透明，不公开，没有一个规范化、定量化的绩效考评体系，考评工作的盲目性和非系统性大，由此造成考评结果产生较大偏差，严重挫伤了管理者和员工的工作积极性，使其组织效率低下，企业目标也难以实现。因此建立和完善科学合理的绩效考评体系是企业人力资源开发与管理的当务之急，这也是本文着重研究的问题。

企业的绩效考评体系是人力资源管理部门制定人力资源政策和进行决策的重要依据，是该企业对其战略目标、战略体系的实现过程进行控制的一种重要机制。如果没有一个有效的绩效管理体系，就无法保证正常经营活动的顺利进行，更无法保证战略目标的最终实现。进行考评是要保证员工目标和企业目标相互匹配，从绩效考评得到的数据，有助于确认可能成为发展对象的员工和指定最适合他们发展的机会类型。绩效考评还是激励员工奋发向上的决定因素，通过考评结果给予奖励，员工会得到暗示，好的工作绩效是得到所期望报酬的一条有效途径。具体来讲，企业进行绩效考评的作用主要有：

1，检查与改进员工现有工作绩效。通过绩效考评，能够使本人继续发扬成绩，克服缺点，改进今后工作，促进员工今后的职业发展。

2，每个员工工作绩效考评的结果可以作为公正合理的待遇和奖惩的依据。绩效考评是价值分配体系的基础，具有激励作用。企业应把绩效考评作为提高职工素质、调动职工积极性的重要措施。

3，绩效考评是企业人事异动的决策依据。考核结果可以作为对员工的使用、薪酬待遇、职务的升降、调动或辞退的重要依据。

4，确定人员培训与开发的需求。企业可以通过绩效考评结果确定人员培训与开发的需求状况。

5，有利于检查和改进本企业的人力资源管理工作。一个企业通过对每个工作岗位上的员工工作绩效进行定期的考评，可以检查本企业人力资源管理活动如人员招聘、培训等方面的问题，从中吸取经验教训，以便今后改进。

二、绩效考评模型

综合目前国内外绩效考评的理论和模型，根据国家机关（事业单位）工作人员形式的“德能勤绩”年度考核模式，作者提出如下企业员工考核评判模型：

$$J = h\sum(W_1G + W_2Y + W_3N + W_4X + W_5P)$$

其中：h——环境影响系数；G——个性；Y——业绩；

N——能力；X——学识；P——品德.

不同的考核目的，有不同的权重，具体如下：

表 1　考核目标与权重关系表

考核目标	权重（%）				
	W1	W2	W3	W4	W5
确认晋升资格	0. 1	0. 1	0. 4	0. 2	0. 2
核查提薪资格	0. 1	0. 5	0. 2	0. 1	0. 1
核查奖励资格	0. 1	0. 5	0. 1	0. 1	0. 2
能力开发确认	0. 2	0. 1	0. 5	0. 1	0. 1
岗位调配审查	0. 2	0. 1	0. 4	0. 1	0. 2

资料来源：《人力资源管理实务及案例 2011 年》

这是一个“人文—环境”模型，假定了动机的和性情的因素，与工作场所中的环境决定因素之间有紧密的相互依赖性。特别是考虑了对工作绩效的差异分布的解释：40%～60%的工作绩效差异与人的因素有关，10%～30%由于环境的因素，大约 10%～20%的差异可由相互作用因素来解释。工作绩效的不同模型所提供的动态观点对企业的绩效考评模型特别重要，这从根本上决定了绩效考评的动态性。

考评模型应用，见下表所示。

表 2　员工目标绩效考核评分指标细则表

百分制	五级分值	等 级	指标细则
90~100	5	优秀	成绩远远超过预期目标；
80~90	4	良好	持续取得好的成绩；
70~80	3	称职	准时完成目标内工作；
60~70	2	基本称职	只能勉强达到或不能达到较好成效；
60 以下	1	不称职	不能在最后期限完成工作，并缺乏充分理由。

按上表评分标准进行考评，在实际操作中出入较大，对评分指标量化的尺度难以统一。目前我国多数企业的员工绩效考评都采用这种国家公务员形式的“德能勤绩”模式。但这种考评模式存在的问题是：考评指标庞杂、没有针对性（统一划齐）、没有明确的标准、考评重点不突出。考评不能真正反映员工的业绩，往往“老好人”、“庸人”考评分数反而最高，严重挫伤了优秀员工的积极性。

由于中层管理者面临的环境以及个性、品德、能力要求、学识等指标具有较大的共性，所以运用前述的具体指标，其业绩指标在量化方面有较大的差别，因而应当将正态分布理论与企业优秀员工绩效的实际情况结合起来，给出一种新的、真正合理的评定优秀员工绩效的方法。

三、总评分法与标准总分法

我国企业重视员工绩效考评是人力资源管理的头等大事。客观的、量化的考评可以说是当前很多企业管理的中心工作之一，用事先承诺的标准来考评员工实际完成的绩效，以达到绩效改善的目的，这种标准是具体的、客观的、基本可量化的。目前，很多企业将绩效奖、年终奖、岗位变动、职位晋升等与优秀员工的评比直接挂钩。所以优秀员工的评定是一项十分重要的工作，在优秀员工的评定过程中，员工的各种业务技能的考核成绩将是一项非常重要的考评指标。

1. 总平均法

在确定成绩标准时，往往规定：每年度成绩总平均分不低于 a 分，同时单项成绩不低于 b 分，然后各生产车间再根据工厂（或公司）下达的各个评比比例进行评比，即所谓的“总平均法”，这种方法使得各岗位成绩之间缺乏可比性。例如，某个岗位的考评成绩由于某种原因普遍较低时(如 80 分以下)，那么成绩即使是全车间前几名的员工也无“资格”参加优秀员工的评比，由于这个岗位的成绩，甚至造成全车间将不能产生优秀员工的结果。反之，若另外一个岗位的考评成绩普遍较高时（设在 85 分以上)，则即使是全车间中下等水平的员工也够优秀员工的评选资格，由此看来，总平均法不仅难以真实反映优秀员工的工作业绩，而且不能客观真实地描述优秀员工与其他员工之间的差距。评比手段的不合理性很可能造成评比结果的不合理性，所以总平均法存在着不足。

2. 标准总分法

由于员工的工作成绩服从或近似服从正态分布，因此，可以利用正态分布理论作为评比优秀员工成绩的依据。

设随机变量 X_i 表示某年度第 i 项岗位的员工成绩，$\overline{X_i}$，S_i 分别为全体员工该项岗位的平均成绩及标准差，$\overline{X_i}$ 近似服从正态分布，则有 $Z_i = \dfrac{X_i - \overline{X_i}}{S_i} \sim N(0,\ 1)$，称 Z_i 为“标准分随机变量[3]”，其均值为 0，方差为 1。如某生产车间 40 名员工，“产品包装”岗位的总平均成绩 $\overline{X} = 65$ 分，标准差 $S = 5$ 分，甲员工原始得分为 75 分，则其标准分为：$Z_i = \dfrac{75 - 65}{5} = 2$。根据正态分布表可以查得“$Z < 2$”的概率为 0.977，即全生产车间大约有 97.7%的员工比甲员工成绩低，成绩高于甲员工的人数仅占 2.3%，可见，该员工的“产品包装”成绩在全车间是名列前茅的，属于优秀员工。

设全年度有 m 个考评岗位，每个岗位的考核成绩均服从正态分布，则 $Z_i \sim N(0,\ 1)$，$(i = 1,\ 2,\ \cdots,\ m)$，假定 $Z_1, Z_2, \cdots, Z_m$ 相互独立，有 $\sum\limits_{i=1}^{m} Z_i \sim N(0,\ m)$ 或 $\sum\limits_{i=1}^{m} \dfrac{Z_i}{\sqrt{m}} \sim N(0,\ 1)$.

若企业规定各生产车间优秀员工的比例为 5%，而本年度某公司有 5 个考评岗位，则由上述公式可以测算出该企业优秀员工的评比资格标准。因为 $P(\sum\limits_{i=1}^{m} \dfrac{Z_i}{\sqrt{m}} > x) = 5\%$，由正态分布表可以查得，当 $x = 1.65$ 时，该概率公式成立，即 $\sqrt{m}x=\sqrt{5}\times 1.65=3.7$（分）这表明，标准总分在3.7分以上的员工就具有公司优秀员工的评比资格了。

利用标准总分评比优秀员工有以下优点：

第一，克服了总平均法中各岗位工作成绩缺乏可比性的问题。由于各工种原始得分之间差异较大，直接相加得到的总分难以说明员工的实际水平，而标准反映的却是每个员工各岗位成绩关于平均值的距离[4]，可以描述各工种成绩的名次，所以具有可比性，可以直接相加，然后利用标准总分比较每个员工的绩效成绩。

第二，避免了某些岗位成绩普遍过高或过低对总分的影响。在某些情况下，如果用总平均法进行评比，可能合出现符合评选资格的员工过多或过少的现象。而用标准总分评比，可以很好地控制评选人数，使所有的员工在每个学年都有平等竞争的机会。

第三，如果在评比优秀员工之前向广大员工公布各岗位成绩的 $\overline{X_i}$ 、S_i 和标准总分 $\sqrt{m}x$ ，不仅能增加评比的透明度，更为重要的是，每一个员工通过计算标准分、标准总分，可以明确自己在全公司工作成绩中的位置，找出差距，明确努力方向，使“评优”工种真正起到调动广大员工爱岗敬业、比学赶超的作用。

第四，如果某生产流水线各车间的岗位设置相同，则可以将全生产线员工作为一个总体，计算出各个岗位的平均分 $\overline{X_i}$ 和标准差 S_i ，由此推算出每个员工各个岗位的标准分及标准总分，然后将 $\sqrt{m}x$ 作为全生产流水线评比优秀员工的统一标准，这样工作效率高的车间，其优秀员工的人数（即标准总分> $\sqrt{m}x$ 的人数）会超过工作效率低的车间，从而避免了优秀员工比例平均分配的弊端，也能客观地评定出绩效好的生产车间。

需要指出的是，标准总分法也存在着不足。因为它只是考虑了某员工在所有被评选员工群体中所居的相对位置，即是说，如果这群体中每位员工的各岗位考核成绩在百分制下，都在60分以下，也能确定出标准总分在3.7分以上的员工来。

四、综合评定方法

以上分析表明，模型考评偏重于国家公务员形式，缺乏针对性。利用标准总分法评比优秀员工，比总平均分法科学、合理，有利于客观地评比优秀员工，激励员工的工作积极性。鉴于总平均法和标准总分法本身所存在的不足，根据实际情况，应该将两种评比方法结合起来，即除了要满足：

$p(\sum_{i=1}^{m}\frac{Z_i}{\sqrt{m}}>x)=5\%$ 及 $\sum_{i=1}^{m}Z_i>3.7$ 这组条件外，还应满足：$Z_i\geq\frac{80-\overline{X_i}}{S_i}$，$(i=1，2，\cdots，m)$，其中80分是各企业（公司）根据自己实际情况界定的。只有这样，才能做到企业绩效评定工作的公平性、合理性和科学性。

总之，通过绩效考评指标体系使企业的战略目标转化为阶段性的、具体的、可操作的并为大多数人所理解的目标，使绩效考核指标体系融入战略管理的全过程，真正体现为企业战略管理服务的思想。

参考文献

[1] (英) 迈兜尔·普尔，马尔科姆·沃纳著：《人力资源管理手册》，辽宁教育出版社，2006年版。
[2] (加) 加里·莱瑟姆，肯尼斯·N·韦克斯利著：《绩效考评——致力于提高企事业组织的综合实力》，中国人民大学出版社，2009年版。
[3] 李心愉著：《应用经济统计学》，北京大学出版社2010年版。
[4] 钟立灿著：《弹性学分制利弊的统计分析》，载《统计与决策》，2010年第12期。

一类分数阶椭圆形方程无穷解的存在性*

姚娟1，郭灵钟1，杨丽蓉2，朱江坤3，索洪敏1
1. 贵州民族大学　贵州　贵阳　550025；
2. 黔东南民族职业技术学院　凯里　556000
3. 贵阳市体育中学　贵阳　550025

一、引言

考虑分数阶椭圆形方程：

$$\begin{cases} (-\Delta)^s u = f(x,u), & x \in \Omega, \\ u = 0, & x \in R^n \setminus \Omega. \end{cases} \quad (1)$$

无穷解的存在性，其中 $\Omega \subset R^n$ 为有界开区域且满足光滑边界，$n > 2s$，$s \in (0, 1)$，$f(x, u) \in \Omega \times R$ 且是连续的，$(-\Delta)^s$ 表示分数阶 Laplace 椭圆算子且定义为：

$$-(-\Delta)^s u(x) = \frac{1}{2}\int_{R^n} \frac{u(x+y)+u(x-y)-2u(x)}{|y|^{n+2s}} dy, \quad x \in R^n. \quad (2)$$

近年来，许多学者利用指标定理、临界点理论中的极小作用原理和极小极大方法、环绕定理和局部鞍点定理等变分方法，对椭圆形方程和具有分数阶的椭圆算子进行了研究［1，2，7，9］。本文受到文献［2］的启

---

* 项目基金：贵州省科技厅自然科学基金资助项目（［2013］2141 号）；贵州省科技厅联合基金资助项目（LKM［2011］31，LKB［2012］19 号）；贵州省教育厅黔教科研发［2013］405 号。

发，利用临界点理论中的喷泉定理，研究分数阶椭圆形方程（1）无穷解的存在性，丰富和推广了已有文献的相关结果。

二、预备知识

本文对空间 X_0 作如下定义

$$X_0=\{u\in X:u=0,在\mathrm{R}^n\setminus\Omega中一致成立\}. \tag{3}$$

其中 X 是 R^n 到 R 的 Lebesgue 可测函数空间，X 中任意函数属于 $L^2(\Omega)$，且映射 $(x, y)\mapsto(u(x)-u(y))|x-y|^{-(n+2s)}$ 属于 $L^2(R^{2R}\setminus(C\Omega\times C\Omega), dxdy)$，$C\Omega=R^n\setminus\Omega$。

空间 X_0 上的范数定义为：

$$\|u\|_{X_0}=(\int_Q|u(x)-u(y)|^2|x-y|^{-(n+2s)}dxdy)^{\frac{1}{2}}. \tag{4}$$

其中 $Q=R^{2R}\setminus O$，$O=(C\Omega)\times(C\Omega)\subset R^{2n}$，$C\Omega=R^n\setminus\Omega$。

由于 $C_0^2(\Omega)\subseteq X_0$，因此 X 与 X_0 非空，并且 X_0 是一个 Hilbert 空间（见文［1］），其中对应的内积为：

$$\langle u, v\rangle_{X_0}=\int_Q(u(x)-u(y))(v(x)-v(y))|x-y|^{-(n+2s)}dxdy)^{\frac{1}{2}}, \tag{5}$$

方程（1）对应的特征值问题为：

$$\begin{cases}(-\Delta)^s u=\lambda u, & x\in\Omega\\ u=0 & x\in R^n\setminus\Omega\end{cases} \tag{6}$$

根据文献［1］知，$(-\Delta)^s$ 的特征值是一列无界序列 $\lambda_j\ (j\in N)$，且

$$0<\lambda_1<\lambda_2\leqslant\lambda_3\leqslant\cdots\lambda_j\leqslant\cdots, \lim_{j\to\infty}\lambda_j=+\infty,$$

其中 λ_j 是有限重的，λ_1 是正的、单重的和孤立的。特征值对应的特征函数 $\{e_j: j\in N\}$ 组成了空间 X_0 的一组正交基。

引理 1.1[3]　假设 $|\Omega|<\infty$，$1\leqslant p$，$1\leqslant\infty$，$f\in C(\overline{\Omega}\times R)$，且 $|f(x, u)|\leqslant c(1+|u|^{\frac{p}{q}})$，那么对于每个 $u\in L^p(\Omega)$，$f(x, u)\in L^q(\Omega)$，有算子 $A: L^p(\Omega)\to L^q(\Omega): u\to f(x, u)$ 是连续的.

引理 2.2[4]　设 Ω 是 $R^n(n>2s)$ 中具有光滑边界 $\partial\ \Omega$ 的有界区域，那

么当 $\theta \in [1, 2_s^*]$ 时，X_0 嵌入 $L^\theta(\Omega)$ 是连续的；当 $\theta \in (1, 2_s^*]$ 时，X_0 嵌入 $L^\theta(\Omega)$ 是紧的，其中 $2_s^* = \dfrac{2n}{n-2s}$。

根据引理 2，则存在 K_θ，当 $\theta \in [1, 2_s^*]$ 时，成立下列 Sobolev 嵌入不等式：

$$|u|_\theta \leqslant K_\theta \|u\|, \quad \forall u \in X_0 . \tag{7}$$

其中，$|u|_\theta = (\int_Q |u| \theta dx)^{\frac{1}{\theta}}$。

设 X_0 为 Hilbert 空间，范数为 $\|\cdot\|$，$X_j = span\{e_j\}$，$X_0 = \overline{\oplus_{j\in N} X_j}$，$Y_k = \oplus_{j=1}^{k} X_j$，$Z_k = \oplus_{j=k}^{\infty} X_j$，（其中，$\dim X_j < \infty$，$\forall j \in N$）．考虑 C^1 泛函 $\Phi_\lambda: X_0 \to R$，作如下定义：

$$\Phi_\lambda(u) := A(u) - \lambda B(u), \ \lambda \in [1, 2] . \tag{8}$$

根据文献［6］有下述的喷泉定理。

定理 2.3[6]　假设泛函 Φ_λ 满足如下条件：

（$F1$）对于 $\forall \lambda \in [1, 2]$，泛函 Φ_λ 将有界集映射为有界集；并且对于所有的 $(\lambda, u) \in [1, 2] \times X_0$，都有 $\Phi_\lambda(-u) = \Phi_\lambda(u)$；

（$F2$）对于所有的 $u \in X_0$，有 $B(u) \geqslant 0$；且当 $\|u\| \to \infty$ 时，有 $A(u) \to \infty$ 或 $B(u) \to \infty$；其中，$A(u) = \dfrac{1}{2}\|u\|^2$，$B(u) = \int_Q F(x, u) dx$。

（$F3$）存在 $r_k > \rho_k > 0$，使得：

$\alpha_k(\lambda): = \inf_{u \in Z_k, \|u\| = \rho_k} \Phi_\lambda(u) > \beta$

$: = \max_{u \in Y_k, \|u\| = r_k} \Phi_\lambda(u), \ \forall \lambda \in [1, 2]$ (9)

则有

$$\alpha_k(\lambda) \leqslant \zeta_k(\lambda): = \inf_{\gamma \in \Gamma_k} \max_{u = B_k} \Phi_\lambda(\gamma(u)), \ \forall \lambda \in [1, 2] \tag{10}$$

其中，$B_k = \{u \in Y_k: \|u\| \leqslant r_k\}$，$\Gamma_k: = \{\gamma \in C(B_k, X_0) \mid \gamma$ 是奇的，$\gamma|_{\partial B_k} = id\}$．并且存在一个序列 $\{u_m^k(\lambda)\}_{m=1}^{\infty}$，$a.e. \lambda \in [1, 2]$，，使得，当 $m \to \infty$ 时，有

$$\sup_m \|u_m^k(\lambda)\| < \infty, \quad \Phi'_\lambda(u_m^k(\lambda)) \to 0, \quad \Phi_\lambda(u_m^k(\lambda)) \to \zeta_k(\lambda). \tag{11}$$

三、主要结果及证明

定理 3. 1：假设非线性项 $f(x, u)$ 满足如下条件：

$(f1)$ $f(x, -u)=-f(x, u)$ 当所有的 $x \in \Omega$ 且 $u \in R$ 时成立；

$(f2)$ 存在常数 $a_1>0$，$1<r<\dfrac{n+2s}{n-2s}$，使得 $\forall x \in \Omega$，$u \in R$，有 $|f(x, u)| \leqslant a_1(1+|u|^r)$.

$(f3)$ 对于所有的 $(x, u) \in \Omega \times R$，都有 $F(x, u) \geqslant 0$，以及 $\lim\limits_{|u| \mapsto \infty} \dfrac{F(x, u)}{u^2}=\infty$ 在 Ω 上一致成立，其中 $F(x, u)=\int_0^u f(x, s)ds$；

$(f4)$ 存在常数 $M>0$，使得 $\lim\limits_{|u| \mapsto \infty} sup \dfrac{f(x, u)u-2F(x, u)}{u^2+1}<M$ 在 Ω 上一致成立。则方程（1）存在无穷多解。

证明：定义泛函 $J_\lambda : X_0 \to R$，

$$J_\lambda = A(u) - \lambda B(u), \quad \forall u \in X_0, \ \lambda \in [1, 2], \tag{12}$$

其中 $A(u)=\dfrac{1}{2}\|u\|^2=\dfrac{1}{2}\int_Q |u(x)-u(y)|^2|x-y|^{-(n+2s)}dxdy$，$B(u)=\int_Q F(x, u)dx$。显然，求方程（1）的解等价于寻求泛函 J_λ 当 $\lambda=1$ 时的临界点。

下面将分四步来完成定理 3. 1 的证明：

第一步：由 $(f2)$ 知，

$$F(x, u) \leqslant a_1(|u|+|u|^{r+1}), \quad \forall (x, u) \in \Omega \times R. \tag{13}$$

由文献［2］的引理 5 得到，对于 $\forall \lambda \in [1, 2]$，都有泛函 Φ_λ 将有界集映射为有界集．也就是说 $F(x, u)$ 与 u 无关．

再由（12）、（13）得到

$$J_\lambda(-u)J_\lambda(u), \quad \forall (\lambda, u) \in [1, 2] \times X_0 \tag{14}$$

定理 2. 3 的 $(F1)$ 得证．

第二步：由 $F(x, u) \geqslant 0$，有 $B(u)=\int_Q F(x, u)dx \geqslant 0$. 再由当 $\|u\| \to$

∞ 时，有 $A(u)=\frac{1}{2}\|u\|^2\to\infty$．定理 2.3 的（$F2$）得证.

第三步：由（12）、（13）得到，对 $\forall\lambda\in[1,2]$，$u\in X_0$，有

$$J_\lambda=\frac{1}{2}\|u\|^2-\lambda\int_Q F(x,u)dx$$
$$\geqslant\frac{1}{2}\|u\|^2-2\int_Q a_1(|u|+|u|^{r+1})dx$$
$$=\frac{1}{2}\|u\|^2-2a_1(|u|_1+|u|_{r+1}^{r+1}),\tag{15}$$

令 $$\sigma_{r+1}(k)=\sup_{u\in Z_k,\|u\|=1}|u|_{r+1},\quad\forall k\in N.\tag{16}$$

即有 当 $k\to\infty$ 时，$\sigma_{r+1}(k)\to 0$．（17）

由于 X_0 嵌入到 L^{r+1} 是紧的，再由（7）、（15）及（16）得出

$$J_\lambda\geq\frac{1}{2}\|u\|^2-2a_1K_1\|u\|-2a_1\sigma_{r+1}^{r+1}(k)\|u\|^{r+1},\quad\forall(\lambda,u)\in[1,2]\times Z_k.\tag{18}$$

其中，$Z_k=\overline{\oplus_{j=1}^{k}X_j}=\overline{span\{e_k,\cdots\}}$．

由（17）知，存在一个正整数 k_1，对 $\forall k\geqslant k_1$，有

$$\rho_k:=(16a_1\sigma_{r+1}^{r+1}(k))^{\frac{1}{1-r}}>16a_1K_1\tag{19}$$

由于 $r+1>2$，显然有当 $k\to\infty$ 时，$\rho_k\to\infty$。（20）

由（17）、（18）直接计算出 $a_k:=\inf_{u\in Z_k,\ \|u\|=\rho_k}J_\lambda(u)\geqslant\frac{\rho_k^2}{4}>0$，$\forall k\geqslant k_1$.（21）

通过文献［2］的思想方法得出，对任意有限维的子空间 $E\subset X_0$，存在一个常数 $\varepsilon>0$，使得

$$m(\{x\in\Omega:|u(x)|\geqslant\varepsilon\|u\|\})\geqslant\varepsilon,\quad\forall u\in E\setminus\{0\}.\tag{22}$$

这里的 $m(\cdot)$ 表示在 R 上的 Lebesgue 测度。

因此，对于任意 $k\in N$，存在一个常数 $\varepsilon_k>0$，使得 $m(\Lambda_u^k)\geqslant\varepsilon_k$，$\forall u\in Y_k\setminus\{0\}$（23）

其中，$\Lambda_:^k=\{x\in\Omega:|u(x)|\geqslant\varepsilon_k\|u\|,\ \forall k\in N,\ u\in Y_k\setminus\{0\}\}$，使得 $m(\Lambda_u^k)\geqslant\varepsilon_k$，$\forall_u\in Y_k\setminus\{0\}$．

由（$f3$），对于 $\forall k\in N$，存在一个常数 $S_k>0$，使得 $F(x,u)\geqslant\frac{|u|^2}{\varepsilon_k^3}$，$\forall|u|\geqslant S_k$．（24）

由（7）、（23）、（24）、（$f3$），$\forall k \in N$，$\lambda \in [1,2]$，得到

$$\begin{aligned} J_\lambda &= \frac{1}{2}\|u\|^2 - \lambda\int_Q F(x,u)dx \\ &\leqslant \frac{1}{2}\|u\|^2 - \int_{\Lambda_u^k}\frac{|u|^2}{\varepsilon_k^3}dx \\ &\leqslant \frac{1}{2}\|u\|^2 - \frac{1}{\varepsilon_k^3}\varepsilon_k^2\|u\|^2 m(\Lambda_u^k) \\ &\leqslant \frac{1}{2}\|u\|^2 - \|u\|^2 = -\frac{1}{2}\|u\|^2. \end{aligned} \tag{25}$$

由 $\|u\| \geqslant \dfrac{S_k}{\varepsilon_k}$，$\forall k \in N$，令 $r_k > \max\{\rho_k, \dfrac{S_k}{\varepsilon_k}\}$

即由（25）可得 $\beta_k(\lambda):=\max\limits_{u\in Y_k,\ \|u\|=r_k} J_\lambda(u) \leqslant -\dfrac{r_k^2}{2} < 0$，$\forall k \in N$，

（26）

由（21）、（26）得出，对于所有的 $k \geqslant k_1$，定理 2.3 的（$F3$）成立。因此，通过定理 2.3，对 $\forall k \geqslant k_1$，$a.e.\lambda \in [1,2]$，存在一序列 $\{u_m^k(\lambda)\}_{m=1}^{\infty} \subset X_0$，使得，当 $m \to 0$ 时，有

$$\sup_m \|u_m^k(\lambda)\| < \infty, J_k'(u_m^k(\lambda)) \to 0,\ J_\lambda(u_m^k(\lambda)) \to \zeta_k(\lambda). \tag{27}$$

其中，$\zeta_k(\lambda):=\inf\limits_{u\in\Gamma_k,\ u\in B_k}\max J_\lambda(h(u))$，$\forall \lambda \in [1,2]$，这里，$B_k = \{u \in Y_k: \|u\| \leqslant r_k\}$；$\Gamma_k:=\{h \in C(B_k, X_0) \mid \gamma$ 是奇的，$h|_{\partial B_k} = id\}$.

第四步：由第三步得出 $\zeta_k(\lambda) \in [\overline{\alpha_k}, \overline{\zeta_k}]$，$\forall k \geqslant k_1$， （28）

其中，$\overline{\zeta_k}:=\max\limits_{u\in B_k} J_\lambda(u)$；由（23），得 $\overline{a_k}:=\dfrac{\rho_k^2}{4} \to \infty$，当 $k \to \infty$。

推断 1. 对于 $\forall \lambda \in [1,2]$，$k \geqslant k_1$，$\{u_m^k(\lambda)\}_{m=1}^{\infty} \subset X_0$ 在 X_0 中有强收敛的子列。

事实上，由于序列 $\{u_m^k(\lambda)\}_{m=1}^{\infty}$ 的有界性，当 $m \to 0$ 时，通过其子列，我们得到

$$u_m^k(\lambda) \xrightarrow{\text{弱}} u^k(k),\ u \in X_0. \tag{29}$$

通过 Sobolev 嵌入定理，有 $u_m^k(\lambda) \to u^k(k)$，$u \in L^{r+1}$ （30）

再由引理 2.1，得出 $f(x, u_m^k(\lambda)) \to f(x, u^k(\lambda))$，$u \in L^{\frac{r+1}{r}}(\Omega)$

（31）

观察 $\|u_m^k(\lambda)-u^k(\lambda)\|^2=(J_\lambda'(u_m^k(\lambda))-J_\lambda'(u^k(\lambda)),\ u_m^k(\lambda)-u^k(\lambda))$

$+\lambda\int_Q(f(x,\ u_m^k(\lambda))-f(x,\ u^k(\lambda)))(u_m^k(\lambda)-u^k(\lambda))dx.$ (32)

由（27），可得到，当 $m\to\infty$ 时，$(J_\lambda'(u_m^k(\lambda))-J_\lambda'(u^k(\lambda)),\ u_m^k(\lambda)-u^k(\lambda))\to 0.$ (33)

利用 Hölder 不等式，(30)、(31)，得到，当 $m\to\infty$，

$$\left|\int_Q(f(x,u_m^k(\lambda))-f(x,u^k(\lambda)))(u_m^k(\lambda)-u^k(\lambda))dx\right|$$
$$\leqslant\left|f(x,u_m^k(\lambda))-f(x,u^k(\lambda))\right|_{\frac{r+1}{r}}\left|u_m^k(\lambda)-u^k(\lambda)\right|_{r+1}\to 0. \quad (34)$$

因此，通过（32）、(33)、(34)，得 $\|u_m^k(\lambda)-^k(\lambda)\|\to 0.$ (35)

故，在空间 X_0 中，$u_m^k(\lambda)\to u^k(\lambda)$。

从而，对于 $\forall k\geqslant k_1$，让 $\lambda_n\to 1$，使得序列 $\{u_m^k(\lambda)\}_{m=1}^{\infty}$ 有收敛子列，通过重新获得的序列，得到，在 X_0 中 $\lim\limits_{m\to 0}u_m^k(\lambda_n)=u_n^k$，$\forall n\in N,\ k\geqslant k_1.$

(36)

利用（27）、(28) 及上式有 $J_\lambda'(u_n^k)=0$，$J_{\lambda_n}(u_n^k)\in[\overline{\alpha_k},\ \overline{\zeta_k}]$，$\forall n\in N,\ k\geqslant k_1.$ (37)

推断 2. 在 X_0 中，对所有的 $k\geqslant k_1$，$\{u_n^k\}_{n=1}^{\infty}$ 有界。

若 $\{u_n^k\}$ 在 X_0 中无界，为了使符号简单化，在下面证明过程中，用 u_n 表示 u_n^k，令 $v_n=\dfrac{u_n}{\|u_n\|}$. 由于 $\|v_n\|=\dfrac{\|u_n\|}{\|u_n\|}=1$，为了不失一般性，假设存在 $v\in X_0$，使得 $v_n\xrightarrow{\text{弱}}v$，在 X_0 中，$v_n\to v$，在 $L^{r+1}(\Omega)$ 中，$v_n(x)\to v(x)$，a. e. 于 Ω 中. (38)

令 $\Omega_{\neq}\ \{x\in\Omega:\ v(x)\neq 0\}$，若 $x\in\Omega_{\neq}$，从（$f3$）得到 $\lim\limits_{n\to\infty}\dfrac{F(x,\ u_n(x))}{u_n(x)^2}v_n(x)^2=\infty$. (39)

通过简单的计算，得到 $\lim\limits_{n\to\infty}\int_Q\dfrac{F(x,\ u_n(x))}{u_n(x)}v_n(x)^2dx=\dfrac{1}{2}.$ (40)

故有，$\Omega_{\neq}$ 具有零测度，且在 Ω 中处处有 $v=0$。

此外，从（31）、（40）得出 $\int_\Omega\dfrac{\frac{1}{2}f(x,\ u_n)u_n-F(x,\ u_n)}{u_n^2}v_n^2dx=$

$$\frac{J_{\lambda n}(u_n)}{\lambda_n \|u_n\|^2} > 0. \tag{41}$$

但，由（$f4$）知，$\limsup\limits_{n\to\infty} \frac{\frac{1}{2}f(x,\ u_n)u_n - F(x,\ u_n)}{u_n^2} v_n^2 < \limsup\limits_{n\to\infty}$

$$\frac{b(u_n^2+1)}{2u_n^2} v_n^2 = 0. \tag{42}$$

这与（44）矛盾！故 $\{u_n\}$ 有界，即在 X_0 中，对所有的 $k \geqslant k_1$，$\{u_n^k\}_{n=1}^{\infty}$ 有界。

推断 3. 对于所有的 $k \geqslant k_1$，当极限 u^k 在 X_0 中时，$\{u_n^k\}$ 有收敛子列。

为了不失一般性，通过推断 2，假定 $u_n^k \xrightarrow{弱} u^k$，$n \to \infty$. (43)

$J_\lambda' : X_0 \to X_0^*$，$B' : X_0 \to X_0$，通过利用 Riesz 定理，分别有 $J_\lambda' : X_0 \to X_0$，$F(x,\ u) : X_0 \to X_0$，这里的 X_0^* 是 X_0 的共轭空间。

又 $0 = J_{\lambda_n}'(u_n^k) = u_n^k - \lambda_n B'(u_n^k)$. (44)

也就是说 $u_n^k = \lambda_n B'(u_n^k)$. (45)

由文献［5］知，$B' : X_0 \to X_0$ 是紧的，再由（43）得出，在 X_0 中（45）式等号的右边 $\lambda_n B'(u_n^k)$ 强收敛，等号的左边 $u_n^k \to u^k$ 。

对 $\forall k \geqslant k_1$，通过（37）知，极限 u^k 是 J_1 的临界点，$J(u^k) \in [\overline{\alpha_k},\ \overline{\zeta_k}]$ 。

再由（27），当 $k \to \infty$ 时，$\overline{\alpha_k} \to \infty$ 知，泛函 J 有无穷多个非平凡临界点。因此，通过文献［2］的引理 5，方程（1）得证。

参考文献

［1］R. Servadei, E. Valdinoci. Mountain pass solutions for non-local elliptic operators［J］. J. Math. Anal. Appl, 389 (2012). no. 2, 887 - 898.

［2］Anmin Mao, Yang Li. Infinitely many solutions of Superlinear elliptic equation［J］. Abstract and Applied Analysis. Volume 2013, Article ID 769620, 6 pages.

［3］M. Willem. Minimax theorems. Boston: Birkhuser, 1996

[4] Servadei R, Valdinoci E. The brezis–nirenberg result for the fractional laplacian, to appear in TransAmer. Math. Soc., available online at http://www.math.utexas.edu/np–arc–bin/mpa? yn–11–196.

[5] P. H. Rabinowitz. Minimax methods in critical point theory with applications to differential equations, CBMS, 1986.

[6] W. Zou Variant fountain theorems and their applications. Manuscrupta Mathematica vol. 104, no. 3, pp. 343–356, 2001.

[7] E. Di Nezza, G. Palatucci, E. Valdinoci. Hitchhiker's guide to the fractional Sobolev spaces [J]. Bull. Sci. Math, 136 (5) (2012). 521–573.

[8] T. Bartsch. Infinitely many solutions of a symmetric Dirichlet problem. Nonl Anal. 1993, 20: 1205–1216.

[9] Aliang Xia, Jianfu Yang. Regularity of nonlinear equations for fractionalLaplacian [J]. Proceedings of the American Mathematical Society S 0002–9939 (2013) 11734–X.

一类分数阶椭圆形算子系统近共振问题的多重解*

郭灵钟　姚　娟　容　红　索洪敏
（贵州民族大学理学院　贵州　贵阳　550025）

一、引言

考虑分数阶椭圆型算子系统

$$\begin{cases} -\mathcal{L}_{K_1}u=\lambda u+F_u(x,u,v) & x\in\Omega, \\ -\mathcal{L}_{K_2}v=\lambda v+F_v(x,u,v) & x\in\Omega, \\ u=v=0, & x\in\mathbb{R}^n\setminus\Omega, \end{cases} \tag{1}$$

其中 $\Omega\subset\mathbb{R}^n$（n≥1）是有界开区域具有局部 Lipschitz 边界 $L_{K_i}u$ 定义如下：

$$L_{K_i}u=\frac{1}{2}\int_{\mathbb{R}^n}(u(x+y)+u(x-y)-2u(x))K_i(y)dy,\ x\in\mathbb{R}^n,\ i=1,\ 2 \tag{2}$$

这里 $K_i:\mathbb{R}^n\setminus\{0\}\to(0,\ +\infty)$，使得 $mK_i\in L^1(\mathbb{R}^n)$，其中 $m(x)=min\{|x|^2,\ 1\}$，函数 $K_i(x)$ 满足：$K_i(x)=K_i(-x)$，并且 $K_i(x)\geqslant$

---

* 项目基金：贵州省科技厅自然科学基金资助项目（［2013］2141 号）；贵州省科技厅联合基金资助项目（LKM［2011］31，LKB［2012］19 号）；贵州省教育厅黔教科研发［2013］405 号。

$\theta|x|^{-(n+2s)}$，（$\theta>0$，$s\in(0,1)$）。$F\in C^1(\overline{\Omega}\times\mathbb{R}^2,\mathbb{R})$ 满足次线性增长条件：

$$\lim_{|s|\to\infty}\frac{|\nabla F(x,s)|}{|s|}=0 \tag{3}$$

关于 $x\in\overline{\Omega}$ 一致地成立，其中 $\nabla F=(F_u,Fv)$ 是位势函数 F 关于 $(u,v)\in\mathbb{R}^2$ 的梯度。

2006 年，Furtado 和 de Paiva[1]利用极大极小值原理和 Morse 理论建立了椭圆系统共振问题的四个存在性结果；2010 年，Suo 和 Toan[2]利用环绕定理和局部鞍点定理建立了合作椭圆系统近共振问题的四个存在性结果；2012 年，Nezza，Palatucci 和 Valdinoci[3]等学者系统给出了分数阶 Sobolev 空间的若干性质，如，分数 Sobolev 不等式、连续嵌入定理和紧嵌入定理等；2012 年，Servadei 和 Valdinoci[4]利用山路引理得到了分数阶椭圆形方程的一个非平凡解；2012 年，国内学者杨健夫在文献［5］中对分数阶椭圆方程解的性态进行了研究，得出了一些正则性结果；2013 年，Servadei 和 Valdinoci[6]系统地给出了分数阶椭圆形算子方程特征值及特征函数的良好性质；2013 年，国内学者柏传志在文献［7］中利用 Morse 理论和局部鞍点定理对一类非局部椭圆形算子进行了研究，得出非主特征值左侧至少存在两个非平凡解。而对于分数阶椭圆形算子系统的研究，目前几乎没有。受文献［6］和［2］的启发，本文通过对分数阶椭圆形算子系统线性特征值问题的讨论，对分数阶 Sobolev 空间进行直和分解，建立了一类分数阶椭圆形算子系统在非主特征值处近共振问题的两个存在性结果。

二、预备知识及结果

设 X_i 是一个 $\mathbb{R}^n$ 到 $\mathbb{R}^n$ 的可测函数空间，X_i 中任意函数都属于 $L^2(\Omega)$，并且映射 $(x,y)\to(g(x)-g(y))\sqrt{K_i(x-y)}$ 属于 $L^2(\mathrm{R}^{2n}\setminus(C\Omega\times C\Omega),dxdy)$，$C\Omega:=\mathrm{R}^n\setminus\Omega$，$i=1,2$. 记 $H_i=\{g\in X_i: g=0a.e.in\mathbb{R}^n\setminus\Omega\}$，$i=1,2$. 其上的范数定义为：

$$\|g\|_{k_i}=\left(\int_Q|g(x)-g(y)|^2K_i(x-y)dxdy\right)^{1/2} \tag{4}$$

对应内积为：

$$\langle u, v\rangle_{k_i}=\int_Q (u(x)-u(y))(v(x)-v(y))K_i(x-y)dxdy. \quad (5)$$

由文献［4］知，H_i 为 Hilbert 空间．记 $H=H_1\times H_2$，定义范数 $\|z\|=(\|u\|_{(}^2k_1)+\|v\|_{(}^2k_2)^{1/2}$，$\forall z=(u, v)\in H$，则 H 也为 Hilbert 空间，其中内积为

$$\langle z, \phi\rangle=\langle u, \varphi_1\rangle_{k_1}+\langle v, \varphi_2\rangle_{k_2}, z=(u, v), \phi=(\varphi_1, \varphi_2)$$

由分数阶 Sobolev 嵌入定理知道，对任意的 $2\leqslant p\leqslant 2_s^*=\dfrac{2n}{n-2s}$，嵌入 $H\to L^P(\Omega)\times L^P(\Omega)$ 是连续的且存在一个正常数 $S=S(p, N, \Omega)$ 使得对所有的 $z\in H$ 有

$$\int_\Omega |z|^p dx\leqslant S^p\|z\|p \quad (6)$$

如果 $p<2_s^*$，由 Rellich-Kondrachov 定理知道上述嵌入还是紧的。

记 $L_Z=(L_{K_1}u, L_{K_1}v)$，$\sigma(-\Delta(L))$ 为问题（1）的特征值集合。根据文献［6］知其特征值具有特性：$0<\lambda_1<\lambda_2<\cdots<\lambda_k<\cdots$，且 λ_1 是正的，单重的和孤立的，其特征函数 $(\mu, v)\in H$ 在 Ω 上是严格正的函数，并且 $\|(\mu, v)\|=1$。记 E_k 为对应特征值 λ_k 的特征子空间，$V_k=E_1\oplus E_2\oplus\cdots\oplus E_k$ 为第一个特征值到第 k 个特征值对应的特征子空间的直和，由特征子空间性质可将 H 分解为 $H=V_k\oplus V_k^\perp$。根据空间的分解和特征值的性质，可得如下不等式：

$$\|z\|^2\leqslant\lambda_k\int_\Omega |z|^2dx;\quad \forall z\in V_k \quad (7)$$

$$\|z\|^2\geqslant\lambda_{k+1}\int_\Omega |z|^2dx,\quad \forall z\in V_k^\perp \quad (8)$$

定义泛函 $I: H\to\mathbb{R}$ 如下：$\forall z=(u, v)\in H$，

$$I(z)=\frac{1}{2}\int_{\mathbb{R}^{2n}}|u(x)-u(y)|^2K_1(x-y)dxdy$$
$$+\frac{1}{2}\int_{\mathbb{R}^{2n}}|v(x)-v(y)|^2K_2(x-y)dxdy-\frac{\lambda}{2}\int_\Omega|z(x)|^2dx-\int_\Omega F(x,z)dx \quad (9)$$

因为位势函数 F 是次线性增长，通过标准的证明可知，泛函 $I\in C^1(H, \mathbb{R})$，并且 $z\in H$ 是系统（1）的弱解当且仅当 z 是泛函 I 的临界点。

记 $B_{k-1}=\{z\in V_{k-1}: \|z\|\leqslant 1\}$，$B_k=\{z\in V_k: \|z\|\leqslant 1\}$，$B_k^\perp=\{z\in$

$V_k^{\perp}$：$\|z\| \leqslant 1\}$，其中 S_{k-1}，S_k，$S_k^{\perp}$ 分别为 B_{k-1}，B_k，$B_k^{\perp}$ 的球面边界。由条件（3）和位势函数 F 的连续性可得，对任意 $\varepsilon > 0$ 存在一个正常数 $M_\varepsilon = M(\varepsilon)$ 使得对所有 $(x, s) \in \overline{\Omega} \times R^2$，有

$$|\nabla F(x, s)| \leqslant \varepsilon |s| + M_\varepsilon \tag{10}$$

假设位势函数 F 满足（3）及对所有 $x \in \Omega$ 有 $\nabla F(x, 0) = 0$ 通过估计式（10），Hölder 不等式和 Sobolev 嵌入不等式（6），对所有 $z \in H$ 可得如下不等式：

$$\begin{aligned}\left|\int_\Omega F(x,z)dx\right| &\le \int_\Omega |F(x,z)|\,dx \\ &\le \int_\Omega \left|\int_0^1 (\nabla F(x,tz),z)dt\right| dx \\ &\le \int_\Omega \int_0^1 |\nabla F(x,tz)\|\, z\,|\,dtdx \\ &\le \int_\Omega (\varepsilon\,|\,z\,|^2 + M_\varepsilon\,|\,z\,|)dx \\ &\le \varepsilon \|\, z\,\|_{L^2}^2 + M_\varepsilon\,|\Omega|^{1/2}\,\|\, z\,\|_{L^2} \\ &\le \varepsilon S^2 \|\, z\,\|^2 + M_\varepsilon S\,|\Omega|^{1/2}\,\|\, z\,\|\end{aligned} \tag{11}$$

以及对所有 z，$w \in H$，有不等式估计：

$$\begin{aligned}\left|\int_\Omega (\nabla F(x,z),w)dx\right| &\le \int_\Omega |\nabla F(x,z)\|\,w\,|\,dx \\ &\le \int_\Omega (\varepsilon\,|\,z\,| + M_\varepsilon)\,|\,w\,|\,dx \\ &\le \varepsilon \|\, z\|_{L^2} \|\, w\|_{L^2} + M_\varepsilon\,|\Omega|^{1/2}\,\|\, w\|_{L^2} \\ &\le (\varepsilon S^2 \|\, z\| + M_\varepsilon S\,|\Omega|^{1/2})\|\, w\|\end{aligned} \tag{12}$$

其中 S 是 Sobolev 嵌入不等式（6）的最佳常数。

本文结果如下：

定理 1　设 $\lambda_k \in \sigma(-\Delta(L))(k \geqslant 2)$ 是第 k 个特征值．假设位势函数 F 满足（3）及对所有 $x \in \Omega$ 有 $\nabla F(x, 0) = 0$. 假定

$$\lim_{|s| \mapsto \infty} \frac{(\nabla F(x, s), s)}{|s|} = +\infty \tag{13}$$

关于 $x \in \Omega$ 一致地成立．则存在 $\delta_1 > 0$ 使得对 $\lambda \in (\lambda_k - \delta_1, \lambda_k)$ 问题（1）至少有两个解。

定理 2　设 $\lambda_k \in \sigma(-\Delta(L))(k \geqslant 2)$ 是第 k 个特征值．假设位势函数 F 满足（3）及对所有 $x \in \Omega$ 有 $\nabla F(x, 0) = 0$. 假定

$$\lim_{|s|\to\infty}\frac{(\nabla F(x,s),s)}{|s|}=-\infty \tag{14}$$

关于 $x\in\Omega$ 一致地成立．则存在 $\delta_2>0$ 使得对 $\lambda\in(\lambda_k-\delta_2,\lambda_k)$ 问题（1）至少有两个解。

三、结果的证明

首先假设 $\lambda\neq\lambda_k$，证明泛函 I 满足 PS 条件。

设 $\{z_n\}\subset H$ 满足 $I(z_n)$ 是有界的以及当 $n\to\infty$ 时 $I'(z_n)\to 0$. 现只需证明 $\{z_n\}$ 在空间 H 中是有界的，然后通过标准的证明知道，$\{z_n\}$ 有收敛子列，即泛函 I 满足 PS 条件。

用反证法，假设 $\{z_n\}$ 在空间 H 中无界。令 $w_n=\dfrac{z_n}{\|z_n\|}$，则 $\|w_n\|=1$，由于 H 是一 Hilbert 空间，所以存在 $W\in H$ 使得 $w_n\xrightarrow{\text{在}H\text{里弱收敛}}w$，$w_n\xrightarrow{\text{在}L^p\text{里强收敛}}w$，（其中 $p\in[1,2_S^*)$）　　（15）

对于任意的 $h=(h_1,h_2)\in H$，由（12）得

$$\frac{1}{\|z_n\|}\int_\Omega(\nabla F(x,z_n),h)dx\leqslant\frac{1}{\|z_n\|}(\varepsilon S^2\|z_n\|+M_\varepsilon S|\Omega|^{1/2})\|h\|$$

再由 ε 的任意性可得 $\lim\limits_{n\to\infty}\dfrac{1}{\|z_n\|}\displaystyle\int_\Omega(\nabla F(x,z_n),h)dx=0$　　（16）

由（11）同理可证 $\lim\limits_{n\to\infty}\dfrac{1}{\|z_n\|^2}\displaystyle\int_\Omega(F(x,z_n),h)dx=0$　　（17）

通过（15）（16），

$$\begin{aligned}\frac{<I'(z_n),h>}{\|z_n\|}=\frac{1}{\|z_n\|}\Big[&\int_{\mathbb{R}^{2n}}(u_n(x)-u_n(y))(h_1(x)-h_1(y))K_1(x-y)dxdy\\&-\lambda\int_\Omega u_n(x)h_1(x)dx+\int_{\mathbb{R}^{2n}}(v_n(x)-v_n(y))(h_2(x)-h_2(y))K_2(x-y)dxdy\\&-\lambda\int_\Omega v_n(x)h_2(x)dx-\int_\Omega\nabla F(x,z_n(x))h(x)dx\Big]\end{aligned}$$

从而得

$$\frac{1}{\|z_n\|}[\int_{2n}(u_n(x)-u_n(y))(h_1(x)-h_1(y))K_1(x-y)dxdy$$

$$+\int_{2n}(v_n(x)-v_n(y))(h_2(x)-h_2(y))K_2(x-y)dxdy]-\lambda\int_{\Omega}w_n(x)h(x)dx=0$$

故 $w \in Ker(L-\lambda)$ （18）

另外，由（15）（17）可得

$$\frac{I(z_n)}{\|z_n\|^2}=\frac{1}{2\|z_n\|^2}\int_{\mathbb{R}^{2n}}|u_n(x)-u_n(y)|^2 K_1(x-y)dxdy+\frac{1}{2\|z_n\|^2}\int_{\mathbb{R}^{2n}}|v_n(x)-v_n(y)|^2$$

$$K_2(x-y)dxdy-\frac{\lambda}{2}\int_{\Omega}|w_n(x)|^2 dx-\frac{1}{\|z_n\|^2}\int_{\Omega}F(x,z_n)dx$$

进而得 $\frac{1}{2}-\frac{\lambda}{2}\int_{\Omega}|w_n(x)|^2dx=0$ （19）

如果 $\lambda=0$，则有 $\frac{1}{2}=0$ 矛盾。如果 $\lambda\neq 0$，那么从（19）知，$w\neq 0$，从（18）可知 λ 是 L 的特征值这也矛盾。从而可得 $\{z_n\}$ 在空间 H 中是有界的。

定理 1 的证明：第一步．证明存在 $\delta_1>0$ 使得对 $\lambda\in(\lambda_k-\delta_1,\ \lambda_k)$，通过环绕定理得到系统（1）第一个解的存在性。

对 $\lambda\in(\lambda k-1,\ \lambda_k)$ 以及任意的 $z=(u,\ v)\in V_k^{\perp}$ 结合（8），（9）和（11），得

$$\begin{aligned}I(z)&=\frac{1}{2}\int_{\Omega}|u(x)-u(y)|^2 K_1(x-y)dxdy\\&+\frac{1}{2}\int_{\Omega}|v(x)-v(y)|^2 K_2(x-y)dxdy\\&-\frac{\lambda}{2}\int_{\Omega}|z(x)|^2 dx-\int_{\Omega}F(x,z)dx\\&\geq\left(\frac{\lambda_{k+1}-\lambda}{2\lambda_{k+1}}-\varepsilon S^2\right)\|z\|^2-M_{\varepsilon}|\Omega|^{1/2}S\|z\|\end{aligned}$$ （20）

取 $\varepsilon<\frac{\lambda_{k+1}-\lambda}{2S^2\lambda_{k+1}}$，于是可知 I 在 $V_k^{\perp}$ 是下有界的，即存在常数 D_1 使得对所有 $z\in V_k^{\perp}$ 有 $I(z)\geqslant D_1$.

假定（3）和（13）成立，可证存在 C_1 使得 $F(x,\ s)\geqslant|s|-C_1$ 关于 $x\in\Omega$ 一致地成立.（21）

事实上，由（13），存在$R_0>0$，使得对$|s|\geqslant R_0$，$(\nabla F(x,s),s)\geqslant|s|$关于$x\in\Omega$一致地成立．对任意的$s\in R^2(s\neq 0)$，由（10）（令$\varepsilon=2$）有

$s\in R^2(s\neq 0)$，由(10)（令$\varepsilon=2$）有

$$
\begin{aligned}
F(x,s)&=\int_0^1(\nabla F(x,ts),s)dt\\
&=\int_{\frac{R_0}{|s|}}^1(\nabla F(x,ts),s)dt+\int_0^{\frac{R_0}{|s|}}(\nabla F(x,ts),s)dt\\
&\geq\int_{\frac{R_0}{|s|}}^1|s|\,dt+\int_0^{\frac{R_0}{|s|}}(\nabla F(x,ts),s)dt\geq|s|-R_0-\int_0^{\frac{R_0}{|s|}}(2t|s|^2+|M_2||s|)dt\\
&=|s|-R_0-R_0^2-|M_2|R_0\\
&=|s|-C
\end{aligned}
\tag{21}
$$

其中$C_1=R_0+R_0^2+|M_2|R_0$.

设$z=(u,v)\in KS_k$，由于有限维空间所有范数等价，所以（这里取$\delta=\lambda_k-\lambda>0$，并运用（7）和（21））有

$$
\begin{aligned}
I(z)&=\frac{1}{2}\int_\Omega|u(x)-u(y)|^2K_1(x-y)dxdy\\
&+\frac{1}{2}\int_\Omega|v(x)-v(y)|^2K_2(x-y)dxdy\\
&-\frac{\lambda}{2}\int_\Omega|z(x)|^2dx-\int_\Omega F(x,z)dx\\
&\leq\left(\frac{\lambda_k-\lambda}{2\lambda_k}\right)\|z\|^2-\|z\|+C_1|\Omega|\\
&\leq\frac{\delta}{2\lambda_k}\|z\|^2-\|z\|+C_1|\Omega|
\end{aligned}
\tag{22}
$$

固定$\|z\|=K_1$使得$C_1|\Omega|-K_1<D_1-1$，则对$0<\delta<2\lambda_k/(K_1)^2=\delta_1$得到对所有$z\in K_1S_k$有$I(z)<D_1$.

记$\Gamma_1=\{\gamma\in C^0(K_1B_k;H)s.t.\gamma|_{K_1S_k}=Id\}$因为$K_1S_k$和$V_k^\perp$环绕，由环绕定理得到第一个解$z_1$，对应的临界值为$c_1=\inf\limits_{\gamma\in\Gamma_1}\sup\limits_{v\in K_1B_k}I(\gamma(v))$.

第二步．再一次用环绕定理得到系统（1）的第二个解．

一方面，对$\lambda\in(\lambda_{k-1},\lambda_k)$和任意$z=(u,v)\in V_{k-1}^\perp$，运用（8），(9)和（11），得到下面估计式：

$$I(z)=\frac{1}{2}\int_{\Omega}\left|u(x)-u(y)\right|^{2}K_{1}(x-y)dxdy$$

$$+\frac{1}{2}\int_{\Omega}\left|v(x)-v(y)\right|^{2}K_{2}(x-y)dxdy$$

$$-\frac{\lambda}{2}\int_{\Omega}\left|z(x)\right|^{2}dx-\int_{\Omega}F(x, z)dx?$$

$$\geqslant\left(\frac{\lambda_{k}-\lambda}{2\lambda_{k}}-\varepsilon S^{2}\right)\|z\|^{2}-M_{\varepsilon}|\Omega|^{1/2}S\|z\| \tag{23}$$

取 $\varepsilon<\frac{\lambda_{k}-\lambda}{2S^{2}\lambda_{k}}$，可知 I 在 $V_{k-1}^{\perp}$ 中是下有界的，即存在常数 D_2 使得对所有 $z\in V_{k-1}^{\perp}$ 有 $I(z)\geqslant D_{2}$.

另一方面，对任意 $z=(u, v)\in V_{k-1}$，结合（7），（9）和（11），得到如下估计式：

$$I(z)=\frac{1}{2}\int_{\Omega}\left|u(x)-u(y)\right|^{2}K_{1}(x-y)dxdy$$

$$+\frac{1}{2}\int_{\Omega}\left|v(x)-v(y)\right|^{2}K_{2}(x-y)dxdy$$

$$-\frac{\lambda}{2}\int_{\Omega}\left|z(x)\right|^{2}dx-\int_{\Omega}F(x, z)dx$$

$$\leqslant\left(\frac{\lambda_{k-1}-\lambda}{2\lambda_{k-1}}+\varepsilon S^{2}\right)\|z\|^{2}+M_{\varepsilon}|\Omega|^{1/2}S\|z\| \tag{24}$$

于是对 $\lambda\in(\lambda_{k-1}, \lambda_{k})$，取 $\varepsilon<\frac{\lambda-\lambda_{k-1}}{2S^{2}\lambda_{k-1}}$，由（24）立即知当 $\|z\|\to\infty$ 时，有 $I(z)\to-\infty$. 所以在第一步中对给定的 K_1，这里可以找 $\rho_1>K_1$ 使得对于任意的 $z\in\rho_{1}S_{k-1}$ 有 $I(z)<D_{2}$.

记 $\Gamma_{2}=\{\gamma\in C^{0}(\rho_{1}B_{k-1}; H)\ s.t.\ \gamma|_{\rho_{1}S_{k-1}}=Id\}$. 因为 $\rho_1 S_{k-1}$ 与 $V_{k-1}^{\perp}$ 环绕，由环绕定理得到第二个解 z_2，其临界值为：$c_{2}=\inf_{\gamma\in\Gamma_{2}}\sup_{v\in\rho_{1}B_{k-1}}I(\gamma(v))$.

第三步．证明得到的两个解是不同的．

从第二步的估计式知：$c_1\geqslant D_1$.

下面定义连续映射 γ_1：$\rho_{1}B_{k-1}\to H$ 如下：

$$\gamma_{1}(z)=\begin{cases}z+(K_{1}^{2}-\|z\|^{2})^{1/2}e_{k} & \|z\|\leq K_{1},\\ z & K_{1}\leq\|z\|\leq\rho_{1},\end{cases} \tag{25}$$

其中 $e_k \in E_k$，$\| e_k \| = 1$. 易知 $\gamma_1 \in \Gamma_2$.

对 $z \in V_{k-1}$，运用（7）和（21）得到

$$
\begin{aligned}
I(z) &= \frac{1}{2}\int_\Omega |u(x) - u(y)|^2 K_1(x-y)dxdy \\
&+ \frac{1}{2}\int_\Omega |v(x) - v(y)|^2 K_2(x-y)dxdy \\
&- \frac{\lambda}{2}\int_\Omega |z(x)|^2 dx - \int_\Omega F(x, z)dx \\
&\leqslant \left(\frac{\lambda_{k-1} - \lambda}{2\lambda_{k-1}}\right) \|z\|^2 - \|z\| + C_1 |\Omega| . \qquad (26)
\end{aligned}
$$

因此对 $z \in V_{k-1}$，$\|z\| > K_1$，因 $C_1|\Omega| - K_1 \le D_1$ 和 $\lambda > \lambda_{k-1}$，由（26）得到 $I(z) < D_1$；对 $z \in K_1 B_{k-1}$，$\gamma_1(z) = z + (K_1^2 - \|z\|^2)^{1/2} e_k \in K_1 S_k$，由第二步也得到 $I(z) < D_1$. 现在导出 $\sup_{v \in \rho_1 B_{k-1}} I(\gamma_1(v)) < D_1$，于是得到 $c_2 < D_1$.

定理 2 的证明：为了应用局部鞍点定理得到第一个解，需要证明下面的这些估计：对

$\lambda \in (\lambda_k, \lambda_{k+1})$，假设（3）和（14）成立，则存在 $\delta_2 > 0$ 及对 $\lambda \in (\lambda_k, \lambda_k + \delta_2)$ 存在 G_1，K_2，$E \in \mathbb{R}$，$\xi > 0$ 使得

$$I(z) < G_1, \; z \in V_{k-1} \qquad (27)$$

$$I(z) > G_1, \; z \in K_2 S_{k-1}^{\perp} \qquad (28)$$

$$I(z) > G_1, \; z \in V_k^{\perp}, \; z \in V_k^{\perp}, \; \|z\| \geq K_2 \qquad (29)$$

$$I(z) > E, \; z \in K_2 B_{k-1}^{\perp} \qquad (30)$$

$$I(z) < E, \; z \in \xi S_{k-1} \qquad (31)$$

对任意的 $z \in V_{k-1}^{\perp}$，根据（8），(9）和（11），推出如下不等式：

$$
\begin{aligned}
I(z) &= \frac{1}{2}\int_\Omega |u(x) - u(y)|^2 K_1(x-y)dxdy \\
&+ \frac{1}{2}\int_\Omega |v(x) - v(y)|^2 K_2(x-y)dxdy \\
&- \frac{\lambda}{2}\int_\Omega |z(x)|^2 dx - \int_\Omega F(x, z)dx \\
&\geqslant \left(\frac{\lambda_k - \lambda}{2\lambda_k} - \varepsilon S^2\right) \|z\|^2 - M_\varepsilon |\Omega|^{1/2} S \|z\|
\end{aligned}
$$

$$\geqslant\left(\frac{\lambda_k-\lambda_{k+1}}{2\lambda_k}-\varepsilon S^2\right)\|z\|^2-M_\varepsilon|\Omega|^{1/2}S\|z\| \tag{32}$$

因为 $\frac{\lambda_k-\lambda_{k+1}}{2\lambda_k}-\varepsilon S^2<0$，所以由（32）知 I 在 $V_{k-1}^{\perp}$ 的任意有界集上是下有界的，即对任意给定的 $K_2\in\mathbb{R}$，存在 $E\in\mathbb{R}$ 满足（30）.

对任意 $z\in V_{k-1}$，根据（7），（9）和（11），可推出

$$I(z)=\frac{1}{2}\int_\Omega|u(x)-u(y)|^2K_1(x-y)dxdy$$

$$+\frac{1}{2}\int_\Omega|v(x)-v(y)|^2K_2(x-y)dxdy$$

$$-\frac{\lambda}{2}\int_\Omega|z(x)|^2dx-\int_\Omega F(x,z)dx$$

$$\leqslant\left(\frac{\lambda_{k-1}-\lambda}{2\lambda_{k-1}}+\varepsilon S^2\right)\|z\|^2+M_\varepsilon|\Omega|^{1/2}S\|z\|. \tag{33}$$

对 $\lambda\in(\lambda_k,\lambda_{k+1})$，取 $\varepsilon<\frac{\lambda-\lambda_{k-1}}{2S^2\lambda_{k-1}}$，运用（33），得到当 $\|z\|\to\infty$ 时，$I(z)\to-\infty$. 所以对给定值 E，存在适当的 G_1 和 $\xi>0$，估计式（27）和（31）成立。

设 $\lambda=\lambda_k+\delta$，根据后面的估计式（37），当 K_2 足够大（记为 $K_2>\tilde{K}$）性质（29）成立；而且当 δ 充分小时这个性质独立于 λ 的取值.

下面证明（28），设 $z\in V_{k-1}^{\perp}=E_k\oplus V_k^{\perp}$，可有分解 $z=w+\varphi$，其中 $w\in V_k^{\perp}$，$\varphi\in E_k$. 记 $w=(w_u,w_v)$，$\varphi=(\varphi_u,\varphi_v)$，因 E_k 是有限维空间，其上的所有范数等价，所以存在 $C>0$ 使得对所有的 $\varphi\in E_k$，有 $\|\varphi\|\leq C\|\varphi\|_{L^1}$. 运用（14），通过类似于（21）的证明，也有类似的不等式估计：存在 C_2 使得

$$-F(x,s)\geq C|s|-C_2 \tag{34}$$

关于 $x\in\Omega$ 一致地成立. 所以根据（7），（8）和（34），可得

$$I(w+\varphi)=\frac{1}{2}\int_\Omega|(w_u+\varphi_u)(x)-(w_u+\varphi_u)(y)|^2K_1(x-y)dxdy$$

$$+\frac{1}{2}\int_\Omega|(w_v+\varphi_v)(x)-(w_v+\varphi_v)(y)|^2K_2(x-y)dxdy$$

$$- \frac{\lambda}{2}\int_{\Omega} \left| (w + \varphi)(x) \right|^2 dx - \int_{\Omega} F(x, (w + \varphi)(x)) dx$$

$$= \frac{1}{2}\int_{\Omega} [(w_u(x) - w_u(y))^2 + (\varphi_u(x) - \varphi_u(y))^2 + 2(w_u(x)$$

$$- w_u(y))(\varphi_u(x) - \varphi_u(y))] K_1(x - y)\, dxdy$$

$$+ \frac{1}{2}\int_{\Omega} [(w_v(x) - w_v(y))^2 + (\varphi_v(x) - \varphi_v(y))^2 + 2(w_v(x)$$

$$- w_v(y))(\varphi_v(x) - \varphi_v(y))] K_2(x - y)\, dxdy$$

$$- \frac{\lambda}{2}\int_{\Omega} [| w(x) |^2 + | \varphi(x) |^2 + 2 | w(x)\varphi(x) |] dx$$

$$- \int_{\Omega} F(x, (w + \varphi)(x)) dx$$

$$\geqslant \frac{\lambda_{k+1} - (\lambda_k + \delta)}{2\lambda_{k+1}} \| w \|^2 - \frac{\delta}{2\lambda_k} \| \varphi \|^2 + C \| w + \varphi \|_{L^1} - C_2 | \Omega |$$

$$\geqslant \frac{\lambda_{k+1} - (\lambda_k + \delta)}{2\lambda_{k+1}} \| w \|^2 - \frac{\delta}{2\lambda_k} \| \varphi \|^2 + C \| \varphi \|_{L^1} - C \| -w \|_{L^1} - C_2 | \Omega |$$

$$\geqslant \frac{\lambda_{k+1} - (\lambda_k + \delta)}{2\lambda_{k+1}} \| w \|^2 - \frac{\delta}{2\lambda_k} \| \varphi \|^2 + \| \varphi \| - | \Omega |^{1/2} C \| w \|_{L^2} - C_2 | \Omega |$$

$$\geqslant \frac{\lambda_{k+1} - (\lambda_k + \delta)}{2\lambda_{k+1}} \| w \|^2 - \frac{\delta}{2\lambda_k} \| \varphi \|^2 + \| \varphi \| - C_3 \| w \| - C_4 \quad (35)$$

其中 $C_3 = | \Omega |^{1/2} SC$，$C_4 = C_2 | \Omega |$．因

$$\left(1 - \frac{\delta}{2\lambda_k} \| z \|\right) \| z \| \leqslant \| w \| + \| \varphi \| - \frac{\delta}{2\lambda_k}(\| \varphi \|^2 + \| w \|^2) \leqslant \left(1 - \frac{\delta}{2\lambda_k} \| \varphi \|\right) \| \varphi \| + \| w \|$$

假设 $\delta \leqslant (\lambda_{k+1} - \lambda_k)/2$，则（35）变成

$$I(w + \varphi) \geqslant \frac{\lambda_{k+1} - (\lambda_k + \delta)}{2\lambda_{k+1}} \| w \|^2 - C_3 \| w \| - C_4 - \| w \| + \left(1 - \frac{\delta}{2\lambda_k} \| z \|\right) \| z \|$$

$$\geqslant \frac{\lambda_{k+1}-\lambda_k}{4\lambda_{k+1}}\|w\|^2-(C_3+1)\|w\|-C_4+\left(1-\frac{\delta}{2\lambda_k}\|z\|\right)\|z\| \tag{36}$$

又 $\frac{\lambda_{k+1}-\lambda_k}{4\lambda_{k+1}}>0$，所以 $\frac{\lambda_{k+1}-\lambda_k}{4\lambda_{k+1}}\|w\|^2-C_3\|w\|-C_4$ 对所有 $w\in V_k^{\perp}$ 是下有界的，即存在 $C_5\in R$ 使得 $\frac{\lambda_{k+1}-\lambda_k+}{4\lambda_{k+1}}\|w\|^2-C_3\|w\|-C_4\geqslant C_5$，运用（36）可推出

$$I(z)\geqslant\left(1-\frac{\delta}{2\lambda_k}\|z\|\right)\|z\|+C_5$$

现在选取充分足够大的 K_2 使得 $K_2+C_5>G_1+1$ 以及性质（29）成立，则对 $0<\delta<\min\{2\lambda_k/K_2^2,\ (\lambda_{k+1}-\lambda_k)/2\}=\delta_2$ 和 $z\in K_2S_{k-1}^{\perp}$ 就推出 $I(z)>G_1$，即性质（28）成立.

由局部鞍点定理即可得第一个解记为 w_1. 事实上令 $X_1=V_{k-1}$，$X_2=V_{k-1}^{\perp}$，由估计式（27）-（31）得到如下结构：

$$\sup_{\xi S_{k-1}}I(z)<E\leqslant\inf_{K_2B_{k-1}^{\perp}}I(z)\leqslant\sup_{\xi B_{k-1}}I(z)<G_1\leqslant\inf_{K_2S_{k-1}^{\perp}}I(z)$$

所以由局部鞍点定理得到解 w_1，其临界值 $d_1\leqslant G_1$.

第二步. 对 $\lambda\in(\lambda_k,\ \lambda_{k+1})$，第二个解类似于定理 1 的第三步，通过一系列的估计由环绕定理得到.

一方面，对 $\lambda\in(\lambda_k,\ \lambda_{k+1})$ 和任意的 $z\in V_k^{\perp}$，根据（8），(9）和（11），得到不等式估计：

$$\begin{aligned}I(z)&=\frac{1}{2}\int_{\Omega}|u(x)-u(y)|^2K_1(x-y)dxdy\\&+\frac{1}{2}\int_{\Omega}|v(x)-v(y)|^2K_2(x-y)dxdy\\&-\frac{\lambda}{2}\int_{\Omega}|z(x)|^2dx-\int_{\Omega}F(x,\ z)dx\\&\geqslant\left(\frac{\lambda_{k+1}-\lambda}{2\lambda_{k+1}}-\varepsilon S^2\right)\|z\|^2-M_{\varepsilon}|\Omega|^{1/2}S\|z\|\end{aligned} \tag{37}$$

设 $\varepsilon<\frac{\lambda_{k+1}-\lambda}{2S^2\lambda_{k+1}}$，上式将导出 I 在 $V_k^{\perp}$ 中是下有界的，即存在 G_2 使得

对所有的 $z \in V_k^{\perp}$ 有 $I(z) \geqslant G_2$.

另一方面，对任意的 $z \in V_k$，运用（7），(9) 和（11），推出

$$I(z) = \frac{1}{2}\int_{\Omega} \left| u(x) - u(y) \right|^2 K_1(x-y)dxdy$$

$$+ \frac{1}{2}\int_{\Omega} \left| v(x) - v(y) \right|^2 K_2(x-y)dxdy$$

$$- \frac{\lambda}{2}\int_{\Omega} | z(x) |^2 dx - \int_{\Omega} F(x, z)dx$$

$$\leqslant \left(\frac{\lambda_k - \lambda}{2\lambda_k} + \varepsilon S^2 \right) \| z \|^2 + M_{\varepsilon} | \Omega |^{1/2} S \| z \| \tag{38}$$

对 $\lambda \in (\lambda_k, \lambda_{k+1})$，设 $\varepsilon < \dfrac{\lambda - \lambda_k}{2S^2\lambda_k}$，由（37），得到当 $z \in V_k$ 且 $\| z \| \to \infty$ 时，$I(z) \to -\infty$.

对第一步给出的 K_2，可找到足够大的 $\theta_1 > K_2$ 使得对任意的 $z \in \theta_1 S_k$ 有 $I(z) < G_2$.

记 $\Gamma_3 = \{\gamma \in C^0(\theta_1 B_k;\ H) s.t. \gamma|_{\theta_1 S_k} = Id\}$. 因 $\theta_1 S_k$ 和 $V_k^{\perp}$ 环绕，由环绕定理得到第二个解记为 w_2 且对应到的临界值水平为：$d_2 = \inf\limits_{\gamma \in \Gamma_3} \sup\limits_{v \in \theta_1 B_k} I(\gamma(v))$.

第三步．证明以上得到的两个解是不同的．

对任意映射 $\gamma \in \Gamma_3$，γ 的像要么与 $K_2 S_{k-1}^{\perp}$ 相交，要么有点满足 $z \in V_k^{\perp}$ 且 $\| z \| \geqslant K_2$. 这就由估计式（28）和（29）推出 $\sup\limits_{v \in \theta_1 B_k} I(\gamma(v)) > G_1$，因此 $d_2 > G_1$，故两个解的临界值在不同的水平集上，因而是不同的解．

参考文献

[1] M. F. Furtado, F. O. de Paiva, Multiplicity of results for resonant elliptic systems, J. Math. Anal. Appl. 319 (2006), 435-449.

[2] Hong-Min Suo, Chun-Lei Tang, Multiplicity results for some elliptic systems near resonance with a nonprincipal eigenvalue. Nonlinear Analysis 73 (2010) 1909-1920.

[3] E. Di Nezza, G. Palatucci, E. Valdinoci, Hitchhiker's guide to the fractional Sobolev spaces. Bull. Sci. Math. 136 (5) (2012) . 521-573.

[4] R. Servadei, E. Valdinoci, Mountain pass solutions for non-local elliptic operators, J. Math. Anal. Appl. 389 (2012), 2, 887 - 898.

[5] Aliang Xia, Jianfu Yang, Regularity of nonlinear equations for fractional Laplacian. Proceedings of the American Mathematical Society S, 0002-9939 (2013), 11734-X.

[6] R. Servadei, E. Valdinoci, Variational methods for non-local operators of elliptic type, Discrete Contin. Dyn. Syst, Vol. 33, No. 5, 2013, 2105-2137.

[7] Chuanzhi Bai, Existence results for non-local operators of elliptic type. Nonlinear Analysis 83 (2013) 82-90.

[8] Chun-Lei Tang, Xing-Ping Wu, Periodic solutions for second order systems with not uniformly coercive potential, J. Math. Anal. Appl., 259 (2001) 386-397.

具耗散项的耦合 KdV 型方程有界行波解的存在性及显式表达式*

何彩霞　刘小华　胡丽金
(1 贵州民族大学理学院　贵州　贵阳　550025)

1. 引言

由于在现实生活中，耗散是不可避免的。国际非线性波动研究专家 Whitham[1] 曾指出，对非线性发展方程所需回答的基本问题之一就是黏性修正效应如何，即耗散对非线性系统的影响如何？因此，本文主要讨论具耗散项的耦合 KdV 型方程

$$\begin{cases} u_t - ru_{xx} + \beta u_{xxx} + uu_x + vv_x = 0 \\ v_t - \delta(uv)_x + \varepsilon vv_x = 0 \end{cases} \quad (r > 0) \qquad (1.1)$$

有界行波解的存在性。其中 r 为耗散系数。方程 (1.1) 是浅水波问题中具 KdV 结构的重要非线性耦合方程。

当 $r = 0$，$\varepsilon = 0$ 时，方程 (1) 变为 Ito 型耦合方程

* 基金项目：贵州省科学技术厅基金（［2013］2138）；贵州省教育厅优秀科技创新人才支撑计划（KY［2012］092）资助项目；数学建模及其应用创新人才团队，黔教科研发［2013］405 号。

$$\begin{cases} u_t + \beta u_{xxx} + uu_x + vv_x = 0 \\ \qquad\qquad\qquad\qquad\qquad\qquad (r > 0) \\ v_t - \delta(uv)_x = 0 \end{cases} \tag{1.2}$$

Kawamoto[2] 利用直接积分法求出了方程（1.2）的尖孤子解．Krishnan[3] 利用 Weierstrauss 椭圆函数求出了它的周期解与孤波解．GuhaRoy[4] 证明了如果方程（1.2）中一个行波解形式为 $v=v(x-ct)$，那么另外一个解也具有同样形式 $u=u(x-ct)$。近年来，对于非线性耦合方程的研究也很多（见文献 5–7）。

当 $k=0$ 时，方程（1）变为

$$\begin{cases} u_t + \alpha vv_x + \beta uu_x + \gamma u_{xxx} = 0 \\ v_t + \delta(uv)_x + \varepsilon vv_x = 0 \end{cases} \tag{1.3}$$

Guha-Roy[8] 利用 Jacobi 椭圆函数求出了方程（1.3）的双曲正割型孤波解；何彩霞[9] 用改进的 G'/G 方法求出了方程（1.3）四个有界行波解的显式表达式。

本文利用平面动力系统理论[11] 对方程（1.1）所对应的平面动力系统进行奇点分析，得到其解存在的条件及只存在扭状孤波解和振荡解，然后求出了方程（1.1）扭状孤波解的显式表达式。

2. 耦合方程（1.1）有界行波解的存在性

本节对（1.1）有界行波解的存在性进行讨论。首先做行波变换，令 $u(x, t)=u(x-ct)=u(\xi)$，$v(x, t)=v(x-ct)=v(\xi)$，代入（1.1）有

$$\begin{cases} -cu' - \gamma u'' + \beta u''' + uu' + vv' = 0 \\ -cv' - \delta(uv)' + \varepsilon vv' = 0 \end{cases} \tag{2.1}$$

对（2.1）的第二式积分一次，这里是对 ξ 进行积分，取积分常数为 0，有

$$v = \frac{2c + 2\delta u}{\varepsilon} \tag{2.2}$$

将（2.2）代入（2.1）的第一式消去 v 并积分一次，取积分常数等于

a_1 得

$$u'' + b_1 u' + b_2 u^2 + b_1 u = a \tag{2.3}$$

其中 $b = -\dfrac{r}{\beta}$；$b_2 = \dfrac{\varepsilon^2 + 4\delta^2}{2\beta\varepsilon^2}$；$b_1 = \dfrac{4\delta c - c\varepsilon^2}{\beta\varepsilon^2}$；$a = \dfrac{a_1}{\beta}$。

假设 $x = u(\xi)$，$y = u'(\xi)$，则（2.3）等价于如下平面动力系统

$$\begin{cases} \dfrac{dx}{d\xi} = y = P(x,\ y) \\ \dfrac{dy}{d\xi} = -by - b_2x^2 - b_1x + a = Q(x,\ y) \end{cases} \tag{2.4}$$

下面对平面动力系统（2.4）进行有限远奇点分析：

情况 1：设 $b_2 \neq 0$；系统（2.4）的有限远奇点个数取决于 $f(x) = -b_2x^2 - b_1x + a = 0$ 的实根的个数。根据一元二次方程根与系数的关系有：

1）若 $\Delta = b_1^2 + 4ab_2 > 0$，则 $f(x) = 0$ 存在两个不相等的实根

$x_1 = -\dfrac{b_1 - \sqrt{b_1^2 + 4ab_2}}{2b_2}$；$x_2 = -\dfrac{b_1 + \sqrt{b_1^2 + 4ab_2}}{2b_2}$。

2）若 $\Delta = b_1^2 + 4ab_2 = 0$，则 $f(x) = 0$ 存在一个二重实根 $x_0 = -\dfrac{b_1}{2b_2}$。

3）若 $\Delta = b_1^2 + 4ab_2 < 0$，则 $f(x) = 0$ 没有实根。

从而系统（2.4）的有限远奇点为 $p_0(x_0,\ 0)$，$p_1(x_1,\ 0)$，$p_2(x_2,\ 0)$，在奇点 $p_i(i=0,\ 1,\ 2)$ 处的雅可比矩阵为 $J(x_i,\ 0) = \begin{pmatrix} 0 & 1 \\ -b_1 - 2b_2x_i & -b \end{pmatrix}$。

根据［10］若 $q > 0$，$\Lambda > 0$ 时，奇点为不稳定结点；若 $q > 0$，$\Lambda = 0$ 时，奇点为退化结点；若 $q > 0$，$\Lambda < 0$ 时，奇点为焦点；若 $q < 0$，$\Lambda > 0$ 时，奇点鞍点；$q = 0$，$\Lambda_0 = b^2 > 0$，奇点为不稳定结点。其中 $q = 2b_2x_i + b_1$，$p = b$，$\Lambda =^2 - 4q$。

对于 $p_0(x_0,\ 0)$，有 $q = 0$，$\Lambda_0 = b^2 > 0$，所以 p_0 为不稳定结点；对于 $p_1(x_1,\ 0)$，有 $q = \sqrt{b_1^2 + 4ab_2} > 0$，当 $\Lambda_1 = b^2 - 4\sqrt{b_1^2 + 4ab_2} > 0$ 时，p_1 为不稳定结点，当 $\Lambda_1 = b^2 - 4\sqrt{b_1^2 + 4ab_2} = 0$ 时，p_1 为退化结点，当 $\Lambda_1 = b^2 - 4\sqrt{b_1^2 + 4ab_2} < 0$ 时，p_1 为焦点；对于 $p_2(x_2,\ 0)$，有 $q = -\sqrt{b_1^2 + 4ab_2} < 0$，当 $\Lambda_1 = b^2 - 4\sqrt{b_1^2 + 4ab_2} > 0$，所以 p_2 为鞍点。

情况 2：假设 $b_2=0$，$b_1\neq 0$，系统（2.4）只存在奇点 $p\left(\frac{a}{b_1},\ 0\right)$，有 $q=b_1$，$\Lambda=b^2-4b_1$，当 $q=b_1>0$，$\Lambda=b^2-4b_1>0$ 时，p 为不稳定结点；$q=b_1>0$，$\Lambda=b^2-4b_1<0$ 时，p 为焦点；$q=b_1>0$，$\Lambda b^2-4b_1=0$ 时，p 为退化结点。如果 $q=b_1<0$，恒有 $\Lambda>0$，p 为鞍点。

情况 3：设 $b_2=0$，$b_1=0$，则 $u''+bu'=a$，此时

$u_3(x,\ t)=u_3(x-ct)=u_3(\xi)=\frac{a}{2}\xi^2+a_0\xi+a_2$ 从而方程只存在无界代数解为

$$u_1=-\frac{1}{b}+\sqrt{\frac{a}{b}\xi^2+\frac{2a_0\xi}{b}+\frac{2a_2}{b}+\frac{1}{b^2}}$$

$$u_1=-\frac{1}{b}-\sqrt{\frac{a}{b}\xi^2+\frac{2a_0\xi}{b}+\frac{2a_2}{b}+\frac{1}{b^2}}$$

$$v_1=\frac{2c+2\delta u_1}{\varepsilon},\ v_2=\frac{2c+2\delta u_2}{\varepsilon}$$

由 $\frac{\partial P}{\partial x}+\frac{\partial Q}{\partial y}=-b$，以及 Bexdixson-Dulac 判别法[10]可得：

引理 1　当 $b<0$，$\frac{\partial P}{\partial x}+\frac{\partial Q}{\partial y}$ 在 $(x,\ y)$ 平面上保持定号，则系统（2.4）在 $(x,\ y)$ 平面上不存在闭轨线和具有有限个奇点的奇异闭轨线，进而知方程（2.3）不存在周期行波解和钟状孤波解。因此，根据上述情况容易得出方程（2.3）有界孤波解的存在条件为：

（1）当 $r>0$，$b_2\neq 0$ 时，方程（1.1）在 $q<0$，$\Lambda>0$ 时存在扭状孤波解；在 $q>0$，Λ 为任意时存在振荡行波解或者先增后减、先减后增行波解。在 $=0$，$\Lambda>0$ 时，存在振荡行波解。

（2）当 $k>0$，$b_2=0$，$b_1\neq 0$ 时，方程（1.1）在在 $q<0$，$\Lambda>0$ 时存在扭状孤波解；在 $q>0$，Λ 为任意时存在振荡行波解。

3. 耦合方程（1.1）的扭状孤波解的显式表达式

可假设（2.3）的解形如

$$u(x-ct)=u(\xi)=\frac{Ae^{m\xi}}{1+e^{m\xi}}+D=\frac{A}{2}\tanh(\frac{m}{2}\xi)+D+\frac{A}{2}, \quad (3.1)$$

有 $u'=\dfrac{Ame^{m\xi}}{(1+e^{m\xi})^2}$，$u''=\dfrac{Am^2e^{m\xi}-Am^2e^{2m\xi}}{(1+e^{m\xi})^3}$，$u^2=\dfrac{2ADe^{m\xi}+(A+2AD)e^{2m\xi}}{(1+e^{m\xi})^2}+D$，将（3.1）及上式代入（2.3），将其化为 $e^{m\xi}$ 的多项式，令 $e^{km\xi}(k=0,1,2,3)$ 的系数等于零，可以得到关于 D，A，m 代数方程组：

$$\begin{cases}D^2b_2+b_1D-a=0\\Am^2+Amb+2ADb_2+b_1A=0\\-Am^2+Amb+4ADb_2+A^2b_2=0\\A^2b_2+2ADb_2+b_1A=0\end{cases}$$

解上述方程组有：$D=\dfrac{-b_1\pm\sqrt{b_1^2+4a_{b2}}}{2b_2}$，$A=\dfrac{2Db_2+b_1}{b_2}$，$m=\dfrac{6Db_2+b_1+Ab_2}{2b}$，利用（2.2），（3.1）以及系统（2.4）与方程（2.3）之间解的关系，经分析我们有一些结论：其中 $\xi=x-ct$。

结论1：如果取 $D=\dfrac{-b_1-\sqrt{b_1^2+4ab_2}}{2b_2}\neq0$，此时 $A=\dfrac{-\sqrt{b_1^2+4ab_2}}{b_2}<0$，

$m=\dfrac{-b_1-\sqrt{b_1^2+4ab_2}}{b}\neq0$。因此可以得到方程（2.3）的扭状孤波解为：

$$\begin{cases}u_1(x,t)=\dfrac{-\sqrt{b_1^2+4ab_2}}{2b_2}\tanh\left(\dfrac{-b_1-\sqrt{b_1^2+4ab_2}}{2b}\xi\right)\\+\dfrac{-b_1-\sqrt{b_1^2+4ab_2}}{b_2}+\dfrac{-\sqrt{b_1^2+4ab_2}}{2b_2}\\v_1(x,t)=\dfrac{2c+2\delta u_1}{\varepsilon}\end{cases}$$

结论2：如果取 $D=\dfrac{-b_1+\sqrt{b_1^2+4ab_2}}{2b_2}\neq0$，此时 $A=\dfrac{\sqrt{b_1^2+4ab_2}}{b_2}>0$，

$m=\dfrac{-b_1+\sqrt{b_1^2+4ab_2}}{b}\neq0$。可以得到方程（2.3）的扭状孤波解为：

$$\begin{cases} u_2(x, t) = \dfrac{-\sqrt{b_1^2 + 4ab_2}}{2b_2}\tanh\left(\dfrac{-b_1 - \sqrt{b_1^2 + 4ab_2}}{2b}\xi\right) \\ + \dfrac{-b_1 - \sqrt{b_1^2 + 4ab_2}}{b_2} + \dfrac{-\sqrt{b_1^2 + 4ab_2}}{2b_2} \\ v_2(x, t) = \dfrac{2c + 2\delta u_2}{\varepsilon} \end{cases}$$

参考文献

[1] Whitham G B. Linear and dnonlinear waves [M]. Wiley, NewYork, 1974.

[2] Kawamoto S. Cusp soliton solutions of the Ito-Type coupled nonlinear wave equation [J]. Journal of the Physical Society of Japan, 1984, 53: 1203-1205.

[3] Krishnan E V. On the Ito-type coupled nonlinear wave equation [J]. Journal of the Physical Society of Japan, 1986, 55 (11): 3753-3755.

[4] Guha-Roy C, Bagchi B, Sinha D K. Traveling wave solutions and the coupled Korteweg-de Vries equation [J]. Journal of Mathematical Physics, 1986, 27 (10): 2558-2560.

[5] Lu B Q, Pan Z L, Qu B Z, et al. Solitary wave solutions for some systems of coupled nonlinear [J]. equations. Physics Letters A, 1993, 180 (1-2): 61-64.

[6] Lu D C, Yang G J. Compacton solutions and peakon solutions for a coupled nonlinear wave equation [J]. International Journal of Nonlinear Science, 2007, 4 (1): 31-36

[7] Nemytskii V, Stepanov V. Qualitative Theory of Differential Equations [M]. New York: Dover, 1989: 11.

[8] Guha-Roy C. Exact solutions to a coupled nonlinear equation [J], International Journal of Theoretical Physics, 1988, 27 (2): 447-449.

[9] 何彩霞, 刘小华著:《耦合 KdV 型方程有界行波解的存在性及其显示表达式》, 2014 第 7 期, 第 26-29 页。

[10] 马知恩, 周义仓著:《常微分方程定性与稳定性方法》, 科学出版社, 2004 年版。

分数跳-扩散 Ornstein-Uhlenbeck 过程下复合期权定价模型

杨淑彩

(西安交通大学公共政策与管理学院　陕西　西安　710049)

1　引言

期权定价问题是金融数学的核心问题之一。Black 和 Scholes 用偏微分方程求解的欧式期权定价公式是期权定价方面的里程碑。但在金融市场中，传统的 Black-Scholes 模型是有局限的。比如，在金融市场中股票价格可能会出现间断的“跳跃”，而传统方法假设股票价格在合理范围内连续变化和波动，不少学者考虑用带 Possion 过程的几何布朗运动来描述股票价格这种间断的“跳跃”[1-2]。由于股票价格对过去价格具有依赖性，一些学者考虑用分数布朗运动刻画股票价格的变化[3]。最后，股票价格会呈现出均值回复的特征，也就是股票价格无论高于或者低于平均价格都会以一定的概率向价格均值回复，股票收益率从长期来看是呈负自相关的，一些学者通常用 Ornstein-Uhlenbeck 过程来描述[4-5]。本文中我们考虑股票价格服从分数 Poission 跳过程，并有均值回复行为，在此情形下探讨复合期权的定价公式。

在方法上，在分数布朗运动环境下市场不再是完备的和无套利的，这时等价鞅测度不存在或者不唯一，用传统的期权定价方法有一定的困难。

1998 年 Mogens Bladt, TinaH viid Ryd berg[6] 首次提出期权定价的保险精算方法。该方法将期权定价问题转化为公平保费确定问题，由于无任何经济假设，所以它对无套利、均衡、完备的市场有效，且对有套利、非均衡、不完备的市场也有效。

毕学慧[7] 用保险精算方法给出了标的资产价格服从几何布朗运动的复合期权定价；王献东[8] 建立资产价格的跳过程为 Poisson 过程，利用鞅方法给出了股票价格服从跳-扩散过程的复合期权定价公式；方知[9] 假定标的资产价格服从分数跳-扩散模型，利用保险精算方法给出复合期权定价公式，这个结果推广了 Gukhal 以及 Li 等[9-10] 模型及结果。

2 模型的建立

本文假定标的资产价格服从分数跳-扩散 O-U 过程[48]，即

$$dS(t)=S(t^-)[(\mu(t)-\lambda\theta-\alpha\ln S(t^-))dt+\sigma dW_H(t)+dJ(t)], \quad (1)$$

其中 $\mu(t)$ 是时间函数，$\{W_H(t),\ t\geqslant 0\}$ 是定义在完备概率空间 $(\Omega,\ F,\ P)$ 上 Hurst 参数为 H 的分数布朗运动，$\{J(t),\ t\geqslant 0\}$ 是复合泊松过程，即 $J(t)=\sum_{i=0}^{N(t)}U_i$，其中 $\{N(t),\ t\geqslant 0\}$ 是强度为 λ 的 Poisson 过程，$U_0=0$，U_i，$i=1,\ 2,\ 3,\ \cdots$ 独立同分布，$\theta=E(U_i)$，且 $U_i>-1$，$(i=1,\ 2,\ 3,\ \cdots)$. 并假设 $\{W_H(t),\ t\geqslant 0\}$，$\{N(t),\ t\geqslant 0\}$，$\{U_i,\ i\geqslant 1\}$ 相互独立，$V_0>0$，$\sigma>0$，α 为常数。

引理 1[4] 随机微分方程（1）的解为

$$S(t)=S\prod_{i=0}^{N(t)}(1+U_i)\exp\{\exp(-\alpha t)\int_0^t(\mu(u)-\lambda\theta-H\sigma^2u^{2H-1})\exp(-\alpha u)du$$
$$+\sigma\exp(-\alpha t)\int_0^t\exp(\alpha u)dW_H(u)\}, \quad (2)$$

这里，S 是标的资产的当前价格。

定义 1[4] $\{S(t),\ t\geqslant 0\}$ 在 $[t,\ T]$ 上的期望收益率定义为

$$\exp(\int_t^T \beta(u)du) = \frac{E[S(T)]}{S(t)}. \tag{3}$$

引理 2[4]　$\{S(t),\ t \geq 0\}$ 在 $[t,\ T]$ 上的期望收益率满足

$$\int_t^T \beta(u)du = \exp(-\alpha(T-t))\int_t^T (\mu(u) - \lambda\theta - H\sigma^2 u^{2H-1})\exp(-\alpha u)du + \frac{\sigma_H^2}{2} + \lambda\theta(T-t), \tag{4}$$

其中 $\sigma_H = \sigma\exp(-\alpha(T-t))\sqrt{\int_t^T [M_H(\exp(\alpha u))]^2 du}$，算子 M_H 概念可参考文献［12］.

定义 2[4]　欧式看涨期权 $(S(T)-K)^+$ 在 t 时刻的保险精算价格定义为

$$C(S(t),\ K,\ t,\ T) = E\left[\begin{array}{l}(\exp(-\int_t^T \beta(u)du)S(T) \\ -\exp(-\int_t^T r(u)du)K)I_{\{\exp(-\int_t^T \beta(u)du)S(T) > \exp(-\int_t^T r(u)du)K\}}\end{array}\right], \tag{5}$$

其中股票价格按期望收益率折现，执行价按无风险利率折现，$C(S(t),\ K,\ t,\ T)$ 表示标的资产为 $S(t)$，到期日为 T，执行价为 K 在初始时刻 t 的价值。

引理 3[4]　分数跳-扩散 O-U 过程下欧式看涨期权的定价公式为

$$\begin{aligned}&C(S(t),\ K,\ t,\ T)\\ &= e^{-\lambda\theta(T-t)}S(t)\sum_{n=0}^{+\infty}\frac{(\lambda(T-t))^n e^{-\lambda(T-t)}}{n!}E[\prod_{i=1}^{n}(1+U_i)\Phi(d_1)]\\ &- K\exp\{-\int_t^T r(u)du\}\sum_{n=0}^{+\infty}\frac{(\lambda(T-t))^n e^{-\lambda(T-t)}}{n!}E[\Phi(d_2)],\end{aligned}$$

其中 $d_1 = \dfrac{\ln S(t) - \ln K + \int_t^T (r(u) - \lambda\theta)du + \dfrac{\sigma_H^2}{2} + \ln\prod_{i=1}^{n}(1+U_i)}{\sigma_H}$，$d_2$

$= d_1 - \sigma_H$.

定理 1　分数跳-扩散 O-U 过程下欧式看涨期权的价格函数 $C(S(t), K, t, T)$ 关于 $S(t)$ 是严格单调递增的。

证明：$\dfrac{\partial\ C(S(t),\ K,\ t,\ T)}{\partial\ S(t)}$

$$= e^{-\lambda\theta(T-t)} \sum_{n=0}^{+\infty} \frac{(\lambda(T-t))^n e^{-\lambda(T-t)}}{n!} E\left[\prod_{i=1}^{n}(1+U_i)\Phi(d_1)\right]$$

$$+ e^{-\lambda\theta(T-t)} S(t) \sum_{n=0}^{+\infty} \frac{(\lambda(T-t))^n e - \lambda(T-t)}{n!} E\left[\prod_{i=1}^{n}(1+U_i)\Phi'(d_1)\right]$$

$$- K\exp\{-\int_t^T r(u)du\} \sum_{n=0}^{+\infty} \frac{(\lambda(T-t))^n e^{-\lambda(T-t)}}{n!} E\left[\frac{1}{\sqrt{2\pi}}\exp(-\frac{d_2^2}{2})\ \frac{1}{\sigma_H S(t)}\right]$$

$$= e^{-\lambda\theta(T-t)} \sum_{n=0}^{+\infty} \frac{(\lambda(T-t))^n e^{-\lambda(T-t)}}{n!} E\left[\prod_{i=1}^{n}(1+U_i)\Phi(d_1)\right]$$

$$+ \sum_{n=0}^{+\infty} \frac{(\lambda(T-t))^n e^{-\lambda(T-t)}}{n!} \frac{1}{\sqrt{2\pi}} \frac{1}{\sigma_H S(t)} \{e^{-\lambda\theta(T-t)} S(t) E\left[\prod_{i=1}^{n}(1+U_i)\exp(-\frac{d_1^2}{2})\right]$$

$$- K\exp\{-\int_t^T r(u)du\} E\left[\exp(-\frac{d_2^2}{2})\right]\}$$

$$= e^{-\lambda\theta(T-t)} \sum_{n=0}^{+\infty} \frac{(\lambda(T-t))^n e^{-\lambda(T-t)}}{n!} E\left[\prod_{i=1}^{n}(1+U_i)\Phi(d_1)\right]$$

$$+ \sum_{n=0}^{+\infty} \frac{(\lambda(T-t))^n e^{-\lambda(T-t)}}{n!} \frac{1}{\sqrt{2\pi}} \frac{1}{\sigma_H S(t)} E\left[\exp(-\frac{d_1^2}{2})\right] \{e^{-\lambda\theta(T-t)} S(t)$$

$$E\left[\prod_{i=1}^{n}(1+U_i)\right]$$

$$- K\exp\{-\int_t^T r(u)du\} E\left[\exp(\sigma_H d_1 - \frac{\sigma_H^2}{2})\right]$$

$$= e^{-\lambda\theta(T-t)} \sum_{n=0}^{+\infty} \frac{(\lambda(T-t))^n e^{-\lambda(T-t)}}{n!} E\left[\prod_{i=1}^{n}(1+U_i)\Phi(d_1)\right] > 0.$$

定理得证。

3 模型的求解

定理 2 设标的资产价格满足分数跳-扩散 Ornstein-Uhlenbeck 模型(1)，则复合期权的定价公式为

$$CC[C(S_1, K, T_1, T), K_1, 0, T_1]$$

$$= \sum_{n=0}^{\infty}\sum_{m=0}^{\infty} \frac{e^{-\lambda T_1}(\lambda T_1)^n}{n!}\frac{e^{-\lambda(T-T_1)}[\lambda(T-T_1)]^m}{m!}\{S\prod_{i-0}^{n+m}(1+U_i)\exp\{-\frac{\sigma_2^2}{2}$$

$$-\lambda\theta T\}\exp\{-2\sigma^2[^e\mathrm{xp}(-\alpha T)]2\int_0^T H[\exp(\alpha u)]^2 u^{2H-1}du\}N_2(a_1, b_1; \rho)$$

$$-e^{-\int_0^T r_u du}KN_2(a_2, b_2; \rho)\} - \sum_{n=0}^{\infty}\frac{e^{-\lambda T_1}(\lambda T_1)^n}{n!}e^{-\int_0^{T_1} r_u du}K_1 N(a_2),$$

其中 $a_1 = a_2 - \sigma\exp(-\alpha T)\sqrt{w_1}$,

$$b_2 = \frac{\sqrt{\int_0^T [M_H(\exp(\alpha u))]^2 du}}{\sigma_2\sqrt{2\int_0^T H[\exp(\alpha u)]^2 u^{2H-1}du}}[-\frac{\sigma_2^2}{2} - \lambda\theta T + \int_0^T r(u)du - \ln\frac{K}{S}$$

$$+\sum_{i=0}^{N(T)}\ln(1+U_i)],$$

$$b_1 = b_2 - \sigma\exp(-\alpha T)\sqrt{w_1 + w_2},$$

$$\rho = \sqrt{\frac{\int_0^{T_1} H[\exp(\alpha u)]^2 u^{2H-1}du}{\int_{T_1}^{T} H[\exp(\alpha u)]^2 u^{2H-1}du}},$$

$$\sigma_1 = \sigma\exp(-\alpha T_1)\sqrt{\int_0^{T_1}[M_H(\exp(\alpha u))]^2 du},$$

$$\sigma_2 = \sigma\exp(-\alpha T)\sqrt{\int_0^T [M_H(\exp(\alpha u))]^2 du}.$$

证明：复合期权的价值为

$$\begin{aligned}
&CC[C(S_1, K, T_1, T), K_1, 0, T_1]\\
&= E[(e^{-\int_0^{T_1}\beta(u)du}C(S_1, K, T_1, T) - e^{-\int_0^{T_1}r(u)du}K_1)I_A]\\
&= E[e^{-\int_0^{T_1}\beta(u)du}(E((e^{-\int_{T_1}^{T}\beta(u)du}S(T) - e^{-\int_{T_1}^{T}r(u)du}K)I_B))I_A] - E[e^{-\int_0^{T_1}r(u)du}K_1I_A]\\
&= E[E((e^{-\int_0^{T}\beta(u)du}S(T) - e^{-\int_0^{T_1}\beta(u)du-\int_{T_1}^{T}r(u)du}K)I_B)I_A] - E[e^{-\int_0^{T_1}r(u)du}K_1I_A],
\end{aligned} \tag{6}$$

这里

$$\begin{aligned}
&A = \{e^{-\int_0^{T_1}\beta(u)du}C(S_1, K, T_1, T) > e^{-\int_0^{T_1}r(u)du}K_1\},\\
&B = \{e^{-\int_{T_1}^{T}\mu(u)du}S(T) > e^{-\int_{T_1}^{T}r(u)du}K\}.
\end{aligned} \tag{7}$$

根据定义1和定义2，易知：对于风险资产 $S(T)$ 来说，

$$e^{-\int_0^T\beta(u)du} = \frac{E[S(T)]}{S} = e^{-\int_0^T\mu(u)du},$$

对无风险资产 K 来说，$\beta(u) = r(u)$，即

$$e^{-\int_0^{T_1}\beta(u)du-\int_{T_1}^{T}r(u)du} = e^{-(\int_0^{T_1}\beta(u)du+\int_{T_1}^{T}r(u)du)} = e^{-\int_0^T r(u)du},$$

于是式（6）可变为

$$\begin{aligned}
&CC[C(S_1, K, T_1, T), K_1, 0, T_1]\\
&= E[E((e^{-\int_0^T\mu(u)du}S(T) - e^{-\int_0^T r(u)du}K)I_B)I_A] - E[e^{-\int_0^{T_1}r(u)du}K_1I_A],
\end{aligned} \tag{8}$$

根据定理1，$C(S_1, K, T_1, T)$ 是 S_1 的单增函数，所以存在 S^* 使得

$$A = \{e^{-\int_0^{T_1}\beta(u)du}C(S_1, K, T_1, T) > e^{-\int_0^{T_1}r(u)du}K_1\} = \{e^{-\int_0^{T_1}\mu(u)du}S_1 > e^{-\int_0^{T_1}r(u)du}S^*\},$$

其中 S^* 为满足 $C(S_1, K, T_1, T) = K_1$ 的股票价格。

因为

$$E\left[\int_0^T \exp(\alpha u)dW_H(u)\right] = 0,\ E\left[\int_0^T [\exp(\alpha u)]^2 dW_H(u)\right] = 2\int_0^T H[\exp(\alpha u)]^2 u^{2H-1}du.$$

记

$$w_1 = 2\int_0^{T_1} H[\exp(\alpha u)]^2 u^{2H-1}du,\ w_2 = 2\int_{T_1}^{T} H[\exp(\alpha u)]^2 u^{2H-1}du.$$

则标的资产在 T_1 时刻的价格 S_1 与 T 时刻的价格 $S(T)$ 可以表示为:

$$\begin{aligned}
S_1 &= S\prod_{i=0}^{N(T_1)}(1+U_i)\exp\{\exp(-\alpha T_1)\int_0^{T_1}(\mu(u)-\lambda\theta \\
&\quad - H\sigma^2 u^{2H-1})\exp(-\alpha u)du \\
&\quad + \sigma\exp(-\alpha T_1)\int_0^{T_1}\exp(\alpha u)dW_H(u)\} \qquad (9)\\
&= S\prod_{i=0}^{N(T_1)}(1+U_i)\exp\{\exp(-\alpha T_1)\int_0^{T_1}(\mu(u) \\
&\quad - \lambda\theta - H\sigma^2 u^{2H-1})\exp(-\alpha u)du \\
&\quad + \sigma\exp(-\alpha T_1)\sqrt{w_1}\xi_1,
\end{aligned}$$

$$\begin{aligned}
S(T) &= S\prod_{i=0}^{N(T)}(1+U_i)\exp\{\exp(-\alpha T)\int_0^{T}(\mu(u) \\
&\quad - \lambda\theta - H\sigma^2 u^{2H-1})\exp(-\alpha u)du \\
&\quad + \sigma\exp(-\alpha T)\int_0^{T}\exp(\alpha u)dW_H(u)\} \\
&= S\prod_{i=0}^{N(T)}(1+U_i)\exp\{\exp(-\alpha T)\int_0^{T}(\mu(u)-\lambda\theta-H\sigma^2 u^{2H-1})\exp(-\alpha u)du \\
&\quad + \sigma\exp(-\alpha T)(\sqrt{w_1}\xi_1+\sqrt{w_2}\xi_2), \qquad (10)
\end{aligned}$$

这里 ξ_1 和 ξ_2 相互独立且均为标准正态变量，即 ξ_1，$\xi_2 \in N(0,\ 1)$.

把式（9）和式（10）代入式（7），可得

$A=\{\xi_1>-a_2\}$，$B=\{\sqrt{w_1}\xi_1+\sqrt{w_2}\xi_2>-G\}$，

其中

$$a_2=\frac{\sqrt{\int_0^{T_1}[M_H(\exp(\alpha u))]^2du}}{\sigma_1\sqrt{w_1}}\left[-\frac{\sigma_1^2}{2}-\lambda\theta T_1+\int_0^{T_1}r(u)du-\ln\frac{S^*}{S}+\sum_{i=0}^{N(T_1)}\ln(1+U_i)\right],$$

$$G=\frac{\sqrt{\int_0^{T}[M_H(\exp(\alpha u))]^2du}}{\sigma_2}\left[-\frac{\sigma_2^2}{2}-\lambda\theta T+\int_0^{T}r(u)du-\ln\frac{K}{S}+\sum_{i=0}^{N(T)}\ln(1+U_i)\right].$$

下面给出式（6）的计算过程：

1）第一项的计算

在 S_1 和 $S(T)$ 的价格过程存在跳，且跳服从泊松过程，所以

$$
\begin{aligned}
&E[E((e^{-\int_0^T\mu(u)du}S(T)-e^{-\int_0^T r(u)du}K)I_B)I_A]\\
&=E[E(E((e^{-\int_0^T\mu(u)du}S(T)-e^{-\int_0^T r(u)du}K)I_B\mid N(T-T_1)))I_A]\\
&=E[\sum_{m=0}^{\infty}\frac{e^{-\lambda v}(\lambda v)^m}{m!}E((e^{-\int_0^T\mu(u)du}S(T)-e^{-\int_0^T r(u)du}K)I_B\mid N(T-T_1)=m)I_A]\\
&=\sum_{n=0}^{\infty}\sum_{m=0}^{\infty}\frac{e^{-\lambda T_1}(\lambda T_1)^n}{n!}\frac{e^{-\lambda v}(\lambda v)^m}{m!}E[(e^{-\int_0^T\mu(u)du}S(T)\\
&\quad-e^{-\int_0^T r(u)du}K)I_BI_A\mid N(T-T_1)=m,\ N(T_1)=n].
\end{aligned}
\tag{11}
$$

这里 $v=T-T_1$，S_1 里面有 n 次跳跃，$S(T)$ 里面有 $n+m$ 次跳跃。式（11）的计算可转化为 $E[e^{-\int_0^T\mu(u)du}S(T)I_BI_A\mid N(T-T_1)=m,\ N(T_1)=n]$ 和

$E[e^{-\int_0^T r(u)du}KI_BI_A \mid N(T-T_1)=m,\ N(T_1)=n]$ 的计算。

$$
\begin{aligned}
&E[e^{-\int_0^T r(u)du}KI_BI_A \mid N(T-T_1)=m,\ N(T_1)=n] \\
&= e^{-\int_0^T r(u)du}KE[I_{\{g_1>-a_2\}}I_{\{\sqrt{w_1}g_1+\sqrt{w_2}g_2>-G\}}] \\
&= e^{-\int_0^T r(u)du}K\int_{-a_2}^{+\infty}dy_1\int_{\frac{-G-\sqrt{w_1}y_1}{\sqrt{w_2}}}^{+\infty}\frac{1}{2\pi}\exp(\frac{y_1^2+y_2^2}{2})dy_2 \\
&= e^{-\int_0^T r(u)du}K\int_{-\infty}^{a_2}du\int_{-\infty}^{G}\frac{1}{2\pi\sqrt{w_2}}\exp(\frac{(x-u\sqrt{w_1})^2}{2w_2}+\frac{u^2}{2})dx.
\end{aligned}
$$

记 $x=\sqrt{w_1+w_2}t$，$b_2=G/\sqrt{w_1+w_2}$，$\rho=\sqrt{\frac{w_1}{w_1+w_2}}$.

于是

$$
\begin{aligned}
&E[e^{-\int_0^T r(u)du}KI_BI_A \mid N(T-T_1)=m,\ N(T_1)=n] \\
&= e^{-\int_0^T r(u)du}K\int_{-\infty}^{a_2}du\int_{-\infty}^{b_2}\frac{1}{2\pi\sqrt{1-\rho^2}}\exp(\frac{u^2-2\rho ut+t^2}{2(1-\rho^2)})dt \\
&= e^{-\int_0^T r(u)du}KN_2(a_2,\ b_2;\ \rho),
\end{aligned}
\tag{12}
$$

这里

$$
b_2=\frac{\sqrt{\int_0^T[M_H(\exp(\alpha u))]^2du}}{\sigma_2\sqrt{2\int_0^T H[\exp(\alpha u)]^2u^{2H-1}du}}[-\frac{\sigma_2^2}{2}-\lambda\theta T+\int_0^T r(u)du-\ln\frac{K}{S}
$$

$$
+\sum_{i=0}^{N(T)}\ln(1+U_i)].
$$

类似可得

$$
E[e^{-\int_0^T \mu(u)du}S_TI_BI_A \mid N(T-T_1)=m,\ N(T_1)=n]
$$

$$= E[S\prod_{i=0}^{n+m}(1 + U_i)\exp\{\sigma\exp(-\alpha T)\int_0^T\exp(\alpha u)dW_H(u)$$

$$-\frac{\sigma_2^2}{2} - \lambda\theta T\}I_BI_A]$$

$$= S\prod_{i=0}^{n+m}(1 + U_i)\exp\{-\frac{\sigma_2^2}{2} - \lambda\theta T\}$$

$$E[\exp\{\sigma\exp(-\alpha T)\int_0^T\exp(\alpha u)dW_H(u)\}I_BI_A]$$

$$= S\prod_{i=0}^{n+m}(1 + U_i)\exp\{-\frac{\sigma_2^2}{2} - \lambda\theta T\}\int_{-a_2}^{+\infty}dy_1\int_{\frac{-G-\sqrt{w_1}y_1}{\sqrt{w_2}}}^{+\infty}$$

$$\frac{1}{2\pi}\exp\{\sigma\exp(-\alpha T)(\sqrt{w_1}y_1$$

$$+\sqrt{w_2}y_2)\}\exp(\frac{y_1^2 + y_2^2}{2})dy_2$$

$$= S\prod_{i=0}^{n+m}(1 + U_i)\exp\{-\frac{\sigma_2^2}{2} - \lambda\theta T\}\exp\{-\sigma^2[{}^{e}xp(-\alpha T)]2(w_1$$

$$+ w_2)\}\int_{-a_1}^{+\infty}dx_1\int_{\frac{-G-\sqrt{w_1}x_1+\sigma\exp(-\alpha T)(w_1+w_2)}{\sqrt{w_2}}}^{+\infty}\frac{1}{2\pi}\exp(\frac{x_1^2 + x_2^2}{2})dx_2$$

$$= S\prod_{i=0}^{n+m}(1 + U_i)\exp\{-\frac{\sigma_2^2}{2} - \lambda\theta T\}\exp\{-\sigma^2[{}^{e}xp(-\alpha T)]2(w_1$$

$$+ w_2)\}\int_{-\infty}^{a_1}du\int_{-\infty}^{G-\sigma\exp(-\alpha T)(w_1+w_2)}\frac{1}{2\pi\sqrt{w_2}}\exp(\frac{(x - u\sqrt{w_1})^2}{2w_2} + \frac{u^2}{2})dx$$

$$= S\prod_{i=0}^{n+m}(1 + U_i)\exp\{-\frac{\sigma_2^2}{2} - \lambda\theta T\}\exp\{-\sigma^2[{}^{e}xp(-\alpha T)]2(w_1$$

$$+ w_2)\}\int_{-\infty}^{a_1}du\int_{-\infty}^{b_1}\frac{1}{2\pi\sqrt{1-\rho^2}}\exp(\frac{u^2 - 2\rho ut + t^2}{2(1-\rho^2)})dt$$

$$= S\prod_{i=0}^{n+m}(1+U_i)\exp\{-\frac{\sigma_2^2}{2}-\lambda\theta T\}$$

$$\exp\{-\sigma^2[\exp(-\alpha T)]^2(w_1+w_2)\}N_2(a_1,\ b_1;\ \rho). \tag{13}$$

其中

$a_1 = a_2 - \sigma\exp(-\alpha T)\sqrt{w_1}$，$b_1 = b_2 - \sigma\exp(-\alpha T)\sqrt{w_1+w_2}$.

2）第二项的计算

$$E[e^{-\int_0^{T_1} r(u)du}K_1 I_A]$$

$$= \sum_{n=0}^{\infty}\frac{e^{-\lambda T_1}(\lambda T_1)^n}{n!}E[e^{-\int_0^{T_1} r(u)du}K_1 I_A \mid N(T_1)=n]$$

$$= \sum_{n=0}^{\infty}\frac{e^{-\lambda T_1}(\lambda T_1)^n}{n!}e^{-\int_0^{T_1} r(u)du}K_1\int_{-a_2}^{+\infty}\frac{1}{\sqrt{2\pi}}e^{-\frac{x_1^2}{2}}dx_1$$

$$= \sum_{n=0}^{\infty}\frac{e^{-\lambda T_1}(\lambda T_1)^n}{n!}e^{-\int_0^{T_1} r(u)du}K_1\int_{-\infty}^{a_2}\frac{1}{\sqrt{2\pi}}e^{-\frac{x^2}{2}}dx$$

$$= \sum_{n=0}^{\infty}\frac{e^{-\lambda T_1}(\lambda T_1)^n}{n!}e^{-\int_0^{T_1} r(u)du}K_1 N(a_2). \tag{14}$$

结合式（12）、（13）、（14）即可得证。

注 1：当 $\alpha \to 0$，$H=\frac{1}{2}$ 时，可得到跳-扩散模型下复合期权的定价公式，其结果与文献［8］一致。

参考文献

［1］SCHOUTENS W. Levy Processes in Finance：Pricing Financial Derivatives［M］. Wiley：New York，2003.

［2］CORCUERA I M，NUALART D，SCHOUTENS W. Completion of a levy market by power-jump assets［J］. Finance Stochast，2005，9：109-127

［3］邓浏睿，刘韶跃，李芮中著：《分数次布朗运动中的有交易成本的上限型买权的期权定价》，载《经济数学》，2006 年第 2 期，第 140-145 页。

[4] 孙玉东，薛红著：《分数跳—扩散环境下欧式期权定价的 Ornstein-Uhlenbeck 模型》，载《经济数学》，2009 年第 3 期，第 23-28 页。

[5] 朱霞，葛翔宇著：《 股票价格服从 O-U 跳扩散过程的期权定价》，载《统计与决策》，2014 年第 3 期，第 164-167 页。

[6] BLADT M T, RYDBERG H. An actuarial approach to option pricing under the physical measure and without market assumptions [J] . Insurance: Mathematics and Economics, 1998, 22 (1): 65-73.

[7] 毕学慧，杜雪樵著：《复合期权的保险精算定价》，载《 合肥工业大学学报》，2008 年第 8 期，第 1343-1346 页。

[8] 王献东，杜雪樵著：《 跳扩散模型下的复合期权定价》，载《数学的实践与认识》，2009 年第 14 期，第 5-11 页。

[9] 方知，何传江，王艳著：《 服从分数跳-扩散过程的复合期权定价》，载《 数学的实践与认识》，2011 年第 12 期，第 6-14 页。

[10] Gukhal C R. The compound option approach to American options on jump-diffusions [J] . Journal of economics dynamics and control, 2004, 28: 2055-2074.

[11] Li R H, Meng H B, Dai Y H. The valuation of compound options on jump-diffusions with time-dependent parameters [J] . IEEE, 2005, 2: 1290-1294.

[12] Kallsen J. Optimal portfolios for exponential Levy processes [J]. Mathematical Methods of Operations Research, 2000, 51 (3): 357-374.

基于项目驱动的模式识别与图像处理教学模式探索*

张儒良
（贵州民族大学理学院　贵州　贵阳　550025）

一、引言

《模式识别与图像处理》课程是信息与计算科学本科专业高年级选修课程之一，是贵州民族大学重点建设的模式识别与图像处理硕士研究生培养方向之一，如何进一步提高本课程的教学质量是我们教师应尽的职责和义务，本课程教学目标：培养具有一定的图像处理理论基础和在图像信息的获取、传递、处理等方面的应用能力，能在信息技术产业部门、科研部门和企事业单位从事数字图像处理工作的应用型专门人才。

本课程现有的教学模式存在以下问题：

（1）现有的教学学时不能满足课程内容的需要

本课程的内容很多，学生既要掌握有关图像处理的经典基础理论，又要学会运用先进的软件开发技术编写实际图像处理的程序，而且随着信息科学的发展，对课程的内容安排与选择的要求越来越高，课堂教学根本无

* 基金项目全称：黔教科研发［2013］405号．数学建模及其应用创新人才团队。

法面面俱到。

（2）教师的工作量与学生的学习成绩不成正比

在现有的教学模式中，教师往往布置大量的作业，教师的工作量很大，然而学生若在做作业时不进行思考，考试成绩依然不理想。

（3）课程相对较难，学生的自主学习的能力有待于大幅度的提高

本课程的理论性很强，同时与实际工程背景又有极大的联系。然而，课堂教学无法给学生足够的思考时间，很多学生知道书本上的内容却无法将其与实际的应用联系起来。

（4）高年级学生忙于准备各类就业考试，学习积极性不高

学生学习本课程的目的不清楚，面对就业压力大的现实情况，高年级学生花大量时间复习公务员考试、研究生入学考试等相关知识，没有更多的精力花在本课程学习上。

为了进一步发挥学生主观能动性，我们开展了对现有的教学模式进行探索与研究工作，2013 年获贵州民族大学教学改革重点项目。

二、研究内容与研究对象

研究内容：以培养学生有较强的自主学习能力与实践动手能力为指导原则，从课程教学、课内实验、课外专题项目开发、课程考核评价体系等几方面探讨项目驱动教学模式在模式识别与图像处理课程运用中的问题。

研究对象：2010 级理学院信息与计算专业（本科）学生 43 人。

三、教学模式探索切入点

（一）设置专题项目研讨与项目开发的模仿，提高学生自主学习能力

通过项目驱动教学模式，在课程中穿插相关技术在专题项目研讨过程，改变传统的课堂灌输为主的教学方式，不刻意强求学生掌握模式识别技术。

通过项目开发的模仿，提高学生的实践能力。让学生能够处于主动学习、自主学习、相互学习、积极沟通，改变满堂灌的做法，将学生的积极性调动起来。在教学过程中，设置一些专题项目的讨论，将专题项目转化为实验题目，例如汽车牌照识别、人脸识别等，学生在学习过程中，遇到问题，自己或者以一个小组（3至5人）为单位，查阅相关资料，通过教师指导与学生相互讨论相结合，研究相关专题项目内容。即使学生完成不了，也要让学生明确为什么难以完成，在什么地方出现问题，这将有利于学生进一步自主学习，也能提高学生学习的积极性。

（二）将基础性实验与专题项目开发实践结合起来，加强学生收集资料与动手能力

根据学生的实际情况，在每一个章节，选择一个切入点，将基础性实验和专题项目开发实践结合起来，通过教师的项目驱动教学模式，让学生分析这个项目用到哪些基础算法，再让学生反过来打开书本，学习相关的基础算法，这样，学生会感觉本课程的知识点容易入手，再通过将项目不断修改、扩充，引导学生自主学习的兴趣。通过让学生提出问题、解决问题、扩展问题、再解决问题、对解决问题的方法评价、优化设计等几个环节，调动学生积极参与项目的分析与研究，通过这样的问题不断扩展，有效开阔学生的思维。由于课程的教学时间有限，教学过程中，采取在有限的课堂时间将重心放在图像处理的基础算法实现上，专题项目的讨论与开发安排在课外，学生以小组为单位进行讨论，讨论结果，专门安排上课时

间，让学生来讲解讨论的相关内容，我们不注重学生讨论的结果的正确性，而是将重点放在学生查了什么资料？对这些资料如何理解的？这些知识点能解决这个问题否？若能够解决？为什么能解决这些问题？若不能解决，说出为什么不能解决？当然学生最好能说出几种解决问题的方法对比。通过这种方式，使学生的模式识别与图像处理基本知识与技能在基础性实验中逐步积累，使学生的综合性设计与开发能力在专题项目开发实践中获得提升。

（三）将学生毕业设计计划纳入教学内容，本科生与硕士研究生共同参与问题讨论

在教学过程中，将学生毕业设计计划提前纳入教学内容；指导学生还没到做毕业设计的时间，就利用课余时间提前参与毕业设计的相关收集资料、项目开发等工作，本课程的辅导教师是我校模式识别与图像处理的在校研究生，研究生的年龄与本科生年龄大二至三岁，首先将研究生与本科生拉近距离，以朋友相处，克服学生与教师的隔阂，然后，将本课程辅导课改变为学生讨论课，引导本科生与硕士研究生共同参与问题讨论，对于模式识别与图像处理有较强兴趣并有一定的开发能力的学生，让他们观摩与参与研究生日常的课题开题报告撰写、课题开发等工作，通过这些方法，让学生不仅能清楚本课程的学习目的，还可了解本学科发展前景与方向。

（四）改变课程考核评价体系

考核不再是检测学生记住了多少知识，而是检测获取本课程知识和应用知识的能力。我们将原有的试卷考核方式向项目资料收集与项目开发转换，改变原有的课程考核评价体系，重点考核学生学习知识与应用知识的能力。我们的考核评价体系见表 1。

表 1　课程考核评价体系

学习态度 （占 20 分）	上课出勤率	5 分
	作业完成情况	5 分
	认真收集项目相关项目材料	5 分
	上机实验出勤率	5 分

续表

自主学习能力（占 20 分）	遇到问题，认真学习教师没有授课的知识	5 分
	遇到问题，能比较相关方法的优缺点	5 分
	遇到问题，，能积极参与讨论	10 分
学习协作能力（占 20 分）	以小组长身份参与讨论与开发过程	5 分
	与小组成员搞好关系	5 分
	小组分工合作清楚	10 分
开发项目能力（占 40 分）	项目开发收集资料能力	10 分
	项目运用相关技术开发能力	15 分
	项目技术文档表达能力	15 分
总分		100 分

四、取得成果

（1）编写教材《模式识别与图像处理案例 Matlab 技术实现》一本。

（2）指导本科学生成功申报国家教育部高校国家级大学生创新创业训练计划项目“基于视频理解的车牌实时定位与识别系统”2013-2014，目前本项目研究工作已结束，待结题。

（3）学生模仿别人项目开发的 43 个实验案例。例如：碎纸片的拼接复原、水稻颗粒大小、形状的几何量度、砂石颗粒圆形度计算方法、水果分类代码的实现等。

（4）六位学生开发与本课程内容相关的《车牌号识别系统》、《基于 matlab 葡萄酒等级分析》、《基于 matlab 图像处理的图形界面程序设计》毕业设计项目。

（5）有多位同学报考模式识别与图像处理方向硕士研究生，其中 1 位同学被本校录取。

五、总结

本课题研究开展一年来，我们虽然得到一些收益，但困惑也不少。其中主要的如下：

（1）教学模式探索是本项目研究的关键所在。教学模式应围绕教学内容与学生个体来研究。其最终的目的是培养学生自主学习，什么样的教学模式能最大地发挥学生的主观能动型？如何根据学生的兴趣差异性，开展一些教学模式的探索？这是我们需要进一步思考的。

（2）如何通过评价学生的课程成绩，才能最大限度地激发他（她）们的学习热情？这也是我们需要进一步分析与研究的。

（3）学生模仿别人项目开发的实验案例，其实开发的水平并不高，主要是让学生自主地学习别人的内容，了解这学科研究的内容，如何进一步提高学生的开发技术水平，也是我们今后教学过程中应该引起重视的。

参考文献

[1] 董裕华著：《对教学模式的理性思考》，载《天津师范大学学报》（基础教育版），2014 年第 2 期。

[2] 周密，罗玉琳，陈静雅著：《“任务引领—项目导向—理实一体”教学模式在儿童护理教学中的应用研究》，载《卫生职业教育》，2014 年第 1 期。

[3] 连莲著：《国外问题式学习教学模式述评》，载《福建师范大学学报》（哲学社会科学版），2013 年第 4 期。

[4] 梁靖云著：《构建教学模式：教师应当具备的基本功》，载《教育理论与实践》，2012 年第 23 期。

[5] 关秋，陈梅著：《案例教学的理论研究综述》，载《教育与职业》，2011 年第 20 期。

[6] 宋力，赵丹平，柴俊霖，刘占峰著：《应用型专业课程研究型教学模式的探讨》，载《实验室科学》，2011 年第 4 期。

基于纹理方向的车牌定位方法研究*

冯夫健　王　林
（贵州省模式识别与智能系统
重点实验室　贵州　贵阳　550025）

1. 引言

车牌自动识别一般包括车牌定位、字符分割、字符识别三个部分，其中车牌定位是这三部分的基础，也是关键步骤。但由于图像背景复杂，车辆种类繁多，以及受光照的影响，车牌准确的定位难度很大。关于车牌定位的方法很多[1-5]，如郭捷、施鹏飞用颜色和纹理分析相结合的方法定位车牌[1]；刘广起等使用车牌区域的边框特征以及牌照区域二值化后车牌内部的纹理特征灰度变化频率来定位车牌[2]；Danian Zheng 等先对边缘图像进行处理，然后用矩形框在边缘图像中搜索车牌区域[3]。Feng Wang 等则在 HSV 空间采用模糊逻辑的方法来识别车牌[4]。但大多数方法只针对车身的一部分或者背景比较简单，限制了车牌识别的应用范围，因此很难应用到实际的场景中。

针对上述问题，本文提出了一种二值图和纹理方向图相结合的车牌定

* 基金项目：贵州省教育厅大学生创新创业训练计划重点项目（201410672005）；贵州民族大学科研项目（校科研 2014 ［23］ 号）．数学建模及其应用创新人才团队，黔教科研发 ［2013］ 405 号。

位方法，该方法不同于大多数车牌定位方法，根据车牌丰富的纹理信息，引用纹理方向场[6]的方法获得方向图，并且采用改进的区域标记法准确地定位车牌，通过大量的实验表明，此种方法可以应用到较复杂的场景中，并且定位效果较好。

2. 图像预处理

如图 2 所示，由于采集到的图像受背景复杂、车辆种类繁多以及光照的影响，准确地定位车牌难度很大，并且很难提取特征信息，为了降低噪声的影响，首先把彩色图像转换成只有 256 个灰度级的灰度图像，通过观察可以看出车牌区域有很丰富的纹理信息，因此先对灰度图像进行预处理。

2.1 边缘检测

在进行图像处理、模式识别时，图像的边缘检测是最基本的操作。迄今为止，已经有多种成熟的算法，如 Sobel 算子、掩摸算法、微分算法等，由于 Sobel 算子具有简单、运算开销小、并且对图像的边缘有一定的噪声抑制能力等特点，因此，在建议的算法中，使用该算子来进行边缘检测。

一般 Sobel 算子由两个卷积核组成，一个核对通常的竖边缘响应较大，而另一个对横边缘响应较大。对于数字图像，常用的检测竖边缘及横边缘的 Sobel 算子如下：

竖边缘检测算子：$\begin{bmatrix} -1 & 0 & 1 \\ -2 & 0 & 2 \\ -1 & 0 & 1 \end{bmatrix}$

横边缘检测算子：$\begin{bmatrix} -1 & -2 & -1 \\ 0 & 0 & 0 \\ 1 & 2 & 1 \end{bmatrix}$

图 3 是经过 Sobel 算子处理后的图像。从图中可以看出仅仅边缘检测并不能突出我们感兴趣的信息，因此我们引入 Shen 滤波对图像进行增强。

图 1　复杂背景下的原图像

图 2　Sobel 检测后的图像

2.2　图像增强

由于所拍摄的图像受天气、光照和道路上污渍等的影响，车牌图像往往会产生对比度不足的弊端，影响车牌的定位效果。由于噪声频谱通在高频段，因此引入 Shen 氏低通滤波器［7］对边缘图像进行平滑。具体方法如下：

设原信号为 I（x）（x=0，1，2，…，N），首先从左向右进行滤波得到 $I_L(x)$

$$\begin{cases} I_L(0) = I(0) \\ I_L(x) = aI(x) + (1-a)I_L(x-1) \quad x = 1, 2, \ldots N \end{cases} \tag{1}$$

然后从右向左进行计算得到 $I_R(x)$

$$\begin{cases} I_R(N) = I_L(N) \\ I_R(x) = aI_L(x) + (1-a)I_R(x+1) \quad x = N-1, N-2, \ldots, 1, 0 \end{cases} \tag{2}$$

这里，$0<a<1$。针对二维图像只要对每一行进行上述处理，就可以得到二维滤波后的结果，如图 4 是经过 Shen 平滑后的图像。

2.3　图像二值化

灰度图像是由 256 个灰度级组成的单色图像，多级别的图像能够呈现出较为丰富的明暗度，但对于目标搜索来说，总是希望尽可能地减少背景像素的干扰而保存或增强目标区的色素度。图像的二值化可以把像素的灰

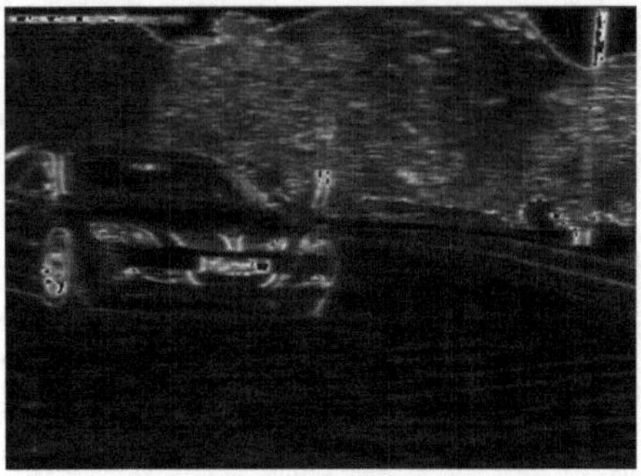

图 3　Shen 增强后的图像

图 4　二值化后的图像

度级分成黑与白两级，即把原灰度图像转化为二值图像。通过对图像的灰度直方图以及灰度图进行分析，用一般的方法很难找到图像二值化的阈值点，在建议算法中，引入数学上梯度的思想来找出阈值点，具体方法如下：

（1）根据灰度图像统计出灰度直方图，然后找出直方图的最高点 H 和最低点 D。

（2）然后根据 H 和 D 构建直线方程，得到这条直线的斜率。

（3）然后从头开始计算每个灰度概率值的梯度，当梯度和直线斜率的积为零时，它所对应的灰度值就是要求的阈值点。

通过所求的阈值点对图像进行二值化处理，结果如图 5 所示。

3. 车牌定位的算法描述

从图 2 中可以看出要想在复杂的背景下准确地定位车牌是非常困难的，因此本文提出了一种二值图和纹理方向图相结合的车牌定位方法，然而在离散的计算机图像中要找到纹理方向图难度很大，因此引入梯度方向场的概念来获得原图像的纹理方向图。具体方法如下：

3.1　梯度方向场

梯度是信号变化速度的一个检测矢量，对于一幅图像来说，某一点的梯度方向对应于该点所处密度面的法线方向，因此，图像密度等值线的切线方向与梯度方向垂直。

设 θ 是方向场每一点的方向角度，计算方法如下：

$$\begin{cases} G_x = \dfrac{\partial\ I(x,\ y)}{\partial\ x} \\ G_y = \dfrac{\partial\ I(x,\ y)}{\partial\ y} \end{cases} \tag{3}$$

$$\theta = \arctan(\frac{G_y}{G_x}) + \frac{\pi}{2} \tag{4}$$

其中，Gx 和 Gy 是梯度矢量，梯度值越大，图像的灰度密度变化越大，得到的角度值越可靠。接下来是对梯度方向场的估计，设 I（x，y）为原图像，[Gx，Gy] 是计算得到的梯度矢量，对其进行平方运算后，将其转换成极坐标，方法如下：

$$\begin{bmatrix} G_\psi \\ G_\varphi \end{bmatrix} = \begin{bmatrix} \sqrt{G_x^2 + G_y^2} \\ \tan^{-1} G_y/G_x \end{bmatrix} \tag{5}$$

然后梯度矢量又被转换成笛卡尔坐标形式：

$$\begin{bmatrix} G_x \\ G_y \end{bmatrix} = \begin{bmatrix} G_\psi \cos G_\varphi \\ G_\psi \sin G_\varphi \end{bmatrix} \tag{6}$$

最后，图像的梯度方向可以表示为：$\varphi = \frac{1}{2} \tan^{-1} \frac{\sum_w 2G_x G_y}{\sum_w (G_x^2 - G_y^2)}$ (7)

3.2 算法描述

二值图和纹理方向图相结合的车牌定位算法流程如下：

（1）用 3.1 中介绍的方法对 I（x，y）图像计算，由于车牌一般是接近水平的，因此我们可以选择角度在 -15 ~ 15 范围内进行计算，然后采用 2.3 节中介绍的方法对方向图进行二值化，如图 6 得到图像 I（x，y）二值化后的的方向图 G。

（3）匹配方向图，引入 k×k 的模板对二值图像 B（图 5）进行处理，使其缩小为原来的 1/k2（如图 7）。

（4）通过方向图 G 和二值图像 B 找夹在两平行方向中的边缘信息，当满足图像 G 两边为 0，二值图像 B 之间为连续的 255 时，填充 G 为 255，其他的为 0。得到初步的车牌区域和备选区域，如图 8 所示。

（5）形态学处理，采用线段结构元素对图像进行一系列开运算，有效地将车牌区域与背景区域连接点断开，并去除了小区域和车牌上的毛刺部分。开运算如下：

$$A^{\circ}B=(A\Theta B)\oplus B \tag{8}$$

经过开运算计算得到图像 K，如图 9，为下一步准确地定位车牌奠定了基础。

（6）采用区域标记法记录每一个白色区域的左上坐标 K（x，y）和右下坐标 K（x1，y1），计算每一个区域的宽度 C 和高度 H，以及面积 S，根据宽高比和区域面积定位出车牌区域，如图 10 所示。

图 5　二值化后的方向图

图 6　缩小后的二值图像

图 7　经二值图和方向图结合处理的图像

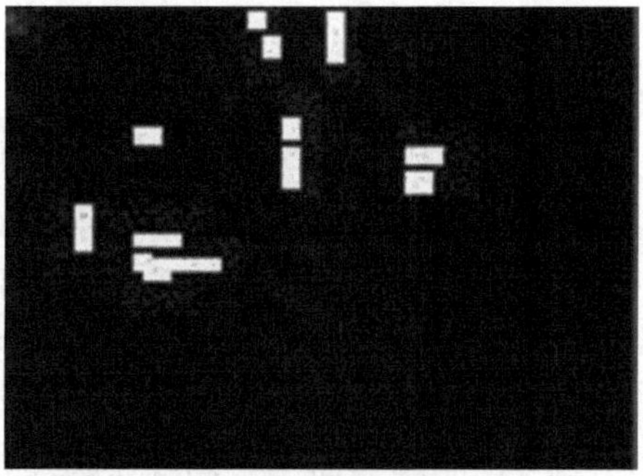

图 8　形态学处理后的图像

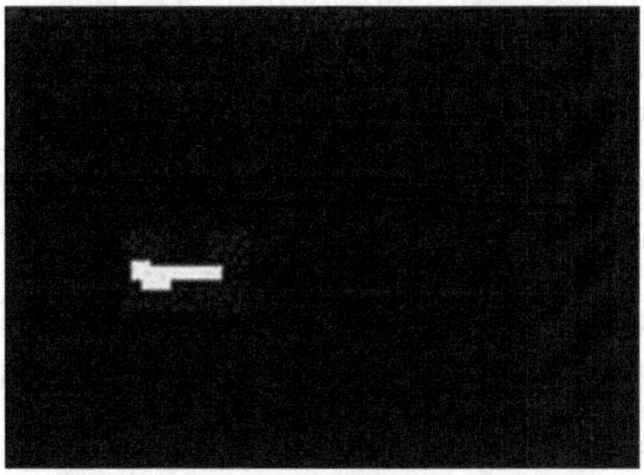

图 9　得到车牌区域

4. 实验结果

为了验证建议方法的有效性，我们采集了交通路口的视频并获取图像(1 帧/秒)，这些图像受到光线反光、背景噪声、车牌区域不清晰等的干扰较大，为准确定位车牌带来了很大的影响。利用建议算法都能较准确地确定车牌的位置。图 10 所示是部分图像的实验结果，从这些图像的实验结果可以看出，建议算法的车牌定位达到了预期的效果。

图 10　实验结果

5. 小结

在本文中，针对汽车在公路上的实际场景视频图像进行分析，给出了一种二值图和纹理方向图相结合的车牌定位方法。通过 Shen 氏低通滤波器以及梯度方法得到原图像的二值化图像，为车牌的准确定位奠定了基础。采用梯度方向场对原图像进行处理，并对方向图进行二值化，在很大程度上提高了车牌定位的准确率和精度。实现了对车牌区域及备选区域的准确定位。同时采用扫描标记法准确地定位出车牌区域，不但提高了计算速度，还提高了车牌定位的准确率。本文介绍的车牌定位方法已经达到了预期的效果，并具有较强的鲁棒性和实时性。其技术指标达到了设计目标，这些数据具备可重复性和一致性。

参考文献

[1] 郭捷，施鹏飞著：《基于颜色和纹理分析的车牌定位方法》，载《中国图像图形学报》，2002 年第 5 期。

[2] 刘广起，郑晓势，张晓波著：《基于图像纹理特征提取的车牌定位算》，载《中国图像图形学报》，2005 年第 11 期。

[3] Danian Zheng , Yannan Zhao , Jiaxin Wang. An efficient method of license plate location . Pattern Recognition Letters 26 (2005) 2431-2438. 2005.

[4] Feng Wang , Lichun Man , Bangping Wang , Yijun Xiao , Wei Pan , Xiaochun Lu. Fuzzy-based algorithm for color recognition of license plates . Pattern Recognition Letters 29 (2008) 1007-1020.

[5] Jianbin Jiao, Qixiang Ye, Qingming Huang. A configurable method for multi-style license plate recognition. Pattern Recognition. , 42 (2009) 358—369.

[6] A. R. Rao, A Taxonomy for Texture Description and Identification. New York, Springer-Verlag, 1990.

[7] J. Shen and S. Castan . An Optimal Linear Operator for Step Edge Detection. CVGIP: Graphical Model and Image Processing. Vol. 54, pp. 121-124, 1992.

基于拟合算法的警戒线提取及动目标行为分析*

吴永武[1]　程则桥[2]　符祖峰[1]　王海英[1]
（1、安顺学院　数理学院　贵州　安顺　561000，
2、丁旗中学　贵州　镇宁）

一、引言

动目标的行为分析[1-6]是智能监控的高级阶段，其广泛地运用于政府、学校、公路、银行等重要部门。在公路交通视频中，如何准确检测动目标和定位道路边界线（警戒线）对动目标的行为分析尤为重要。

目前，在道路警戒线的提取方面，已有众多学者做了大量的工作[6-9]，如：文献[6]采用Radon变换来提取直线型警戒线，采用多项式拟合算法来提取曲线形警戒线；[7]在分割后的梯度图像中，利用Hough变换提取出车道标识线参数，完成了对道路图像中的车道标识线的识别；[8]利用了Hough变换，首先建立一个在空间的三维直方图，对每个边缘点，给所有与该点的Hough变换所对应空间的直方图一个增量，当所有边缘点实施完这种操作后，包含的方格将达到局部最大值，然后对空间的直方图进行局部最大值搜索，可以获得边界的参数；[9]针对机器视觉导航中道路引导

* 基金项目：1. 本项目获贵州省科技厅科学技术基金项目（黔科合J字［2012］2003号）资助。2. 本项目获贵州省科学技术厅、安顺市人民政府、安顺学院联合科技基金项目（黔科合J字LKA［2012］04号）资助。

线检测方法复杂、实时性不能满足使用要求的问题提出了基于改进 Hough 变换的公路车道线快速检测算法：根据车道线与路面颜色的不同判断车道线位置计算出车道线的方向候补点群，根据车辆所处车道的情况对方向候补点群进行聚类，以每一类的中点为基准点使用基于一点的改进 Hough 变换算法计算出车道线的斜率。

本文主要研究内容集中在道路场景中警戒线的拟合和动目标行为分析上。针对实际场景，我们将从拟合算法的角度来实现警戒线的提取，首先采用最小二乘拟合直线算法获取直线型警戒线参数；其次用多项式拟合算法获取曲线型警戒线参数。在实现警戒线的拟合后，采用自适应背景差分算法来实现动目标的检测与分割，最终实现对动目标的行为分析。

二、初始化背景

初始化背景是动目标检测中关键的一步，一个好的初始化背景在动目标检测时将会获得良好的检测效果，对接下来工作的顺利完成起着决定性的作用。在我们的试验中，均值算法具有快速、稳定的优点，本文将采用此算法来初始化背景图像，其原理如下：

背景图像 B 中一点（x，y）的值是由所有图像的对应点灰度的平均值构成：

$$B(x,\ y)=\frac{1}{N}\sum_{t=1}^{N}I(x,\ y,\ t) \tag{1}$$

其中 N 为图像序列中的图像数，$I(x,\ y,\ t)$ 是 t 时刻的图像。用均值算法创造背景模型时，不动目标将保持它们的灰度不变，而运动目标点将失去它的重要性，从而变成背景模型。

因此，实验选择了一个图像序列（含 440 帧），每帧图像大小均为 288 * 352，用其中 200 帧来建立初始化背景图。首先，读取每一帧图像，并将图像转变成灰度图；其次，将这 200 帧灰度图对应点（x_i，y_i）($1\leqslant i\leqslant 288$，$1\leqslant j\leqslant 352$）的灰度值相加，再求均值。这样就获得了初始化背景图中每一点的灰度值，从而获得了初始化背景图像的灰度图。在第 4 部分中，此背景图像只是循环背景模型中的第一个初始背景图。图 1 是利用此算法获得的背景模型效果图。

三、基于拟合算法的警戒线拟合

在交通场景中，为了实现动目标的行为分析，警戒线的提取及拟合是关键的一步。本文将实现两种场景类型的警戒线拟合，其一是直线型警戒线拟合；其二是曲线形警戒线拟合。

（一）直线型警戒线的拟合

针对直线型场景，我们将采用最小二乘拟合直线算法来实现，下面先阐述其拟合算法原理。

设 P_1，P_2，...，P_N 是平面上的 N 个离散点，求取这些点的拟合直线 $f(x)=kx+b$ 只需采用最小二乘法即可，即计算偏差的平方和 M（见方程（2））为最小即可，

$$M=\sum_{i=1}^{N}\left[y_i-(kx_i+b)\right]^2 \tag{2}$$

其操作步骤如下：

1. 对方程（2）的 k，b 分别求偏导，由于 M 为极值，由数学原理知，偏导函数要求为零，即有方程（3）成立：

$$\begin{cases}\dfrac{\partial M}{\partial k}=-2\sum_{i=1}^{N}\left[y_i-(kx_i+b)\right]x_i=0\\[2ex]\dfrac{\partial M}{\partial b}=-2\sum_{i=1}^{N}\left[y_i-(kx_i+b)\right]=0\end{cases} \tag{3}$$

2. 整理合并，把 k，b 分离出来得：

$$\begin{cases}k\sum_{i=1}^{N}x_i^2+b\sum_{i=1}^{N}x_i=\sum_{i=1}^{N}y_ix_i\\[2ex]k\sum_{i=1}^{N}x_i+Nb=\sum_{i=1}^{N}y_i\end{cases} \tag{4}$$

3. 解方程组得 k，b 值：

$$\begin{cases} k = \dfrac{\sum_{i=1}^{N} x_i \sum_{i=1}^{N} y_i - N\sum_{i=1}^{N} x_i y_i}{\sum_{i=1}^{N} x_i \sum_{i=1}^{N} x_i - N\sum_{i=1}^{N} x_i x_i} \\ b = \dfrac{\sum_{i=1}^{N} y_i - a\sum_{i=1}^{N} x_i}{N} \end{cases} \tag{5}$$

由方程（5）即可得到拟合的直线方程 $f(x) = kx + b$ 。

因此，在第二部分获得初始背景图后，利用 sobel 算子提取边界线，边界线中两条警戒线是我们所关注的，利用其特点便可提取警戒线，并将图二值化（如图 2 所示）。接着对两条警戒线进行区域标注，这样就获得了已知的离散点 P_1，P_2，...，P_N（警戒线 1）和 P_1'，P_2'，...，P_N'（警戒线 2），再根据方程（2）至方程（5）即可获得到两条警戒线的参数及拟合方程。图 3 就是利用此算法拟合图 2 的效果图，在以图像左下角为原点的坐标系中，两条警戒线的参数分别为 $k_1 = 2.9459$，$b_1 = 272.7588$；$k_2 = -5.4958$，$b_2 = 1159.4263$。至此，我们已获得两条警戒线的方程 $y_1 = k_1x + b_1$ 和 $y_2 = k_2x + b_2$，为后续的行为分析做好准备。

（二）曲线型警戒线的拟合

在曲线型道路的研究中，本文以山路场景作为研究对象。在提取警戒线时，要求获得参数个数越少且精度越高越好，因为这有利于更快速、更准确地进行行为分析，而最小二乘多项式拟合就具有这一特点。就我们的实验而言，针对一般的公路场景，采用三次多项式进行拟合就能满足了。因此，本文将用三次多项式对曲线型公路警戒线进行拟合，下面是其原理。

假设给定数据点 (x_i, y_i)，$i = 1, 2, 3, \cdots, m$，求

$$p_3(x) = \sum_{k=0}^{3} a_k x^k \in \Phi \tag{6}$$

使得

$$I = \sum_{i=1}^{m} [p_3(x_i) - y_i]^2 = \sum_{i=1}^{m} \left(\sum_{k=0}^{3} a_k x_i^k - y_i\right)^2 = \min \tag{7}$$

当拟合函数 $p_3(x)$ 为多项式时，称为多项式拟合，满足式（7）的

$p_3(x)$ 称为最小二乘三次多项式拟合。

因此，在算法中事先给出一个三次多项式（即式（6）），然后将检测到的警戒点（即已知点 $(x_i, y_i)(x_i, y_i)(i=1, 2, ..., m)$）代入式（7）中并极小化（满足 min)，便可获得多项式的各系数参数。图 4 为曲线型场景的原图像；图 5 为此算法拟合图 4 警戒线的效果图像。拟合得到两个三次多项式 $y_3=ax^3+bx^2+cx+d$；$y_4=ex^3+fx^2+gx+h$），在保存方程时，只需保存两三次多项式的系数，这也大大地节省了存储空间。

四、动目标的检测及质心提取

（一）动目标的检测

目前，在动检测及分割领域常用的算法有：基于时间微分的帧差技术；基于背景模型的背景差技术；基于光流的方法，这些方法都有各自的优缺点。本文将采用自适应背景差技术来检测和分割动目标。其最大的优点是自适应背景模型，即背景是随着时间和光线的改变而改变的，下面陈述其相关原理。

此算法是在背景差分算法的基础上改进而来的，背景差分算法的基本思想是先创建一幅参考图像（即第 2 部分中创建的初始化背景图像)，其仅包含场景中的静态目标。当动目标出现时，对应区域的灰度发生了明显的变化。运用此变化信息，就能检测和定位出运动目标的位置。其公式描述如下：

$$|\text{当前图像}_t-\text{背景图像}|>T \tag{8}$$

将当前图像与背景图像作差即是差图像，在差图像中对应点上灰度值大于给定的门限值 T，则认为该点是运动点，否则为静止点。那么，如何创建一幅可靠的背景图像呢？其算法应该能自适应场景光线等的逐渐变化，这就发展出了自适应背景差技术，其基本思想如下：

$$B(x, y, t)=\begin{cases}(1-\alpha)B(x, y, t-1)+\alpha I(x, y, t) & \text{若}(x, y)\in\text{静态区域}\\ B(x, y, t-1) & \text{若}(x, y)\in\text{动态区域}\end{cases} \tag{9}$$

其中，$I(x, y, t)$ 为 t 时刻的输入图像，$B(x, y, t)$ 为 t 时刻的背景图像，当 $t=0$ 时，即为第 2 部分中创建的初始背景图像。对每一个输入图像，背景图像将会自动生成。在实际中，参数 α 是一个经验常数，它确保当前图像的贡献。应用式（9），能检测出一个点是运动点或是静态点。如图 7 就是利用此算法检测出的动目标。

（二）质心提取

在检测到动目标后，先进行区域标注，此时便知道目前场景中有多少个动目标，然后提取每一动目标的质心，若动目标 i 的质心为 $(\bar{x}_i, \bar{y}_i)$，则其计算公式如下：

设二维图像函数为 $f(x, y)$，则其 $p+q$ 阶几何矩为：

$$M_{pq} = \int_{-\infty}^{\infty}\int_{-\infty}^{\infty} x^p y^q f(x, y)\,dxdy \tag{10}$$

对于一幅 $M \times N$ 的离散图像 $f(i, j)$，其 $p+q$ 阶几何矩为：

$$M_{pq} = \sum_{i=1}^{M}\sum_{J=1}^{N} i^p j^q f(i, j) \tag{11}$$

其中，$i \in M$，$j \in N$，p、q 为非负常数，则有：$\bar{x} = \dfrac{M_{10}}{M_{00}}$，$\bar{y} = \dfrac{M_{01}}{M_{00}}$，根据区域标注，便可求出第 i 个动目标的质心 $(\bar{x}_i, \bar{y}_i)$。

五、动目标的行为分析

本文的行为分析主要是基于警戒线的行为分析，其原理很简单，即动目标越过警戒线进入报警区后就视为异常行为的发生，系统及时发出报警信号，提醒相关管理者；反之，如动目标位于安全区，则视为正常行为。从数学角度来讲，即检测质心点在两条警戒线之间或之外，若质心点在两警戒线之外，则视为异常行为已发生，否则，视为正常。具体操作如下：

在第 3 部分已用拟合算法得到警戒线方程，直线型警戒线的解析式为：$y_1 = k_1x + b_1$ 和 $y_2 = k_2x + b_2$，曲线型警戒线的解析式为：$y_3 = ax^3 + bx^2 + cx + d$ 和 $y_4 = ex^3 + fx^2 + gx + h$。如图 6 是曲线型的行为监测分析示意图（直线型与曲线型的类似）。现在，将检测到的动目标 i 的质心点（$\bar{x}_i$，$\bar{y}_i$）的横坐标 $\bar{x}_i$ 分别代入以上四个方程中右边的 x 中，便可得到 y_j ($j=1$，2，or，3，4) 的值。当 $\bar{y}_i > y_j$ 时，表明动目标在直线的上方；当 $\bar{y}_i < y_j$ 时，表明动目标在直线的下方。利用这种信息，很容易判断动目标的质心点在两条警戒线之间还是在外侧。若质心点（$\bar{x}_i$，$\bar{y}_i$）位于两警戒线之间，则视为正常；否则，视为异常行为的发生，应及时报警。这样，就实现了对动目标的行为分析。本文对两个点 $A(50，50)$ 和 $B(110，20)$ 进行了实验，结果显示 $A(50，50)$ 为异常行为，并发出了报警信号；点 $B(110，20)$ 为正常行为，实验结果显示了系统的准确性。

再结合第 4 部分动目标的检测及区域标注，便知当前场景中有多少个动目标，他们是否发生异常行为，这些情况监测系统都了如指掌。

六、实验图片展示

图 1　均值法创建的背景图

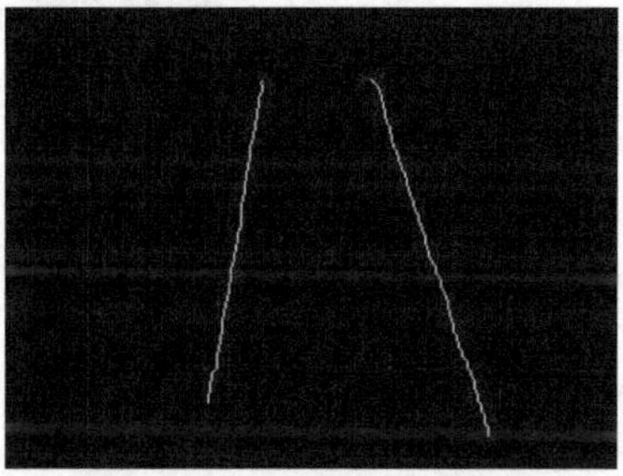

图 2　二值化后的警戒线

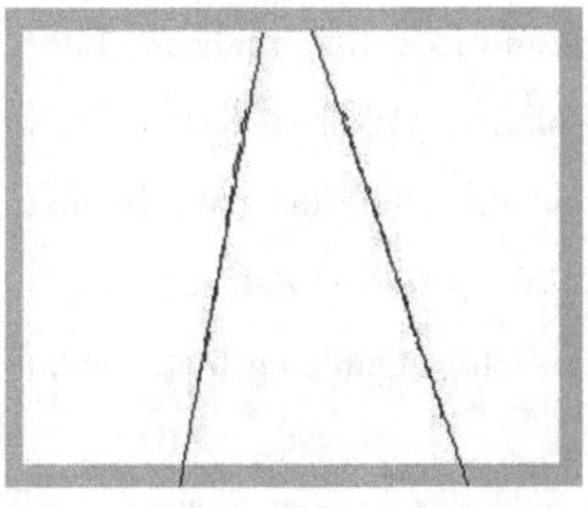

图 3　最小二乘拟合警戒线

图 4　曲线形场景原始图

图 5　多项式拟合效果图

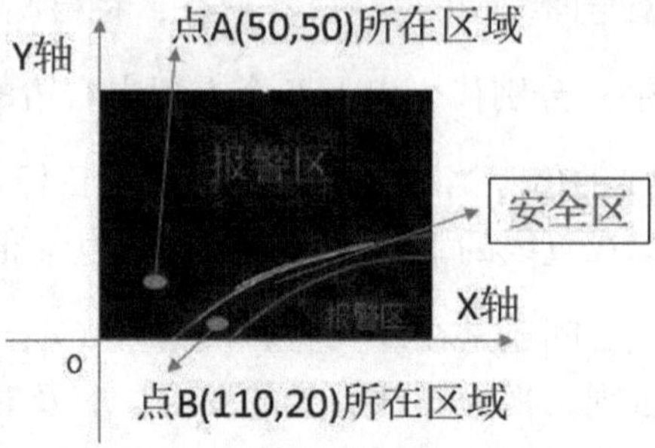

图 6　安全监测系统示意图

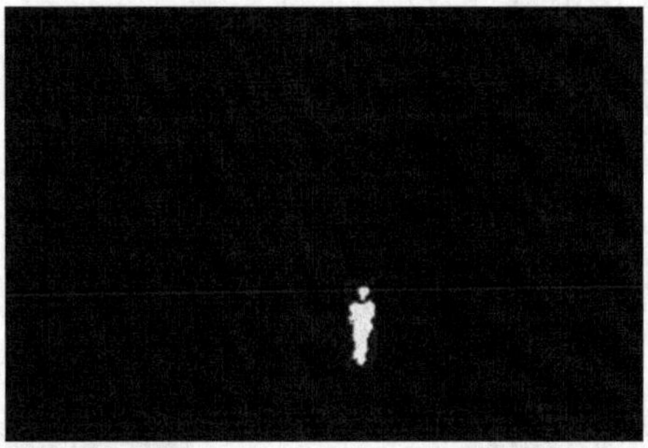

图 7　自适应背景差技术检测动目标

参考文献

[1] Y. Wu and J. Shen. Detecting the moving objects using orthogonal moment and its action analyses. *ACCV2004*, 2004, Korea, p85-90.

[2] Y. Wu, J. Shen and M. Dai, Traffic object detections and its action analysis, International journal of pattern recognition letter, 2005, Vol. 26, p1963-1984.

[3] Y Wu, J Shen and M Dai. Traffic object detections and its action analysis. International journal of pattern recognition letter. 2005, Vol. 26, p1963-1984.

[4] Gang Zhou, etc. Anomalous Event Detection Based on Self-Organizing Map for Supermarket Monitoring, 2009.

[5] 胡芝兰，江帆等著：《基于运动方向的异常行为检测》，载《自动化学报》。

[6] Yongwu Wu, Youfu Wu, etc. The Behavior Analysis of Moving Objects in Public Scene. 2011 International Conference on Energy Systems and Electrical Power (ESEP 2011). Energy Procedia 13 (2011) p6508-6517.

[7] 王荣本等著:《基于边界的车道标识线识别和跟踪方法研究》, 载《计算机工程》, 2006 年第 18 期, 第 32 页。

[8] 廖传锦等著:《基于边缘提取和特征跟踪的道路检测算法》, 载《重庆大学学报》(自然科学版), 2002 年第 1 期。

[9] 赵颖, 王书茂, 陈兵旗著:《基于改进 Hough 变换的公路车道线快速检测算法》, 载《中国农业大学学报》, 2006 年第 3 期。

基于混合高斯模型与分块帧差相融合的运动目标检测算法*

张再军　王建飞　王　林
（贵州民族大学理学院　贵州　贵阳　550025）

1. 引言

运动目标检测是视频处理的关键技术，它是从图像序列中将变化区域从背景图像中分割出来，以方便实时地对目标进行识别和跟踪。由于智能监控系统中的后续处理都仅仅对检测出来的运动区域进行，所以运动目标有效检测在智能监控系统、人机交互系统方面有着非常重要的意义。

常用于运动目标检测的方法有光流法[1]、时间差分法[2]、背景相减法[3]。其中，光流法的计算量较大，对硬件要求较高，一般很难实现对目标的实时检测；时间差分法尽管能有效地去除静止的背景，但往往提取的目标比较粗糙，比实际的运动目标轮廓要大，并且目标中会出现空洞现象；而背景差分方法中对背景建模和背景更新要求较高，需要快速地建立背景图像并对背景进行及时更新，以保证光照、天气等环境变化对目标检测的影响。

背景相减法是运动目标检测中使用较为广泛的方法，其关键是背景的

---

* 基金项目：数学建模及其应用创新人才团队，黔教科研发［2013］405 号。

建模和更新。在背景的建模方法中又可以分为基于像素和基于块的背景建模方法。基于像素的背景建模方法能够获得较准确的目标图像，如文献[4]。基于块的背景建模方法能够获得更多的空间分布信息，对场景的局部变化不敏感，它能很好克服光照变化、树枝摇动的影响，如文献[5]等。

考虑到上述方法的优缺点，本文以改进的混合高斯模型[6]为基础，结合分块帧差法[2]的优点，提出一种基于混合高斯模型与分块帧差相融合的运动目标检测算法，实验结果表明该方法对场景的瞬间变化、扰动、固定对象的移动等具有很好的鲁棒性。

2. 混合高斯模型

混合高斯模型最初由 Stauffer 等[7]人提出，在高斯数足够多的情况下，混合高斯分布的概率密度函数能够逼近任何连续有限的概率密度函数。对每一个像素点，定义 k 个高斯分布来表示其状态，k 值体现了像素值多峰分布的峰的个数，在检测过程中只要像素点符合 k 个高斯分布的一个，那么就认为该像素点是具有背景特征的像素点；反之，该像素点则被判定为目标。t 时刻第 k 个高斯分布的概率密度函数如下：

$$f(I_t, \mu_{k,t}, \Sigma_{k,t}) = \frac{1}{(2\pi)^{\frac{n}{2}} | \Sigma_{k,t} |^{\frac{1}{2}}} e^{-\frac{1}{2}(I_{k,t}-\mu_{k,t})^T \Sigma_{k,t}^{-1} (I_{k,t}-\mu_{k,t})}$$

式中，$\mu_{k,t}$，$\Sigma_{k,t}$，表示当前时刻的均值和协方差矩阵，I_t 表示 t 时刻图像 (i, j) 位置的像素值。

像素点 k 当前的特征与该像素点过去时刻的特征有关，其概率表示为

$$P(I_t) = P(x_{k,t} | x_{k,1}, x_{k,2}, \cdots, x_{k,t}) = \sum_{k=1}^{k} \omega_{k,t} f(I_t, \mu_{k,t}, \Sigma_{k,t})$$

式中 $\omega_{k,t}$ 表示 t 时刻第 i 个高斯分布的权重。

为了减少计算量，提高算法的实时性，一般假定每帧视频图像中各色彩通道相互独立，协方差矩阵为 $\Sigma_{k,t} = \sigma_{k,t}^2 I$。

将 k 个高斯混合分布根据 $\omega_{k,t}$ 的值从小到大排序，一般采用前 B 个高斯分布建立背景模型，公式如下

$$B = \operatorname{argmin}\left[\frac{\sum_{k=1}^{b}\omega_k}{\sum_{k=1}^{k}\omega_k} > T\right]$$

T 为某个给定的阈值。

Stauffer 算法中，一幅新的图像进入到系统中时，像素值与现有的 k 个高斯分布进行比较，如果像素值在高斯分布的 2.5 倍方差之内，就将这个分布定义为一个匹配分布，然后用此分布构建背景模型。

3. 分块帧差模型

基于块的背景建模方法是将每帧图像分割为多个重叠或非重叠的小块，然后使用每个块的特征构造背景模型。与单个像素相比能够获得更好的空间分布信息，对场景的局部变化不敏感。其具体步骤如下：

读入视频序列的前 N 帧图像，用均值法构建初始背景 B_0

$$B_0(i,\ j) = \frac{1}{N}\sum_{k=1}^{N} I_k(i,\ j)$$

将初始背景图像 B_0 和当前输入帧图像 I_n 均分成 $m \times n$ 个子块，对每一子块 i 计算 d_i

$$d_i(i,\ j) = | I_n^i(i,\ j) - B_0^i(i,\ j) |$$

记 D_i 为第 i 块的总差值，则 $D_i = \sum_{i=1}^{m}\sum_{j=1}^{n} d_i(i,\ j)$ 。

若 $D_i < T_1$，则令 $B_0^i = (1-\alpha)B_0^i + \alpha I_n^i$ 更换第 i 块背景，否则 B_0^i 保持不变。

在此方法中，当一段图像序列进行到一段时间以后，均值背景中的大部分子块都被图像序列中对应的子块更新替换了，因此，用此种方法构建的背景要比用均值方法构建的背景清晰得多。

4. 融合两种模型的运动目标检测算法

在基于混合高斯模型的背景减法中，更新参数 α 常取较小的值，模型能够跟踪背景的缓变，但无法及时跟踪背景的快速变化，无法解决背景运动问题。如夜晚走廊光照的瞬间突变、停车场汽车暂停暂走等场景变化时。在基于分块帧差法的背景建模中，虽能够很好地刻画场景中的空间分布信息，但对场景中的局部信息甚不敏感，且检测出的运动目标也较为粗糙，不适于对运动目标分割较高的场合。所以本文考虑将上述基于像素的和基于分块的两种检测方法结合起来，充分地融合图像在时间和空间上的分布信息，以更好地检测出运动目标。

4.1 高斯模型初建

首先对混合高斯模型进行初始化。用一段时间内视频序列图像中每一像素点的平均灰度值 μ_0 及像素的方差 σ_0^2，用 μ_0 和 σ_0^2 来初始化混合高斯模型中 k 个高斯分布的参数，公式如下

$$\mu_0 = \frac{1}{N}\sum_{t=0}^{N-1} I_t \text{ , } \sigma_0^2 = \frac{1}{N}\sum_{t=0}^{N-1} (I_t - \mu_0)^2$$

后继的更新过程实质是对构造的每个高斯分布进行更新，因此在模型初始化过程中，可用第一幅图像每点的像素值作为均值，然后给一个较大方差、较小的权值作为 k 个高斯分布的参数。

4.2 模型更新

模型更新实际上是对各个高斯模型的各个参数及权值进行更新，根据权值把各个高斯分布排序，然后根据需要加入新的高斯分布。传统的高斯分布模型无法适应场景的瞬间突变，所以此处引入分块帧差的思想对场景进行判断，若场景发生瞬间突变，则重新构造新的高斯模型，否则，对原有的各高斯模型各参数及权值进行更新。步骤如下：

1）初始化 s 和 T ，记录当前的背景图像 B 与当前输入图像 I ；

2）将 B , I 均分成 $m \times n$ 子块，计算每块总差值 D_i ；

3）对每块 i，如果 $D_i > T$，则 $s = s + 1$，s 表示大于某个阈值的块数，T 为某个给定的阈值；

4）循环完所有 i，如果 $s > T_2$，则场景发生改变，重新初始化高斯模型，以当前图像 I 的像素值为均值，给定较大的方差，较小的权值为新高斯模型的初始值；否则继续更新原有高斯模型。

原有高斯模型的更新方式如下：当一幅图像进入到系统中时，将这幅图像每点的像素值与已排好序的 k 个高斯模型按下面公式进行匹配。

$$| I_t - \mu_{k,\ t-1} | \leqslant \tau\sigma^2_{k,\ t-1} \qquad (*)$$

τ 为常数，通常取 2.5 ~ 3 之间的值。$\mu_{k,\ t-1}$，$\sigma^2_{k,\ t-1}$ 为 $t-1$ 时刻第 k 个高斯的均值和方差。

若（*）式满足，则当前点的像素值服从第 k 个高斯分布，原有分布的概率受到影响，需重新更新此分布的参数，相应的公式如下[4]：

$$\mu_{k,\ t} = (1-\alpha)\mu_{k,\ t} + \alpha I_t$$

$$\sigma^2{}_{k,\ t} = (1-\alpha)\mu^2{}_{k,\ t} + \alpha(I_t - \mu_{k,\ t})$$

$$\omega_{k,\ t} = (1-\alpha)\omega_{k,\ t-1} + \alpha\theta$$

第三式中 θ 为一常数，符合第 k 个高斯分布时取 1，不符合时取 0。

若（*）式不满足，则当前图像 I_t 未能与 k 个混合高斯模型中的任何一个匹配，这说明出现了新的分布形式，此时需增加一个新的单高斯分布。而当增加新的高斯分布时，会使原有混合高斯分布的数目发生变化，如果总数大于 k，则去除一个当前混合高斯分布模型中权值最小的高斯分布。然后以当前图像 I_t 的均值，同时给一个较大的方差，较小的权值作为新增加的高斯分布的初值。

在更新完所有的参数后，按权值的大小对所有的高斯分布重新排序。排序之前对所有高斯分布的权值做归一化处理。

$$\omega^*_{k,\ t} = \frac{\omega_{k,\ t}}{\sum_{k=1}^{K}\omega_{k,\ t}}$$

至此已完成了整个混合高斯分布模型的更新。具体算法流程图如下：

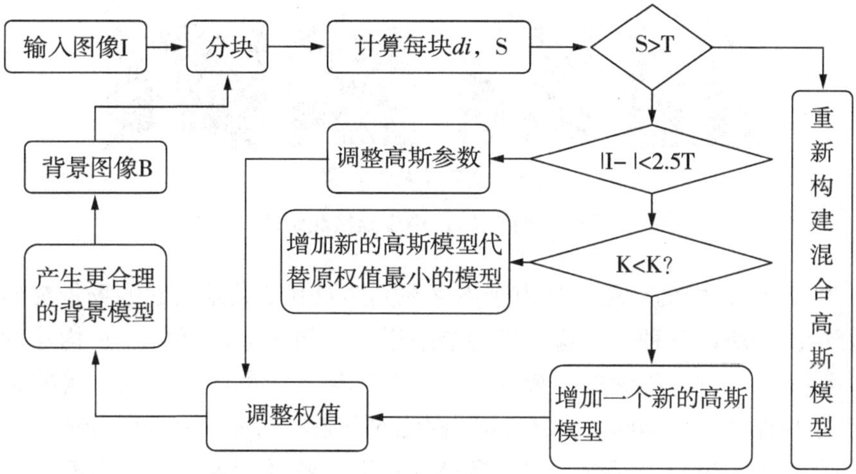

图 1　算法流程图

5. 实验结果分析

为了验证算法的有效性，本文选取实地拍摄的两套视频序列进行实验，其中图（a）表示公路上的车辆连续帧运动图像；图（b）表示夜间走廊突然关灯后的连续帧图像。

用混合高斯模型、分块帧差模型、文中算法对视频序列进行背景建模及目标检测，得到图 3。

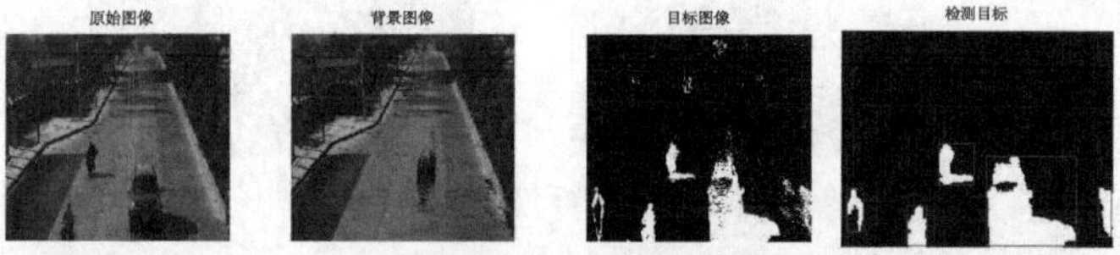

(a) 混合高斯模型检测结果

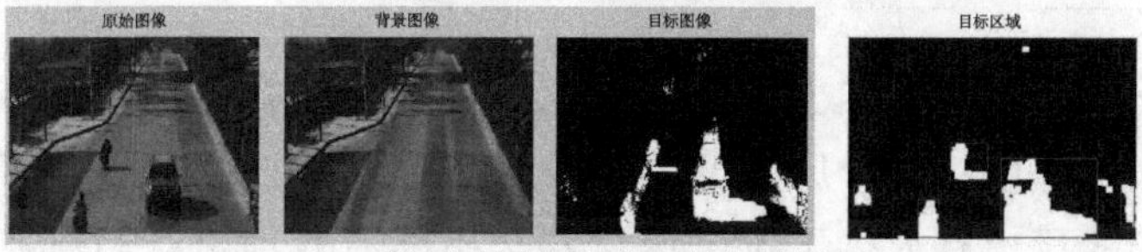

(b) 分块帧差模型检测结果

(c) 本文算法检测结果

图 3　图 2（a）中视频检测结果

图 2（a）中的视频序列由于不存在光照及其他因素引起的场景突然变化等情况，所以三种方法检测出的结果近似。图 3（a）和（c）构建的背景一致，此处存在细微的拖拽现象，这与选取图像的帧数有关，若帧数够多，这种拖拽自可消除。图 3（b）构建的背景块间像素有细微差值，且得到的背景图像也较为模糊，这与模型的更新参数及阈值有关，在实验中需要反复调整其值以找到它们的最佳适应值，因此算法的通用性不强。用三种同样的方法对图 2（b）中的视频序列进行背景建模，结果见图 4。

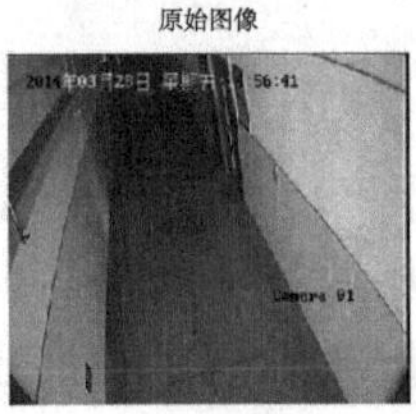

(a)混合高斯模型检测结果

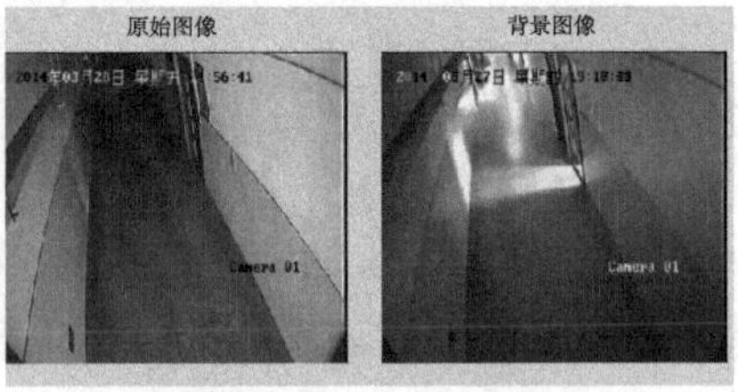

(b)分块帧差模型检测结果

(c) 本文算法检测结果

图 4　图 2（b）中视频检测结果

对于连续帧图像突然出现场景变化等情况，混合高斯模型和分块帧差模型并不能很好地构建出原图像的背景，图 4 中（a）和（b）所示，这就导致检测出的目标有太多干扰区域，甚至不能有效地进行目标检测。而文中所用算法（图 4［c］）能够实时跟踪图像变化，如图像中突然开灯或关灯等情况，当场景发生突然改变时，文中算法所构建的背景也随环境的改变而改变，提高了目标检测的实时性和鲁棒性。

6. 小结

运动目标检测在视频监控等纵很多领域中有着广泛的应用价值，稳定可靠的运动目标检测算法是计算机视觉高层理解的重要前提。本文提出的基于混合高斯模型与分块帧差相融合的运动目标检测方法，通过在混合高斯模型的基础上引入分块帧差的思想，从而有效地判断了运动场景中由其他原因引起的场景突变或缓变等情况，为精确稳定的目标检测提供了有力的保障。该方法能够实时地跟踪运动场景，具有良好的鲁棒性。

参考文献

［1］甘新胜，赵书斌著：《基于背景差的运动目标检测方法比较分析》，载《指挥控制与仿真》，2008 年。

［2］高美凤，刘弟著：《分块帧差和背景差相融合的运动目标检测》，载《计算机应用研究》，2013 年第 1 期。

［3］陈明生，梁光明，孙即祥等著：《利用时空背景模型的快速运动目标检测方法》，载《中国图像图形学报》，2011 年。

［4］胡彪著：《基于改进背景差法的运动目标检测》，载《计算机工程与设计》，2010 年。

［5］CHEN Yu-ting，CHEN Chu-song. Efficient hierarchical method for background subtraction［J］，Pattern Recognition，2007.

［6］宋雪桦等著：《基于改进的混合高斯背景模型的运动目标检测》，载《计算机工程与设计》，2010 年。

［7］Stauffer C，Grimson W E L. Learning Patterns of Acitivty Using Real－time Tracking. IEEE Workshop on Motion and Video Computing. 2002.

基于复杂背景下的车牌字符分割算法研究*

蒋庆林　王　林
（贵州民族大学理学院，贵州　贵阳　550025）

1. 引言

车牌识别系统[1-3]作为一个研究热点，在现代交通中应用广泛，研究价值较高，它是智能交通系统中一个重要的组成部分。为了提高交通管理效率以及节省更多的管理资源，一种良好的车牌识别系统尤为重要。车牌识别系统通常由车牌定位、字符分割、字符识别三部分组成，字符分割是在车牌准确定位的基础上进行的，字符分割的好坏直接影响到字符识别的准确率及效果，因此字符分割是车牌识别系统中比较重要的一部分[4-6]。

目前车牌字符分割常用的方法有区域标记法[7]、垂直投影法[8]、边缘检测法[9]。区域标记法对于字符粘连的车牌图像无法准确分割，垂直投影法对于上下边界有直线粘连的车牌图像无法分割字符区域，而且很难取定字符宽度的阈值，边缘检测法虽然不容易受噪声的影响，然而对于提取不正确的车牌图像也很难实现字符分割。针对上述问题，本文提出了一种有效的字符分割算法，该算法能正确地分割受到光线、断裂、倾斜、部分遮

* 基金项目：数学建模及其应用创新人才团队，黔教科研发［2013］405 号。

挡等严重影响的车牌字符。

2. 车牌图像预处理

在字符分割中，图像的预处理极为重要。预处理的好坏直接影响到字符分割的准确率，

预处理过程一般由以下三个部分组成。

2.1 灰度化

为了便于快速进行图像处理，对已经定位好的彩色车牌图像进行灰度化处理很有必要。本文采用传统灰度转换方法实现：

$$Gray = 0.30R + 0.59G + 0.11B \tag{1}$$

其中 Gray 表示灰度值，R 表示像素的红色分量，B 表示蓝色分量，G 表示绿色分量。

2.2 去除边框

由于车辆的车牌周围常常会受到某些装饰物干扰，车牌的上下边框会对车牌字符的分割造成很大的影响，导致直接投影不能准确分割车牌字符，因此在字符分割前去除车牌边框很有必要。本文采用水平梯度模板表示 Sobel 算子与图像进行邻域卷积来完成字符的边缘检测，从而去除车牌图像上下边框。水平梯度模板为：

$$d_x = \begin{bmatrix} -1 & 0 & 1 \\ -2 & 0 & 2 \\ -1 & 0 & 1 \end{bmatrix}$$

对于图像的每一个像素点 $I(x, y)$ 有：

$$\begin{aligned} d_x = {} & I(x-1, y-1) + 2I(x-1, y) + I(x-1, y+1) - \\ & I(x+1, y-1) - 2I(x+1, y) - I(x+1, y+1) \end{aligned} \tag{2}$$

对图 2（a）中的两幅车牌灰度图，利用公式（2）得到的效果如图 2（b）所示。

通过 Sobel 算子去除车牌图像边框以后，为了提高字符区域定位的准

确性，将图 2（b）进行垂直投影，再通过水平扫描找出黑点最多的线，把最长黑线上所有点的值取为 0，从而准确定位字符区域。经过处理后的效果如图 2（c）所示。

（a）去除边框前

（b）去除边框后

（c）车牌字符区域准确定位

图 2　预处理效果图

2.3　二值化

由于车牌图像的核心区域主要由字符与车牌背景所构成，因此在车牌字符分割前对图像进行二值化处理，目的是将图像区分成目标与背景，进一步提高字符分割的精确度。然而阈值的选取是二值化的关键，阈值选取恰当，目标与背景就能够明显区分出来，并去除一部分噪声，提高处理效率。本文使用 shen 算子求图像最佳分割阈值的方法，首先有以下变换：

$$J(i,\ j)=\begin{cases}255 & I(i,\ j)>T\\0 & I(i,\ j)\leqslant T\end{cases} \tag{3}$$

其中 T 为阈值，对图 3（a）中的车牌图像分别获得灰度直方图，如图 3（b）所示。

（a）灰度图

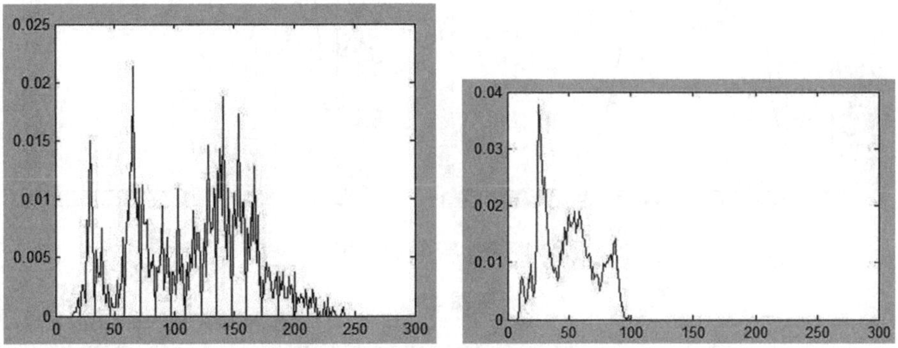

（b）直方图

图 3

由图 3 可知车牌图像的直方图呈现双峰，因此本文利用 Shen 算子找到双峰之间的中间值，从而确定阈值将图像进行二值化。原理如下：

Step 1. 对图 3 中的图像取 1/4 到 3/4 之间的部分进行投影，得到的直方图如图 4（a）所示。

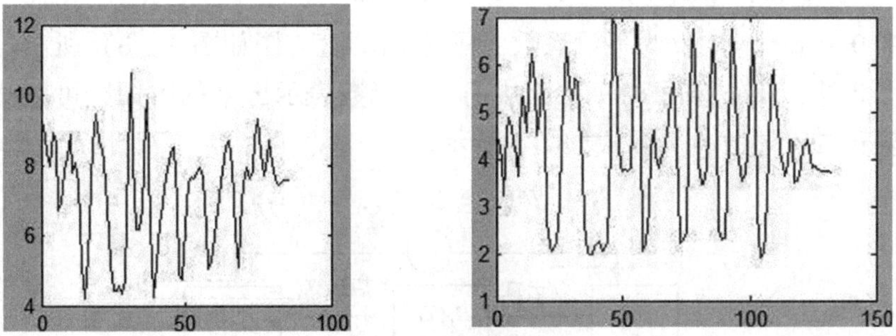

（a）平滑前的直方图

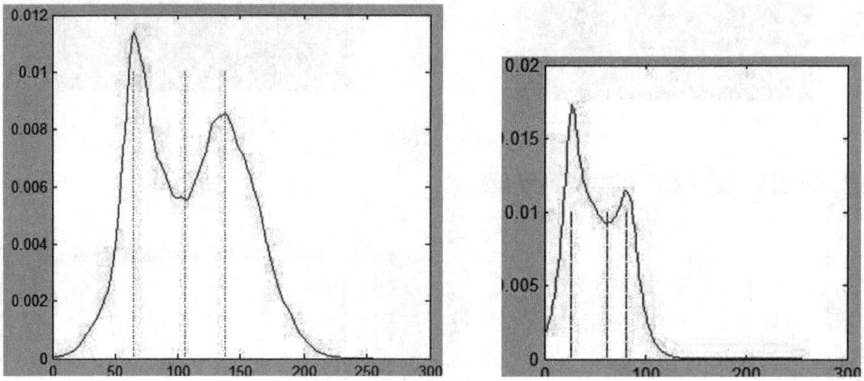

（b）平滑后的直方图

图 4

Step 2. 对图 4（a）利用 Shen 算子进行图像平滑，通过求原图像 $I(x)$ 的一阶导数找出极值点，从而把图像灰度区分出来，具体方法如下。

先利用公式（4）对图 4（a）进行左平滑

$$\begin{cases} I_1(0) = I(0) \\ I_1(x) = \alpha I(x) + (1-\alpha) I_1(x-1) \end{cases} \quad x = 1, L, N \tag{4}$$

再利用公式（5）进行右平滑

$$\begin{cases} I_2(N) = I_1(N) \\ I_2(x) = \alpha I_1(x) + (1-\alpha) I_2(x+1) \end{cases} \quad x = N-1, L, 2, 1 \tag{5}$$

其中 $0 < \alpha < 1$，α 为平滑系数，平滑后的直方图如图 4（b）所示。

此外，Shen 算子对一些无法用具体函数表示出来的图像，可以对其求一阶和二阶导数，关系式如图 5 所示。

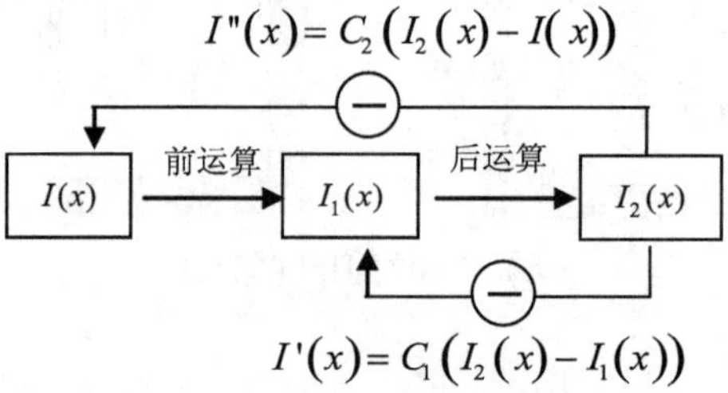

图 5　Shen 算子关系图

其中，$C1 \neq 0$，$C2 \neq 0$ 且都是正常数，二值化后的效果如图 6 所示。

图 6　二值化效果

通过 shen 算子进行二值化处理，既能平滑图像中的噪声，又能保留原图像中的细节信息，方便于下一步进行车牌字符分割。

3. 字符分割

一般字符分割方法采用垂直投影、模板匹配或者连通域分析的方法[10-11]。然而这些算法对车牌图像质量要求比较高，车牌字符受光照、污染、遮挡等都会影响字符分割的质量，为了克服这些问题，本文采用了一种有效的车牌字符分割算法：

（1）对输入的二值化图像进行垂直投影。计算出车牌图像的大小，记图像高度为好 height，宽度为 width，取（height/2-5）到（height/2-5）的部分进行垂直投影。其原理是，对于每一幅数字图像或一个图像函数 $\{f(x, y)); x, y = 1, 2, L, N\}$ 可视为空间中的一个点，数字图像 $f(i, j)(i = 0, 1, 2, L, M-1; j = 0, 1, 2, L, N)$ 在垂直方向上的投影公式为：

$$g(i) = \sum_{j=0}^{N-1} f(i, j) \qquad \mathrm{i} = 0, \mathrm{L}, M-1 \tag{6}$$

（2）根据图像进行垂直投影后的信息，取定阈值，划分字符区域，具体算法如下。

Step 1. 设定阈值 $t1$，记第 k 段的始点为 $B(k)$，终点为 $E(k)$，长度记为 $L(k)$ 且 $L(k) = E(K) - B(K) + 1$，通过像素点大于阈值 $t1$ 将字符区域划分，统计出每个字符的宽度，将字符宽度由大到小排列，并把中间值取为平均值，记平均值为 s。

Step2. 获得平均字符宽度以后，设定阈值为 $t2$，将 $|L(k) - s| < t2$ 的部分进行画线分割，而字符宽度小于 $s - t2$ 的部分不作考虑。

Step3. 对于 $|L(k)-s|>t2$ 的部分，分为两种情况，当这种情况出现在车牌图像最左端时，从该字符区域的终点 $E(k)$ 开始扫描，到 $E(k)-s$ 的位置进行画线分割，若当这种情况出现在图像最右端时，从该字符区域的始点 $B(k)$ 开始扫描，到 $B(k)-s$ 的位置进行画线分割。

Step4. 对于车牌中间发生字符粘连的部分，取 $((K)-B(K)+1)/2$ 进行画线分割，分割结果如图 7 所示。

图 7　分割出的单个字符

4. 实验结果与分析

在车牌受到噪声影响较大时，采用直接投影法、区域标记法与边缘检测法进行车牌字符分割时容易出现无法分割或者分割错误的情况，采用本文的算法可以正确分割。本文实验是在 3.40GHz 的 CPU、内存 3.47GB 的 PC 机上进行的，编程环境为 matlab7.1。采用的实验库中含有 150 幅车牌图像，表 1 是给出了复杂背景下具有代表性的几幅车牌图像实验效果图。

表 1　车牌字符分割实验结果

车牌情况	车牌图像	本文算法分割结果
曝光过度		
断裂、部分遮挡		
倾斜		
倾斜、质量退化		

实验表明，本文算法能够准确分割受到光照、断裂、车牌倾斜、部分遮挡等严重影响的车牌字符，具有较好的鲁棒性。

5. 小结

本文在使用SheSn算子求图像最佳二值化阈值的基础上，结合垂直投影信息与连通区域宽度知识准确判断单个字符的分割位置，基本实现各种复杂背景下车牌字符的准确分割。该算法能正确地分割受到光线、断裂、倾斜、部分遮挡等严重影响的车牌字符，且克服了文献［11］中算法所存在的不足，车牌字符分割效率在一定程度上得到了提高，同时为下一步车牌字符识别做了更好的准备。

参考文献

［1］马英辉，韩焱著：《彩色图像分割方法综述》，载《科技情报开发与经济》，2006年第4期，第158-159页。

［2］陈振学，汪国有，刘成云等著：《 一种新的车牌图像字符分割与识别算法》，载《微电子学与计算机》，2007年第2期，第42- 44页。

［3］施荣华著：《基于数字签名的安全认证存取控制方案》，载《软件学报》，2002年第5期，第1003 -1008页。

［4］陈涛，杨晨晖，青波等著：《基于投影和固有特征结合的车牌字符分割方法》，载《计算机技术与发展》，2009年。

［5］罗辉武，唐远炎，王翊，蓝利君等著：《车牌粘连字符快速分割算法》，载《计算机工程》（增刊），2011年。

［6］王叶著：《车牌识别系统中字符切分和识别技术的研究》，北京邮电大学硕士学位论文，2009年。

［7］Amir Sedighia and Mansur Vafadust. A new and robust method for character segmentation and recognition in license plate images ［J］. Expert Systems with Applications, 2011, In Press.

［8］迟晓君，孟庆春著：《 基于投影特征值的车牌字符分割算法》，载《计算机应用研究》，2006年第7期，第256- 257页。

[9] Fatih Kahraman, Binnur Kurt, and Muhittin Gokmen. License Plate Character Segmentation Based on the Gabor Transform and Vector Quantization [J]. Lecture Notes in Computer Science, 2003, 2869 (2003) 381-388.

[10] 瞿中，李梦露，常庆丽，王永昆等著：《退化车牌字符的两级分割算法研究》，载《计算机工程与设计》，2013 年。

[11] 甘玲，林小晶著：《基于连通域提取的车牌字符分割算法》，载《计算机仿真》，2011 年第 4 期，第 1006- 1007 页。

水面漂浮物的特征提取及相关性分析*

杨　鹏　吴有富

（贵州民族大学理学院　贵阳　花溪　550025）

1. 引言

在图像处理中，特征提取是相当重要的环节，关系着对图像的分析、理解、分类、识别等后续工作。在应用中，颜色和纹理特征使用较为频繁，它几乎包含了图像的所有信息。对通常出现的水面漂浮物，其颜色特征区别较为明显，文献[1][2][3]利用 RGB 分量提出颜色距、改进颜色距对漂浮物进行分类。但 RGB 颜色空间不能很好地反映人的视觉特性，对光照的敏感性，很难克服光照的影响；且 R、G、B 通常不是独立的，分量之间具有相关性，同时文献在特征提取中，分别对 R、G、B 三个分量颜色距即均值、方差、协方差，尽管采用了一个九维的特征量，但是相当于仅仅是 R、G、B 所表现出来的特征，其特征较少，很难刻画出漂浮物的完整信息，这样就会导致后续的识别和分类不够精确。

本文考虑将 RBG 转化为 HSI 颜色空间，HSI（Hue - Saturation -

* 基金项目：贵州省教育厅自然科学基金资助（黔教科 2011，2013，“125 计划资助”）；贵阳市 2012 基金资助（筑科合同［2012103］76 号）；贵州省社会发展攻关基金资助（黔科合 SY 字［2012］3017 号）；数学建模及其应用创新人才团队，黔教科研发［2013］405 号。

Intensity）颜色空间更符合人类对颜色的视觉理解，通过对 H、S、I 进行相关性分析，三分量之间相关性差，在 I 作为控制变量的条件下，一般 H 和 S 是不相关的，所以选择使用 H、S 作为分量特征，同时可以消除光照强度对采样图像的影响；小波分解是将原始图像的能量集中在小波系数上，且特征在三个方向（水平、垂直、对角）的细节分量具有较高的局部相关性，即可作为纹理特征。因此，本研究主要提出颜色特征向量和小波分解系数组合作为水面漂浮物特征。

2. HSI 空间颜色特征

HSI（Hue-Saturation-Intensity）系统[4]把图像的彩色信息和度信息分开，见图 1，Intensity（亮度）描述图像的明暗，色彩信息由 Hue（色调）和 Saturation（饱和度）表示。色调是指基本颜色，描述一种颜色区别于另一种颜色的程度；饱和度则是指一种颜色的纯度。通常把色调和饱和度统称为色度，用来表示颜色的类别与深浅程度。由于人的视觉对亮度的敏感程度远强于对颜色浓淡的敏感程度，为了便于色彩处理和识别，人的视觉系统经常采用 HSI 色彩空间，它比 RGB 彩色空间更符合人的视觉特性。在图像处理和计算机视觉中大量算法都可在 HSI 彩色空间中方便地使用，它们可以分开处理而且是相互独立的。因此，在 HSI 彩色空间可以大大简化图像分析和处理的工作量。

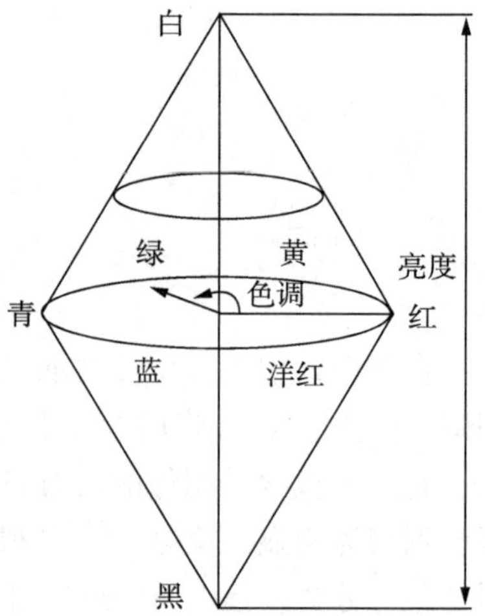

图 1

RGB 色彩模型和 HSI 色彩模型的互化变换公式［自然场景下交通标志的检测与分类算法研究］：

$$H=\begin{cases}\theta & B \le G \\ 2\pi-\theta & B > G\end{cases},$$

$$\theta = \arccos\left\{\frac{(R-G)+(R-B)}{2\sqrt{(R-G)^2+(R-B)(G-B)}}\right\},$$

$$S = 1-\frac{3\min(R,G,B)}{R+G+B}, I = \frac{R+G+B}{3},$$

3. 小波变换

小波变换[5][6]具有多分辨分析特征，主要在时域和频域上进行，通过原始信号与尺度变化的滤波器卷积完成。采用可分离变量的方法通过一维小波函数和尺度函数构造二维小波函数。即：

$$\phi(x,y)=\phi(x)\phi(y) \tag{1}$$

$$\psi^H(x,y)=\psi(x)\phi(y) \tag{2}$$

$$\psi^V(x,y)=\phi(x)\psi(y) \tag{3}$$

$$\psi^D(x,y)=\psi(x)\psi(y) \tag{4}$$

其中，ϕ是二维尺度函数，ψ^H，ψ^V，ψ^D是 3 个二维小波函数，H 表示水平方向，V 表示垂直方向，D 表示对角线方向。由式(1)～(4)给出的尺度函数和小波函数，可以定义一个伸缩和平移的基函数：

$$\phi_{j,m,n}(x,y)=2^{j/2}\phi(2^j x-m,2^j y-n)=\phi_{j,m}(x)\phi_{j,n}(y) \tag{5}$$

$$\psi^H{}_{j,m,n}(x,y)=2^{j/2}\psi^H(2^j x-m,2^j y-n)=\psi_{j,m}(x)\phi_{j,n}(y) \tag{6}$$

$$\psi^V{}_{j,m,n}(x,y)=2^{j/2}\psi^V(2^j x-m,2^j y-n)=\phi_{j,m}(x)\psi_{j,n}(y) \tag{7}$$

$$\psi^D{}_{j,m,n}(x,y)=2^{j/2}\psi^D(2^j x-m,2^j y-n)=\psi_{j,m}(x)\psi_{j,n}(y) \tag{8}$$

通过上述的基函数对原始图像进行分解，如图 2 所示，其中 L 为低频，H 为高频，作一层分解 LL 为低频子带，是原图像的平滑逼近；LH 为水平方向的高频子带，是水平边缘的情况；HL 为垂直方向，是水平边缘的情况；HH 为对角方向的高频子带，反映图像斜边缘上的情况；由图 2 可知，在该金字塔结构的迭代分解中，每一次 LL 子带分解生成下一尺度各频带输出，所有小波变换后的能量主要集中在低频子带。下标 1 表示一层分解，一般地，随分层数的增多，小波系数范围越来越大。在分层中，除 LL 外，其他子带标准差和均值明显减少，表明低频系数在分解中重要性。

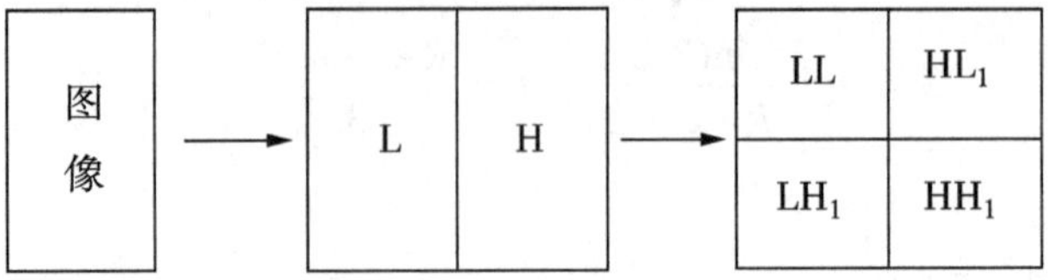

图 2

4. 漂浮物的特征提取及分析

4.1 HSI 的颜色特征

收集的漂浮物样本如表 1，在 HSI 颜色空间，提取颜色特征，即对以下 10 类样本分别计算三个分量通道上的均值见表 2（每类中提取一张进行计算）。

表 1 漂浮物样本图和类别编号

漂浮物样本	类别
	1
	2
	3
	4

	6
	7
	8
	9
	10

表 2　漂浮物样本类别和三通道均值

类别	均值			类别	均值		
	$\overline{H}$	$\overline{S}$	$\overline{I}$		$\overline{H}$	$\overline{S}$	$\overline{I}$
1	0.0558	0.0672	0.1841	6	0.0106	0.0362	0.1969
2	0.0713	0.1297	0.1574	7	0.0912	0.0562	0.1703
3	0.1062	0.0985	0.1365	8	0.0452	0.0398	0.1808
4	0.0795	0.019	0.1912	9	0.0433	0.0888	0.1446
5	0.0664	0.0787	0.1717	10	0.0718	0.0748	0.184

利用 SPSS 软件对 10 类样本三分量均值进行相关性分析，从表 3 中，可以看出 S 与 I 相关性比较强，而且表 2 中可以看出 I 的值集中在 0.13～0.19 之间，计算得标准差为 0.019，可以得出 I 变量变化不大，又通过表 4 中以 I 为控制变量，H 与 S 是不相关的，于是对于不同类别的漂浮物，可以使用 H，S 分量作为不同类别之间易于区分的特征。

表 3　双变量相关性

		h	s	i
h	Pearson 相关性	1	.318	-.471
	显著性（双侧）		.371	.170
	N	10	10	10
s	Pearson 相关性	.318	1	-.754*
	显著性（双侧）	.371		.012
	N	10	10	10
i	Pearson 相关性	-.471	-.754*	1
	显著性（双侧）	.170	.012	
	N	10	10	10

*. 在 0.05 水平（双侧）上显著相关。

表 4 偏相关性

控制变量			h	s
i	h	相关性	1.000	-.064
		显著性（双侧）	.	.870
		Df	0	7
	s	相关性	-.064	1.000
		显著性（双侧）	.870	.
		Df	7	0

4.2 HIS 空间的彩色纹理特征

图像进行小波纹理特征分析时，最直接的提取方法就是对图像的各个颜色通道进行小波分解，获取分解后各子带小波系数（或小波能量）．这里由于所选择的图像为 32 * 32，故只对 H 和 S 分量进行一层分解，计算得到四个子带均值方差如下表 5

表 5 样本 H、S 通道小波系数均值

类别	H 分量小波系数的均值			
	$\overline{H_{LL}}$（低频子带）	$\overline{H_{HL_1}}$（垂直高频子带）	$\overline{H_{LH_L}}$（水平高频子带）	$\overline{H_{HH_1}}$（对角高频子带）
1	0.33502	0.00075711	-0.00076925	-0.00015439
2	0.42767	0.00019532	-0.00024351	-2.3722e-005
3	0.63732	-0.00040234	-0.0010975	2.842e-005
4	0.47707	-5.3126e-018	-1.84e-018	-6.1332e-019
5	0.39864	-0.00082851	-0.00034902	9.6397e-005
6	0.063664	0.00026612	-0.00022336	6.0037e-005
7	0.54698	-0.011207	0.0089738	-0.0037555
8	0.27122	0.0055153	0.001361	-0.002298
9	0.25959	-0.0021152	-0.0028579	-1.8946e-005
10	0.43102	1.5179e-018	0	1.2266e-018

续表

类别	S 分量小波系数的均值			
	$\overline{S_{LL}}$ (低频子带)	$\overline{S_{HL_1}}$ (垂直高频子带)	$\overline{H_{LH_1}}$ (水平高频子带)	$\overline{S_{HH_1}}$ (对角高频子带)
1	0.4029	3.4399e-005	-0.00091538	-4.3465e-005
2	0.77846	0.0036115	-0.00032536	5.8548e-005
3	0.59091	0.0021437	0.0024904	-0.0009155
4	0.11395	-1.2493e-005	-2.9918e-005	-1.6983e-007
5	0.47225	-0.00074951	-0.00055761	-6.4143e-005
6	0.21734	-0.00038578	2.2562e-006	1.2451e-005
7	0.3371	-0.00049681	-0.00044908	0.00035626
8	0.23861	-0.00018135	-0.0026579	0.00013985
9	0.53256	0.00077026	-0.0016634	-0.0015393
10	0.44904	-0.00022916	9.7738e-005	-2.1861e-005

从表5中可以看出，不同类的相同子带小波系数均值差异较为明显，如样本中第5类和第10类，在表2中差异较小，但在表5中，尤其几个高频子带，差异非常明显，因此，对于纹理信息丰富的漂浮物，小波系数是有效的。

4.3 特征向量归一化

将样本漂浮物的3个颜色特征分量和8个H、S通道纹理特征分量（即小波系数均值）合成11维的特征向量，由于上述11个特征向量的物理意义和取值范围不一样，为了避免极大值和极小值的影响，本文采用高斯量化的方法进行归一化。如设得到的原始特征向量为 $T=[t_1, t_2, \cdots, t_{11}]$ 即计算均值为 μ，标准差为 σ，归一化后为 $[T_1, T_2, \cdots, T_{11}]$，则 $T_i=(t_i-\mu)\sigma$.

5. 结束语

特征选择和提取是模式识别中的重要步骤，转化为 HSI 颜色空间，更符合人的视觉特性，通过上述的统计和分析，消除 I 分量不仅减少与 H、S 相关性，还克服光照强度影响。而通过小波分解可以很好地区别纹理信息丰富的漂浮物。

参考文献

[1] 吴有富，左建军，吴晶等著：《一种基于 SOM 的水面污染物智能监控系统》，载《环保科技》，2012 年第 2 期，第 1-4 页。

[2] 左建军著：《计算机视觉技术在社会公共服务中的应用研究》，贵州民族大学，2013 年。

[3] Wu Y, Zhuo J, Wu J. An Intelligence Monitoring System for Abnormal Water Surface Based on ART [C] //Digital Manufacturing and Automation (ICDMA), 2013 Fourth International Conference on. IEEE, 2013: 171-174.

[4] 李伦波著：《自然场景下交通标志的检测与分类算法研究》，哈尔滨工业大学大学，2008 年。

[5] 王水璋，冀小平，闫文娟等著：《基于小波变换的纹理特征提取》，载《科技情报开发与经济》，2008 年第 11 期。

[6] 孙延奎著：《小波变换与图像、图形处理技术》，清华大学出版社，2012 年版，第 95-109 页。

毕节市区/县（委）经济差异分析与研究*

吴有富[1]，韦小洁[2]
（1. 贵州民族大学　550025
2. 黔南民族职业技术学院　558000）

1. 引言

不平衡的区域经济发展已是一种普遍存在的社会经济现象。近期，为解决国家尺度下的经济不均衡发展格局，先后提出了西部大开发、振兴东北、中部崛起等重大战略。然而对经济高速发展的地市内部的区域经济的协调发展并没引起充分关注，其内部日趋扩大的贫富差距将有可能对地市经济可持续发展和社会稳定造成隐患。准确揭示地市内部经济差异及演变趋势是制定区域经济发展政策和战略的重要基础。目前，研究区域经济差异方法已有很多，如反映区域绝对差异极差（绝对离差）、平均差、标准差（SD）等；反映区域相对差异的变差系数（CV）、基尼系数（Gini）、泰尔指数、广义熵指数（GE）等。然而，以往研究多是运用传统的数量统计模型，建立在区域之间相互独立，不存在任何空间关联的假设前提之下。而事实上，由区域发展的相关理论和实践表明，区域之间存在着扩散效应或集聚效应，即经济发展以向外扩散或集中为主导方向，从而缩小或

* 本文获 2013 年贵州省教育厅教学质量工程项目资助、人文社科基地项目经资助。

扩大区域经济的空间差异，因此，在研究不同尺度的区域差异问题时必须考虑空间的影响。由于探索性空间数据分析方法可利用属性数据的空间特性，分析空间关系的基础上进行数值的相关分析进而突出空间相互作用，因而近年来已逐渐被内外学者应用于区域经济差异的研究领域。1999 年 Rey 等应用 ESDA 对美国州域经济差异进行分析，结果证明了其各州人均收入在 1929-1994 年间存在显著的聚集分布。López-Bazo 等以及 Le Gallo 等利用人均 GDP 及其增长率对欧洲 11 国家 138 个区域的经济差异进行 ESDA 分析也得出了类似的结果。2006 年 Ertur 等扩大了研究区域，对东扩后欧盟 27 国 258 个区域济差异进行 ESDA 分析，结果证明在 1992-2000 年间人均 GDP 同样存在明显的聚集，且欧盟的东扩使经济贫富差异分布由过去的南北贫富差异转变为西北富裕，东部贫穷的差异现象。我国，唐建军以长江三角洲县域为研究单位，以人均 GDP 及其年平均增长率为检测指标，对长三角经济圈形成前后的经济现象进行了比较。仇方道等利用 ESDA 与传统的统计相结合对淮海经济区经济差异的空间格局及演化进行了探索性研究。然而，目前我国在利用 ESDA 技术对地市内部经济发展差异上的研究还鲜有报道。本文将 ESDA 技术与 GIS 技术相结合，以毕节市为例对其 9 区/县的人均 GDP 在 2010-2013 年期间的空间格局进行分析，试图在一定程度上揭示毕节市经济发展差异在时空上的演变。

2. 探索性空间数据分析方法（ESDA）

探索性空间数据分析旨在揭示对象的空间分布，识别非典型空间位置（空间离群点），发现空间关联模式，提出不同空间体制及其他形式的空间不稳定性。ESDA 的核心内容是通过全局空间自相关分析和局域空间自相关分析对空间关联模式（趋同或异质）进行度量与检验其中全局指标反映的是某种属性值在整个研究区域的空间关联模式，而局域指标用于反映一个区域单元上的某种属性值与邻近区域单元上同一属性值的相关程度。

2.1 全局空间自相关分析

全局空间自相关是度量空间自相关的全局指标。衡量全局空间自相关的指标和方法主要包括全局 Moran's I 和 Geary's C 等。本文对全局空间自相关的度量和检验是基于全局 Moran's I 指标，其计算公式为：

$$I = \frac{n}{\sum_{i=1}^{n}(x_i - \bar{x})} \frac{\sum_{i=1}^{n}\sum_{j=1}^{n}(x_i - \bar{x})(x_j - \bar{x})}{\sum_{i=1}^{n}\sum_{j=1}^{n} w_{ij}} \tag{1}$$

其中 I 为 Moran 指数；n 为研究区域的总数目；x_i 和 x_j 为某属性特征 x 在区域 i 和 j 上的观测值；w_{ij} 为行标准化的空间权重矩阵，通常被定义为一个二元对称矩阵 W ，用来表达 n 个位置的空间区域的邻近关系；$\bar{x}$ 是某属性特征 x 在 n 个研究区域全部观测值的平均值。

Moran's I 的值一般在［-1，1］之间，大于 0 一般表示空间正相关，说明经济发展水平较高（或较低）的区域在空间上显著集聚。值越趋近于 1 ，区域间经济发展水平在空间上差异就越小；小于 0 表示空间负相关，表明区域与其周边地区的经济发展水平具有显著差异。值越趋近于-1，区域间经济发展水平在空间上差异就越大；等于 0 则表示空间不相 关，即区域间的经济发展水平相互独立，在空间上随机分布。

对于 Moran 指数，可以用标准化统计量 Z 来检验 n 个区域是否存在空间自相关关系。Z 的计算公式为：

$$Z = \frac{I - E(I)}{\delta(I)} \tag{2}$$

式中：E（I）为 Moran 指数 I 的期望值，$E(I) = -1/(n-1)$；$\sigma(I)$ 为所有观测值的 Moran 指数 I 的标准差。

零假设区域间不具有空间自相关性，是随机分布的。在正态分布中，置信度为 0.05 阈值为 1.96。如果 Z 值在-1.96-1.96 之间，那么符合零假设。如果｜Z｜值>1.96，则不符合零假设，即区域间存在显著的正（负）自相关性。当 Z 值为正且显著时，表明存在正的空间自相关，也就是说相似的观测值（高值或低值）趋于空间集聚，高值区域与高值区域相邻接，低值区域与低值区域邻接。当Z值为负且显著时，表明存在负的空间自相关，相似的观测值趋于分散分布，高值区域与低值区域相邻接，低值区域与高值区域邻接。全局 Moran's I 统计量是一种总体统计指标，仅反映在研究区域内，相似属性的平均聚集程度。当需要进一步识别不同类型的空间聚集模式，即是高值单元的聚集或是低值单元的聚集；哪个单元对于全局空间自相关的贡献更大；以及在多大程度上空间自相关的全局评估掩盖了反常的局部状况小范围的局部不稳定性时，就必须应用局部空间自相关分析。

2.2 局部空间自相关分析

局部空间自相关分析可以度量每个区域与周边地区之间的局部空间关联和空间差异程度。主要方法包括：G_i统计量、Moran 散点图、空间联系的局部指标 LISA。G_i统计量是一种基于距离权重矩阵的局部空间自相关指标，能探测高值聚集和低值聚集，并且可以用来检测被全局分掩盖了的局部小范围的相关性；Moran 散点图主要是研究局部空间稳定性的方法，可以直观地反映区域单元与其邻居之间的空间联系形式。然而，Moran 散点图不能反映空间集聚程度，因此，Anselin 定义了空间联系局部指标（LISA）与 Moran 散点图一同协力检测局部空间的聚集性及分析局部空间的不稳定性。

空间联系的局域指标（LISA）是用来度量每个区域单元与其周边地区的属性值之间的显著空间聚集程度的指标。作为 LISA 的局域 Moran's I 是全局 Moran's I 统计量的局部化版本，被定义为：

$$I_i = \frac{(x_i - u)}{m_0}\sum_{j=1} w_{ij}(x_i - u) \tag{3}$$

其中，$m_0 = \sum_{i=1}^{n}(x_i - u)$，$x_i$为某属性特征 x 在区域 i 的观测值；u 是所有观测值的平均值。当局域 Moran's I 通过检验达到显著性水平，有显著的正向空间自相关时，说明某区域与跟它观测的属性值相似的区域邻近，形成空间聚集。

3. 毕节市区域人均 GDP 探索性空间数据分析

3.1 数据与空间权重矩阵

3.1.1 数据

本文采用的数据有两种类型：一类是地理空间数据，来源于 中国行政区划图；另外一类是统计数据，从 2010-2013 年《毕节市区域统计年鉴》中提取出的毕节市 8 区/县的人均 GDP 数据和人口统计数

表 1 2013 毕节分县区生产总值（亿元）

县区名称	生产总值	第一产业	第二产业	第三产业	人均 GDP(万元)
七星关区	219.38	35.47	85.47	98.44	1.9337
大方县	129.74	22.60	59.60	47.54	1.2487
黔西县	130.63	21.97	59.52	49.14	1.5706
金沙县	154.84	17.44	91.79	45.62	2.2822
织金县	107.56	19.47	44.74	43.35	0.9497
纳雍县	123.47	17.36	69.95	36.16	1.5090
威宁县	123.66	42.83	32.34	48.49	1.1141
赫章县	66.16	19.46	17.73	28.96	1.0178
百管委	17.47	3.03	10.72	3.72	1.7470

表 2 毕节市 2012 年分县区生产总值（万元）

县区名称	生产总值	第一产业	第二产业	第三产业	人均 GDP
七星关区	1844167	297030	727543	819594	1.6255
大方县	1012881	170401	460622	381858	0.9749
黔西县	1035920	139602	467100	429218	1.2455
金沙县	1301532	130139	779307	392086	1.9183
织金县	893531	155928	371239	366364	0.7889

续表

县区名称	生产总值	第一产业	第二产业	第三产业	人均 GDP
纳雍县	1030675	121527	594146	315002	1.2597
威宁县	955113	283807	273838	397468	0.8605
赫章县	536428	162839	143588	230001	0.8253
百管委	136934	17368	91932	27634	1.3693

表 3　毕节市 2011 年分县区生产总值（万元）

县区名称	生产总值	第一产业	第二产业	第三产业	人均 GDP
七星关区	1527090	250975	603634	672481#	1.3460
大方县	847411	153407	375428	318576c	0.8156
黔西县	859918	113702	383872	362344	1.0339
金沙县	1082753	111611	647383	323759	1.5959
织金县	741975	135888	306014	300073	0.6551
纳雍县	889149	119527	498190	271432	1.0867
威宁县	790698：	272927	227085	290686.	0.7123
赫章县	444003	142462	116296	185245	0.6831
百管委	114926	15391	76511	23024；	1.1493

表 4　毕节市 2010 年分县区生产总值（万元）

县区名称	生产总值	第一产业	第二产业	第三产业	人均 GDP
七星关区	1214269	224230	460304	529735	1.0703
大方县	678372	143259	273352	261761	0.6529
黔西县	723873	141216	293728	288929	0.8704
金沙县	868714	120267	485305	263142	1.2804
织金县	617508	137879	226701	252928	0.5452
纳雍县	713485	109105	381249	223131	0.8720
威宁县	612916	215936	166496	230484	0.5522
赫章县	370393	132175	83564	154654	0.5698
百管委	89712	13922	56815	18976	0.8971

毕节各区县人口数分别为（1134500 1039000　831700　678469 1132600　818200　1110000　650000　100000）。

毕节4年（2010，2011，2012，2013）的人均GDP分别为（0.8123 1.0087　1.2075　　1.4859）。

毕节4年各区县人均GDP分别为（1.4939 0.9230 1.1801　1.7692 0.7347　1.1819 0.8098　0.7740　1.2907）。

3.1.2　空间权重矩阵

在进行空间自相关性分析之前，首先需要建立研究区内各区域间的空间邻近关系。本文采用的是突出空间单元间距离作用的基于距离的权重矩阵，方法是以距离阈值来定义权重，即如果任意两个区/县的距离 d 在阈值范围内则定义为1，否则为0。

图1　毕节市地图

表5　区/县名邻近关系

区/县名	邻近区/县名及距离
七星关区	赫章（60）、大方（38）、纳雍（102）、金沙（178），百管委（80）
大 方	七星关区（38）、纳雍（72）、织金（96）、黔西（70）、金沙（98）、百管委（40）
黔 西	百管委（40），织金（99）、大方（70）、金沙（168）
金 沙	七星关区（178）、黔 西（168）、大方（98）、百管委（60）
织 金	纳雍（72）、大方（96）、黔 西（99）

续表

区/县名	邻近区/县名及距离
纳 雍	织金（72）、大方（72）、七星关区（102）、赫章（136）
威 宁	赫章（76）
赫 章	威宁（76）、七星关区（60）、纳雍（136）
百管委	大方（40）、黔 西（40）、金沙（80）

基于距离权重的定义如下：

$$W_{ij}=\begin{cases}1 & \text{相邻 } d \text{ 公里内}\\ 0 & \text{其他}\end{cases} \qquad (4)$$

根据以上的定义，我们得到如下的邻近关系矩阵（权重矩阵）。

表 6　邻近关系矩阵

区/县	七星关区	大 方	黔 西	金 沙	织 金	纳 雍	威 宁	赫 章	百管委
七星关区	1	1	0	0	0	0	0	1	1
大 方	1	1	1	1	1	1	0	0	1
黔 西	0	1	1	0	1	0	0	0	1
金 沙	0	1	0	1	0	0	0	0	1
织 金	0	1	1	0	1	1	0	0	0
纳 雍	0	1	1	0	1	1	0	0	0
威 宁	0	0	0	0	0	0	1	1	0
赫 章	1	0	0	0	0	0	1	1	0
百管委	1	1	1	1	0	0	0	0	1

通过设置参数距离 d 以满足每个地区至少有一个邻居，并且能够最大限度地反映空间自相关性这两个基本条件，得到的空间权重文件的信息即北京市 9 区/县的邻接矩阵特征，在我们的实验中，d 取成 100。

从邻近关系矩阵可以得出以下结论：

（1）七星关区不宜作毕节市的发动机，因为它的相邻权重太小，只有 3。

（2）应加速大方的建设，将毕节的中心向大方转移，使其成为中心，起辐射作用，因为目前它有邻近权重最高达 6。

（3）威宁在毕节的邻近权重小，只有 1；故由省直管是对的。

3.2 全局空间自相关分析

表 7 列出了 2010－2013 年间毕节市 9 个区/县人均 GDP 的全局 Moran's I 统计结果。

表 7 全局统计量

全局量 / 年份	Moran's I	标准差	Z 值
2010	1.2906	0.2557	12.9956
2011	1.2413	0.3243	12.3263
2012	1.2421	0.3883	12.3372
2013	1.3979	0.4488	14.4526

从表中可以看出毕节市近 4 年间，Moran's I 指数值呈逐年上升趋势。在所列的 Moran's I 统计值中都通过了 0.05 的显著性水平检验，即其 Z 大于 1.96。这个结果说明这 4 年毕节市人均 GDP 的分布存在显著的正的空间自相关性，也就是拥有较高（或较低）人均 GDP 的区域与其他同样拥有较高（或较低）人均 GDP 的区域相邻，即在空间上成聚集分布。

3.3 局部空间自相关分析

Moran's I 统计值是一个全局指标，只能反映 2010－2013 年毕节市人均 GDP 在整个研究区域的空间关联模式，即是趋同、异质或是随机分布。然而当需要进一步考虑是否存在某些区/县（委）人均 GDP 的高值或者低值的局部空间集聚、哪个区域空间单元是造成 Moran's I 指数值呈逐年上升的趋势以及是否存在局部区域的空间异质性时，就需要应用局部空间自相关分析法。

表 8 局部 Moran's

局部量 / 年份	七星关区	大方	黔西	金沙	织金	纳雍	威宁	赫章	百管委
2010	4.5832	0.2285	0.1493	12.5161	-2.2310	0.7448	-0.9144	2.1821	-0.1442
2011	4.8699	0.0042	0.0267	11.6899	-1.6888	0.6334	-0.5261	2.8237	-0.1618

续表

年份＼局部量	七星关区	大 方	黔 西	金沙	织 金	纳雍	威 宁	赫 章	百管委
2012	5. 2140	-0. 0752	0. 0553	12. 3436	-2. 0393	0. 3353	-0. 4334	2. 7935	-0. 2059
2013	4. 4799	-0. 1737	0. 2224	12. 7146	-2. 1391	0. 1042	-0. 1317	3. 5046	-0. 0512

从表中可以看出七星关区、金沙、织金、赫章的局部相关性最强，七星关区在逐年减弱，金沙增加。这与实际是相符的。

参考文献

[1] 赵建新著：《论区域经济差距的衡量指标与测度方法》，载《经济地理》，1998年第3期，第63-67页。

[2] 刘兆德，谢红彬，范宇等著：《20世纪90年代江苏省经济发展及空间差异研究》，载《经济地理》，2003年第1期，第23-27页。

[3] 鲁凤，徐建华著：《基于二阶段嵌套锡尔系数分解方法的中国区域经济差异研究》，载《地理科学》，2005年第4期，第401-407页。

[4] 陈才著：《 区域经济地理学》，科学出版社，2001年版，第63页。

[5] López-Bazo E，Vayá E，Artís M. Regional externalitiesand growth：Evidence from European regions. RegionalScience，2004，44（1）：43-73.

[6] Le Gallo J，Ertur C. Exploratory spatial data analysis of the distribution of regional per capita GDP in Europe，1980-1995. Regional Science，2003，82（2）：175-201.

[7] Ertur C，Koch W. Regional disparities in the EuropeanUnion and the enlargement process：An exploratory spatial data analysis，1995-2000. Annals of Regional Science，2006，40（4）：723-765.

[8] 唐建军著：《长三角区域经济探索性空间数据分析》，载《 浙江统计》，2007年第9期，第25-27页。

[9] 仇方道，朱传耿，佟连军等著：《淮海经济区县域经济差异变动的空间分析》，载《地理科学》，2009年第1期，第56-63页。

[10] 马晓冬，马荣华，徐建刚等著：《基于ESDA-GIS的城镇群体空间结构》，载《地理学报》，2004年第6期，第1048-1057页。

[11] 马清裕，张文尝著：《北京市居住郊区化分布特征及其影响因素》，载《地理研究》，2005第1期，第121-131页。

基于小样本的多层次评价模型在科研反哺教学评价的应用研究*

吴有富　韦小洁　吴　晶　罗安飞

（贵州民族大学科研处　贵州　贵阳　550025）

1. 前言

教学与科研是高等学校的两大基本职能。随着当代中国经济社会的进一步发展，中国的高等教育正在以前所未有的速度快速发展，正确处理好高校教学与科研的关系，使二者之间形成良性互动关系，对于提高我国高等教育质量具有重要的意义。但是，我国高校教学与科研出现了严重的问题，主要体现在以下几个方面：

（1）教学与科研的定位失衡

相关科研与教学的制度设计，普遍表现为重视科研奖励而忽视教学激励。例如，当前绝大多数高校都将科研成果（包括发表论文的期刊、科研项目立项等）划分为若干等级，对“高等级”科研成果给予重奖，其奖金一般数倍于教师辛苦一学期为学生上课所得的课酬收入，甚至更多。特别是在教师职称评定时，科研成果的数量和质量被确定为唯一的标准，而教学成绩只做参考，甚至被忽略不计。这种制度设计和执行现实，对教师调

* 本文获 2013 年贵州省教育厅教学质量工程项目资助、人文社科基地项目经资助。

整自身工作重心具有极强的导向性，迫使教师不得不将有限的精力主要投入科研，而无暇顾及教学，因而教学质量难以提高甚至下降就不可避免。

（2）教学与科研的相互脱节

在现实中，学校重科研的目的主要是为了提高学校的地位和声誉，教师重科研的目的是增加职称评定的含金量并因晋升职称获得经济利益和社会认可。这种带有一定功利性而进行的高校科研活动，与教学之间关联度不高，没有与培养更多具有创新性思维和能力的人才紧密结合起来。

（3）科研与教学的评价失准

在特别强调科研的当下，那些默默无闻、长期从事教学工作、有丰富教学经验的教师，在高校中很难获得能力上的认可，在职称评定等方面缺乏优势，迫使教师不得不将主要精力用于科研，而教师的本职工作——教学反而退居次要，很多教授、名师忙于科研，无暇为本科生上课，为本科生上课的事情主要落在青年教师的身上，进而出现“请教授上讲台为本科生授课”的呼声越来越高。这在很大程度上反映出教授应当是以教学为主业还是以科研为主业的问题。

学者们从不同角度探索了造成以上结局的原因[1-4]，如杨燕英[4]等从社会观念影响、高校的认知与评价和教师的认知与评价 3 方面展开研究，并提出了一些对策性的建议。有的【来自华禹教育网】从专业建设催生科研项目、科研成果促进师生教学、教学科研互动促进教学质量等方面作了一些探讨。张宪立[5]则从宏观上陈述了教学与科研并不矛盾，两者是相辅相成、互相促进的关系。他论为教学是科研的前提和基础，科研是教学的提升和发展。只有教学科研互动，科研反哺教学，才能达到教学与科研双赢。李俊杰[6]则从科研反哺教学的合理性方面展开研究，并定性地指出地方高校应采取的策略。

目前，虽然这方面的研究取得了一些成果，但存在的问题较多，体现为：（a）研究比较片面，多为从某个角度来展开研究，有的则是从出现的某种现象来进行研究；从而提出的策略是不可行的或可信度不高的。（b）定性分析的研究成果较多，目前尚无定量分析的研究，但这在实际中又是非常重要的。（c）未形成科学的评价机制，也未能与国外先进的经验进行较好的对比。

本文的主要目标是建立一套科学合理的定量化评估科研（科研项目）

反哺教学的机制。

2. 综合评价模型

2. 1　多层次模型

我们的目标是评价一个科研项目对教学的反哺情况，评价的档次分为{优秀、良好、中等，合格、不合格} 5 个档次。我们将评价总目标 A 层，即科研反哺教学度定义为顶层，下面分为 4 个小组：学生组、同行组、管理部门组及自我评价（B_1，B_2，B_3，B_4）进行评价，每个小组考核 K_i 个因子（如下图 1 所示），这些因子可能是相关的，即不同组考核的因子可以相同，但角度不同。C 为评价对象所有考核因子。

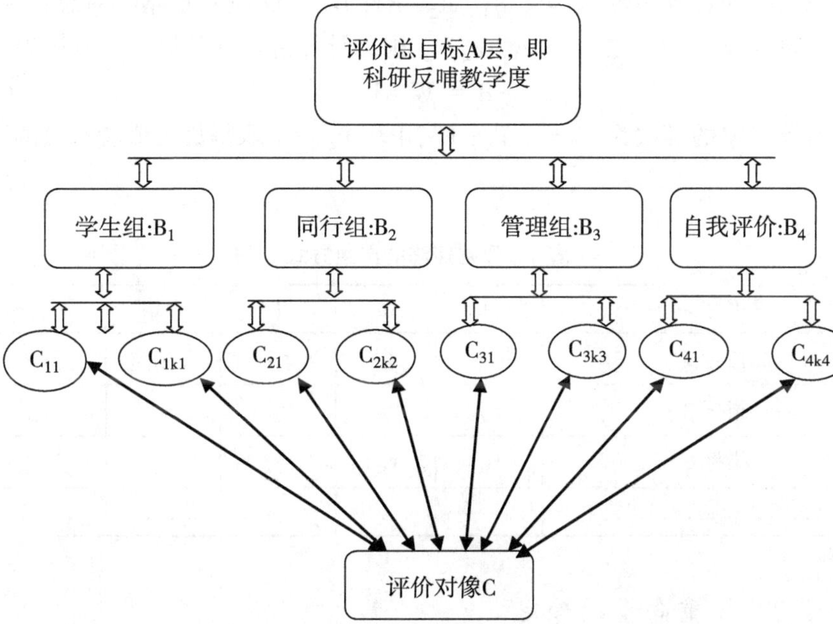

图 1　多层次评判模型

对每一个科研项目的评价，由不同对对象（如学生组、同行组、自我评价、项目管理者）对每个评价指标给出等级评价，评价以分值的形式出现（见评价表），接着将评价的分数转换成统计相似度（相似度函数见后节），如果有多人同在一个组对同一项目进行评价，则以平均值（或中值）作为元素，构成次级评价目标 B_i 的评判矩阵 R_i（i = 1, 2, 3, 4），假设 C 层次级指标对 B 层指标 B_i 的权重向量为：

$$W_i = (w(i)_1, w(i)_2, \cdots, w(i)_{ni}) \tag{1}$$

则可得 B_i 的综合评判矩阵为：

$$P_i = W_i . R_i = (\omega_1^{(i)}, \omega^{(i)}{}_2, \ldots, \omega_n^{(i)}) \begin{pmatrix} r_{11}^{(i)}, & r_{12}^{(i)}, & \ldots, & r_{1n}^{(i)} \\ r_{21}^{(i)}, & r_{22}^{(i)}, & \ldots, & r_{2n}^{(i)} \\ \cdots & \cdots & \cdots & \cdots \\ r_{N1}^{(i)}, & r_{N2}^{(i)}, & \ldots, & r_{N\,n}^{(i)} \end{pmatrix} \tag{2}$$

R_i 按如下方式产生：r_{ij} 即为指标 i 对评价结果 j 统计相似度。

再对上一级目标 A =（P_1, P_2, P_3, P_4）作综合评价，由次级评价结果，构成总目标的评判矩阵 R =（R_1, R_2, R_3, R_4）^{T}，假设 B 层指标对总目标的权重向量为 W =（w_1, w_2, w_3, w_4），则可计算总目标的综合评判结果为：

$$P = W * R \tag{3}$$

所评对象的等次为：i = {P_1, P_2, P_3, P_4} 中取得最大值者对应的下标

(4)

表 1　评判矩阵的产生方式

等级指标	优	良	中	合格	不合格
指标 1	$r_{11;}$	r_{12}	r_{13}	r_{14}	r_{15}
指标 2	r_{21}	r_{22}	r_{23}	r_{24}	r_{25}
指标 3	r_{31}	r_{32}	r_{33}	r_{34}	r_{35}
…………………	….	….	…	……	……….

2. 2　权重向量的确定

为了科学地确定各评价指标在相应的评价项目中的重要性程度，我们请了评价中涉及到的人群参与设计问卷；关于问卷中的各项指标的重要性进行评价；建立总目标 A 和各层评价因子的权重（参见评价表）。

3. 统计相似度函数

（1）数据的获取方式

采问卷调查方式，被调查者均需根据所给的表格及要求给出分数。若多人参与评价，则有效分数为采取中值滤波方式所得的值。

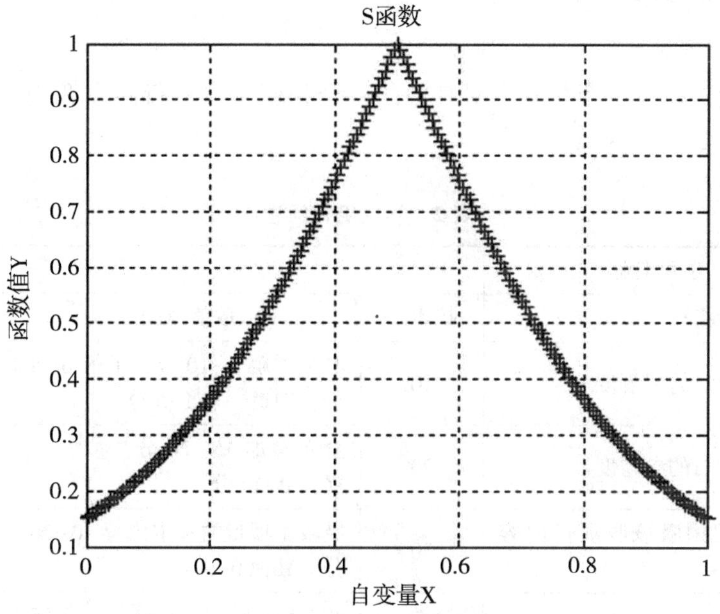

图 2　相似性函数图

（2）相似性测度函数

为了刻画某个分值属于优、良、中、合格及不合格的程度，我们选用了符合高斯特点的如下判别函数。

$$S = \frac{2e^{-k|x-u|}}{1 + e^{-k|x-u|}} \tag{5}$$

其中 K 是调整常数，u 为理想分数值的中值。

（3）标准模式

一般地，优的分值勤 90-100，良的分值为 80-89，中的分值为 70-79，合格的分值为60-69，不合格的分数为小于60分。为此我们取标准的参考模式为：

$$ub = (0.95,\quad 0.85,\quad 0.75,\quad 0.65,\quad 0.59) \tag{6}$$

当一个得过分的归 一化值小于0.59时直接令S的不合格的相似度为1，当归 一化值大于0.95时直接令S=1。

4. 仿真分析

我们进行了一个仿真，对其中的一个科研项目进行问卷调查，如学生组有问卷如下：

表2 学生组有问卷

项目名称			
一级评价指标	权重%	取值范围	得分
你对此项目的了解度	10	非常了解9-10分，了解6-8分，知道一点1-5分	
你对此项目的参与度	20	全面参加15-20分，参加子项目0-14分	
你在学习中吸该收项目内容的程度	30	吸收了项目的基本内容10-30分，其他0-9	
你对该项目的兴趣度	10	非常感兴趣9-10分，有兴趣0-8分	
你认为该项目会对有帮助的程度	10	很有帮助8-10分，其他在0-7给分	
你的同学有人参加此项目吗	10	根据参与人数给分，3人以上给10分	
你感觉到此项目会对科技进步有作用吗	10	根据自己的感觉打分：0-10分	

该项的权重为0.3，类似的表还有同行组问卷，管理组问卷及自我评评价表。各组权重向量为：W =（0.3，0.5，0.1，0.1）．学生组考核指标

权重 W 1=（0.1，0.2，0.3，0.1，0.1，0.1，0.1），调查分值为：a_1 =（7，16，24，7，6，8，9）。对其分项归一化得 a_1 =（0.7，0.8，0.8，0.7，0.6，0.8，0.9）。这样处理后可统一调用一个标准化的相似性函数。这并没有失去任何信息，因为各项的权值没有动，所得的评价相似度趁乘以权重后，它所反映的信息是在的。

若有多人参与评价，则有效分数为采取中值滤波方式所得的值。在我们的实验中，K 取 4。这样是有道理的，如某人其中一个指标的归一化得 0.9 分，属优的度是 0.9003。当然属良的度也是 0.9003，则学生组的判断矩阵为：

$$A_1=\begin{pmatrix} 0.5379 & 0.7087 & 0.7087 & 0.5379 & 0.3956 & 0.7087 & 0.9003 \\ 0.7087 & 0.9003 & 0.9003 & 0.7087 & 0.5379 & 0.9003 & 0.9003 \\ 0.9003 & 0.9003 & 0.9003 & 0.9003 & 0.7087 & 0.9003 & 0.7087 \\ 0.9003 & 0.7087 & 0.7087 & 0.9003 & 0.9003 & 0.7087 & 0.5379 \\ 0.7835 & 0.6031 & 0.6031 & 0.7835 & 0.9800 & 0.6031 & 0.4489 \end{pmatrix}^T$$

判断矢量为：$P_1 = W_1 * A_1 =$（0.6624　0.8258　0.8620　0.7491　0.6614）.

从学生评价看出，目前属于中等等级。

同行专家平均分（18，8，4，17，9，28），归一化（0.9，0.8，0.5，0.85，0.9，0.8）。权重为：W_2 =（0.2，0.1，0.05，0.2，0.1，0.35）. 则同行组的判断矩阵为：

$$A_2=\begin{pmatrix} 0.9003 & 0.9003 & 0.7087 & 0.5379 & 0.4489 \\ 0.7087 & 0.9003 & 0.9003 & 0.7087 & 0.6031 \\ 0.2837 & 0.3956 & 0.5379 & 0.7087 & 0.8219 \\ 0.8026 & 1.0000 & 0.8026 & 0.6201 & 0.5223 \\ 0.9003 & 0.9003 & 0.7087 & 0.5379 & 0.4489 \\ 0.7087 & 0.9003 & 0.9003 & 0.7087 & 0.6031 \end{pmatrix}$$

判断矢量为：P_2 =（0.7637　0.8950　0.8052　0.6397　0.5516）

从同行评价看出，目前属于良好等级。

管理部门平均分（17，16，18，24，9），归一化（0.85，0.8，0.9，0.8，0.9）. 权重为：W_3 =（0.2，0.2，0.2，0.3，0.1），同样可得判断

矢量为：P_3 =（0.7850　0.9203　0.8233　0.6397　0.5407），从管理部门评价看出，目前属于良好等级。

自我评价得分（15，27，20，10，25），归一化（1，0.9，1，1，1）．权重为：w4 =（0.15，0.3，0.2，0.1，0.25），如前作法可得 P4 =（1.0000　0.3889　0.0667　0.0326　0.0164）

自我评价属于优等级。

最后总的判别结果：W ∗ P =（　0.7591　0.8262　0.7502　0.6118　0.5299）。显然最大值出现在第二列。所以综合评判结论为“良好”等级。

5. 结论与展望

本文所提方法具有广泛的推广和应用价值，它能较好地反映科研项目反哺教学，也可应用于其他类型的综合评价问题。

参考文献

[1] 程乾生著：《属性识别理论模型及其应用》，载《北京大学学报》（然科学版），1997 年第 1 期，第 12-19 页。

[2] 程乾生著：《属性集和属性综合评价系统》，载《统工程理论与实践》，1997 年第 9 期，第 1 一 8 页。

[3] 程乾生著：《层次分析法 AH P 和属性层次模型 AHMlz》，载《系统工程理论与实践》。1997 第 11 期，第 25-28 页。

[4] 程乾生著：《质量评价的属性数学模型和模糊数学模型》，载《数理统计与管理》，1997 年第 6 期，第 18-23 页。

[5] 吴有富著：《基于属性的时序多层次交叉因子综合评判模型及分析》，载《系统工程理论与实践》，2001 年第 10 期，第 97-100 页。

[6] 吴有富著：《有时序可变多指标决策的灰色关联分析及教师综合考核支持系统多层》，载《系统工程理论与实践》，1998 年第 9 期，第 61-71 页。

[7] 吴有富著：《一种新的模式属性聚类识别算法及水泥强度预测中的应用》，载

《系统工程理论与实践》，2000 年第 7 期，第 97-100 页。
[8] 刘献君等著：《大学教师对于教学与科研关系的认识和处理调查研究》，载《高等工程教育研究》，2010 年第 2 期。
[9] 肖兴安著：《大众化时期我国大学教学与科研新型关系的构建设想》，载《国家教育行政学院学报》，2010 年第 6 期。
[10] 曹汉斌，王刚著：《论大学教学的错位与回归》，载《北京理工大学学报》（社会科学版），2005 年第 2 期。
[11] 杨燕英等著：《高校教学与科研互动：问题、归因及对策》，载《教育研究》，2011 年第 8 期。
[12] 张宪立著：《教学科研互动 科研反哺教学》，载《辽宁信息职业技术学院学报》，2007 年第 9 期。
[13] 李俊杰著：《科研反哺教学的合理性及地方高校因应策略》，载《教育研究》，2012 年第 3 期。

贵州省中学教育与经济增长关系的实证分析*

金良琼　吴兴玲　田应福
（贵州民族大学理学院　贵州　贵阳　550025）

教育与经济增长的关系是相互影响、相互促进，互为因果的。教育通过传授知识、培养技能等来提高劳动力的素质，从而提高社会生产率，实现经济效益。美国经济学家舒尔茨认为：大量的人力投资是实现现代化的必备条件之一[1]。因此，教育的进步能够促进经济的持续发展与繁荣。同时，经济的发展，可以更好地加大教育的投资，发展教育，为教育服务。迄今为止，国内学术界已有的研究结果主要集中在利用协整理论研究高等教育与经济增长的关系，如师萍对陕西省高等教育与经济增长进行了分析[2]，张一村对安徽省高等教育与经济增长进行了分析[3]等等，但都限于高等教育，对中学教育的研究不足。大量事实证明中学教育对经济社会发展很重要，特别是在经济发展比较落后的贵州，关注中学教育与经济的关系更是一个不可忽视的问题。本文以贵州省为例，采用现代计量经济学的理论和方法，具体地用协整和ADL模型对中学教育与经济增长之间的关系进行实证研究，并根据研究结论提出相应的政策建议，以实现贵州中学教育与经济的均衡发展。计算工具是计量经济学软件Eviews。

* 基金项目：数学建模及其应用创新人才团队，黔教科研发［2013］405号；贵州省科技厅基金资助项目（黔科合J字LKM［2012］20号）。

1. 样本数据及说明

本文分析所使用的样本取自 1978—2010 年的年度数据，数据来源于《贵州统计年鉴》（2011）。考虑到数据的可获得性和研究需要，本文选取 GDP 反映贵州省经济增长，用省内普通中学在校生人数（记为 S）衡量其中学教育的发展规模。为消除物价变动对 GDP 的影响，采用居民价格指数对 GDP 数据进行平减，将样本期内 GDP 的数据调整为 1978 年不变价格。同时，为消除数据中存在的异方差，分别对这两个变量（S 和 GDP）取自然对数。LNGDP 表示对 GDP 取对数，LNS 表示对 S 取对数。

2. 贵州省中学教育与经济增长关系的协整分析

2.1 平稳性的单位根检验

研究两序列之间的协整关系之前必须先检验它们的平稳性和单整阶数是否相同，即单位根检验。用 ADF 法对两序列的单位根检验结果如表 1 所示：

表 1　单位根检验结果

变量	ADF 统计值	10%临界值	5%临界值	1%临界值	检验结果
LNGDP	2. 274782	−3. 653730	−2. 957110	−2. 617434	非平稳
LNS	−0. 324933	−3. 670170	−2. 963972	−2. 621007	非平稳
$y^{(4)}$ LNGDP	−4. 161835	−3. 661661	−2. 960411	−2. 619160	平稳
$y^{(5)}$ LNS	−3. 057385	−3. 670170	−2. 963972	−2. 621007	平稳

单位根检验结果为序列 LNGDP 和 LNS 是非平稳序列，但 LNGDP 和 LNS 一阶差分后，在 5%的显著性水平下，两序列显著平稳，即 ΔLNS ~ I（0），ΔLNGDP ~ I（0），也即是 LNS ~ I（1），LNGDP ~ I（1），说明它们可

能存在协整关系。

2.2 协整关系的检验

协整理论是2003年诺贝尔经济学奖得主恩格尔（R. F. Engle）和格兰杰（C. W. J. Granger）在1978年首先提出来的。通过协整检验可以对经济理论进行正确的论证，可以反映变量之间存在着一个长期稳定的均衡关系。所谓协整是指若两个或多个非平稳的变量序列，其某个线性组合后的序列呈平稳性。此时称这些变量序列间有协整关系存在。协整的具体定义如下：

协整：设 $\{x_t\}$ 是一n维时间序列向量，如果（1）$\{x_t\}$ 的所有分量序列都是 $I(d)$ 的，即是同为d阶单整序列，（2）若存在一非零常向量 β 使得 $\beta' x_t \sim I(d-b)$，则称 $\{x_t\}$ 的各分量序列存在d、b阶协整关系，称β为协整向量。记为 $x_t \sim CI(d, b)$。特别地，x_t 和 y_t 为随机变量，并且 x_t，$y_t \sim I(1)$，当 $\varepsilon_t = y_t - (\beta_0 + \beta_1 x_t) \sim I(0)$，则称 x_t 和 y_t 是协整的[4,5]。例如在本文中，n=2，即两个时间序列LNS、LNGDP都是 I（1）的，存在 β_0，β_1 成立如下关系

$$LNGDP = \beta_0 + \beta_1 LNS + \varepsilon_t,\ \varepsilon_t \sim I(0)$$

即 $LNGDP - \beta_0 - \beta_1 LNS \sim I(0)$，此时LNGDP与LNS具有长期均衡关系。

下面用LNGDP对LNS进行最小二乘估计。检验结果如下表2

表2 关于LNS，LNGDP的协整检验结果摘录

Variable	Coefficient	Std. Error	t-Statistic	Prob.
C	-4.043974	0.930415	-4.346420	0.0001
LNS	1.894176	0.188477	10.04988	0.0000
R-squared	0.765152	Mean dependent var		5.274429
Adjusted R-squared	0.757576	S. D. dependent var		0.899488
S. E. of regression	0.442877	Akaike info criterion		1.267642
Sum squared resid	6.080340	Schwarz criterion		1.358340
Log likelihood	-18.91610	Hannan-Quinn criter.		1.298159
F-statistic	101.0001	Durbin-Watson stat		0.113573
Prob（F-statistic）	0.000000			

回归后，再对残差作单位根检验，可得表 3：

表 3　残差的平稳性检验

		t-Statistic	Prob. *
Augmented Dickey-Fuller test statistic		-2.731977	0.0080
Test critical values：	1% level	-2.641672	
	5% level	-1.952066	
	10% level	-1.610400	

* MacKinnon (1996) one-sided p-values.

由单位根检验可知，残差序列平稳，即 $\varepsilon \sim I(0)$，所以序列 *LNGDP* 与序列 *LNS* 之间存在协整关系，协整方程为

LNGDP = -4.043974+1.894176LNS

P 值（0.0001）　　　（0.0000）

$R^2=0.7652$，Pr｛X>F｝=0.000000，DW=0.113573

其中 P 值为相应参数检验的显著概率｛Pr>t｝=P｛$|X|>|t|$｝（$x \sim t(n-3)$），P 值<α（$\alpha=0.05$）则否定原假设（H_0：相应参数为 0），即相应参数显著地异于零。由表 3 可知，方程估计的参数都很显著，$R^2=0.7652$，$adjR^2=0.757576$，表明模型拟合效果较好。由参数估计值可得普通中学生在校人数每增加 1 万人，GDP 将增加 1.894176 亿元。除了 DW 统计量值较小外，其他统计量表明模型估计效果较好。

2.3　格兰杰因果检验

协整检验的结果表明，贵州省中学教育与经济增长之间存在长期稳定的均衡关系，但这种均衡关系是否构成因果关系，还需要进一步验证。我们采用 Granger 影响关系检验来判断中学教育和经济增长之间的关系。建立经济增长和中学教育的双变量模型为：

$$LNGDP = \alpha_{10} + \sum_{i=1}^{p} \alpha_{1i} LNGDP_{t-i} + \sum_{i=1}^{p} \beta_{1i} LNS_{t-i}$$

$$LNS = \alpha_{20} + \sum_{i=1}^{p} \alpha_{2i} LNGDP_{t-i} + \sum_{i=1}^{p} \beta_{2i} LNS_{t-i}$$

如果检验拒绝原假设：$H_0: \beta_{1i}=0$，$i=1, \cdots, p$，则认为中学教育是经济增长的 Granger 原因（Granger，1969），即前期中学教育具有解释和预

测经济增长的能力。如果检验拒绝原假设 $H_0: \alpha_{2i}=0$，$i=1$，…，p,，则认为经济增长是中学教育的 Granger 原因（Granger，1969），即前期经济增长具有推断当前中学教育的能力。

检验结果：对 1 到 4 滞后阶的 Granger 因果检验，摘录如下表：

表 4　对 LNS 和 LNGDP 的 Granger 因果检验

滞后阶数	原假设	F 统计量	显著性概率	检验结论（5%显著水平）
1	LNS 不是 LNGDP 的 Granger 原因	6.68886	0.0150	否定原假设
	LNGDP 不是 LNS 的 Granger 原因	20.3940	0.0001	否定原假设
2	LNS 不是 LNGDP 的 Granger 原因	1.33816	0.2798	不否定原假设
	LNGDP 不是 LNS 的 Granger 原因	3.98821	0.0309	否定原假设
3	LNS 不是 LNGDP 的 Granger 原因	2.81341	0.0618	不否定原假设
	LNGDP 不是 LNS 的 Granger 原因	1.61462	0.2134	不否定原假设
4	LNS 不是 LNGDP 的 Granger 原因	3.01741	0.0424	否定原假设
	LNGDP 不是 LNS 的 Granger 原因	1.03992	0.4114	不否定原假设

表 4 表明，对检验的显著水平为 5%和滞后阶为 1 时，检验概率是显著的，表明 *LNS* 与 *LNGDP* 互为 Granger 原因，两者相互作用，当显著水平为 10%时更多地表现为 *LNS* 是 *LNGDP* 的 Granger 原因，即中学教育对经济增长具有影响作用。

3. 中学教育与经济增长之间的数量关系

3.1　模型

由 2.2 节协整回归得到的协整方程，由于 DW 值较小，模型残差具有自相关，参数估计量是有偏的。为消除自相关，我们选取自回归分布滞后模型（ADL）来研究贵州省中学教育对经济的影响。模型为：

$$LNGDP = \alpha + \alpha_1 LNGDP_{t-1} + \sum_{i=0}^{4} \beta_i LNS_{t-i} + \mu_i \qquad (3.1)$$

3.2 ADL模型的参数估计及意义

利用中学教育与GDP的数据，运用统计软件Eviews对模型（3.1）进行参数估计，经多次拟合模型选定为：

$$LNGDP=-0.584745+0.917733LNGDP_{t-1}+0.148635LNS_{t}+0.080973LNS_{t-4} \quad (3.2)$$

P-vlue　　（0.0004）　　（0.0000）　　（0.0170）　　（0.0363）

$R^2=0.99824$，$\{Pr>F\}=0.000000$，DW=2.271218

此时n_4及Pr>F即F统计量的P值小于0.05，整体上整个回归方程（3.2）是显著的，各参数的检验都很显著，DW=2.271218，说明残差序列不存在自相关，AC及PAC相关图如下图

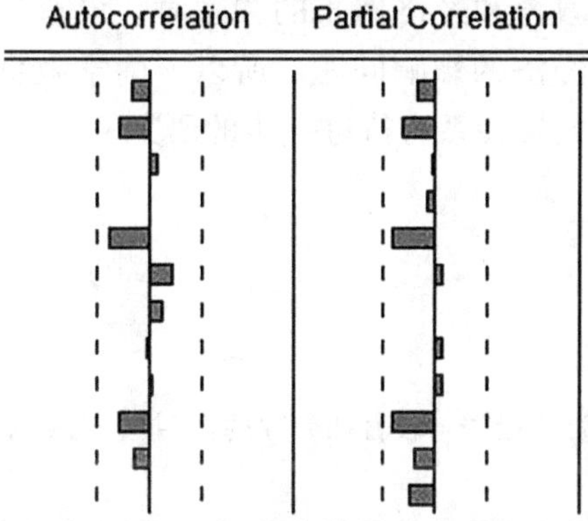

	AC	PAC	Q-Stat	Prob
1	-0.136	-0.136	0.5946	0.441
2	-0.215	-0.238	2.1398	0.343
3	0.058	-0.011	2.2578	0.521
4	-0.007	-0.054	2.2593	0.688
5	-0.280	-0.302	5.2053	0.391
6	0.161	0.058	6.2232	0.399
7	0.095	0.002	6.5927	0.472
8	-0.012	0.058	6.5992	0.580
9	0.023	0.046	6.6240	0.676
10	-0.221	-0.313	8.9336	0.538
11	-0.112	-0.142	9.5602	0.570
12	0.004	-0.173	9.5611	0.654

说明残差序列纯随机序列。模型（3.2）是可适的。

由模型（3.2）可知，中学教育对经济增长具有明显的正向即时效应而且有正向滞后效应。

4. 结论

本文利用贵州省1978-2010年的数据，采用现代计量经济学的方法对贵州省中学教育与经济增长的关系进行实证分析，得出如下结论：

(1) 和经济的一般规律一样，贵州省的中学教育与经济增长之间具有长期的均衡关系，中学教育对经济增长具有明显的正向促进作用，不仅是当期中学教育对经济增长具有正相关，而且滞后4期的中学教育对经济增长也具有正相关作用。即中学教育对经济增长的促进作用具有即期效应和滞后效应。

(2) 贵州省的中学教育与经济增长之间具有统计上显著的双向Granger影响关系，中学教育与经济增长存在互为因果的关系，不仅中学教育对经济增长有显著的促进作用，而且经济增长对中学教育具有反馈作用。

虽然在过去的二十多年间，贵州省中学教育对经济增长的重要作用得到了证实，但我们却不能片面地强调通过中学教育的高速增长来带动经济的高速发展。因为片面的追求中学教育的发展，会损害经济增长的质量。

需要说明的是本文在研究中学教育和经济增长的关系时，没有考虑中学教育投入、教育规模增长速度对经济的影响问题。所以，中学教育投入和教育规模增长速度与经济增长的数量关系有待进一步的研究。

参考文献

[1] 西奥多·W. 舒尔茨著：《人力资本投资：教育和研究的作用》，商务印书馆，1990年版。

[2] 师萍著：《陕西省高等教育与经济增长的关系研究》，载《西北大学学报》，2007年11月。

[3] 张一村，张一章著：《安徽省高等教育与经济增长关系的定量分析》，载《北方经济》，2010年第7期。

[4] 张晓峒著：《计量经济分析》，经济科学出版社，2000年版。

[5] JAMES D. HAMILTON 著，刘明志译：《时间序列分析》，中国社会科学出版社，1999年版。

[6] 易丹辉著：《数据分析与 Eviews 应用》，中国统计出版社，2005年版。

基于主成分分析法的深圳交通拥堵研究*

王学琳　吴有富　杨　鹏　陈祖胜
（贵州民族大学理学院　贵州　贵阳　550025）

1. 引言

交通拥堵是目前中国各大城市面临的共同难题，但拥堵的成因各不相同，因而需要在摸清规律的基础上有针对性地提出解决方案。目前，使用数学方法对不完整的交通信息进行建模分析，就成为定量分析关口交通特性及构成要素的重要手段。如果能在不断修正、调整的基础上取得较可靠的分析结果，将对制定有效、合理的交通管控及事故应对方案提供有益的帮助。因此，本文以 2013 年深圳杯“深圳关内外交通拥堵探究与治理”数据为研究对象，对深圳城市功能分区规划以及实际城市发展等方面的相关资料分析讨论，通过所给资料中交警部门记录的各主要关口进出通道瓶颈断面代表时段的交通流量、对应车速数据和行车道数，对拥堵严重的梅林关以样本抽取方法给出了部分与关口广场连接道路对应时段的相关参考数据，分析关口广场拥堵问题所需交通数据的采集侧重内容并给出造成各关口拥堵的深层原因。

---

* 基金项目：贵州省自然科学基金项目资助（2009，2011）；数学建模及其应用创新人才团队，黔教科研发［2013］405 号。

2. 设置评价标准

按照道路拥堵程度的不同划分为五个级别，分别为非常畅通、畅通、缓慢、拥堵和严重拥堵。通过统计方法分析，分别确定路段平均行程速度、交通流量的不同评价等级的阈值。

（1）路段不同时段平均行程速度评判

为了确定路段不同时段平均行程速度的评判标准，将附件一车速数据修正统计处理后，得到从 2013 年 1 月 7 日到 2013 年 1 月 13 日不同路段每天平均行程速度情况如下图 1，根据数据的分布情况结合城市车速分类划分[1]，从而对主干道平均行程速度划分评判标准（见表 1）。

表 1　平均行程速度评判标准（单位：km/h）

服务等级	非常顺畅	顺畅	缓慢	拥堵	严重拥堵
主干道	（45，+∞）	（35，45）	（25，35）	（15，25）	（0，15）

（2）车流量评判标准

使用 MATLAB 对附件一车流量数据处理可得不同路段每天平均车流量情况如下图 2，依据车流量数据及平均行程速度评判标准的划分，从而对单位里程平均延误划分评判标准（见表 2）

表 2　单位里程平均延误评判标准　单位：辆/h

服务等级	非常顺畅	顺畅	缓慢	拥堵	严重拥堵
主干道	<1000	（2000，3500）	（3000，4000）	（4000，5000）	>5000

（3）车密度评判标准

由于车密度取决于路段平均行程速度和车流量，通过 MATLAB 处理数据后可以得出不同路段车密度情况如图 3 所示，依据车密度数据及以上平均行程速度评判标准及车流量评判标准，我们对路段车辆密集度划分评判标准如表 3：

表 3　路段车辆密集度评判标准　单位：辆/km

服务等级	非常顺畅	顺畅	缓慢	拥堵	严重拥堵
主干道	（0，50）	（50，80）	（80，100）	（100，120）	>120

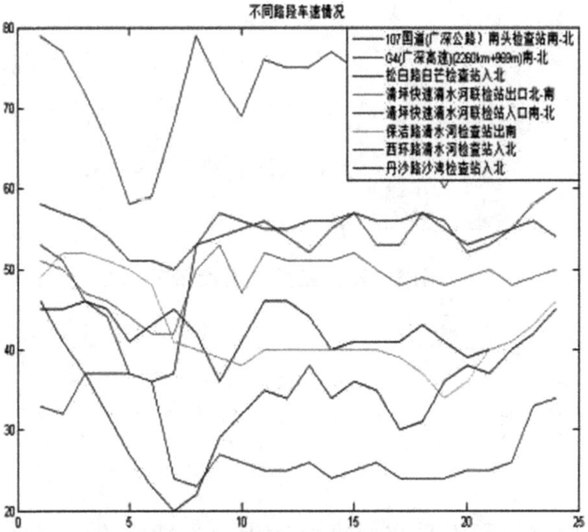

图 1　不同路段每天平均行程速度情况

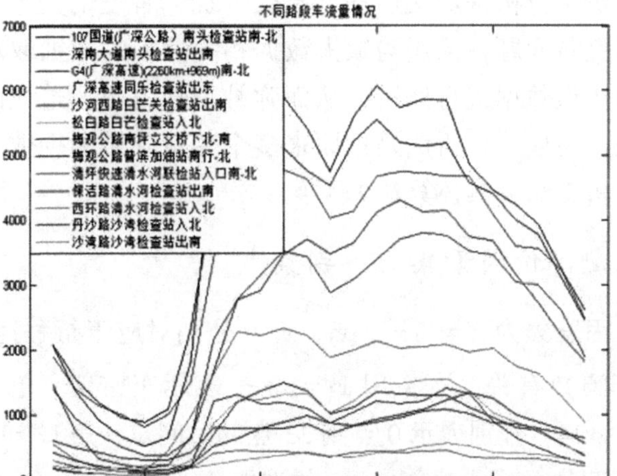

图 2　不同路段每天平均车流量情况

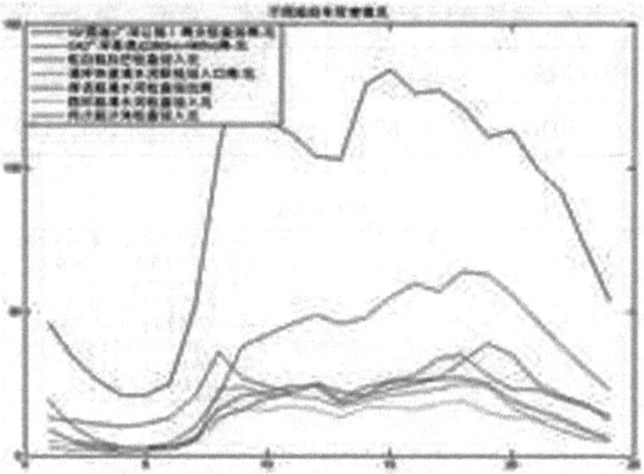

图 3　不同路段车密度情况

3. 主成分法

本文假设拥堵问题不受交通事故发生、自然灾害、恶劣天气、阻塞发生时车辆状态等的影响。并根据以上评价指标的选取和拥堵级别的划分，利用主成分分析法分析深圳交通拥堵指数与拥堵程度的关系，本文对于数据中的信息不完备问题，采用与缺失数据相关性大的数据取均值的方法[2]对缺失数据和错误数据进行修正，从而弥补了缺失数据造成的拥堵指数无法得出的问题。主成分分析法是把原来多个变量降维为少数几个综合指标的一种统计分析方法，具体算法如下：

3.1　确定评价因素集与评判集

确定评价因素集为 $X=\{x_1, x_2, x_3\}$ 分别对应于行程速度，车流量，车密度（跟车道数有关，本文用 $x_3=x_2/x_1$ 表示车密度，单位：辆/KM）。用 i=1，2，3…24，分别表示 0 点到 23 点的时间点，第 i 个时间点 x_1，x_2，x_3 的取值分别记作 $[a_{il}, a_{i2}, a_{i3}]$，构造矩阵 $A=(a_{ij})_{24\times3}$。同时，确定评判集 $Z=\{z_1, z_2, z_3, z_4, z_5\}$ 分别对应于非常顺畅、顺畅、缓慢、拥堵和严重拥堵五种评价等级。

3.2 计算特征值、特征向量及贡献率

基于主成分分析法[3]的评价步骤如下：

a）对原始数据进行标准化处理

将各指标值 a_{ij}转换成标准化指标 $\tilde{a}_{ij}$，

$$\tilde{a}_{ij}=\frac{a_{ij}-\mu_j}{s_j},\ (i=1,\ 2,\ \ldots,\ 24;\ j=1,\ 2,\ 3) \tag{1}$$

其中 $\mu_j=\frac{1}{24}\sum_{i=1}^{128}a_{ij}$，$s_j=\sqrt{\frac{1}{24-1}\sum_{i=1}^{128}(a_{ij}-\mu_j)^2}$，$(j=1,\ 2,\ 3)$

即 μ_j，s_j 为第 j 个指标的样本均值和样本标准差。对应地，称

$$\tilde{x}_j=\frac{x_j-\mu_j}{s_j},\ (j=1,\ 2,\ 3) \tag{2}$$

为标准化指标变量。

b）计算相关系数矩阵 R

$$R=(r_{ij})_{3\times 3} \tag{4}$$

相关系数矩 $$r_{ij}=\frac{\sum_{k=1}^{128}\tilde{a}_{ki}\cdot\tilde{a}_{ij}}{24-1},\ (i,\ j=1,\ 2,\ 3) \tag{5}$$

式中 $r_{ii}=1$，$r_{ij}=r_{ji}$，r_{ij} 是第 i 个指标与第 j 个指标的相关系数。

c）计算特征值和特征向量

计算相关系数矩阵 R 的特征值 $\lambda_1\geqslant\lambda_2\geqslant\lambda_3\geqslant 0$，及对应的标准化特征向量 μ_1，μ_2，μ_3，其中 $u_j=[u_{1j},\ u_{2j},\ u_{3j}]^T$，由特征向量组成 3 个新的指标变量

$$\begin{aligned} y_1&=u_{11}\tilde{x}_1+u_{21}\tilde{x}_2+u_{31}\tilde{x}_3,\\ y_2&=u_{12}\tilde{x}_1+u_{22}\tilde{x}_2+u_{32}\tilde{x}_3,\\ y_3&=u_{13}\tilde{x}_1+u_{23}\tilde{x}_2+u_{33}\tilde{x}_3, \end{aligned} \tag{6}$$

式中 y_1 是第 1 主成分，y_2 是第 2 主成分，y_3 是第 3 主成分。

d）选择 $P(P\leqslant 3)$ 个主成分，计算综合评价值

i）计算特征值 $\lambda_j(j=1,\ 2,\ 3)$ 的信息贡献率和累积贡献率。称：

$$b_j = \frac{\lambda_j}{\sum_{k=1}^{3} \lambda_k} \tag{7}$$

为主成分 y_j 的信息贡献率，称：$\alpha_p = \frac{\sum_{k=1}^{p} \lambda_k}{\sum_{k=1}^{3} \lambda_k}$ （8）

为主成分 y_1，y_2，…y_p 的累积贡献率，当 α_p 接近于 1（α_p = 0.85，090，0.95）时，则选择前 P 个指标变量 y_1，y_2，…y_p 作为 P 个主成分，代替原来 3 个指标变量，从而可对 P 个主成分进行综合分析。

ii）计算综合得分：$Z = \sum_{j=1}^{p} b_j y_j$ （9）

其中 b_j 为第 j 个主成分的信息贡献率，根据综合得分值就可进行评价。

利用 Matlab 软件求得相关系数矩阵的 3 个特征根及其贡献率如表 4。

表 4　主成分分析结果

序号	位　置	评估数据	1	2	3
1	107 国道（广深公路）南头检查站 南行-北-战略	特征根	2.3943	0.6042	0.0015
		贡献率	0.7981	0.2014	0.0005
		累计贡献率	0.7981	0.9995	1.0000
2	G4（广深高速）（2260km +969m） 南行-北-战略	特征根	2.0244	0.9709	0.0047
		贡献率	0.6748	0.3236	0.0016
		累计贡献率	0.6748	0.9984	1.0000
3	松白路白芒检查站入-北-战略	特征根	2.1064	0.8926	0.0010
		贡献率	0.7021	0.2975	0.0003
		累计贡献率	0.7021	0.9996	1.0000
4	清坪快速清水河联检站入口南行- 北-战略	特征根	2.5592	0.4393	0.0015
		贡献率	0.8531	0.1464	0.0005
		累计贡献率	0.8531	0.9995	1.0000
5	保洁路清水河检查站出-南-战略	特征根	2.8190	0.1748	0.0063
		贡献率	0.9397	0.0583	0.0021
		累计贡献率	0.9397	0.9980	1.0000

续表

序号	位　置	评估数据	1	2	3
6	西环路清水河检查站入-北-战略	特征根	2.8415	0.1512	0.0073
		贡献率	0.9472	0.0504	0.0024
		累计贡献率	0.9472	0.9976	1.0000
7	丹沙路沙湾检查站入-北-战略	特征根	1.8638	1.1188	0.0174
		贡献率	0.6213	0.3729	0.0058
		累计贡献率	0.6213	0.9942	1.0000

3.3　构建主成分综合评价模型

分别以前两个主成分的贡献率为权重，构建主成分综合评价模型，

$$Z = b_1y_1 + b_2y_2 \tag{10}$$

把各时间点的两个主成分值代入上式，可以得到不同路段各时间点的综合评价值以及排序结果（如表5所示），评价值越大则道路越拥堵；反之，道路越顺畅，且拥堵的时间点主要集中在上下班高峰期。根据表4得到的综合评价值，我们对其进行统计分析，归一化处理后，定义拥堵指数与拥堵程度的对应关系如表6所示：

表5　不同路段各时间点的综合评价值以及排序结果

序号	1		2		3		4		5		6		7	
位置	107国道（广深公路）南头检查站南行-北-战略		G4（广深高速）（2260km+969m）南行-北-战略）		松白路白芒检查站入-北-战略		清坪快速清水联检站入口南行-北-战略		保洁路清水河检查站出-南-战略		西环路清水河检查站入-北-战略		丹沙路沙湾检查站入-北-战略	
时间	Z	排序	Z	排序	Z	排序	Z	排序	Z	排序	Z	排序	Z	排序
00	-1.30	19	-0.05	18	-0.32	17	-0.91	18	-1.56	19	-1.57	19	-1.47	24
01	-1.64	20	-0.59	19	-0.64	19	-1.19	19	-2.26	21	-1.80	20	-1.34	23
02	-1.96	23	-1.17	20	-0.94	20	-1.65	20	-2.42	23	-2.62	22	-1.24	21

续表

序号	1		2		3		4		5		6		7	
位置	107 国道（广深公路）南头检查站南行－北－战略		G4（广深高速）（2260km+969m）南行-北-战略）		松白路白芒检查站入－北－战略		清坪快速清水联检站入口南行－北－战略		保洁路清水河检查站出-南-战略		西环路清水河检查站入-北-战略		丹沙路沙湾检查站入-北-战略	
时间	Z	排序	Z	排序	Z	排序	Z	排序	Z	排序	Z	排序	Z	排序
03	−2.03	24	−1.66	22	−1.41	21	−1.89	21	−2.43	24	−2.69	23	−1.09	20
04	−1.75	21	−2.25	24	−2.03	24	−2.47	23	−2.38	22	−2.74	24	−0.75	18
05	−1.78	22	−2.15	23	−1.97	23	−2.54	24	−2.17	20	−2.57	21	−0.35	15
06	−1.13	18	−1.25	21	−1.94	22	−2.20	22	−1.25	18	−0.43	16	0.51	7
07	0.56	11	0.06	16	−0.42	18	1.08	8	−0.31	16	1.47	3	1.82	1
08	1.83	1	0.29	10	0.90	5	1.31	4	0.12	14	1.12	10	0.77	4
09	0.89	8	0.13	14	0.76	7	1.12	6	0.64	11	1.19	8	0.38	9
10	0.59	10	0.88	6	0.69	9	1.21	5	0.70	9	1.38	5	0.06	13
11	0.36	14	0.93	5	0.70	8	0.91	10	1.00	7	1.21	7	0.42	8
12	0.42	13	0.81	7	0.41	11	0.37	13	0.68	10	0.57	14	−0.42	17
13	1.32	3	1.04	3	0.69	10	0.89	11	0.56	12	1.45	4	0.31	11
14	1.43	2	1.18	1	1.34	2	1.33	3	0.80	8	1.37	6	0.32	10
15	1.20	4	1.12	2	1.13	4	0.99	9	1.01	6	1.15	9	0.67	6
16	1.19	5	1.00	4	1.21	3	1.08	7	1.34	4	1.60	2	1.49	3
17	0.97	6	0.65	8	1.43	1	1.72	1	2.06	3	1.75	1	1.54	2
18	0.77	9	0.15	12	0.78	6	1.50	2	2.84	1	1.00	11	0.68	5
19	0.89	7	0.42	9	−0.16	14	0.40	12	2.31	2	0.66	12	0.05	14
20	0.50	12	0.23	11	−0.20	15	−0.01	14	1.02	5	0.60	13	0.09	12
21	0.23	15	0.14	13	−0.25	16	−0.12	15	0.54	13	0.36	15	−0.38	16
22	−0.43	16	0.04	17	0.05	13	−0.31	16	0.03	15	−0.98	17	−0.79	19
23	−1.13	17	0.07	15	0.21	12	−0.63	17	−0.90	17	−1.48	18	−1.27	22

表 6　拥堵指数与拥堵程度对应关系

评价指标	非常顺畅	顺畅	缓慢	拥堵	严重拥堵
拥堵评价值	[0, 0.5975)	[0.5675, 1.1350)	[1.1350, 1.7024)	[1.7024, 2.2699)	[2.2699, 2.8374)
拥堵指数 bk	[0, 0.2)	[0.2, 0.4)	[0.4, 0.6)	[0.6, 0.8)	[0.8, 1.0)

4. 结论

根据对数据的分析及关口交通模型的建立，将表 4 中的不同路段贡献率数据进行平均后，根据统计规律，可以适用于所有的关口交通模型，$\bar{b}_1 = 0.7909$，$\bar{b}_2 = 0.2072$，以梅林关为例，考虑信息不完备的影响因素，我们只能得出梅林关部分路段的拥堵情况分布（如表 7 所示）：

表 7　梅林关部分路段的拥堵情况

路段或路口名称	断面及方向	车道数	20130402 早高峰流量(辆/h)	车速 km/h	Z（早高峰）	评判结果	20130402 晚高峰流量(辆/h)	车速 km/h	Z（晚高峰）	评判结果
梅观公路	梅观公路普滨加油站南行-北-战略	7	4810	8	9.0197	严重拥堵	5790	12	7.6967	严重拥堵
	梅龙、民治路-南行入梅观公路口	3	—	—	—	—	1134	7.6	1.5008	缓慢
	梅观公路南行-市区方向	4	3931	7.5	7.4964	严重拥堵	4104	49	1.9640	拥堵
	梅观公路南坪立交桥下北行-南-战略	5	3370	63	1.5916	缓慢	4034	48	1.9151	拥堵

续表

路段或路口名称	断面及方向	车道数	20130402早高峰流量(辆/h)	车速km/h	Z(早高峰)	评判结果	20130402晚高峰流量(辆/h)	车速km/h	Z(晚高峰)	评判结果
南坪快速	南坪快速路1.3公里东行-西-战略	4	3671	46	1.6583	缓慢	4094	54	1.9715	拥堵
	南坪快速路1.3公里西行-东-战略	4	4825	43	2.5152	严重拥堵	3987	55	1.9063	拥堵

5. 小结

本文对交通拥堵的几种直观表现形式利用主成分分析法进行了分析，以交通拥堵指数来判读拥堵情况。该方法主要运用到道路平均速度V，车流量A，车辆密集程度k这三个变量。因此对于交通拥堵情况分析时我们给出以下采集数据建议：(1) 可以在不同路段测量车辆的速度，统计得出平均速度。(2) 拍摄道路实时的照片，计算道路车辆数目，根据速度分析车辆密集度。

根据主成分法，对数据采集的种类不需要很多，而且经检验梅林关的有效数据可以正确得出道路拥堵情况：在早晚高峰期不同路口分别为严重拥堵，拥堵，缓慢的结果，这与实际是相符的，因此使用主成分分析法得出的结论的可信度是很高的。但是未考虑到其他因素与拥堵指数的关系，例如，红绿灯停顿时间，交通事故，恶劣天气，车道数过少，单一车辆的个体行为而产生的堆积效应等，这些是造成交通拥堵最直接的原因，此外，还有一些原因行政管理方面的原因，例如，国家促进城市化进程引起的人口过多的聚集，城市路网结构设计不够合理，有关部门的道路交通管理水平还有待提升[4, 5]，因此本文只能通过数学方法利用相关的数据信息对交通拥堵问题进行有限的分析及建议。

参考文献

[1] 交通管理调度局编:《城市车速分类统计》，2011 年版。

[2] 薛启源，谢金星，叶俊等著:《数学模型》，高等教育出版社，2011 年版。

[3] 周品，赵新芬著:《 MATLAB 数学建模与仿真》，国防工业出版社，2009 年版。

[4] 齐峰，杜潇芳，殷玮等著:《世博会交通需求分析与交通策略浅议》，载《规划师》，2006 年第 7 期，第 81-83 页。

[5] 王宙玥著:《我国城市交通拥堵治理的对策研究》，长春工业大学，2012 年。

经济社会环境对自然灾害防御能力的影响*

刘高生

（贵州民族大学理学院　贵州　贵阳　550025）

1. 引言

自然灾害种类繁多，主要包括旱灾、洪涝、冻害、地震、滑坡等，自然灾害的突发和频发会对人类社会造成不同程度的损害。等级高，强度大的自然灾害破坏力极大，会引起财产的巨大损失、人口的受伤和死亡。自然灾害对国民经济的发展造成了一定的负面影响，不仅破坏了当地的经济生产，而且还增加了生产成本。

随着经济的快速增长以及自然灾害的频发，科学的认识自然灾害防御能力与经济社会环境的关系已成为研究的热点。Dacy、Kunreuther（1969）第一次从社会经济角度探索了自然灾害损失差异的原因。王泽强（2009）从经济社会的视角对自然灾害频发应对做了思考，得到增强自然灾害危机管理水平和能力，实现经济社会可持续发展。罗洎（2013）利用面板数据模型研究了两者的关联性，得到人均生产总值，农村人均纯收入，第三产业及教育经费比重的增加，可显著提高自然灾害的防御能力。许闲

* 数学建模及其应用创新人才团队，黔教科研发［2013］405号。

（2013）从新古典增长理论视角出发，得到自然灾害在短期和长期对宏观经济造成的影响。赵思健（2013）基于情景理论提出了自然灾害风险时空差异评估技术框架，为研究经济社会环境与自然灾害的关系提供了新的角度和方法。

综上所述，认为现有的研究对自然灾害防御能力指标讨论较少，在研究经济社会与自然灾害防御能力关系时未考虑非线性关系，因此我们首先定义自然灾害防御能力，修正自然灾害防御能力指标，选择影响自然灾害防御能力的经济社会指标，运用非参数回归模型探究经济社会环境对自然灾害防御能力的影响。

2. 指标选择及数据说明

2.1 变量选择

2.1.1 灾害防御能力指标

自然灾害的风险度主要由自然灾害的危险程度和易损度决定。公式如下：$F = W \times Y$。一个地区自然灾害防御能力大小主要是由这个地区自然灾害的易损度决定，由于自然灾害危险度越高，地区易损度越高即防御能力越弱，造成自然灾害的经济损失就越高，那么自然灾害风险度指标就不能直接表示自然灾害防御能力，需要进行修正即除以自然灾害的危险程度。据此得到自然灾害防御能力指标即易损度 $Y = F/W$，其中自然灾害的危险程度用农作物绝收面积（NJA）与农作物受灾面积（NSA）比值表示，因此得到自然灾害防御能力的指标即修正的直接经济损失 $DELR = DEL/W$。

2.1.2 社会经济指标

影响地区易损度的因素，可从经济易损性和社会易损性考虑。依据科学、系统和数据的易得性等方面考虑，选择了经济易损性的指标主要包括人均地区生产总值、第三产业比重、资本形成总额。社会易损性的指标主要包括年末总人口数、城镇居民可支配收入、教育经费投入和卫生技术人员数目。指标依次用以下字母表示：PGDP、THD、CP、PPN、TINC、EDC 和 WJN。

2.2 数据的说明

搜集2011年中国31个地区的受灾风险度和社会经济指标数据，由于自然灾害防御能力修正指标，有新疆兵团受灾数据，而经济社会指标数据没有，因此将新疆兵团受灾数据，并到新疆受灾数据中。数据来源《中国统计年鉴2012》，数据处理、计算、建模采用Excel、SPSS和R软件。

3. 实证模型

3.1 主成分分析

对社会经济指标进行主成分分析。首先对自变量进行标准化处理，消除各变量量纲的影响。然后进行KMO检验，得到结果下：

表3.1 KMO和Bartlett球度检验

KMO值	0.720	
Bartlett球度检验	近似卡方值	410.835
	自由度	36
	P值	0.000

由表3.1得到KMO的值为0.72，可以利用主成分分析得到综合主成分。

表3.2 累计方差贡献率

因子 Factor	特征值 Eigen value	方差贡献率 Contribution rate of variances (%)	累计方差贡献率 Cumulative Contribution rate of variances (%)
1	5.060	56.227	56.227
2	3.014	33.489	89.715
3	0.438	4.896	94.611
4	0.199	2.206	96.817

由表 3.2 得到主成分解释原有变量总方差的情况，可看到，2 个主成分共解释了原有变量总方差的 89.7%. 总体上，原有变量的信息丢失极少，主成分分析效果较理想，因此选取 2 个主成分较为合适。

采用方差最大化方法对主成分载荷矩阵实行正交旋转以使主成分具有命名解释性。

表 3.3　旋转后的载荷矩阵

指标	主成分	
	1	2
人均地区生产总值	0.885	0.245
第三产业比重	0.847	-0.155
资本形成总额	0.058	0.950
年末人口数	-0.245	0.936
城镇居民可支配收入	0.883	0.361
教育经费	0.125	0.975
卫生技术人员数目	0.930	-0.049

由表 3.3 的代表人均国民生产总值、第三产业比重、城镇居民可支配收入和卫生技术人员数目指标在第 1 个主成分上有较高的载荷，反映了经济产出能力指标，将第一主成分命名为经济产出因子；资本形成总额、年末总人口和教育经费投入在第 2 个主成分上有较高的载荷，反映了经济投入能力指标，将第 2 个主成分命名为经济投入因子。由旋转后的因子矩阵得到两因子得分如下：

$$f_1 = 0.885PGDP + 0.847THD + 0.085CP + \cdots + 0.930WJN$$

$$f_2 = 0.245PGDP - 0.155THD + 0.950CP + \cdots - 0.049WJN$$

由方差贡献率，得到两因子综合因子得分如下：

$$f = 0.56227f_1 + 0.33489f_2$$

3.2　非参数回归

非参数回归假定变量之间的关系未知，对整个回归函数进行估计，比线性和非线性回归模型更加符合现实。已知观测 $(X_i, Y_i), i = 1\ldots\ldots n$，模型为：$Y_i = m(x_i) + \mu_i, i = 1\ldots\ldots n$，其中 $m(\cdot)$ 是未知的函数，μ_i 是随机误差项。模型回归函数 $m(x)$ 的核估计 $\hat{m}_n(x)$ 为 $\hat{m}_n(x) = \dfrac{\sum_{i=1}^{n} K\left(\dfrac{X_i - x}{h_n}\right) Y_i}{\sum_{i=1}^{n} K\left(\dfrac{X_i - x}{h_n}\right)}$

其中 h_n 为窗宽，$K(\cdot)$ 为满足 $K(\mu) \geqslant 0$，$\int K(\mu)d\mu = 1$，$\int K(\mu)\mu d\mu = 0$ 的核函数。

窗宽 h_n 的选择采用交错鉴定法。基本思路是在每一个局部观察点 $x = X_i$，首先将改观差点剔除，然后将剩下的 n-1 个观察点在 $x = X_1$ 处进行核估计，最后通过比较平方拟合误差，选择使平方拟合误差达到最小的窗宽。利用修正的直接经济损失与两个因子得分分别做一元非参数回归，修正的直接经济损失与产出因子的最优窗宽为 0.2589658，与投入因子的最优窗宽为 0.2865857，拟合结果如下：

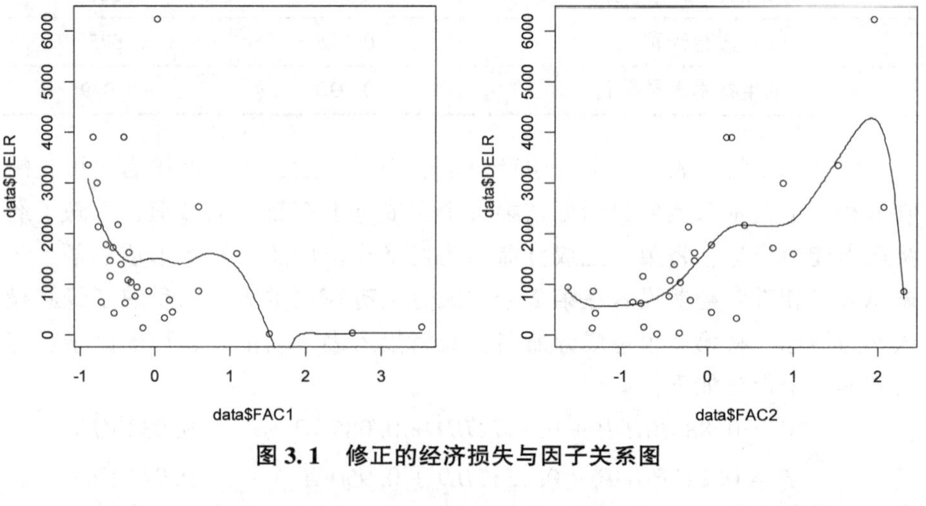

图 3.1　修正的经济损失与因子关系图

由图 3.1 得经济产出因子与修正的直接经济损失呈“阶梯”状，具体讲，当经济产出因子在-1 到-0.5 区间内时，随着经济产出因子的增大，修正的直接经济损失急剧减少，地区易损度也随之减少，地区的防御能力就增强。当经济产出因子在-0.5 到 1 区间内时，随着经济产出因子的增大，修正的直接经济损失变化不大，地区易损度也变化不大，地区的防御能力也就变化不大。当经济产出因子在 1 到 2 区间内时，随着经济产出因子的增大，修正的直接经济损失减少，地区易损度也随之减少，地区的防御能力就增强。当经济产出因子大于 2 时，随着经济产出因子的增大，修正的直接经济损失变化不大，且其值很小，地区易损度也变化不大，且相对较小，地区的防御能力也就变化不大，且防御能力很强。

经济投入因子与修正的直接经济损失呈先上升后下降的形状，具体而言，当经济投入因子小于 2 时，随着经济投入因子的增加，相应修正的直接经济损失变大，地区的易损度变大，防御能力减少。当经济投入因子大于 2 时，随着经济投入因子的增加，相应修正的直接经济损失急剧变小，地区的易损度变小，防御能力随着增强。

利用修正的直接经济损失与综合因子得分做一元非参数回归，修正的直接经济损失与总因子的最优窗宽为 0. 225876，拟合结果如下：

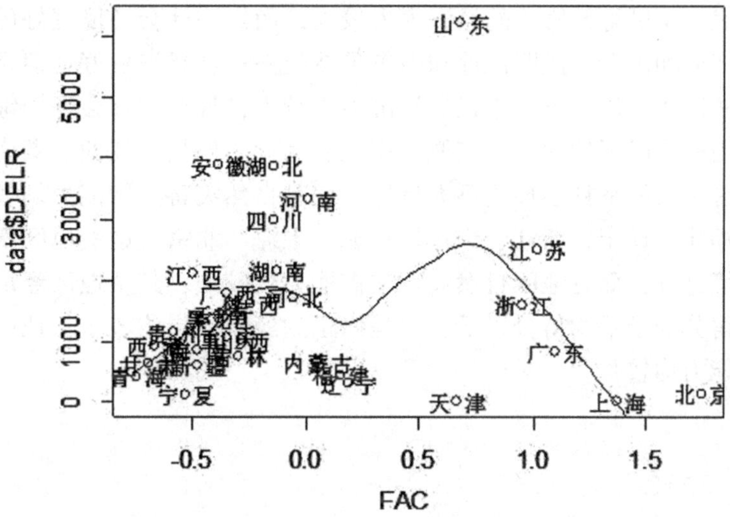

图 3. 2　修正的经济损失与综合因子得分关系图

由图 3. 2 得，综合因子与修正的直接经济损失间呈“双山”的形状。综合因子得分增大时，修正的直接经济损失先增大后减小，最大直接经济损失达到 3000 左右，地区的防御能力先减小后变大。同时各个地区综合因子得分和修正的直接经济损失相差很大，例如，山东的直接经济损失达到了 6000 左右，而综合因子得分却在 0. 5 到 1 之间，两者间很不平衡。据图 3. 2 对各个地区进行分类 ，按修正的直接经济损失 2000 和综合因子得分 0

为分界点，将地区分成4类，分类结果如下：

表3.4 地区分类表

类别	城市
1、DELR小于2000&FAC小于0	广西、河北、陕西、黑龙江、贵州、重庆、山西、西藏、甘肃、青海、宁夏、新疆、海南、吉林、云南
2、DELR小于2000&FAC大于0	内蒙古、福建、辽宁、浙江、天津、广东、上海、北京
3、DELR大于2000&FAC小于0	安徽、湖北、河南、四川、江西、湖南
4、DELR大于2000&FAC大于0	江苏、山东

由表3.4可得，修正的经济损失较大，而经济社会环境良好的地区仅有两个江苏和山东，说明江苏和山东虽然经济社会环境良好，但是地区自然灾害防御能力均较弱。修正的经济损失较大，且经济社会环境综合得分处于平均得分以下的地区有安徽、湖北、河南、四川、江西、湖南，说明这些地区不仅经济社会环境不太良好，而且自然灾害防御能力均较弱。内蒙古、福建、辽宁、浙江、天津、广东、上海、北京，这些地区不仅经济社会环境良好，而且地区自然灾害防御能力均较强。其余地区经济社会环境综合得分处于平均得分以下，但是修正的经济损失均较小，地区自然灾害防御能力均较强。

4. 结论

1）主成分分析将影响城市自然灾害防御能力的指标综合成为两个主成分，第一主成分命名为经济产出因子，反映了经济产出能力。第2个主成分命名为经济投入因子，反映了经济投入能力。

2）经济因子与修正的直接经济损失间呈现非线性形状。经济产出因子与修正的直接经济损失呈“阶梯”状。经济投入因子与修正的直接经济损失呈先上升后下降的形状。经济综合因子与修正的直接经济损失呈“双山”形状。

3）自然灾害防御能力与经济社会环境两者间存在地区不平衡。自然灾害防御能力与经济社会环境两者间不平衡的地区有江苏和山东，虽然这两个地区经济社会环境良好，但是地区自然灾害防御能力均较弱。安徽、湖北、河南、四川、江西、湖南，不仅经济社会环境不太良好，而且自然灾害防御能力均较弱。其余地区自然灾害防御能力均较强。

参考文献

[1] Dacy D C, Kunreuther H. The Economics of Natural Disasters: Implications for Federal Policy [M]. New York, The Free Press, 1969

[2] 李宏著:《自然灾害的社会经济因素影响分析》，载《中国人口资源与环境》，2010年第11期，第136-142页。

[3] 刘丽著:《自然灾害保险风险分析的数学模型与改进》，载《应用基础与工程科学学报增刊》，2004年第12期，第258-262页。

[4] 罗洎著:《经济社会环境与自然灾害防御能力关联性研究》，载《生态经济》，2013年第3期，第181-188页。

[5] 陈报章，仲崇庆著:《自然灾害风险损失等级评估的初步研究》，载《灾害学》，2010年第9期，第1-5页。

[6] 赵思健著:《基于情景的自然灾害风险时空差异多维表达框架》，载《自然灾害学报》，2013年第1期，第10-18页。

[7] 徐怀礼著:《灾害经济学》，吉林大学，2007年。

[8] 王泽强著:《自然灾害频发的应对及反思》，《淮阴师范学院学报》，2009年第3期，第281-284页。

[9] Raschky P A. Institutions & the Losses from Natural Disasters [J]. Natural Hazards &Earth System Sciences, 2008 (8): 627-634

贵州省高技术产业科技投入的综合绩效评价分析——以贵州省第二次经济普查数据为例

高跃伟
（贵州师范学院，数学与计算机科学学院，
贵州　贵阳　550018）

1. 前言

贵州省在发展高技术产业的进程中，存在着阻碍该产业的发展的种种限制和困难：一、从宏观政策层面上来讲，一系列的计划、法令、政策和措施在推行中遇到种种困难，没有真正形成对高技术产业发展有利的宏观环境。二、从微观个体层面上来讲，企业的决策层没有正确认识科技的作用，在利益的驱使下，做出只顾眼前利益，忽视了长远发展的举措，使企业从事一些低附加值、低科技含量、低收益的生产活动，浪费了大量的人力、物力，并造成了大量的社会问题。三、从经济因素的角度来讲，贵州省地处边远山区，经济基础相对薄弱，交通便利性不够等，这些都对贵州省高技术产业的发展起到了一定的制约作用，同时，在现行经济体制中许多经济关系尚未理顺，市场经济尚未步入健康发展的轨道，完善经济体制的工作有待深入。四、从生产经营管理者的角度来讲，高技术产业是一个高风险产业。处于生产技术的前沿，技术更新换代速度快，且在研究开发以及推广应用过程中存在诸多不确定性，致使该产业在其产生及发展过程中面临着技术风险、市场风险和生产经营风险，使得大部分高技术产业的生产经营者在管理中采取规避险的措施，对该产业投入过少，对其作用认识不足等，进一步的限制了高技术产业的发展。因此本文要对贵州省的高技术产业的科技投入进行分析，寻找现阶段贵州省高技术产业的存在的问题和限制因素，为决策者提供解决这些问题的实证依据和参考。

2. 国内外相关研究综述

通过对搜集资料的整理分析来看，对一个产业进行科技投入分析的文献以国外居多。Rousseau，S. 和 Rousseau，R. （1997）运用科技计量学方法，运用数据包络分析模型，对欧洲 14 个主要发达国家的科技竞争力进行了比较研究，得出了科技投入对科技和科技竞争力以及国家竞争力的显著影响；Ellis. Connolly 和 Kevin J. Fox （2006）通过分析澳大利亚数据来考察高技术资本使用与生产率之间的关系，发现这两者在市场部门存在正相关；Gaimon 和 Morton 等利用数据包络分析模型对美国 2002 年各州间高技术产业发展的差异情况和原因进行了研究；Raab 和 Kotamraju （2006）运用数据包络分析（Data Envelopment Analysis，DEA）方法分析了美国 50 个州的高技术投入与产出直接的关系，他们所得结果显示高技术产业是一些州的经济绩效的主要贡献者，是这些州的支柱产业，Jakobson （2007）对中国高技术产业的生产管理等进行了描述性分析，但是并未对我国高技术产业科技投入绩效进行深层分析。我国的专家学者在绩效评价研究中也取得了诸多成果，开发出了许多适合中国经济发展现状的绩效评价指标体系并改进了绩效评价的方法等。赵琳，范德成（2011）运用因子分析定权法对我国高技术产业 5 个行业在 1996—2008 年间的技术效率进行了测算，通过测算结果，基于横向视角，比较了在不同年份中 5 个行业的效率的差异性，基于纵向视角，归纳出了 1996—2008 年间效率的动态演化情况；张森，刘蝉（2012）采用数据包络分析方法对中关村高技术领域的创新效率进行评价，得出“十一五”期间电子信息、先进制造、新能源、新材料、现代农业、海洋工程、核应用 7 个领域效率相对有效，环境保护，生物医药、航空航天 3 个领域效率相对无效，最终得出生产要素投入量的多寡与配置优劣情况是决定效率是否有效的关键因素；谭秀阁、杨建飞（2012）利用1999—2009年高技术产业科技活动的相关统计数据，运用数据包络分析方法，对我国高技术产业科技投入效率进行分析，包括对高技术产业整体情况和其中各行业的研究，获得了我国高技术产业2000—2009年绩效的基本情况，其研究结果显示，我国高技术产业逐年增加的投入并未得到合理配置和充分运用，并未出现应有的高效率。因此通过对搜集到我国学者研究成果的分析整理可知，这些问题也同样出现在我国的各个省市和地区。可知我国各省市、各地区的高技术产业多处于无效状态，究其原因很大程度上是由投入资源浪费或者配置不合理造成的。

3. 研究所用方法及指标选取

3.1 研究方法选取

到目前为止，数据包络分析法是到构造最好的效率测度方法。1957年，Michael Farrell在研究英国农业生产力时提了出包络思想。在“相对效率评价”概念的基础上，于1978年，著名的运筹学家A. Charnes 、W. W. Cooper和E. Rhodes将关于技术效率的理论研究扩展到对决策单元效率的测度，并提出了第一个数据包络分析（Data Envelopment Analysis 简称DEA）模型，即CRS模型，是一个集数学、运筹学、数理经济学和管理学与一体的评价同类决策单元间相对有效性的效率评价模型。基本思路是：运用线性规划的方法将各决策单元的投入产出向量数据包络出一个生产前沿面，然后通过测算每个决策单元到前沿面的距离，并通过该距离进行效率有效与否的判定。该方法把单投入-单产出的工程效率概念扩展到多投入-多产出的决策单元群的有效性评价的领域中来，不但避免了传统效率评价方法的主观性因素的影响，同时又减轻了运算工作量，在很大程度上减少了误差对结果的影响。

3.2 指标体系选择的原则

为了客观、全面、科学地衡量贵州省高技术产业科技投入的效率问题，在进行指标选择时应遵循以下原则：

1. 目的性

在效率评价指标体系中，在确定么一个单项指标时，都要考虑此项指标在整个指标体系中的地位和作用，依据它所反映的高技术产业科技投入的性质和特征，确定具有适当名称、含义和口径范围的指标进入到体系中来。应当指出，认识高技术产业科技投入与产出不是根本目的，根本目的在于对贵州省高技术产业进行科学的指导和管理，包括发现存在劣势和不足、制定产业发展政策和规划等。就认识高技术产业科技投入效率而言，有许多指标可供选择，但是究竟确定哪些指标才能科学对所研究对象加以反映和分析，则必须充分高技术产业科技投入效率研究的不同目的和要求。

2. 科学性

依据一定的目的确定具有特定名称、含义和口径范围的指标进入贵州省高技术产业科技投入绩效评价指标体现中来，即要先对待选指标进行考察，在理论上必须有科学根据，在实践上必须可行且有实效，这样才能用来搜集资料并予以数量表现，进而才能据以做出正确的分析和应用。而对贵州省高技术产业科技投入产出的性质和特征的认识，则属于定性认识。由此可见，对贵州省高技术产业科技投入产出的定量认识要以定向认识为前提和基础。

3. 联系性

要研究贵州省高技术产业科技投入的绩效问题，并进而对其进行有效的指导和管理，就要运用效率评价指标体系。而效率评价指标体系中的各个具体指标之间，在其含义、口径范围、计算方法、计算时间和空间范围等方面，都必须是相互衔接而由联系的，这样才能综合而全面的把握贵州省高技术产业科技投入产出间的数量关系、内在联系及其规律性。

4. 可比性

在研究目的一定的前提下，要求效率评价指标具有科学性、联系性和统一性，都是为了保证贵州省高技术产业科技投入产出指标具有可比性，因为只有这些指标可比，才能提供准确的信息资料。可比性要求有两个含义：一是在不同的时间或空间范围上具有可比性；二是在地区之间进行比较时，除指标的口径、范围必须一致外，一般用相对数、比例数、指数和平均数等进行比较才具有可比性。

3.3 效率评价指标体系的选择和说明

1. 投入指标

高技术产业的投入大体分包括高技术产业的从业人员、科技活动人员数、科学家和工程师人数、R&D 人员全时当量、年末固定资产原值、期末新增固定资产、科技活动经费、R&D 经费内部支出、技术改造经费支出、技术引进费用支出、消化吸收费用支出、购买国内技术费用支出、新产品开发费用支出等重要指标。依据指标选取原则和贵州省高技术产业的实际情况，在考虑数据的代表性、可得性等因素前提下，选取 R&D 经费内部支出、技术改造经费支出和新产品开发经费支出来表征科技投入中的财力投入；选取 R&D 人员全时当量作为人力投入的代表；选取年末新增固定资产来量化生产中物力投入的幅度。做出这样的取舍的原因是：R&D 经费内部支出是各国科技投入中经费投入的典型代表，且数据易得；技术改造经费支出是一个国家或地区吸收利用外来技术进行价值创造的重要数据，而新产品开发经费支出代表了一个国家或地区对高技术产业发展的支持程度，是科技自主创新的保证因此选这三者作为科技投入中财力投入的代表；高技术产业是以人的创造力（知识要素）为根本要素的，知识也技术密集，以科技人员比重大为特点，因此选取 R&D 人员全时当量来表征人力投入；期末新增固定资产，虽然它和年末固定资产原值都可很好的表征该产业物力投入情况，但期末新增固定资产的数据更直观、更易得，所以将其选入到科技投入指标体系中去，以表示物力投入情况。

2. 产出指标

对高技术产业的产出进行表征的指标也有很多，主要包括科技成果，包括专利申请数、拥有专利数、实用新型专利数、外观设计专利数、新产品产值、新产品销售收入、当年价总产值等指标。本文遵循指标选取原则和贵州省高技术产业的实际情况和其他限定条件，选取专利申请数来表征科技投入的知识产出，选取新产品销售收入来代表科技投入的经济产出。研究表明，专利申请数是反映科技投入的知识产出的重要指标，能真实的反映科技投入的知识产出水平，它是衡量知识产出的一个重要表征量，所以本文选取专利申请数这个指标来表征高技术产业科技投入的知识产出情况，专利等知识产出进入生产领域，形成生产力，带来经济的发展和综合竞争力的提升，而其对经济和社会发展的这些作用力最终要以带来经济和社会效益的生产成果来体现，故选用新产品销售收入进入到经济产出指标中来，表征着产业未来的产出潜力。通过选取的新产品销售收入来代表科科技投入在现有产业中发挥作用的情况。

综上可知，本文选取了 5 个投入指标、2 个产出指标来表征贵州省高技术产业科技投入的绩效评价指标体系。

4. 高技术产业科技投入的绩效评价的实证分析

4.1 数据来源

本文数据主要来源于第二次经济普查数据中的贵州省数据以及科技部官方网站的科技统计数据。选取了全省 8 个地市（因铜仁地区数据严重缺失，暂不对其进行分析）作为决策单元进行分析，来研究各地市的高技术产业科技投入的效率情况；选取 2008 年贵州省按注册类型分类的 8 类高技术企业（因股份合作企业数据严重缺失，暂不做分析）作为决策单元，分析高技术产业内部不同企业类型的情况。各决策单元的搜集数据的依据是上文所选定的评价指标体系中的各统计指标。

4.2 贵州省高技术产业的 DEA 模型实证测算及分析

4.2.1 区域视角下的贵州省高技术产业科技投入的绩效分析

本部分从 2008 年贵州省高技术产业科技投入效率在各地市间的差异入手进行分析，高技术产业因其低能耗、高附加值、高渗透性等有点，已成为贵州省各地市重点发展的对象。针对所选取的 2008 年我省 8 个地市的高技术产业的科技投入产出数据，使用 Matlab. R2012b 软件进行数据分析，得到了综合效率、纯技术效率、规模效率以及规模报酬判断值和所处阶段数据。各省市效率情况如下表 4. 1 所示。

表 4.1 贵州省各地市高技术产业科技投入效率情况

地区	TE	PTE	SE	K	RTS
贵阳市	1.0000	1.0000	1.0000	1.00000	-
六盘水市	1.0000	1.0000	1.0000	1.00000	-
遵义市	1.0000	1.0000	1.0000	1.00000	-
安顺市	0.9991	1.0000	0.9991	8.48636	IRS
黔西南布依族苗族自治州	1.0000	1.0000	1.0000	1.00000	-
毕节地区	1.0000	1.0000	1.0000	1.00000	-
黔东南苗族侗族自治州	0.7679	0.8251	0.9306	1.95332	IRS
黔南布依族苗族自治州	1.0000	1.0000	1.0000	1.00000	-

表 4.2 2008 年贵州省各地市高技术产业效率情况统计表

	最大值	最小值	平均值	有效 DMU 数
TE	1.0000	0.7679	0.9709	6
PTE	1.0000	0.8251	0.9781	7
SE	1.0000	0.9306	0.9912	6

1. 综合效率分析

由统计表中数据知，贵州省各地市高技术产业科技投入综合效率差异性不是太大，效率最高的 6 个地市的效率值都为 1，其中效率值最低的地区其效率值为 0.7679。2008 年贵州省高技术产业科技投入综合效率的平均水平是 0.9709，此数据表明，所选的贵州省 8 个地市所投入的全部科技资源中有 2.81%处于闲置状态或是在生产中被浪费掉了，没有形成有效的产出。由此说明，在技术水平一定的前提下，2008 年贵州省的 8 个地区所投入的科技资源基本上达到了一个比较理想的利用水平，只是在个别生产管理环节存在一定的资源配置不当和产出结构不合理的情况。为了做进一步分析，本文使用 SPSS18.0 软件对所选取的贵州省 8 个地市进行分类，具体分类结果如下图 4.1

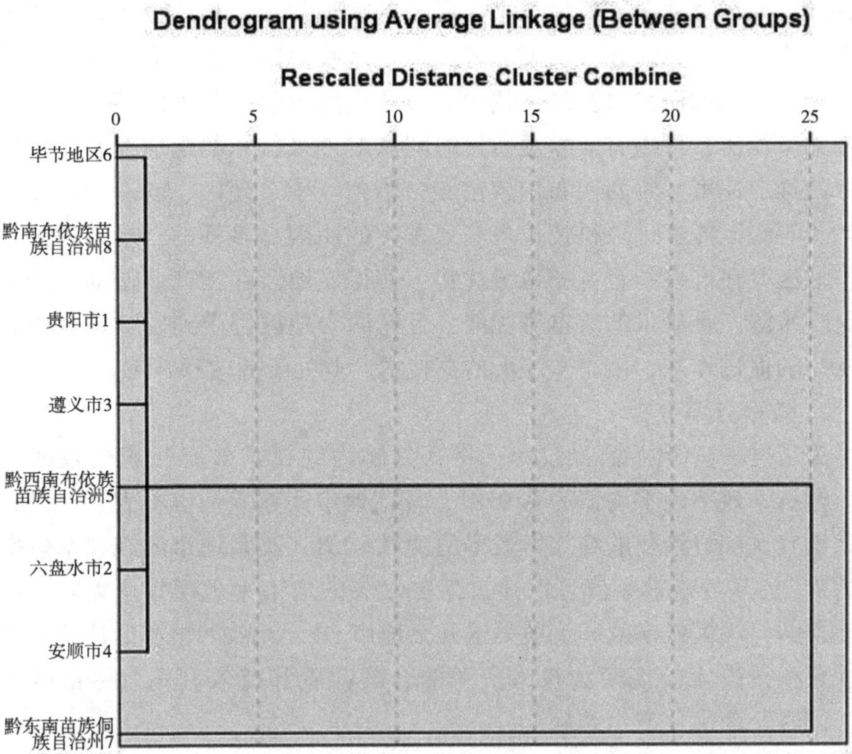

图 4.1　所选取的 8 个地市高技术产业科技投入综合效率聚类图

有上图知，贵州省高技术产业科技投入的效率可以分为两类，第一类是综合效率值大于 0.9 的高效率类；在此效率高的类中有贵阳市、六盘水市、遵义市、安顺市、黔西南布依族苗族自治州、毕节地区、黔南布依族苗族自治州。在分析期间内，这七个地区中除了安顺市没有达到有效生产前沿面，其余的六个地市都是 DEA 有效的，即与其他地市相比，这些地区的科技投入的产出投入比相对最高；第二类是综合效率值小于 0.9 的低效率类，此类包括黔东南苗族侗族自治州。

在第一类中，贵阳市、六盘水市、遵义市、安顺市这四个市的科技投入效率高的原因是：一、自身良好的工业基础。这四个地市都有很强的工业基础做支撑，能够为生产提供良好的环境，可以新技术的开发提供技术支持，同时也为新技术的试用提供完善的测试环境。二、科技兴业的意识较强。这四个市存在较多的军工企业等，科技是第一生产力的观念早已根深蒂固，使得高技术的研发与推广所受的阻力较少，科技投入在这些市容易发挥作用。三、从业人员素质较高。在这些地区聚集了大量的高素质人才，为高技术的研发以及外来技术的改造应用提供了强大的智力支持，与其他地市相比，可以有效缩短研发时间和对外来技术的适应时间，加快新技术的推广速度。黔西南布依族苗族自治州、毕节地区、黔南布依族苗族自治州等地区能够进入科技投入高效率类的原因是多样的，毕节地区在于其本地区存在许多新企业和地缘优势，使得该地区存在产业带动优势和基础材料来源广且易得的成本等优势，且这两个地区都受到省政策扶植和技术支持的促进作用，使得本地区的高技术产业处于高效率状态。

2. 效率分解分析

为了进一步分析综合效率，将其分解为纯技术效率和规模效率两部分。纯技术效率的平均值为 0. 9781，且在地市间差异性也不太大，只有黔东南苗族侗族自治州的纯技术效率值为 0. 8251，其余地市的纯技术效率值均为 1。但从规模效率值可以知，存在 25%的地市为规模效率无效，由此可以推断，规模效率效率无效是这几个地市 DEA 无效的根源。这几个地市应注意科技投入的规模和投入资源的合理配置和有效利用，尽量减少浪费，同时合理优化产出结构。

从表 4. 1 的 RTS 列可以看出，贵州省有 25%的地市的高技术产业科技投入处于规模递增阶段。即安顺市和黔东南苗族侗族自治州这两个地市处于规模报酬递增阶段。对于处于规模报酬递增阶段的地市来讲，要增加科技投入规模，以有效利用空余生产能力，达到产出最优；对于其他处于规模报酬不变的地市，在加强管理，充分利用资源的同时，更要积极开发和引进新技术，保持技术有效性。4. 2. 2 企业类型视角下的贵州省高技术产业科技投入的绩效分析。

4. 2. 2　企业类别视角下的贵州省高技术产业科技投入的绩效分析

本部分是分析 2008 年贵州省高技术产业按注册类型分类的各类型企业的科技投入的效率情况。本部分按分类标准，将贵州省高技术产业分为内资企业、港、澳、台商投资企业和外商投资企业三类，同时本文将三类企业进行细分：内资企业包括国有企业、股份合作企业（因数据严重缺失，暂不做分析）、有限责任公司、股份有限企业、私营企业五类；港、澳、台商投资企业包括合资经营企业（港或澳、台资）、港、澳、台商独资经营企业两类；外商投资企业包括中外合资经营企业和外资企业。

为了方便分析，各类型企业编码如下：内资企业包括国有企业 = DMU1、有限责任公司 = DMU2、股份有限企业 = DMU3、私营企业 = DMU4、合资经营企业（港或澳、台资）= DMU5、港、澳、台商独资经营企业 = DMU6、中外合资经营企业 = DMU7、外资企业 = DMU8。通过分析得到了综合效率、纯技术效率、规模效率以及规模报酬判断值和所处阶段数据。具体数据如表 4.4 所列。

表 4.3　贵州省八类企业科技投入的效率情况

类型	TE	PTE	SE	K	RTS
DMU1	0.2980	1.0000	0.2980	22.8338	IRS
DMU2	0.3605	1.0000	0.3605	35.1327	IRS
DMU3	0.5818	1.0000	0.5818	15.8454	IRS
DMU4	0.2861	0.6969	0.4106	1.3229	IRS
DMU5	0.4350	1.0000	0.4350	0.1783	DRS
DMU6	1.0000	1.0000	1.0000	1.0000	–
DMU7	1.0000	1.0000	1.0000	1.0000	–
DMU8	1.0000	1.0000	1.0000	1.0000	–

表 4.4　贵州省八类企业科技投入效率情况统计表

	最大值	最小值	平均值	有效 DMU 数
TE	1.0000	0.2861	0.6202	3
PTE	1.0000	0.6969	0.9621	7
SE	1.0000	0.2980	0.6357	3

1. 综合效率分析

由统计表中数据知，贵州省不同类型高技术企业科技投入综合效率差异性是相当大的，效率最高的 3 类企业的效率值都为 1，而效率值最低的企业其效率值仅为 0.2861。2008 年贵州省不同注册类型高技术企业科技投入综合效率的平均水平是 0.6202，此数据表明，所选的贵州省 8 个不同企业注册类型所投入的全部科技资源中有 37.98%处于闲置状态或是在生产中被浪费掉了，没有形成有效的产出。由此说明，在技术水平一定的前提下，2008 年贵州省的 8 企业类型所投入科技资源并没有达到理想的利用水平，或者是因为投入资源配置不当和产出结构不合理。同时从 TE 列也可以看出，贵州省八类不同企业注册类型中，只有港、奥、台商独资经营企业、中外合资经营企业、外资企业这三种类型企业是 DEA 有效的，即相对而言，这三类企业的资源利用率高，管理方法科学，生产规模适当且生产技术是较先进，而剩下的 62.5%的类型的企业在生产管理中存在一定的问题，致使其难以到达 DEA 有效。

2. 效率分解分析

为了进一步分析问题的根源，将综合效率分解为纯技术效率和规模效率两部分进行分析。纯技术效率的平均值为 0.9621 且各类型间差异性不大。即在国有企业、有限责任公司、股份有限企业、私营企业、合资经营企业（港或澳、台资）、港、澳、台商独资经营企业、中外合资经营企业、外资企业这八个类型中只有内资企业中的私营企业的纯技术效率值小于 1，其余类型的纯技术效率值均为 1，说明贵州省高技术产业中不同注册类型的企业的生产基本上是位于生产前沿面上的，同时由 SE 列可知，62.5%的企业类型是规模无效的，且综合效率值的变化和规模效率值的变化是密切相关的，由此可以推断，规模效率无效是贵州省高技术产业中不同注册类型企业 DEA 无效的根源。因此，贵州省的高技术去也应注意科技资源的投入规模以及对所投入资源进行合理配置和有效利用，尽量减少浪费，同时也应注意合理优化产出结构。

从上述各表所列数据可知，八个企业类型的规模效率平均水平为 0.6357，说明投入资源中仅有 63.57%在生产中被利用了。从表 4.4 的 RTS 列可以看出，贵州省八个企业类型中有 50%的企业类型处于规模递增的阶段，剩下的企业类型中有 75%的类型处于规模报酬递不变阶段，且在剩下的企业类型中有 25%是处于规模报酬递减阶段。由此可知，虽然贵州省不同注册类型的企业总体上处于 DEA 无效状态，且存在大量的资源浪费，但是多数企业处于规模报酬递增阶段，说明我省高技术产业产能还有大幅度的提升空间，现阶段要做的就是在合理配置资源、减少浪费和闲置的同时，加大高技术产业的科技投入的力度。

从各类型企业所属的大类进行分析可以看出，台商投资企业和外商投资企业的科技投入多是DEA有效的，而内资企业均处于DEA无效状态，这说明：一、台商投资企业和外商投资企业所采用的生产技术更为先进，能够合理配置生产要素、充分发挥要素的作用；二、台商投资企业和外商投资企业所采用的生产管理方式更合理，能够刺激生产；三、内资企业投入受限，没有足够的科技投入作为支撑；四、内资企业多为国有企业等老企业，生产管理方式亟待更新。

5. 研究结论和建议

本文使用DEA方法中的VRS模型，分别从地域角度和企业类别角度两个层面对贵州省高技术产业科技投入效率进行实证分析。具体所得结论和建议如下：

1. 高技术产业的发展是以科技投入为基础的，其发展过程是科技投入实物化、技术成果产业化的过程，是一个依靠不断地技术输入来保持持续增长的产业。通过对贵州省高技术产业进行整体分析知，贵州省高技术产业发展基础薄弱，管理经营经验不足，属于后发赶超型的产业，省内许多高技术行业尚处发展阶段的少年期，自身投入规模和产出结构不合理以及抗干扰能力较差，从筹备到生产、从投入到产出等方面都需要进行合理安排，在生产中积累经验，使整个产业发展趋于健康化。

2. 本文对贵州省各地区高技术产业的情况进行了分析，发现贵州省各地市高技术产业科技投入综合效率差异性不是太大。在技术水平一定的前提下，2008年贵州省的8个地区所投入的科技资源基本上达到了一个比较理想的利用水平，只是在个别生产管理环节存在一定的资源配置不当和产出结构不合理的情况。

从效率分解结果来看，我省存在25%的地市的高技术产业为规模效率无效，由此可以推断，规模效率效率无效是这几个地市DEA无效的根源。这几个地市应注意科技投入的规模和投入资源的合理配置和有效利用，尽量减少浪费，同时合理优化产出结构。

3. 本文从企业注册类型视角对贵州省高技术产业科技投入绩效进行分析，所得结论为，贵州省不同类型高技术企业科技投入综合效率差异性是相当大的，效率最高的3类企业的效率值都为1，而效率值最低的企业其效率值仅为0.2861。大量的投入要素被闲置或浪费。由此说明，在技术水平一定的前提下，这8个企业类型所投入科技资源并没有达到理想的利用水平，或者是因为投入资源配置不当和产出结构不合理。

从效率分解可以得出不同类型企业科技投入规模效率无效是贵州省高技术产业中不同注册类型企业DEA无效的根源。因此，贵州省的高技术去也应注意科技资源的投入规模以及对所投入资源进行合理配置和有效利用，尽量减少浪费，同时也应注意合理优化产出结构。

由各企业类型的对比可知，内资企业需要加大投入力度，同时要积极引进外资，为外部企业进入提供相应的环境，在此过程中要学习和借鉴外来先进经验等。通过这些以提高资源利用效率，增强生产能力以及完善管理方式等。

参考文献

[1] Rousseau, S., Rousseau, R. Measuring the scientific wealth ofEuropean Nations: Taking effectiveness into account. Scienometrics, 1997: 40.

[2] Koopmans. Activity Analysis of Production and Allocation, Cowles Commission for Research in Economics [J]. Monograph, 1951, 13.

[3] 方福前，张平著：《我国高技术产业的投入产出效率分析》，载《中国软科学》，2009年第7期。

[4] 李邃，江可申著：《我国高技术产业科技能力评价研究》，载《科技进步与对策》，2010年第4期。

[5] 刘玲，杜鹏程，赵曙明等著：《基于DEA的我国科技人力资源利用效率研究——以高技术产业为例》，载《科技与经济》，2010年第3期。

[6] 景保峰，周霞，吕健权等著：《广东省高技术产业研发效率实证研究——基于随机前沿分析法》，载《技术经济与管理研究》，2011年第10期。

[7] 赵琳，范德成著：《我国高技术产业技术创新效率的测度及动态演化分析——基于因子分析定权法的分析》，载《科技进步与对策》，2011年第11期。

[8] 张森，刘蝉著：《中关村示范区高新技术企业创新效率分析——基于产业角度的DEA分析》，载《石家庄学院学报》，2012年第4期。

[9] 谭秀阁，杨建飞著：《高技术产业 R&D 效率评价》，载《未来与发展》，2012 年第 4 期。
[10] 王稳著：《经济效率因素分析》，经济科学出版社，2002 年版。
[11] 高园，徐慧超，范玉涛等著：《辽宁省技术进步贡献率的测算与分析》，载《辽宁师范大学学报》，2012 年第 6 期。
[12] 陈虹霁，陈德智著：《企业研发投入与上产效率——全球研发顶尖企业与中国企业的比较》，载《科技管理研究》，2012 年第 11 期。
[13] 金璟，张德亮，龙蔚，李学坤等著：《基于随机前沿生产函数和 DEA 的云南马铃薯种植效率分析》，载《经济研究导刊》，2012 年第 10 期。
[14] 魏权龄著：《数据包络分析》，科学出版社，2004 年版。
[15] 劳伦斯·马奇和布伦达·麦克伊沃著：《怎样做文献综述——六步走向成功》，上海教育出版社，2006 年版。
[16] 吴文江著：《数据包络分析及应用》，中国统计出版社，2002 年版。
[17] 朱庆芳，吴寒光著：《社会指标体系》，中国社会科学出版社，2001 年版。

贵州省人口老龄化与寿险保费收入关系的实证研究

赵宏恩

（贵州财经大学　金融学院，贵州　贵阳　550025）

1. 引言

根据国际标准，一个地区60岁以上老人达到总人口的10%或65岁以上老人达到总人口的7%，即可视为进入老龄化社会[1]。据2010年全国人口普查结果显示，贵州省60岁以上人口占12.26%，65岁以上人口占8.57%，表明贵州省已进入老龄化社会，且老龄化程度不断加深[2]。随着“未富先老”现象的日趋明显，人口老龄化趋势的日益严重，其对贵州省寿险业发展的作用愈显重要。

在此动态发展背景下，分析贵州省人口老龄化程度对寿险保费收入的贡献比并同时将人口老龄化程度指标与所选参考变量进行对比分析。这不仅能够指导贵州省商业保险公司合理配置资源和采取相应的市场策略，而且有利于贵州省政府部门优化财税政策、促进保险业健康稳定发展、提高人均保险保障程度。对应对老龄化的挑战有着显著的现实意义。

本文分析了在老龄化日趋严重的背景下，贵州省老年抚养比与寿险保费收入的关系，并采用简单线性回归的计量分析方法。通过测算老年抚养比与寿险保费收入的相关系数，初步判定二者的相关关系，然后利用

Granger 因果检验检验出二者的因果性方向，最后利用多元线性回归分析方法对贵州省 2006-2012 年间寿险保费收入与老年抚养比之间的关系进行实证检验，并引入地区常住人口数、地区 GDP、受高等教育人数作为辅助对比变量，在估计结果的基础上，分析老年抚养比对寿险保费收入的影响程度。

2. 贵州寿险保费收入与老龄化程度的定量分析

2.1 老龄化程度测定指标选取

老龄化程度是一个相对比较抽象的概念，本文为使分析更为直观、方便，遂遴选出老年抚养比作为衡量老龄化程度的唯一指标，从而使抽象概念具体化。老年抚养比具体指人口中非劳动年龄人口数中老年部分对劳动年龄人口数之比，用以表明每百名劳动年龄人口需负担老人数。是反映人口老龄化社会后果的经济指标之一，简称老年系数[3]。

2.2 判定贵州省寿险保费收入与老龄化程度的相关系数

本文的定量分析是建立在分析贵州省寿险保费收入与老龄化程度的相关关系基础上。我们选取了贵州省 2006—2012 年老年抚养比和寿险保费收入两个指标的时间序列来衡量二者的动态变动趋势，如表 1 所示。

表 1　2006—2012 年贵州省老年抚养比与寿险保费收入

	2006	2007	2008	2009	2010	2011	2012
老年抚养比（%）	12.94	13.27	13.36	13.41	13.47	13.53	13.63
寿险保费收入（万）	267007	309290	454342	524716	676991	631959	683547

数据来源：根据《贵州统计年鉴》、《贵州年鉴》（2007—2013）资料整理

我们首先分析二者的相关系数，从图 1 的散点图分布可以看出两者具有一定的正相关关系。为了计算二者的相关系数，我们使用 SPSS 统计软件。将 2006—2012 年的数据代入计算得到，贵州省寿险保费收入与老年抚养比的相关系数为 0.903，两者的相关关系如表 3 所示。

通过表2数据可以看出，贵州省老年抚养比与寿险保费收入呈现出较高的相关性，初步分析表明二者密切相关。然后我们对二者进行 Granger 因果检验以深化分析。由于该检验要求数据具有平稳性，否则容易造成伪回归现行，影响定量分析的准确性，因此我们首先对两列时间序列数据进行 ADF 平稳性检验[4]。检验结果表明：老年抚养比 X、寿险保费收入 Y 的 t 值均大于其不同显著水平下的临界值，数据显然不平稳。因此，考虑到数据对数化后与原始数据正相关以及二者变化趋势一致等因素后，我们选择将数据对数化和差分处理，减弱异质性和方差的影响，从而得到两列平稳的时间序列数据，再对其进行 ADF 单位根检验[5]。其理论模型为：

$$X_t = \alpha + \beta t + \gamma X_{t-1} + \sum_{i=1}^{n} \alpha_i \Delta X_{t-1} + \varepsilon \quad (1)$$

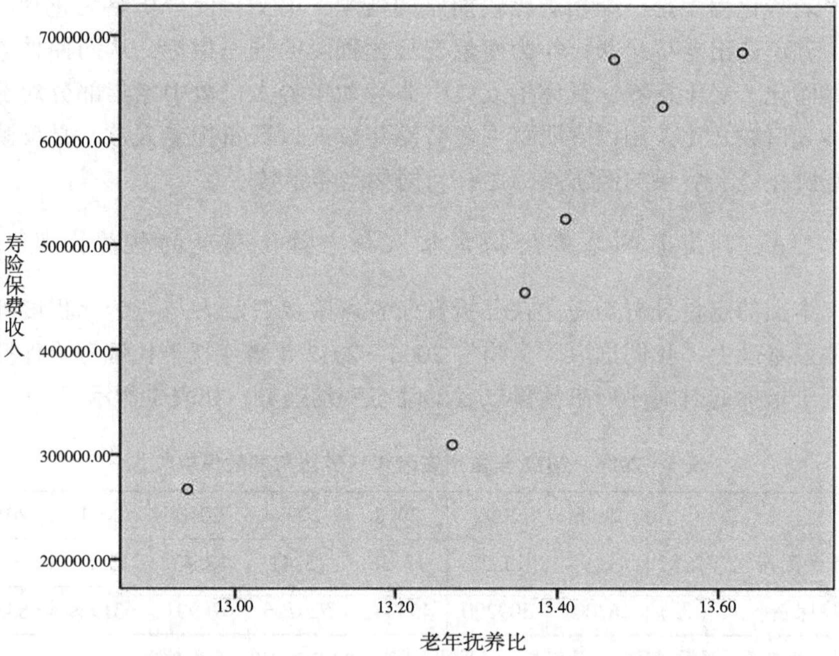

图 1　贵州省老年抚养比与寿险保费收入散点图（2006—2012）

表 2 贵州省老年抚养比（x）与寿险保费收入（y）相关系数

相关性			
		x	y
x	Pearson 相关性	1	.903**
	显著性（双侧）		.005
	N	7	7
y	Pearson 相关性	.903**	1
	显著性（双侧）	.005	
	N	7	7

**. 在 .01 水平（双侧）上显著相关。

利用 eviews 将 2006—2012 年贵州省寿险保费收入和老年抚养比经对数差分处理过的数据进行具体检验。其结果如表 3 所示：

表 3 贵州省寿险保费收入与老年抚养比的 ADF 检验结果

序列	SIC 滞后值	不同显著水平下临界值			t 值	检验概率 p 值
		1%	5%	10%		
x	1	-5.604618	-3.694851	-2.982813	2.854517	0.9989
y	1	-5.803417	-3.744128	-3.033943	2.895855	0.9992
d（lnx）	1	-5.412015	-3.576413	-2.131957	-3.691329	0.0178
d（lny）	1	-5.406113	-3.322758	-2.096349	-3.576413	0.0002

从表 3 可以看出，2006—2012 年贵州省寿险保费收入与老年抚养比原始数据检验概率 t 值分别是 2.854517、2.895855，明显大于各显著水平下临界值，不能拒绝原假设，同时表明二者存在单位根，两组时间序列数据非平稳。而将其对数差分处理后进行 ADF 单位根检验，我们发现，t 值分别是-3.691329、-3.691329，均小于 5%的置信水平下的临界值，表明贵州省寿险保费收入增长率和老年抚养比增长率的时间序列是平稳的。

2.3 贵州省寿险保费收入与老龄化程度的 Granger 因果检验

由于已经得到了平稳的时间序列数据，从而满足了进行 Granger 因果检验的前提。Granger 因果检验的目的在于分析两个变量存在时间上的先后关系时，是否能用统计方法检验出因果性的方向[6]。其理论模型为：

$$y_i = \sum_{i-1}^{k} \alpha_i x_{t-i} \sum_{j-1}^{k} \beta_j y_{t-j} + u_{1t} \quad (2)$$

$$y_i = \sum_{i-1}^{s} \gamma_i x_{t-i} \sum_{j-1}^{s} \delta_j y_{t-j} + u_{2t} \quad (3)$$

检验过程使用 F 检验。以模型 2 为例原假设 H0：$a_1 = a_2 = \cdots = a_q = 0$，即 x 不是 y 的 Granger 成因。具体检验中，如果 F 统计量的经验概率 P<0.05，我们就拒绝原假设，得到 x 是 y 的 Granger 原因，反之则不是[7]。

表 4　滞后 1-4 期的 Granger 因果检验结果

滞后时间	H_0：贵州省寿险保费收入增长不是人口老龄化的 Granger 成因		H_0：贵州省人口老龄化不是寿险保费收入增长的 Granger 成因	
	F 统计量	检验概率 P 值	F 统计量	检验概率 P 值
1	0.57381	0.3647	2.87914	0.0182
2	0.77521	0.5279	1.43278	0.3179
3	1.99864	0.2317	0.89664	0.4657
4	4.79853	0.3214	0.58992	0.7164

由表 4 可以看出，滞后 1 期时，由于 0.0182<0.05，因此原假设贵州省人口老龄化不是寿险保费收入增长的 Granger 成因被拒绝，即贵州省人口老龄化是寿险保费收入增长的 Granger 成因。而 0.3647>0.05，因此原假设贵州省寿险保费收入增长不是人口老龄化的 Granger 成因被接受。从表中数据结果来看，其他各阶检验概率 P 值均大于 0.05，表明存在单边引导现象且滞后阶数为 1。

分析表明：贵州省寿险市场的发展与人口老龄化趋势不存在实证意义上的相互作用关系。在样本区间内，贵州省人口老龄化日益加剧的趋势会促进寿险保费收入的增长；但是，贵州省寿险保费收入的增长却并不会影响到人口老龄化，二者存在单边关系。这一发现，为进一步的数据分析建模提供了实证分析基础，表明贵州省人口老龄化是自变量寿险保费收入是因变量。

3. 回归方程构建

本文初步构建如下方程：

$$L_t = a_0 + a_1 O_t + a_2 E_t + a_3 G_t + a_4 P_t + \varepsilon_t \quad (4)$$

被解释变量：L 表示贵州省第 t 年的寿险保费收入增长率。

解释变量：O 表示贵州省第 t 年的老年抚养比增长率；

E 表示贵州省第 t 年的受高等教育人数；

G 表示贵州省第 t 年的地区生产总值；

P 表示贵州省第 t 年的常住人口数。

表 5　2006—2012 年贵州省被解释变量与解释变量历年数据

	老年化率（%）	寿险收入（万）	GDP（亿）	受高等教育人数（万）	人口数（万人）
2006	0.0137	0.01349	2338.98	22.15	3690
2007	0.0255	0.1583	2844.11	24.17	3632
2008	0.0067	0.4690	3561.56	26.75	3596
2009	0.0037	0.1549	3912.68	29.91	3537
2010	0.0044	0.2902	4602.16	32.33	3479
2011	0.0045	-0.0665	5701.84	34.41	3469
2012	0.0073	0.0816	6852.2	38.38	3484

（数据来源：根据《贵州统计年鉴》、《贵州年鉴》（2007—2013）资料整理）

4. 实证结果及分析

我们通过 SPSS 统计软件对贵州省 2006—2012 年指标数据（表 5）进行简单的线性回归。从回归结果看，R=0.986，R^2=0.972，模型拟合程度较好；F 统计量为 19.655，系统自动检验的显著性水平是 0.014，F（0.1，

4，2）的值为9.24，F（0.05，4，2）的值为19.25，表明回归方程较显著，可以投入使用。最终的回归方程为：

$$L_t = 1.884 + 0.047O_t + 0.170E_t + 0.004G_t - 0.007P_t \quad (5)$$

根据以上实证结果，进行如下分析：

（1）老年抚养比

当老年抚养比增长率每增长1个百分点，寿险保费收入增长率就增长0.047个百分点。表明贵州省人口老龄化对寿险保费收入增长有一定的促进作用，这和前面的Granger因果检验结果相一致。这是因为随着人口老龄化的加剧，人们对人身保险尤其是人寿保险需求增多。

（2）受高等教育人数

受高等教育人数每上升1个百分点，寿险保费收入增长率就增长0.170个百分点。表明贵州省受高等教育人数的增长对寿险保费收入增长的促进作用更为明显。这是因为受高等教育人群与非受高等教育人群相比，保险意识更强。随着受高等教育人数的增加，寿险保费收入增长显著。

（3）地区生产总值

贵州省GDP每增长1个百分点，寿险保费收入增长率就增长0.004个百分点。表明贵州省GDP的增长对寿险保费收入增长有一定的促进作用，但并不明显。随着GDP的增长，人们可支配收入增加，提高了居民的购买力，促进人们消费观念和保险意识的变化，增强了人们的风险意识，提高了人寿保险的需求[8]。

（4）常住人口数

贵州省常住人口数每下降1个百分点，寿险保费收入增长率就增长0.007个百分点。表明贵州省常住人口数与寿险保费收入增长呈现出一种相反的关系。按照常识推测，一个地区常住人口的增加应该对寿险保费收入的增长具有一定的促进作用。而贵州省保费收入增加的同时，常住人口数则连年下降。这说明贵州省常住人口数的变化对寿险保费收入的影响作用极其微弱，寿险保费收入的增长应是受高等教育人数、GDP等其他因素的助推。表5清晰地显示了这一变化。

5. 研究结论

随着人口老龄化程度的不断加剧，对老龄化程度与寿险保费收入的关系分析显得相对比较重要。我们在总结前人研究的基础之上，首先通过相关性分析和 Granger 因果检验研究贵州省人口老龄化与寿险保费收入的关系，然后引入地区常住人口数、地区 GDP、受高等教育人数作为辅助对比变量，利用简单线性回归，在估计结果的基础上，分析老年抚养比对寿险保费收入的影响程度。通过分析，可以得出以下结论：

（1）研究结果表明，贵州省人口老龄化程度与寿险保费收入呈现出高度的正相关性，相关系数高达 0. 903。利用 Granger 因果检验，得出人口老龄化是寿险保费收入的 Granger 成因，而寿险保费收入不是人口老龄化的 Granger 成因的结论。

（2）贵州省人口老龄化对寿险保费收入的影响程度。从实证分析所得的回归方程系数来看，受高等教育人数>GDP>老年抚养比>常住人口数，表明贵州省老龄化程度对寿险保费收入的影响作用并不太大，甚至低于受高等教育人数和 GDP 两个比较变量，这可能反映出人们保险意识的增强和地区经济发展水平的提升更能推动寿险保费收入的增长，而老龄化是潜在的推动因素，并不是直接因素。

参考文献

[1] 中国人口与发展研究中心课题组编：《中国人口老龄化战略研究》，载《经济研究参考》，2011 年第 34 期，第 2–23 页。

[2] 贵州统计年鉴（2011），中国统计出版社，2011 年版。

[3] 肖周燕著：《理论老年抚养比与实际老年抚养比的偏差分析》，载《人口研究》，2004 年第 3 期，第 38–43 页。

[4] 杨舸，田澎，叶建华等著：《我国寿险需求影响因素的实证分析》，载《中国软科学》，2005 年第 3 期，第 50–54 页。

[5] 周海珍著：《保险业发展与促进经济增长的关系研究》，载《管理世界》，

2008 年第 11 期，第 170-171 页。
[6] 古丽斯坦著：《寿险保费收入与老龄化程度的关联效应研究》，载《统计与决策》，2014 年第 9 期，第 101-104 页。
[7] 李玉英，冯红红著：《我国寿险保费收入影响因素的研究》，载《中国证券期货》，2013 年第 2 期，第 168-170 页。
[8] 尹成远，赵桂玲，周稳海等著：《中国人身保险保费收入的实证分析与预测研究》，载《保险研究》，2008 第 1 期，第 48-52 页。

葡萄酒感官评价的 Kendall 协和系数可信度研究*

李广周　陈　荣　田应福
（贵州民族大学理学院　贵州　贵阳　550025）

1. 前言

由于非参数统计方法对母体没有要求，抽样方便，比较适用于等级资料，虽说比参数法降低了一些精度，但比人们以往所习惯的定性分析不知要好了多少。近来它得到了越来越广泛的应用是理所当然的。特别是现在教育系统进行的教师职称评定工作、其他行业的各种技术职称评定、教师对学生的评价（如“三好学生”的选拔）、运动会上裁判对体操运动员、跳水运动员的打分问题，还有各种歌评会上专家对演唱者的打分问题等等大量用到了一种不依赖于总体分布的非参数方法 kendall 协和系数 W 检验，Kendall 一致性检验法是研究 k 个评分者评价 n 个人或事物是否一致，或同一个人先后 k 次评价这 n 个人或 n 件事的一致程度的非参数方法。

然而葡萄酒质量是其外观、香气、风味、典型性的综合表现，评价葡萄酒质量的优劣通常使用的是感官评价。具体做法是聘请一批有资质的品酒员进行品评。每位评酒员在对葡萄酒进行品尝后对其分类指标打分，然

* 基金项目：贵州民族大学基金项目 2014：葡萄酒感官评价的 Kendall 协和系数可信度研究；数学建模及其应用创新人才团队，黔教科研发［2013］405 号。

后求得其总分，从而确定葡萄酒的质量。由于葡萄酒成分之间的复杂关系以及人为主观因素的影响，对葡萄酒质量的评价总会出现随机差异。如何度量两组评酒师感官评价的可信度，有学者通过计算克朗巴哈 α 系数度量感官评价的可信度，但红（白）葡萄酒原始数据并不一定来自同一正态总体，因此通过计算克朗巴哈 α 系数来度量评价的可信度不一定可靠，本文就此问题利用一种不依赖于总体分布的非参数方法 kendall 协和系数 W 检验来研究两组评酒员对葡萄酒的评价是否具有一致性，且比较两组评酒员对葡萄酒评价的可信度，从而对葡萄酒质量得出比较科学的结论。

2. 基本原理和方法

2.1 基本概念

在等级资料或非正态分布的数据中，研究人员经常对观察对象的不同类型的能力进行评分，观察不同能力之间的评分是否具有一致性，即为多样本相关数据的分析。可应用 Kendall 协和系数 W 检验（Kendall’ Scoefficient of concordance W ）的分析方法 $y^{(4)}$ 。该检验由 Kendall 和 Babington-Smith 在 1939 年提出。Kendall 和谐系数检验又称 Kendall W 检验，用于判断相关样本是否来自同一个总体，测量评估者之间评估结果的一致性程度。

资料类型及特点是设有 k 个评判员（区组），对 n 个观察对象或观察指标（处理组）进行评分。按照每个评判员的评分，对 n 个观察对象或观察指标的评分由小到大编排秩次，观察值可以为原始评分的数据，也可以是对原始数据编排的秩次 。

2.2 基本原理

假设有 k 个变量 $X_1X_2\cdots$，X_k，每个变量有 n 个观测值，设第 j 个变量 $X_j=(X_{1j}X_{2j}\cdots$，$X_{nj})$，检验假设问题：H_0：k 组秩次没有一致性 ；H_1：k 组秩次存在一致性。

记 R_{ij} 为 X_{ij} 在（$X_{1j}X_{2j}\cdots$，X_{nj}）的秩，在 H_0 成立下，各秩和应相差不大，

但在 H_1 下，由于各变量有一致性，因而存在某一行的秩和较大，也存在某一行的秩和很小，则在 H1 下，各行向量的秩和可能相差很大，如果记 $R_i = \sum_{j=1}^{k} R_{ij}$，$j = 1, 2, \cdots, k$，所有秩和 R.. = $\sum_{i=1}^{n}\sum_{j=1}^{k} R_{ij}$ = kn（n+1）/2，则可用统计量 $\sum_{i=1}^{k}(R_i - \frac{1}{k}\sum_{i=1}^{k} R_{i.})^2$，检验假设。因此，在零假设之下，有

$$SST = k^2(n^3 - n)/12, \qquad SSR = \sum_{j=1}^{k} R_j^2/k - kn(n+1)^2/4$$

2.2.1 评分者评定等级无相同等级时

当样本中没有结时，应选检验统计量 kendall 协和系数 W 计算公式为[1]：

$$W = \frac{SSR}{SST}\frac{12\sum_{j=1}^{k} R_j^2 - 3k^2n(n+1)^2}{k^2(n^3 - n)} \tag{1}$$

式中：k 是评判个数，n 是观察对象或观察指标个数，R_j 是分配给第 j 个观察对象的秩次的合计。

$$SST = k^2(n^3 - n)/12, \qquad SSR = \sum_{j=1}^{k} R_j^2/k - kn(n+1)^2/4$$

而关于 kendall 协和系数检验 W 的零分布表可以通过下列 $R^2\beta_1$ 公式简单推导得到：

$$\chi^2 = \frac{SSR}{\mathrm{var}(R_{ij})} = \frac{\sum R_i^2 - k^2n(n+1)^2/4}{kn(n+1)/2}$$

由 kendall 协和系数检验统计 W 与 x^2 有以下关系：

$$W = \frac{SSR}{SST} = \frac{12\sum_{j=1}^{k} R_j^2 - 3k^2n(n+1)^2}{k^2(N^3 - n)} = \frac{1}{k(n-1)}$$

$$\frac{\sum R_i^2 - k^2n(n+1)^2/4}{kn(n+1)/12} = \frac{1}{k(n-1)}\chi^2$$

因此，kendall 指出，对于固定的 n，当 k→∞ 时，$k(n-1) \to \chi_{n-1}^2$ 这样，对于较大的 k，就可以用极限分布进行检验。

2.2.2 评分者评定等级有相同等级时

若出现 2 个或更多个相同数据时，即当样本中有结时，用平均秩方法

定秩，记号不变，此时公式（1）中 W 的分母被替换为下式：$k^2(n^3-n)-k\sum T$，即校正的 W_C 公式为：

$$W_c=\frac{12\sum R_{i.}^2-3k^2n(n+1)^2}{k^2(n^3-n)-k\sum T}$$ 式中，$\sum T=\sum^{g}(\tau_i^3-\tau_i)$，$\tau_i$ 为结长，g 为结的个数。

2.3 判断原则

（1）当观察的各组秩次接近一致时，秩和方差值倾向于更大，而当秩和方差值较大时，w 值也越大，越接近于 1。

（2）当观察的各组秩次不一致时，秩和方差值倾向于更小。当秩和方差值较小时，w 值也越小，越接近于 0。W∈［0，1］当 w 值充分大时，结果将导致拒绝没有一致性的无效假设。

（3）当 k 和 n 较小时，可以根据 k、n 和 w 值，查 Kendall 协调系数 w 值表，判断结论。

（4）如果 k、n 值超出 Kendall 协调系数 w 值表，则应用大样本近似法计算卡方值，并根据自由度 v=k 一 1，查阅卡方界值表作出判断和结论，Kendall 推荐当 k>7 时，卡方值计算公式为 $\chi^2=k(n-1)w$[4]。

2.4 可信度分析

由于两组评酒员对不同酒类存在意见上的差异，　故需进一步确认哪组评价更加可信．　kendall 协和系数 W 检验是一种不依赖于总体分布的非参数检验方法，其基本原理是由 k 个评判员对 n 个观察对象或观察指标进行评分，然后检验 k 个评判员的评价结果是否具有一致性，W 值 W∈［0，1］越大评价结果越显示一致性，即相应评价组的检验统计量 W 越大，越接近于 1，则该组的可信度更高，反之，相应评价组的检验统计量 W 越小，越接近于 0，则该组的可信度更低。

3. 实例分析

例：本文数据来源于某年高教社杯全国大学生数学建模关于葡萄酒数

据，该数据分别是两组品酒专家分别对红葡萄酒与白葡萄酒进行品尝后对其分类指标打分，然后求和得到其总分，从而确定葡萄酒的质量。本例采用 kendall 协和系数 W 检验探讨两组品酒师哪一组打分评判结果可信度更高？

第一组品酒专家对红酒打分数据如下表 1 左：第二组品酒专家对红酒打分数据如下表 1 右

	x1	x2	x3	x4	x5	x6	x7	x8	x9	x10		x1	x2	x3	x4	x5	x6	x7	x8	x9	x10
1	51	66	49	54	77	61	72	61	74	62	1	68	71	80	52	53	76	71	73	70	67
2	71	81	86	74	91	80	83	79	85	73	2	75	76	76	71	68	74	83	73	73	71
3	80	85	89	76	69	89	73	83	84	76	3	82	69	80	78	63	75	72	77	74	76
4	52	64	65	66	58	82	76	63	83	77	4	75	79	73	72	60	77	73	73	60	70
5	74	74	72	62	84	63	68	84	81	71	5	66	68	77	75	76	73	72	72	74	68
6	72	69	71	61	82	69	69	64	81	84	6	65	67	75	61	58	66	70	67	67	67
7	63	70	76	64	59	84	72	59	84	84	7	68	65	68	65	47	70	57	74	72	67
8	64	76	65	65	76	72	69	85	75	76	8	71	70	78	51	62	69	73	59	68	59
9	77	78	76	82	85	90	76	92	80	79	9	81	83	85	76	69	80	83	77	75	73
10	67	82	83	68	75	73	75	68	76	75	10	67	73	82	62	63	66	66	72	65	72
11	73	60	72	63	63	71	70	66	90	73	11	64	61	67	62	50	66	64	51	67	64
12	54	42	40	55	53	60	47	61	58	69	12	67	68	75	58	63	73	67	72	69	71
13	69	84	79	59	73	77	77	76	75	77	13	74	64	68	65	70	67	70	76	69	65
14	70	77	70	70	80	59	76	76	76	76	14	71	71	78	64	67	76	74	80	73	72
15	69	50	50	58	51	50	56	60	67	76	15	62	60	73	54	59	71	71	70	68	69
16	72	80	80	71	69	71	80	74	78	74	16	71	65	78	70	64	73	66	75	68	69
17	70	79	91	68	97	82	69	80	81	76	17	72	73	75	74	75	77	79	76	76	68
18	63	65	49	55	52	57	62	58	70	68	18	67	65	80	55	62	64	62	74	60	65
19	76	84	84	66	68	87	80	78	82	81	19	72	65	82	61	64	81	76	80	74	71
20	78	84	76	68	82	79	76	76	86	81	20	80	75	80	66	70	84	79	83	71	70
21	73	90	96	71	69	60	79	73	86	74	21	80	72	75	72	62	77	63	70	73	78

续表

	x1	x2	x3	x4	x5	x6	x7	x8	x9	x10		x1	x2	x3	x4	x5	x6	x7	x8	x9	x10
22	73	83	72	68	93	72	75	77	79	80	22	77	79	75	62	68	69	73	71	69	73
23	83	85	86	80	95	93	81	91	84	78	23	79	77	80	83	67	79	80	71	81	74
24	70	85	90	68	90	84	70	75	78	70	24	66	69	72	73	73	68	72	76	76	70
25	60	78	81	62	70	67	64	62	81	67	25	68	68	84	62	60	66	69	73	66	66
26	73	80	71	61	78	71	72	76	79	77	26	68	67	83	64	73	74	77	78	63	73
27	70	80	63	64	80	76	73	67	85	75	27	71	64	72	71	69	71	82	73	73	69

3.1　建立检验假设

H0：10 名品酒员对 27 种红葡萄酒样本评分没有存在一致性；H1：10 名品酒员对 27 种红葡萄酒样本评分存在一致性。

3.2　计算检验统计量 W

通过 R 程序运行得知这两组红葡萄酒评价数据秩是有结的，应选用校正公式：

$$W_c = \frac{12\sum R_{i.}^2 - 3k^2n(n+1)^2}{k^2(n^3-n) - k\sum T}$$

3.3　确定 W、P 值，推断结论

红葡萄酒	W（kendall 协和系数）	Ka（χ^2）	P（对应的 P 值）
第一组检验结果	0.5156905	134.0795	1.110223e-16
第一组检验结果	0.455437	118.4136	9.35918e-14

通过上表比较 W_1 与 W_2，P_1 与 P_2 可知：kendall 协和系数检验统计量 $W_1=0.5156905$ 大于 $W_2=0.455437$，$P_1=1.110223e-16$ 小于 $P_2=9.35918e-14$，因此得知 P 值均小于 0.05，且 P_1 小于 P_2，则在 $\partial=0.05$ 水准上拒绝 H_0，接受 H_1。

3.4 可信度评价

通过上表比较 W_1 与 W_2，P_1 与 P_2 可知：*kendall* 协和系数检验统计量 $W_1=0.5156905$ 大于 $W_2=0.455437$，$P_1=1.110223e-16$ 小于 $P_2=9.35918e-14$，因此得知 P 值均小于 0.05，且 P_1 小于 P_2，则在 $\partial=0.05$ 水准上拒绝 H0，接受 H1，也就是说第一组评价的信息量更充分一些，即，可以认为 10 位资质的品酒员对 27 种红葡萄酒样品评分是相关的，呈现出一致性评价，且第一组品酒师对红葡萄酒的打分评价比第二组品酒师的打分评价可信度更高。

同理，两组品酒员对两组白葡萄酒评价的实验结果如下（说明：由于该数据所占篇幅比较大，故两组白葡萄酒原始数据在此省略![7]）

白葡萄酒	W（kendall 协和系数）	Ka（χ^2）	P（对应的 P 值）
第一组检验结果	0.3386162	91.42636	6.289177e-09
第一组检验结果	0.2303109	62.18394	0.0001354826

通过上表比较 W_1 与 W_2，P_1 与 P_2 可知：kendall 协和系数检验统计量 $W_1=0.3386162$ 大于 $W_2=0.2303109$，$P_1=6.289177e-09$ 小于 $P_2=0.0001354826$，因此得知 P 值均小于 0.05，且 P_1 小于 P_2，则在 $\partial=0.05$ 水准上拒绝 H0，接受 H1，也就是说第一组白葡萄酒品酒师的打分评价的信息量更充分一些，即，可以认为 10 位资质的品酒员对 28 种白葡萄酒样品评分是相关的，也呈现出一致性评价，且第一组品酒师对白葡萄酒的打分评价比第二组品酒师的打分评价可信度更高。

综上所述：两组评酒专家对红（白）葡萄酒均通过 kendall 协和系数 W 检验，都呈现出高度一致性程度，比较 kendall 协和系数可知，第一组评酒专家的评分检验均大于第二组，因此葡萄酒感官评价的 kendall 协和系数可信度研究得出：第一组品酒专家无论对白葡萄酒还是红葡萄酒的评价都呈现出更高的可信度，颠覆了有些学者用克朗巴哈 α 系数度量评价的可信度得出的结论。

4. 小结

在葡萄酒的感官评价中，由于品酒员间存在评价尺度，评价方向等人为因素，导致不同评酒员对同一酒样评价的差异，对于两组评酒员的感官评价的可信度的判别，有学者用克朗巴哈 α 系数度量评价的可信度，而这种方法是依赖于总体分布的方法，关于葡萄酒数据并不一定来自同一正太分布，所以我们运用了一种不依赖于总体分布的非参数检验方法 Kendall 协调系数 W 检验。通过实验结果显示：第一组品酒专家无论对白葡萄酒还是红葡萄酒的评价都呈现出更高的可信度，颠覆了有些学者用克朗巴哈 α 系数度量评价的可信度得出的第二组更可信这一结果，从而得出更科学的评价结论。

参考文献

[1] 王星著：《非参数统计》，中国人民大学出版社，2005 年版。
[2] 王静龙，梁小筠编著：《非参数统计分析》，高等教育出版社，2006 年版。
[3] 吴喜之著：《非参数统计》，中国统计出版社，1999 年版。
[4] 程琮，刘一志，王如德著：《Kendall 协调系数检验及其 SPSS 实现》，载《泰山医学院学报》，2010 年第 7 期，第 487—490 页。
[5] 苏玉华，韦师著：《葡萄酒感官评价的差异性及可信度研究》，载《学苑论坛》，2013 年第 1 期，第 254—255 页。
[6] 刘洋洋，薛凌云著：《葡萄酒评价结果差异性及可信度分析方法研究》，载《学术论坛》，2012 年第 21 期，第 180—182 页，第 201 页。
[7] 2012 年全国大学生数学建模竞赛 A 题数据，http：//www. mcm. edu. cn/problem/2012/cumcm2012problems. rar 2012. 9. 8

大学本科基础课和专业课关系的典型相关分析*

陈 莉 杨再运 黄介武
（贵州民族大学理学院 贵州 贵阳 550025）

1. 引言

大学本科学习阶段的课程一般分为公共课、基础课和专业课，对于公共课而言，理工科开设的大同小异，但每个专业的基础课和专业课是不尽相同的。一般而言，基础课同专业课之间有一定的相关关系，学好基础课对于学好专业课具有促进作用，虽然利用相关分析法[2]，可以对大学某一门基础课和某一门专业课的关系进行分析，但相关分析是点对点的分析，只能给出具体的某门基础课和某门专业课之间线性关系的大小，不能从总体上说明基础课和专业课之间的关系。典型相关分析[3-4]（1936 年由 Hotelling 开始论述）是研究两组变量之间的相互线性依赖关系。佟磊、姚俭[5]用典型相关分析法对大学基础课和专业课的关系进行分析，验证学好基础课对于专业课的学习有促进作用这一广泛认同的观点，并且找出基础课中相对来说比较重要的课程。本文同样将典型相关分析应用到大学本科基础课和专业课之间关系分析中，得到了同样的结论，进一步说明典型相

* 项目基金：贵州民族大学 2014 校级科研基金：基于广义线性模型的车险分类费率厘定；数学建模及其应用创新人才团队，黔教科研发［2013］405 号。

关分析应用到大学本科基础课与专业课之间关系分析是适用的。

2. 典型相关分析

典型相关分析其基本思想是分别在两组变量（即两个随机向量的各个分量）中选择若干有代表性的综合变量 x_1，x_2，……，x_p 和 y_1，y_2，……，y_q，，每一综合变量都为这组变量的一个线性组合 $u = a_1x_1 + a_2x_2 + \cdots + a_px_p$ 和 $v = b_1y_1 + b_2y_2 + \cdots b_qy_q$，而且综合变量 u 和 v 之间是相互相关的，称这种综合变量为典型相关变量。然后通过对这一组典型相关变量的相关关系的研究，代替原来两组变量之间相关关系的研究。事实上，只需着重研究相关系数较大的那几对典型相关变量。

设 $x = (x_1, x_2, \cdots, x_p)'$ 和 $y = (y_1, y_2, \cdots y_q)'$ 是两组变量，且 $\mathrm{cov}(x) = \sum_{11}(>0)$，$\mathrm{cov}(y) = \sum_{22}(>0)$，$\mathrm{cov}(x, y) = \sum_{12}$，即有

$$\mathrm{cov}\begin{bmatrix} x \\ y \end{bmatrix} = \begin{bmatrix} \Sigma_{11} & \Sigma_{12} \\ \Sigma_{21} & \sum_{22} \end{bmatrix}$$

其中 $\Sigma_2 1 = \Sigma_{12}$.

典型相关分析研究的是 x 的线性函数 $u = a'x$ 与 y 的线性函数 $v = b'y$ 之间的相关关系，其中 $a = (a_1, a_2, \cdots, a_p)'$，$b = (b_1, b_2, \cdots, b_q)'$，$u$ 与 v 的相关系数 $\rho(u, v) = \dfrac{a'\sum'_{12}b}{\sqrt{a'\sum_{11}a}\sqrt{b'\sum_{22}b}}$ (1)

常常限定 u 与 v 为标准化的变量，即附加约束条件 $a'\sum_{22}b = 1$(2) 于是，问题化为在约束（2）下，求 $a \in R^p$，$b \in R^q$，使得 $\rho(u, v) = a'\sum_{12}b$ 达到最大。经理论推导 a_1，a_2，……，a_m 为 $\sum_{11}^{-1}\sum_{12}\sum_{22}^{-1}\sum_{21}$ 相应于 ρ_1^2，ρ_2^2，…，ρ_m^2 的特征向量；b_1，b_2，…，b_m 为 $\sum_{21}^{-1}\sum_{11}^{-1}\sum_{12}$ 相应于 ρ_1^2，ρ_2^2，…，ρ_m^2 的特征向量。当取 $a = a_k$，$b = b_k$ 时可以验证 $a'\sum_{12}b_k = a'_k\sum_{12}b_k = \rho_k$，这时 $\rho(u_k, v_k)$ 达到最大值 ρ_k，称它为第 k 个典型相关系数，称 a_k，b_k 为第 k 对典型系数。

在实际应用中，总体协方差阵 H 一般是未知的，必须根据样本数据对 $\sum = \begin{bmatrix} \Sigma_{11} & \Sigma_{12} \\ \Sigma_{21} & \Sigma_{22} \end{bmatrix}$ 一般是未知的，必须根据样本数据对 Σ 进行估计，设 $\begin{bmatrix} x_i \\ y_i \end{bmatrix}$ $(i = 1, 2, \cdots, n)$ 是来自正态总体 $N_{p+q}(\mu, \sum)$ 的容量为 n 的样本，则总体协方差的极大似然估计为：

$$\hat{\Sigma} = A = \frac{1}{n}\begin{bmatrix} A_{11} & A_{12} \\ A_{21} & A_{22} \end{bmatrix}$$

其中：

$$A_{11} = \sum_{i=1}^{n}(x_i - \bar{x})(x_i - \bar{x})', \quad A_{22} = \sum_{i=1}^{n}(y_i - \bar{y})(y_i - \bar{y})',$$

$$A_{12} = \sum_{i=1}^{n}(x_i - \bar{x})(y_i - \bar{y})' = A'_{21}$$

A 可用来作为 Σ 的估计，当 $n > p + q$ 时，在正态情况下，$P(\hat{\Sigma} > 0) = 1$，且由 Σ 所定义的 $\Sigma_{11}^{-1}\Sigma_{12}\Sigma_{22}^{-1}\Sigma_{21}$ 和 $\Sigma_{22}^{-1}\Sigma_{21}\Sigma_{11}^{-1}\Sigma_{12}$ 的非零特征根一概率为 1 互不相同，故由极大似然估计的性质得，$\hat{\Sigma}$ 所产生的 $\hat{\Sigma}_{11}^{-1}\hat{\Sigma}_{12}\hat{\Sigma}_{22}^{-1}\hat{\Sigma}_{21} = A_{11}^{-1}A_{12}A_{22}^{-1}A_{21}$ 是 $\sum_{11}^{-1}\sum_{12}\sum_{22}^{-1}\sum_{21}$ 的极大似然估计。$A_{22}^{-1}A_{21}A_{11}^{-1}A_{12}$ 是 $\sum_{22}^{-1}\sum_{21}\sum_{11}^{-1}\sum_{12}$ 的极大似然估计。$A_{11}^{-1}A_{12}A_{22}^{-1}A_{21}$ 和 $A_{22}^{-1}A_{21}A_{11}^{-1}A_{12}$ 的非零特征根 $\hat{\lambda}_1^2 \geq \hat{\lambda}_2^2 \geq \cdots \geq \hat{\lambda}_k^2 (k = rank(A))$ 是 λ_1^2，λ_2^2，$\hat{}\cdots$，λ_k^2 的极大似然估计，相应的特征向量 $\hat{a}$，…，$\hat{a}_k$ 为 $\hat{b}_1$，…，$\hat{b}_k$ 是 b_1，…，b_k 的极大似然估计，$\hat{b}_1$，…，$\hat{b}_k$ 的极大似然估计。所以平行于总体的讨论，$\hat{\lambda}_1$，…，$\hat{\lambda}_p$ 称为样本的典型相关系数，$(\hat{a}'_1x, \hat{b}'_1y)$，…，$(\hat{a}'_kx, \hat{b}'_ky)$ 称为样本的典型相关变量。典型相关的显著性检验可以用巴特莱特（Bbrtlett）提出的大样本 χ^2 检验来完成。

如果随机向量 x 和 y 之间不相关，则协方差矩阵 $\sum_{12}$ 仅包含零，因而典型相关系数 $\lambda_i = a'_i\sum_{12}b_i$ 都变为零。

这样，检验典型相关系数的显著性问题即变为进行如下检验：

$$H_0: \lambda_1 = 0 \qquad H_1: \lambda_1 \neq 0$$

求出 $\Sigma_{11}^{-1}\Sigma_{12}\Sigma_{22}^{-1}\Sigma_{21}$ 的 p 个特征根，并按大小顺序排列：

$$\lambda_1^2 \geq \lambda_2^2 \geq \cdots \geq \lambda_p^2$$

作乘积：　$$\Lambda_1 = (1-\lambda_1^2)(1-\lambda_2^2)\cdots(1-\lambda_p^2) = \prod_{i=1}^{p}(1-\lambda_i^2)$$

则对于大的 n（这里要求 $n > \frac{p+q+1}{2} + k$，k 为非零特征根个数），则拒绝原假设 H_0，说明至少有第一对典型变量显著相关，或说相关性系数 λ_1 在显著性水平 α 下是显著的。

在去掉第一典型相关系数后，继续检验余下的 $p-1$ 个典型相关系数的显著性，更一般地，若前 $j-1$ 个典型相关系数在水平为 α 下是显著的，则当检验第 j 个典型相关系数的显著性时，计算

$$\Lambda_j = (1-\lambda_j^2)(1-\lambda_{j+1}^2)\cdots(1-\lambda_p^2) = \prod_{i=j}^{p}(1-\lambda_i^2)$$

并计算统计量　$$Q_j = -\left[n - j - \frac{1}{2}(p+q+1)\right]\ln\Lambda_j$$

则 Q_j 服从自由度为 $(p-j+1)(q-j+1)$ 的 χ^2 分布。在检验水平 α 下，若 $Q_j > \chi_\alpha^2[(p-j+1)(q-j+1)]$，则拒绝 H_0，即认为第 j 个典型相关系数在显著性水平 α 下是显著的。

3. 实证研究

下面通过某某大学理学院 2009 级信息与计算科学专业的学生课程成绩为样本，样本容量 n=47（数据见附表）此专业在该学校属数学相关专业，所以在学校开设课程中选取具有代表性的基础课和专业课如下，基础课有 x_1（数学分析），x_2（高等代数），x_3（概率论），x_4（常微分方程），x_5（复变函数），专业课有 y_1（离散数学），y_2（数值分析），y_3（近世代数），y_4（实变函数），y_5（数学模型），y_6（数理统计），y_7（数学实验），应用典型相关分析对其进行分析，记：

$$x = (x_1, x_2, x_3, x_4, x_5)', y = (y_1, y_2, y_3, y_4, y_5, y_6, y_7)'。$$

将以上数据输入 SAS 软件进行计算，将输出结果整理得到以下结果。

3.1 样本相关性

各门基础课，专业课以及基础课与专业课之间的相关性如表 1～表 3，从表 1 可以看出：x_1 与 x_2，x_3，x_4，x_5 之间均有较高的相关系数，说明这几门基础课成绩都对专业课成绩有影响。y_1 与 y_6，y_2 与 y_3, y_4，y_6，y_3 与 y_6，y_4 与 y_5，y_7 之间有较高的相关系数，它们可以反映专业课成绩的情况。在基础课与专业课的相关关系中，可以看到 5 门基础课与 y_1，y_2，y_3，y_6 4 个指标间的相关系数较大，说明几门基础课成绩对专业课中 y_1（离散数学），y_2（数值分析），y_3（近世代数），y_6（数理统计）促进作用。

表 1　基础课内部相关系数矩阵

	x1	x2	x3	x4	x5
x1	1.0000	0.9109	0.7702	0.5886	0.6543
x2	0.9109	1.0000	0.7596	0.5860	0.5897
x3	0.7702	0.7596	1.0000	0.7232	0.6966
x4	0.5886	0.5860	0.7232	1.0000	0.7381
x5	0.6543	0.5897	0.6966	0.7381	1.0000

表 2　专业课内部相关系数矩阵

	y1	y2	y3	y4	y5	y6	y7
y1	1.0000	0.4728	0.4975	0.3670	0.3506	0.6284	0.3534
y2	0.4728	1.0000	0.7190	0.5060	0.3674	0.6167	0.3954
y3	0.4975	0.7190	1.0000	0.4221	0.4487	0.7631	0.4031
y4	0.3670	0.5060	0.4221	1.0000	0.6281	0.4007	0.5138
y5	0.3506	0.3674	0.4487	0.6281	1.0000	0.4813	0.3402
y6	0.6284	0.6167	0.7631	0.4007	0.4813	1.0000	0.3050
y7	0.3534	0.3954	0.4031	0.5138	0.3402	0.3050	1.0000

表 3 基础课与专业课之间相关系数矩阵

	y1	y2	y3	y4	y5	y6	y7
x1	0. 6115	0. 6766	0. 6948	0. 5393	0. 4026	0. 5856	0. 4239
x2	0. 6043	0. 6199	0. 6789	0. 5405	0. 4232	0. 6062	0. 3881
x3	0. 6345	0. 7395	0. 7490	0. 6163	0. 4302	0. 7125	0. 4135
x4	0. 6227	0. 5655	0. 7161	0. 3737	0. 3700	0. 7934	0. 2014
x5	0. 5036	0. 5023	0. 6646	0. 4541	0. 3656	0. 6765	0. 3866

3. 2 典型相关系数及检验

由表 4 中数据可知，基础课和专业课公提取了 5 对典型相关变量，其典型相关系数分别是 0. 918415，0. 551389，0. 377034，0. 213292 和 0. 140631，特征值与典型相关系数的关系是：特征值 = （典型相关系数^2）/（1-典型相关系数^2）由该检验认为，只有第一个典型相关系数在 $\alpha = 0.05$ 的显著性水平上是显著的（sig<0. 05），因此，两组变量相关性的研究可以转化为研究第一对典型变量相关性。

表 4 典型相关系数与检验值

典型变量数	典型相关系数	特征值	F value	DF	sig
1	0. 918415	5. 3892	3. 86	35	<0. 0001
2	0. 551389	0. 4368	0. 96	24	0. 5229
3	0. 377034	0. 1657	0. 57	15	0. 8939
4	0. 377034	0. 0477	0. 32	8	0. 9556
5	0. 213292	0. 0202	0. 26	3	0. 8521

3. 3 典型相关模型

典型相关系数是原始变量转化为典型变式的权数，所反映的是组内变量在形成典型函数时的相对作用。本文原始变量的计量单位是相同的，所以采取标准化的或非标准化的典型系数，结果是一样的。

第一对典型变量的线性组合是：

$V_1 = 0.1775x_1 + 0.1106x_2 + 0.4560x_3 + 0.3699x_4 + 0.0033x_5$

$W_1 = 0.3041y_1 + 0.1549y_2 + 0.4047y_3 + 0.2927y_4 - 0.1190y_5 + 0.2346y_6 - 0.0999y_7$ 在这对典型变量 V_1 和 W_1 中，V_1 是基础课的线性组合。可以看出，V_1 主要代表 x_1（数学分析），x_3（概率论），x_4（常微分方程），W_1 是专业课的线性组合，W_1 主要代表 y_1（离散数学），y_2（数值分析），y_3（近世代数），y_4（实变函数），y_6（数理统计）。这说明离散数学，数值分析，近世代数，实变函数，数理统计与数学分析，概率论，常微分方程有密切关系，离散数学，数值分析，近世代数，实变函数，数理统计几门专业课的成绩受到数学分析，概率论，常微分方程 3 门基础课成绩的显著影响。

3.4 典型结构分析

典型结构分析依据原始变量与典型变量之间的相关系数值，反映原始变量对典型变量的影响程度和方向。典型结构分析的计算结果如表 5 所示。

表 5 典型结构分析

	V1	V2	V3	V4	V5
x1	0.8494	−0.3356	−0.0211	−0.4056	−0.0309
x2	0.8374	−0.1941	0.0615	−0.3618	0.3555
x3	0.9466	−0.1965	0.0850	0.2394	0.0285
x4	0.8715	0.4597	−0.1176	0.0090	−0.1238
x5	0.7754	0.1856	0.5018	−0.1461	−0.3019
	W1	W2	W3	W4	W5
x1	0.7801	−0.1850	−0.0080	−0.0865	−0.0044
x2	0.7691	−0.1070	0.0232	−0.0772	0.0500
x3	0.8694	−0.1084	0.0320	0.0511	0.0040
x4	0.8004	0.2535	−0.0443	0.0019	−0.0174
x5	0.7121	0.1023	0.1892	−0.0312	−0.0425
	W1	W2	W3	W4	W5
y1	0.7587	0.0345	−0.2255	−0.2875	0.1515
y2	0.8022	−0.3585	−0.2004	0.2124	−0.2888

续表

	V1	V2	V3	V4	V5
y3	0. 8788	0. 0542	0. 0930	−0. 2205	−0. 2065
y4	0. 6275	−0. 4068	0. 4013	0. 2348	0. 4643
y5	0. 4927	−0. 0336	0. 1699	−0. 1776	0. 4596
y6	0. 8620	0. 4164	0. 0976	0. 1103	−0. 1178
y7	0. 4165	−0. 4302	0. 6064	−0. 2664	−0. 2588
	V1	V2	V3	V4	V5
y1	0. 6968	0. 0190	−0. 0850	−0. 0613	0. 0213
y2	0. 7368	−0. 1976	−0. 0755	0. 0453	−0. 0406
y3	0. 8071	0. 0299	0. 0350	−0. 0470	−0. 0290
y4	0. 5763	−0. 2243	0. 1513	0. 0501	0. 0653
y5	0. 4525	−0. 0185	0. 0641	−0. 0379	0. 0646
y6	0. 7917	0. 2296	0. 0368	0. 0235	−0. 0166
y7	0. 3825	−0. 2372	0. 2287	−0. 0568	−0. 0364

在原始变量与它的典型变量的相关关系（典型载荷）中，总体而言，基础课的变量与第一典型变量有很强的相关关系（相关系数均在 0. 7 以上），说明这个典型变量能反映基础课成绩的大部分信息，专业课的第一个典型变量与 y_1（离散数学），y_2（数值分析），y_3（近世代数），y_4（实变函数），y_6（数理统计）有较大的相关关系，说明这个典型变量能反应专业课中离散数学，数值分析，近世代数，实变函数，数理统计几门课程的大部分信息。在原始变量与另一组原始变量的典型变量的相关关系（典型交叉载荷）的分析结果中，各基础课成绩均与专业课成绩第一典型变量的相关性较强，这也说明基础课成绩对专业课成绩有较大的影响，对离散数学，数值分析，近世代数，实变函数，数理统计几门课程解释能力强，y_1（离散数学），y_2（数值分析），y_3（近世代数），y_4（实变函数），y_6（数理统计）与专业课的第一典型变量有较强的相关性，说明这几门专业课成绩受基础课成绩的影响显著。

3.5 典型冗余分析与解释能力

第一典型冗余表示一变量组的方差被其自身典型变量解释的百分比，第二典型冗余表示一变量组的方差被对方典型变量解释的平均比例。典型相关系数的平方表示两组典型变量间享有的共同变异的百分比，可以进一步分解为各自的解释能力。

表6 典型变量的解释能力

典型变量	第一典型冗余	典型相关系数的平方	第二典型冗余
V1	0.7359	0.8435	0.6207
W1	0.5063	0.8435	0.4271

从表6可以看出典型函数可以解释的变量方差比例，第一典型变量 V_1 可以解释组内变差的73.59%，并解释另一组（专业课指标）变差的62.07%；典型变量 W_1 可以解释组内变差的50.63%，并解释另一组（基础课指标）变差的42.71%，可见，第一对典型变量都能较全面的预测另一组变量。同时说明基础课与专业课不仅能够被其自身的典型变量解释，同时也能被其对应的典型变量所解释。尤其是第一对典型相关变量具有较高的解释百分比（84.35%），说明基础课成绩对专业课成绩有显著影响，也进一步说明两组变量相关性的研究转化为研究第一对典型变量相关性是合适的。

4. 结论

通过研究本文得出以下结论：基础课成绩与专业课成绩之间具有相关性，且相关性显著，基础课成绩中 x_1（数学分析），x_3（概率论），x_4（常微分方程）对专业课中的 y_1（离散数学），y_2（数值分析），y_3（近世代数），y_4（实变函数），y_6（数理统计）影响显著，而对专业课中其余两门 y_5（数学模型），y_7（数学实验）影响不显著，其余两门基础课 x_2（高等代数），x_5（复变函数）对专业课成绩影响不显著，也证实了学好基础课对专业课成绩有促进作用，典型相关分析从总体上说明了基础课和专业课之间的关系，因此本文结论可对高校开设基础课与专业课提供一定的参考性。

参考文献

[1] 何晓群著：《多元统计分析》，中国人民大学出版社，2004 年版。

[2] 刘宏亮、伊广丽著：《大学本科基础课和专业课关系的相关分析法研究》，载《科教文化》，2008 年。

[3] 谢琼，王雅鹏著：《从典型相关分析洞悉我国粮食综合生产能力》，载《 数理统计与管理》，2009 年第 6 期，第 1108-1114 页。

[4] 于明洁，郭鹏著：《基于典型相关分析的区域创新系统投入与产出关系研究》，载《科学学与科学技术管理》，2012 年第 6 期。

[5] 佟磊，姚俭著：《大学本科基础课和专业课关系的典型相关分析法研究》，载《上海理工大学学报》，2003 年第 2 期。

ARIMA 模型在贵州省 GDP 预测中的应用*

蒲虎　吴兴玲　金良琼
（贵州民族大学理学院 贵州 贵阳 550025）

1. 引言

随着经济日渐成为人们生活的焦点，经济领域的一个重要指标—GDP（国内生产总值）越来越受到社会的关注。GDP 是按市场价格计算的国内生产总值的简称，是指一个国家（或地区）所有常住单位在一定时期内生产活动的最终成果。GDP 是宏观经济中最受关注的经济统计数字，是目前各个国家和地区用来衡量该国或地区的经济发展综合水平通用的指标，同时也是政府制定经济发展战略和经济政策的重要依据[1]。但国内生产总值变化往往受许多因素的影响，例如，经济基础、人口增长、资源、科技等诸多因素的影响，且这些因素之间有着错综复杂的关系。特别是当前，我国改革进入以政府转型为重点的新阶段，影响经济发展的问题更复杂、更深刻[2]。因此，运用传统方法建立的模型来进行分析和预测 GDP 是较为困难的。本文试图利用 ARIMA 模型对贵州省 GDP 进行分析和建模，以期探析贵州省 GDP 的增长变化规律，为贵州制定经济发展目标和经济政策提供

* 基金项目：2014 年贵州民族大学校级课题“PM2.5 污染特征分析及控制对策的研究”；数学建模及其应用创新人才团队，黔教科研发［2013］405 号。

有利参考。

2. ARIMA 模型介绍

ARIMA 模型又称博克斯詹金斯模型（The Box-Jenkins Model），简称 B-J 模型，它是以美国统计学家 Geogre E. P. Box 和英国统计学家 Gunlym M. Jenkins 的名字命名的一种时间序列预测方法[3]。包括自回归（AR）模型、移动平均（MA）模型以及自回归求积移动平均（ARIMA）模型，其中 AR 和 MA 是 ARIMA 的特例[4]。该方法用数学模型近似描述预测对象随时间推移而形成时间序列，是一种动态的数学模型。模型一旦被识别后就可以从时间序列的过去值及现在值来预测未来值。

2.1 ARIMA 模型的形式[2]-[5]

ARMA（p，q）模型拟合的时间序列必须是平稳的，对于非平稳的时间序列，通过多次差分将其转化为平稳的时间序列。考虑序列 y_t，若 ARIMA 模型通过 d 次差分后变为平稳序列，即

$$u_t = \Delta^d y_t = (1 - B)^d y_t \tag{1}$$

$y_t \sim I(d)$，则 u_t 为平稳序列，即 $u_t \sim I(0)$，于是可建立 ARMA（p，q）模型：

$$u_t = c + \phi_1 u_{t-1} + \cdots + \phi_p u_{t-p} + \varepsilon_t + \theta_1 \varepsilon_{t-1} + \cdots + \theta_q \varepsilon_{t-q} \tag{2}$$

经过 d 阶差分后的 ARMA（p，q）模型称为 ARIMA（p，d，q）模型（Autoregressive Integreated Moving Average Model），其中 p 为自回归模型的阶数，q 为移动平均的阶数，ε_t 为一个白噪声过程。

2.2 建立 ARIMA 模型的一般步骤

a. 根据原始数据，做出时间序列的散点图，观察其方差、趋势及其季节性变化规律以及 ADF 单位根检验等，来判断该序列是否平稳；

b. 对原始数据进行平稳化处理：①若原始数据序列存在异方差，则原始数据要进行对数转换或者开方处理，得到一个新数据；②若新数据是非平稳（用 ADF 单位根检验），则需对新数据进行差分处理，但不要过差

分，实际应用中不超过 2 阶差分，直到处理后的数据的自相关函数值和偏相关函数值无显著地异于零[6]；

c. 根据时间序列模型的识别规则，建立相应的模型：①若平稳时间序列的偏相关函数是 p 阶截尾的，而自相关函数是拖尾的，则可断定此序列适合 AR（p）模型；②若平稳时间序列的偏相关函数是拖尾的，而自相关函数是 q 阶截尾的，则可断定此序列适合 MA（q）模型；③若平稳时间序列的偏相关函数和自相关函数均是拖尾的，则此序列适合 ARMA（p，q）模型[6]；

d. 进行参数估计，即是估计暂定的模型参数，检验是否具有统计意义；

e. 进行假设检验，诊断残差序列是否为白噪声；

f. 利用通过检验的模型进行预测分析。

3. ARIMA 模型的应用

3.1 数据来源与处理及平稳检验

1978—2012 年数据来源于贵州省地区生产总值[7]，2013 年数据来源于《中华人民共和国国家统计局》统计数据 $X_{it}=(x_{it}^{(1)}, x_{it}^{(2)}, x_{it}^{(3)}, x_{it}^{(4)})$，整理可得如下表（表 1）：

表 1　1978—2012 年贵州省 GDP 统计表（百万元）

年份	GDP	年份	GDP	年份	GDP	年份	GDP
1978	4662	1987	16550	1996	72318	2005	200542
1979	5528	1988	21179	1997	80579	2006	233898
1980	6026	1989	23584	1998	85839	2007	288411
1981	6789	1990	26014	1999	93750	2008	356156
1982	7939	1991	29590	2000	102992	2009	391268
1983	8738	1992	33991	2001	113327	2010	460216

续表

年份	GDP	年份	GDP	年份	GDP	年份	GDP
1984	10827	1993	41769	2002	124343	2011	570184
1985	12392	1994	52446	2003	142634	2012	680220
1986	13957	1995	63621	2004	167780	2013	800679

1978—2012 年贵州省历年 GDP 时间序列图（单位：百万元）存在增长趋势，如图 1 所示，且前后的波动幅度不一致，即出现异方差。根据 Box-Jenkins 的建模思想，对非平稳时间序列进行 ARIMA 分析，要将其转化为平稳时间序列。因此，有必要对原时间序列进行平稳性检验，如果序列不满足平稳性条件，可以通过差分变换（如果差分的阶数是 d，则进行 d 阶差分，一般不超过 2）或者其他变换，使序列满足平稳性的条件[9]。现用 X_t 表示贵州省 GDP（百万元）。图 1 表明时间序列 $\{X_t\}$ 存在异方差，需要对其进行对图 1 表明时间序列 X_t 存在异方差，需要对其进行对数转换以消除异方差。令 $Y_t = \ln X_t$，对 $\{Y_t\}$ 进行差分，ADF 检验显示，$\{Y_t\}$ 序列在 5%的显著性水平上存在单位根，故原假设无法拒绝，即 $\{Y_t\}$ 是非平稳时间序列（表 2）。经过一阶差分后，$D(Y_t)$ 所有变量在 5%的显著水平上通过 ADF 单位跟检验，即拒绝原假设（表 3）。

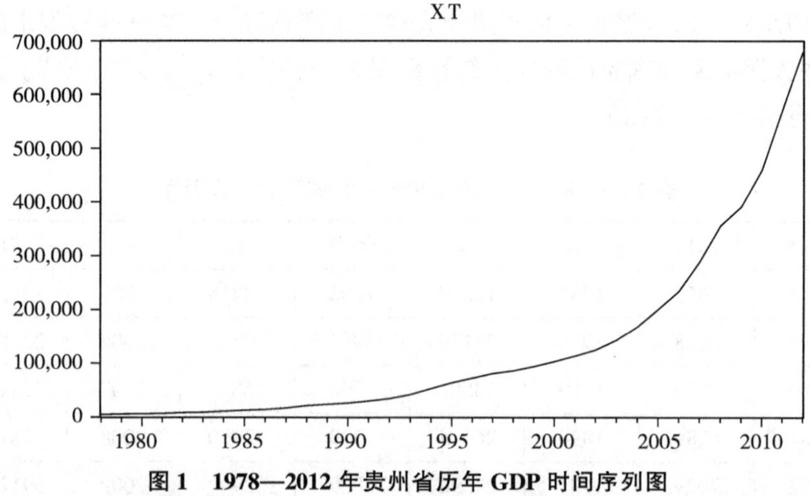

图 1　1978—2012 年贵州省历年 GDP 时间序列图

表 2　序列 R^2 的 ADF 检验

Null Hypothesis: YT has a unit root
Exogenous:Constant
Lag Length:1(Autornatic based on S|C,MAXLAG=8)

		t-Statistic	Prob.*
Augrnented Dickey-Fuller test statistic		0.644832	0.9889
Test critical values:	1% level	-3.646342	
	5% level	-2.954021	
	10% level	-2.615817	

*MacKinnon (1996) one-sided p-values.

表 3　序列 $\{D(Y_t)\}$ 的 ADF 检验

Null Hypothesis: D(YT)has a unit root
Exogenous: Constant
Lag Length: 0 (Autornatic based on SIC, MAXLAG=8)

		t-Statistic	Prob.*
Augrnented Dickey-Fuller test statistic		-3.965125	0.0045
Test critical values:	1% level	-3.646342	
	5% level	-2.954021	
	10% level	-2.615817	

*MacKinnon (1996) one-sided p-values.

3.2　ARIMA 模型阶数的确定

经过一阶逐期差分后，序列趋势基本消除，故 d = 1，可选用 ARIMA（p，1，q）模型。选择 AR（p）模型、MA（q）模型，还是 ARMA（p，q）模型取决于该序列的自回归函数（ACF）和偏自回归函数（PACF）[10]。序列 $\{D(Y_t)\}$ 的 AC 图和 PAC 图（图 2）。

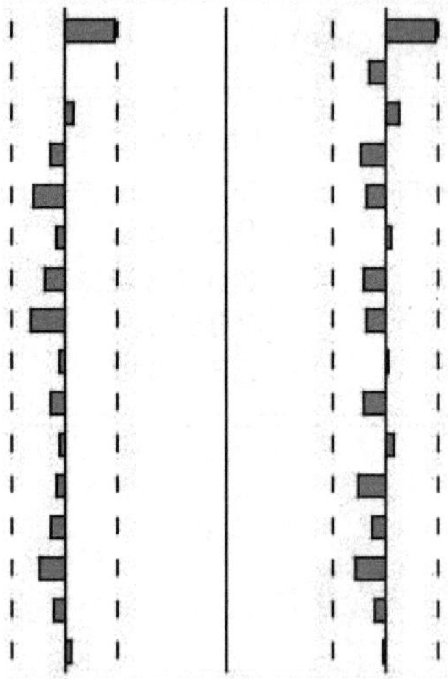

Autocorrelation	Partial Correlation		AC	PAC	Q-Stat	Prob
		1	0.321	0.321	3.8292	0.050
		2	0.001	-0.114	3.8292	0.147
		3	0.047	0.094	3.9156	0.271
		4	-0.097	-0.165	4.2992	0.367
		5	-0.199	-0.118	5.9711	0.309
		6	-0.065	0.029	6.1540	0.406
		7	-0.122	-0.142	6.8243	0.447
		8	-0.210	-0.133	8.9028	0.351
		9	-0.049	0.022	9.0186	0.436
		10	-0.086	-0.149	9.3964	0.495
		11	-0.033	0.051	9.4560	0.580
		12	-0.054	-0.176	9.6175	0.649
		13	-0.095	-0.097	10.139	0.683
		14	-0.165	-0.193	11.809	0.622
		15	-0.071	-0.073	12.132	0.669
		16	0.036	-0.014	12.219	0.729

图 2　序列 $\{D(Y_t)\}$ 滞后 16 期的自相关与偏自相关图

表 4　模型 ARIMA（1，1，1）参数

Variable	Coefficient	Std. Error	t-Statistic	Prob.
C	0.145881	0.009725	15.00032	0.0000
AR(1)	-0.639346	0.131761	-4.852309	0.0000
MA(1)	0.969919	0.026111	37.14536	0.0000

R-squared	0.171103	Mean dependentvar	0.145836
Adjusted R-squared	0.115843	S.D. dependentvar	0.049389
S.E. of regression	0.046440	Akaike info criterion	-3.214783
Sum squared resid	0.064702	Schwarz criterion	-3.078737
Log likelihood	56.04392	Hannan-Quinn criter.	-3.169007
F-statistic	3.096336	Durbin-Watson stat	1.448158
Prob(F-statistic)	0.059911		

Inverted AR Roots	-.64
Inverted MA Roots	-.97

从图 2 中可以得知样本的自相关图与偏自相关图都是拖尾的，故选取

ARMA 模型，初步取模型阶数为 p=1 和 q=1。

3.3 ARIMA 参数估计与诊断检验

采用相对最优模型识别，适当选取 p，q=0，1 进行相对最优模型定阶。经过反复筛选，只有 ARMA（1，1）与 ARMA（0，1）模型通参数检验及模型检验。ARMA（1，1）的 AIC=-3.214783，SC=-3.169007，DW=1.448158，ARMA（0，1）的 AIC=-3.255176，SC=-3.165390，DW=2.59404。在同等或相似条件下，尤其是当滞后分布的长度确定时，通常选择 Akaike 信息准则统计量（AIC）较小的模型能得到统计性质优良的模型 R^2。则两者中 ARMA（0，1）模型更有效，得到较为满意的运用结果（表 4）。方程估计结果显示，C、MA（1）系数显著异于零。MA 模型特征根的倒数为：0.42，绝对值小于 1，故 ARIMA（0，1，1）模型稳定。这意味着选取的滞后阶数较为合适。标准差 S.E=0.046188，表明 ARIMA（0，1，1）为平稳序列 $\{D(Y_t)\}$ 最佳预测模型，拟合图（图 3）。

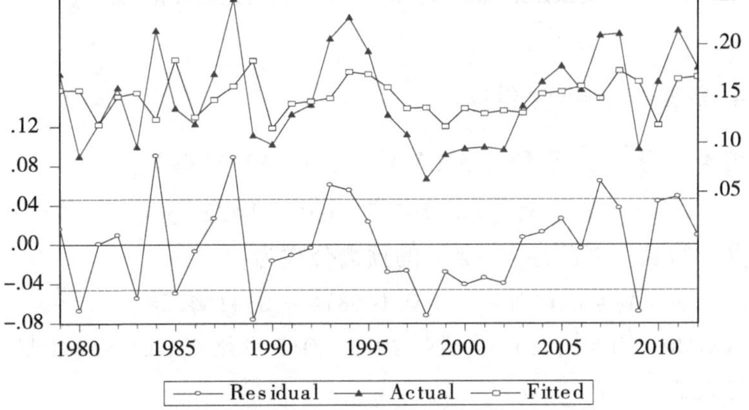

图 3 ARIMA 拟合与残差

从图 3 可得知模型模拟较为理想，但是残差是否是白噪声过程有待进一步检验。如果残差序列不是白噪声序列，则需对其做进一步的改进，如果是白噪声过程，则可接受估计得到的模型[12]。

对残差序列自相关图与偏自相关图（如图 4 所示）分析表明模型的残差序列确实是白噪声，可见建立的模型是有效的，说明该模型提取了有规律的信息，可用在短期预测。

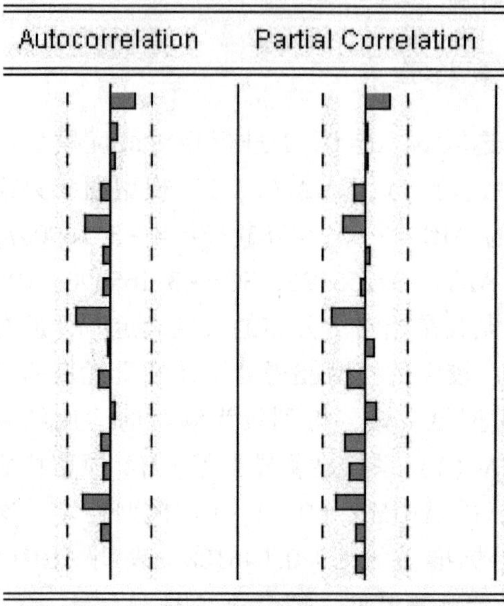

	AC	PAC	Q-Stat	Prob
1	0.198	0.198	1.4131	
2	0.048	0.009	1.4984	
3	0.033	0.023	1.5408	0.215
4	-0.070	-0.084	1.7339	0.420
5	-0.202	-0.182	3.4205	0.331
6	-0.051	0.026	3.5327	0.473
7	-0.055	-0.038	3.6692	0.598
8	-0.274	-0.268	7.1281	0.309
9	-0.019	0.067	7.1450	0.414
10	-0.094	-0.144	7.5857	0.475
11	0.027	0.083	7.6244	0.572
12	-0.073	-0.158	7.9159	0.637
13	-0.051	-0.128	8.0639	0.708
14	-0.212	-0.234	10.803	0.546
15	-0.076	-0.066	11.176	0.596
16	0.002	-0.077	11.176	0.672

图 4　ARIMA（0，1，1）模型拟合残差的白化检验

3.4 模型预测与分析

由表 4 可得 $\{Y_t\}$ 系列的 ARIMA（0，1，1）模型为：

$$Y_t - Y_{t-1} = 0.146874 + 0.418422\varepsilon_{t-1} \tag{3}$$

于是，得到原时间序列 $\{X_t\}$ 的预测公式为：

$$X_t = \exp(\ln X_{t-1} + 0.146874 + 0.418422\varepsilon_{t-1} \tag{4}$$

用 ARIMA（0，1，1）模型对 2013-2015 贵州省 GDP 作预测与实际值的比较见表 5，如下：

表 5　贵州省 GDP 作预测与实际值的比较（2013—2015）

年份	2013	2014	2015
实际值（百万元）	800679		
预测值（百万元）	802078.9596	928974.7128	1075946.46
绝对差异（百万元）	1399.959551		
相对差异（取绝对值后%）	0.174846543		

从表 5 可得，2013 年相对预测误差为 0.17%，表明预测值与实际结果是比较接近的，说明该模型预测效果较好，可用于预测。由公式（4）可得，贵州省 GDP 与其前一期的滞后值，前一期的随机扰动项密切相关。从参数估计值来看，与前一期的滞后值和前一期的随机扰动项正相关。因此，政府在制定发展贵州省 GDP 的战略时要注意这一点，以免战略不当，从而影响贵州经济健康发展。

4. 结束语

通过以上对 1978—2012 年贵州省 GDP 序列进行分析和建立模型，说明对非平稳序列时间序列作建模分析时，利用 Box—Jenkins 法所建立 ARIMA 模型具有较好的预测效果。本文所建立的 ARIMA 模型，可对贵州省 GDP 作短期预测，为贵州省制定经济发展目标提供决策参考。但该模型在短期预测较精确，随着预测值的增多，预测误差会呈现上升，表明了 ARIMA 模型的一个不足之处。尽管如此，在短期预测方面，ARIMA 模型与其他的预测方法相比，其预测的精度是可佳的。

参考文献

[1] 靳珊著：《ARIMA 模型在贵州 GDP 中的应用》，载《财经视点》，2007 年第 10 期，第 154-155 页。

[2] 龚国勇著：《ARIMA 模型在深圳 GDP 预测中的应用》，载《数学的实践与认识》，2008 年第 4 期，第 53-57 页。

[3] 蒋燕著：《ARIMA 模型在广西全社会固定资产投资预测中的应用》，载《数理统计与管理》，2006 年第 5 期，第 588-592 页。

[4] Box G, Jenkins G. Time Series Analysis, Forecasting and Control [M]. San Francisco: Hol-den Day, 1970.

[5] 肖枝洪，郭明月著：《时间序列分析与 SAS 应用》，武汉大学出版社，2009 年版。

[6] 石美娟著：《ARIMA 模型在上海市全社会固定资产投资预测中的应用》，载

《统计教育》，2004 年第 3 期，第 69-74 页。

[7] http：//zh. wikipedia. org/wiki/%E8%B4%B5%E5%B7%9E%E7%9C%81%E5%9B%BD%E5%86%85%E7%9F%E4%BA7%%BB%E5%80%BC.

[8] http：//data. stats. gov. cn/workspace/index； jsessionid = CAF704160CA469F400968C6DF8AB39FE？ m=fsnd.

[9] 张晓峒著：《Eviews 使用指南与案例》，机械工业出版社，2006 年版。

[10] 俞天贵，邓文平著：《基于 ARIMA 模型的中国煤炭消费量增长预测》，载《统计与决策》，2008 年第 24 期，第 89-91 页。

[11] 王耀中，王记志，汪艳涛等著：《基于 ARIMA 模型的煤炭消费量预测—以湖南省为例》，载《湖南科技大学学报》，2013 年第 4 期，第 50-53 页。

[12] 张欢，蒋佐斌著：《中国煤炭价格的 ARIMA 模型的建立及其预测分析》，载《工业技术经济》，2007 年第 7 期，第 102-105 页。

二样本位置差检验及 Bootstrap 扩展研究与应用*

陈　荣　李广周　田应福
（贵州民族大学理学院，550025）

1. 引言

两样本位置检验是常见的问题，在经典统计中使用 t 检验，前提条件是两样本来自正态分布和方差齐性[1]。因此两样本位置检验在经典统计中体系是不完善的，为解决此问题，现代的统计学家提出了非参数统计。非参数统计是解决很多不知道数据分布问题的主要方法，通过运用非参数方法可以对事物建立起统计模型和数学描述[2]。Wilcoxon 于 1945 年提出两样本秩和检验，1947 年 Mann 和 Whitney 二人将结果推广到两组样本量不等的一般情况，随后两样本位置检验的方法层出不穷。

对定量数据进行统计分析时，常用方法有两类——参数统计和非参数统计。t 检验等属于参数统计方法。参数统计方法要求的前提条件是：数据应服从或近似服从正态分布，t 检验还要求方差具有齐性，当前提条件不满足时选用参数统计方法有很大风险。非参数统计方法对数据不要求必须是正态分布，也不要求方差必须具有齐性，除了用连续数量表示的数据外，还可以对样本数据的符号、等级程度、大小顺序等进行比较，加上方

* 基金项目：贵州民族大学基金项目 2014：两样本假设检验及 Bootstrap 扩展研究与应用；数学建模及其应用创新人才团队，黔教科研发［2013］405 号。

法简便，易于掌握，不要求复杂的计算工具，能处理一些参数方法处理不了的问题，而且具有稳定性，因而应用更广泛。当对数据的分布情况及方差情况不清楚或没把握，或者经过检验不满足正态分布或方差齐性的要求时，就应当选用非参数统计方法对数据进行统计分析[3]。常用的两样本位置检验的非参数统计方法有：Brown-Mood 检验、Wilcoxon 秩和检验、置换检验、Hodges- Lehmann 检验和 Bootstrap 等等。本文除了对两样本的参数检验和非参数检验的综述和应用研究而外，拟扩展 Bootstrap 方法[4]于二样本统计比较及其应用中，特别是将 Bootstrap 模拟法与 Hodges-Lehmann 检验结合用于两样本位置差检验是本文一大亮点。

2. 二样本均值差 t 检验

t 检验是戈斯特为了观测酿酒质量而发明的，也称 student t 检验（Student's t test），主要用于样本含量较小，总体标准差 σ 未知的正态分布。t 检验是用 t 分布理论来推论差异发生的概率，从而比较两个平均数的差异是否显著，它与 z 检验、卡方检验并列。

两总体检验是检验两个样本平均是否有显著差异。检验的假设是：

H_0：两样本均值差无差异；H_1：两样本均值差有差异

如果两样本是来自正态分布，根据抽样分布定理，可以构造三个检验统计量：

（1）配对样本 t 检验统计量为：$$t=\frac{\overline{X}-\overline{Y}}{\sqrt{\dfrac{S_x^2+S_y^2-2\gamma S_x S_x}{n-1}}}\overset{H_0}{\sim} t(n-1)$$

其中 n 为样本容量。S_x^2，S_y^2 分别为两样本的方差。γ 为样本相关系数，该检验要求二样本方差相等（方差齐性）。

（2）二样本等方差 t 检验：

$$t=\frac{\overline{X}-\overline{Y}}{\sqrt{\dfrac{(n_1-1)S_x^2+(n_2-1)S_y^2}{n_1+n_2-2}\left(\dfrac{1}{n_1}+\dfrac{1}{n_2}\right)}}\overset{H_0}{\sim} t(n_1+n_2-2)$$

（3）不等方差 t 检验：

$$t=\frac{\overline{X}-\overline{Y}}{\sqrt{\left(\frac{S_x^2}{n_1}+\frac{S_y^2}{n_2}\right)}}\overset{H_0}{\sim}t(df)\quad ,\quad df=\frac{(w_x+w_x)^2}{w_x^2/(n_1-1)+w_y^2/(n_2-1)}$$

其中 $w_1=S_X^2/(n_1-1)$，$w_2=S_Y^2/(n_2-1)$。

已知方差的两正态总体均值差的检验在实际应用中是少见的，故略。

实施计算的方法：上述三个检验在 EXCEL 中均可实施，在 R 语言中用函数 t. test（）计算，具体使用请参考 R 帮助。

3. 二样本位置差非参数检验

由于 t 检验以及方差分析中的 F 检验均受正态分布和方差齐性的限制，而这两个条件又是难以满足的，所以统计学家发展了非参数方法。非参数检验则不考虑总体分布是否已知，也未必针对总体参数，即有时针对总体的某些一般性假设（如总体分布的位置是否相同，总体分布是否正态）进行检验。非参数检验方法简便，一般而言，非参数检验适用于以下三种情况：①顺序类型的数据资料，这类数据的分布形态一般是未知的；②虽然是连续数据，但总体分布形态未知或者非正态，这和卡方检验一样，称自由分布检验[5]；③总体分布虽然正态，数据也是连续类型，但样本容量极小，如 10 以下（虽然 T 检验被称为小样本统计方法，但样本容量太小时，代表性毕竟很差，最好不要用要求较严格的参数检验法）。因为这些特点，加上非参数检验法一般原理和计算比较简单，因此常用于一些为正式研究进行探路的预备性研究的数据统计中。非参数两组比较法实际上对应两总体比较的 t 检验法。按照两个样本的相关性，又可分为相关样本检验法和独立样本检验法。其中相关样本检验法主要包括符号检验和符号等级检验两种方法；独立样本检验法主要包括秩和检验和中数检验两种方法。

由于非参数检验的方法很多，这里只简介主要代表：Brown-Mood 检验，Wilcoxon 秩和检验，重点介绍 H-L-Bootstrap 检验。

3.1 Brown-Mood 检验

Brown-Mood 检验用以确定两样本分位数（如中位数）的差异，例如混合样本中位数记为 med_{xy}，样本 $\{X_1, X_2, \cdots, X_m\}$ 的中位数记为 Med_x，$\{Y_1, Y_2, \cdots, Y_n\}$ Y 样本记为 Med_Y，如果两样本的中位数相等，则有

$$Med_x = Med_Y = Med_{XY}$$

所以中位数的检验假设为：

$$H_0: Med_X = Med_Y; \mathrm{H}_{1:}\ Med_X \neq Med_Y (Med_X < Med_Y, Med_X > Med_Y)$$

检验统计量为：$A = \#\{X_i > Med_{XY}\}$，其中#表示记数。

在零假设下检验统计量 A 服从超几何分布，可用 R 程序实施 Brown-Mood 检验。Brown-Mood 检验类似于符号检验，损失了大量的信息，检验的效率 ARE 很低。两样本的分布类型相似。[6]

3.2 秩和检验法

秩和检验法适用于两独立样本的差异显著性检验，用以检验两种总体的中位数是否有显著差异。“秩”又称等级、即按数据大小排定的顺序号，顺序号的和称“秩和”。这一方法首先由维尔克松（Wilcoxon）提出，后由曼-惠特尼（Mann-Whitney）两人加以改进，因此又称曼-惠特尼 U 检验法。

设两样本的分布类型相同，但位置参数不同：$X_1, X_2, \cdots, X_{n_1} IID\ F(x - \mu_1)$，$Y_1, Y_2, \cdots, Y_{n_2} IID\ F(x - \mu_2)$。位置参数检验假设为

$$H_0: \mu_1 = \mu_2;\quad H_1: \mu_1 \neq \mu_2 (\mu_1 < \mu_2, \mu_1 > \mu_2)$$

秩和检验的方法步骤（1）对混合样本排秩；（2）求秩和 W_X，W_Y。

$R_i = \#\{X_j < Y_i, j = 1, 2, \ldots, m\} + \#\{Y_k < Y_i, k = 1, 2, \ldots, n\}$，$i = 1, 2, \ldots, n$

$$W_Y = \sum_{i=1}^{n} R_i$$

其中#表示满足条件的计数．如果秩和 W_Y 过小，则 Y 样本在平均的意义上显得偏小，这时可以怀疑零假设。又因为

$$W_{XY} = \#\{X_j < Y_i, j = 1, 2, \ldots, m; i = 1, 2, \ldots, n\}$$

$$W_Y = W_{XY} + n(n + 1)/2$$

同理有 $W_x = W_{YX} + m(m + 1)/2$。所以检验统计量 W_Y，W_{XY} 等价。R 的检验函数 wilcox. test（）中是用后者做检验统计量。R 语言中检验函数为 wilcox. test（x，y，…）。[6]

至此，二样本位置检验的基本体系已构成，传统检验中的正态分布假设和方差齐性难予满足的问题已解决。但是还存在一些细节问题，例如基本假设的检验问题，即两样本的分布类型相同，在小样本条件下检验这个问题存在很大的风险，再例如在小样本条件下，上述检验还存在相对效率低的问题，有待于下面的方法解决。

4. H-L-Bootstrap 方法用于二样本位置差的检验

1979 年 Efron 提出基于已知样本的重抽样方法（即 bootstrap）[7]。该法基于重采样的思想和中心检验定理的思想，对总体不做任何限定，能充分利用已有样本信息推断总体的相应性质。许多研究表明，bootstrap 适用于样本均值，分位数、U-统计量、经验过程、L-统计量等。众所周知，bootstrap 优于另一种重抽样方法—jackknife。这方面，Singh[8]、Bickel 与 Freedman[9] 已有很好的结果。那么 bootstrap 方法用于二样本位置差是否也有很好的结果？Hodges-Lehmann 提出的一种基于 Wilcoxon 估计的特殊估计，最早是由 Hodges 和 Lehm -ann 提出的用于评价连续变量分布对称性，其原理是基于 Wilcoxon 秩和检验的非参数统计方法[10,11]，之后被 wang[12] 改进后用于两样本中位数差异及差异置信区间的预测。对于二样本位置差的检验，周勇（1990）[13] 证明了如下的好的结果。在此我引用这个结果在 R 语言中编程实施，得到一个仅依赖于二样本分布类型相同假设的二样本位置差的检验，一个比较圆满的二样本位差检验。

设 X_1，X_2,…，X_m *IID.* $F(x)$，Y_1，Y_2,…，Y_n *IID.* $F(x - \theta)$，

$$\hat{\theta}_N = median\{X_i - Y_j, i = 1,2,...,m; j = 1,2,...,n\}$$

又设 X_1^*，X_2^*,…，X_m^* 为 X 的 Bootstrap 样本（即 X_1，X_2,…，X_m 中做有放回的以概率 1/m 抽取的样本），Y_1^*，Y_2^*,…，Y_n^* 为 Y 的 Bootstrap 样本，

$$\hat{\theta}^*_N = median\{X_i^* - Y_j^*, i = 1,2,...,m; j = 1,2,...,n\}$$

周勇（1990）[13] 中的定理：设 X_1，X_2,…，$X_m IID.$ $F(x)$，Y_1，Y_2,…，$IID.$ $F(x-\theta)$，两样本相互独立，$F(x)$ 有连续有界的密度函数 $f(x)$，$N=m+n$，$\lambda=m/N$，则沿着几乎所有的 $\{X_1,\ X_2,\dots;\ Y_1,\ Y_2,\dots\}$ 序列，有 $\sqrt{N}\left(\hat{\theta}^*_N - \hat{\theta}_N\right) \xrightarrow{L^*} N\left(0, (12\lambda(1-\lambda)\left(\int_{-\infty}^{\infty} f^2(x)dx\right)^{-/2}\right)$

姑且记为 H-L-Bootstrap 检验。

4.1 未知分布数据的检验

t 检验局限于已知数据来自正态分布，而非参数方法的检验不局限于已知分布。下面的案例来自于陈希孺院士《数理统计学教程》P97 例 3.3：为比较 A 与 B 两种施肥方法何者为优，选择 15 块一般大小的地，可能质量不一，把每一块地分成质量和大小一样的两小块，随机地其中一块派给 A，另一小块派给 B，各小块产量如下：

A：188 96 168 176 153 172 177 163 146 173 186 168 177 184 96

B：139 163 160 160 147 149 149 122 132 144 130 144 102 124 144

本例运用精确置换检验（EPT Exact Permutation Test）的 P 值小于 0.0001，由于案例数据是未知分布且样本量不大的两样本，现考虑用 H-L-Bootstrap 检验。

如果不用 Bootstrap 方法，考虑存在区组效应，当用 Friedman 检验，其检验的 p 值为 0.001304。直接使用 Bootstrap 方法，检验的 P 值小于 2.2e-16，因为可能存在区组效应，不宜直接应用 Bootstrap，应该 H-L-Bootstrap 检验，其 p 值还小于 2.2e-16，多次验也如此。

4.2 已知分布数据的检验

为考虑现 H-L-Bootstrap 检验与 t 检验、Wilcoxon 秩和检验的比较，各模拟样本大小为 15 的 $N(0,\ 1^2)$，$N(0.5,\ 1^2)$。选取模拟正态分布目的是可以将非参数方法同参数法（t 检验）进行比较。由于在计算机模拟中，随机数发生器的算法有一定的不确定性，不同的随机数种子生成的分布存在较大的差异，如均数两侧数值的个数不相等，分布不对称存在一定偏度，无法保证中位数同均值相等或非常相近，而 Hodges-Lehmann 法不受中位数位置影响且只能应用于中位数检验中，为使中位数同均值足够相近，进而可以采用 bootstrap 方法作为非参数方法来研究，采用多次模拟使得大量不同的随机数种子产生的样本在总体上能够保证均数与中位数接近并以多次模拟结果的均值为最终结果。

本例是已知分布，使用 t 检验（t. test（x，y））的 p 值等于 0. 5335，使用 Wilcoxon rank sum test（wilcox. test（x，y）的 p 值等于 0. 3046，但是使用 H-L-Bootstrap 检验的 p 值等于 1. 907816e-72。即前两者不区别 $N(0, 1^2)$，$N(0.5, 1^2)$，但后者的 p 值远远地小于前两者，能区别 $N(0, 1^2)$，$N(0.5, 1^2)$。

为验证 Hodges-Lehmann 检验法与 bootstrap 模拟方法结合的有效性、合理性、正确性，再进行不等方差的模拟检验。现各模拟样本大小为 15 的 $N(0, 1^2)$，$N(0.5, \sqrt{2}^2$，从这两个分布可以看出都是正态分布，t 检验得到的 P 值等于 0. 191，使用 Wilcoxon 秩和检验的 P 值等于 0. 1736，而 H-L-Bootstrap 检验的 p 值为 1. 051982e-10。所以 t. test 和 wilcox. test 不能区别 $N(0, 1^2)$，$N(0.5, \sqrt{2}^2)$，而 H-L-Bootstrap 检验能很好地区别 $N(0, 1^2)$，$N(0.5, \sqrt{2}^2)$。

5. 小结

二样本位置检验是数理统计应用中常见的问题，传统的 t 检验受到正态假设的限制，且实践中这个条件是难以满足的，因此滥用 t 检验有很大的风险。于是统计学家们发展了非参数检验，在计算机技术普及以后又发展 Bootstrap 方法，本文综述了这些方法，并提出了 H-L-Bootstrap 检验，并给出程序。在多种检验方法的比较以后，认为 H-L-Bootstrap 检验是具有优势的一种方法：操作不难，检验效率高。因此 H-L-Bootstrap 检验比较好地完善了二样本位置检验的体系。

参考文献

[1] 张智霞，刘瑞元著：《卡方分布与 F 分布判别的假设检验》，载《高师理科学刊》，2008 年第 3 期。

[2] 王静龙，梁小筠编著：《非参数统计分析》，高等教育出版社，2006 年版。

[3] 吴喜之主编：《非参数统计》，中国统计出版社，1999 年版。

[4] 谢益辉，朱钰著：《Bootstrap 方法的历史发展和前沿研究》，载《统计与信息坛》，2008 年第 2 期。

[5]《非参数检验的概念》，载《中国现代医生》，2011 年第 2 期。

[6] 王星主编：《非参数统计》，中国人民大学出版社。

[7] By B. Efron. Bootstrap methods: another look at the jackknife [J] . The Annals of Statistics, 1979.

[8] Singh, K, On the asymptotic accuracy of Efron' s bootstrap, Ann. Statist, 9 (1981), 1187-1195.

[9] Bickel, P. J. and Feedman, D. A, Some asymptotic theory for the bootstrap, Ann. Statist, 9 (1981), 1196--1217.

[10] Hodges, J. L. and Lehmann, E. L., Estimate of location based on rank tests, Ann. Math. Statist, 34 (1963), 598-611.

[11] Lehmann EL. Nonparametric confidence intervals for a shift parameter [J], Ann MathStat, 1963, 34 (4): 1507-1512.

[12] Wang D. Sg123: Hodges - Lehmann estimation of a shift in ; location between twoPopulations [J]. Stata Technical Bulletin, 1999, 52; 52-53.

[13] 周勇著：《两样本 Hodges-Lehmann 位置估计的 bootstrap 逼近》，载《系统科学与数学》，1990 年第 1 期。

[14] 施锡著：《Hodges-Lehmann 位置估计的 bootstrap 逼近》，载《数学学报》，1987 年第 11 期。

[15] 谢益辉著：《统计编程的框架 R 语言统计分析基础》，中国人民大学统计学院，2007 年第 5 期。

[16] 肖枝洪，朱强著：《统计模拟及其 R 实现》，武汉大学出版社，2010 年版。

[17] 陈希孺等著：《数理统计学教程》，中国科学技术大学出版社，2011 年版。

砷中毒大鼠氧化损伤及机制的非参数检验*

杨再运 陈 莉 郁钟铭

（贵州民族大学理学院 贵州 贵阳 550025）

1. 引言

慢性砷中毒是一种全身性疾病，可造成机体多系统、多脏器的损伤，严重者可诱发癌症。目前全球 17 个国家上亿人口正面临严重的砷中毒威胁，砷污染导致的以皮肤和内脏疾病为主的危害已在全世界范围内受到广泛关注[1]。许多学者在砷对机体的接触指标，效应指标以及心脏，肝脏，肾脏等方面的影响做了大量的研究工作，取得了一系列的进展。有的学者认为性别对 SOD，SH，MDA 有显著影响，而对砷中毒与否的大鼠对各项指标含量有无显著差异，目前还没有学者进行过深入的研究。对于分析组别和性别因素对砷中毒大鼠氧化损伤及机制有无显著影响，我们自然会考虑用参数检验的方法进行数据分析。值得注意的是，常规的参数检验是基于数据分布正态性假设进行的，而砷中毒大鼠氧化损伤及机制的数据分布往往是有偏的，很难满足正态性假设。所以本文借助非参数秩方差分析的相关知识点对砷中毒的大鼠进行实验分析，实验考虑组别和性别两个因

* 基金项目：贵州民族大学 2014 科研基金项目：概化理论在环境问卷信度分析的应用，数学建模及其应用创新人才团队，黔教科研发［2013］405 号。

素，组别即中毒组和对照组，中毒组是让大鼠砷中毒，然后测其各项含量，对照组对大鼠不做任何处理。性别即雄性和雌性，响应变量分别为SOD，SH，MDA 三个指标。通过组别、性别分别进行位置差的 Wilcoxon 秩和检验，再用 Hodges-Lehmann 检验结合 Bootsrap 法做进一步分析，为探讨砷中毒大鼠的氧化损伤及机制提供依据。

2. 材料与方法

本实验为某医学院在实验室里进行的实验，取重量大约 100g 的大鼠 20 只，雌、雄各半，从雌性大鼠和雄性大鼠又各取 5 只分别作为中毒组，对照组做对比实验。实验主要试剂及仪器：酶标仪、离心机、恒温水浴箱、SOD 试管、SH、MDA 测试盒。砷中毒剂量：10mg/kg. bw。染毒途径：经口喂饲。染毒时间：3 个月。实验主要方法：SOD 测定采用 37℃ 恒温水浴 40min，混匀，室温放置 10min，于波长 550mm 处按公式计算得到；SH 测定时需轻轻摇动孔板，静置 5min，405nm 时按公式计算得到；MDA 测定时需混匀，95℃ 水浴 40min，流水冷却，3500 转/分，离心 10min，取上清液 200ml，532nm 处按公式计算得到。

3. 非参数秩方差分析

（1）Wilcoxon 秩和检验基本思想

假设两总体分布有类似形状，不假定对称，样本 X_1，X_2,…，X_m ~ $F(x-\mu_1)$ 和 Y_1，Y_2,…，Y_n ~ $F(x-\mu_2)$，样本容量为 m+n=N，检验问题为

$$H_0:\mu_1=\mu_2 \leftrightarrow H_0:\mu_1\neq\mu_2$$

把样本 X_1，X_2,…，X_m 和 Y_1，Y_2,…，Y_n 混合在一起，将 m+n 个数按照从小到大的顺序排列起来。记 $Y_j(j=1, 2,\ldots, n)$ 在混合样本中的秩为 R_j，I_m 和 I_n 分别表示两样本的指标集，则

$$W_Y = \sum_{i=1}^{n} R_i = \#(X_j < Y_i, j \in I_m, i \in I_n) + \frac{n(n+1)}{2}$$

显然如果这些秩的和 $W_Y = \sum_{j=1}^{n} R_i$ 过小，则 Y 样本的值从平均的意义上来看偏小，这时可以怀疑零假设。同样，对于 X 样本也可以得到 W_X 。称 W_Y 或 W_X 为 Wilcoxon 秩和统计量。

根据单样本的 Wilcoxon 符号秩检验可知

$$W_Y = \sum_{i=1}^{n} R_i = \#(X_j < Y_i, j \in I_m, i \in I_n) + \frac{n(n+1)}{2}$$

记 $W_{XY} = \#(X_j, j \in I_m, i \in I_n)$，$W_{YX} = \#(Y_i < X_j, j \in I_m, i \in I_n)$

W_{XY} 表示混合样本 Y 观测值大于 X 观测值的个数。它是对 Y 相对于 X 的秩求和。

$$W_Y = W_{XY} + \frac{n(n+1)}{2}$$

$$W_X = W_{YX} + \frac{m(m+1)}{2}$$

而 $W_X + W_Y = \frac{(n+m)(n+m-1)}{2}$，于是有 $W_{XY} + W_{YX} = nm$ 。

在零假设下，W_{XY} 与 W_{YX} 分布类型相同，只是位置不同，它们称为 Mann-Whitney 统计量，在 R 中 Wilcoxon 秩和检验用它们做检验统计量。

定理 1　在零假设下，若 $m, n \to +\infty$，且 $\frac{m}{m+n} \to \lambda$，$0 < \lambda < 1$，有

$$Z = \frac{W_{XY} - \frac{mn}{2}}{\sqrt{\frac{mn(m+n+1)}{12}}} \to N(0,1)$$

有结点时，Z 修正为

$$Z = \frac{W_{XY} - \frac{mn}{2}}{\sqrt{\frac{mn(m+n+1)}{12} - \frac{mn(\sum_{i=1}^{g}(\tau_i^3 - \tau_i))}{12(m+n)(m+n-1)}}}$$

其中 τ_i 是第 i 个结的结长，而 g 是所有结的个数。

(2) H-L-Bootstrap 检验基本思想

设 X_1，…，$X_m i.\ i.\ d$，$X_1 \sim F(x)$，Y_1，…，$Y_n i.\ i.\ d$，$Y_1 \sim F(x-\theta)$，且 X_1，…，X_m，Y_1，…，Y_n 相互独立，F 为未知的连续分布函数，θ 为未知的位置参数，要估计 θ，有一个简单的估计如 $\hat{\theta}_N = mediam(Y_j - X_i,\ i=1,\ 2,\ \cdots,\ m,\ j=1,\ 2,\ \cdots,\ n)$，其中 $medain\{\cdots\}$ 表示集合的中位数。

当 $\lim\limits_{N\to\infty}\frac{m}{N} = \lambda, 0<\lambda<1, N=m+n,$，则

$$\sqrt{N}(\hat{\theta}_N - \theta) \xrightarrow{\wp} N(0, \left[12\lambda(1-\lambda)(\int f^2(x)dx)^2\right]^{-1/2})$$

以下再讨论抽样的方法，设 X_1，…，X_m 的经验分布为 $F_m(x)$，Y_1，…，Y_n 的经验分布为 $G_n(x)$，现分别从总体 $F_m(x)$ 和 $G_n(x)$ 独立地抽出样本 X_1^*，…，X_m^* 及 Y_1^*，…，Y_n^* 。且在给定 X_1，…，X_m 和 Y_1，…，Y_n 的条件下，X_1^* 在 X_1，…，X_m 各点分别赋予概率质量 $\frac{1}{m}$，Y_1^* 在 Y_1，…，Y_n 各点分别赋予概率质量 $\frac{1}{n}$，由此得到抽样的估计为

$$\hat{\theta}_N^* = median(Y_j^* - X_i^*, i=1,2,\cdots,m, j=1,2,\cdots,n)$$

现在用 $\sqrt{N}(\hat{\theta}_N^* - \hat{\theta}_N)$ 在给定 X_1，…，X_m，Y_1，…，Y_n 下的条件分布去估计 $\sqrt{N}(\hat{\theta}_N - \hat{\theta}_N)$ 的分布，这就是 bootstrap，则得到如下定理：

定理 2　$X_1,\cdots,X_m i.i.d, X_1 \sim F(x)$，$Y_1,\cdots,Y_n i.i.d, Y_1 \sim F(x-\theta)$，

X_1，…，X_m，Y_1，…，Y_n 相互独立，$F(x)$ 有连续有界密度函数 $f(x)$，

$$\mathrm{N} = m+n, \lim_{N\to\infty}\frac{m}{N} = \lambda, 0<\lambda<1,$$

则沿着几乎所有 $\{X_1,\ \cdots,\ X_m,\ Y_1,\ \cdots,\ Y_n\}$ 系列，有

$$\sqrt{N}(\hat{\theta}_N^* - \theta) \xrightarrow{\wp^*} N(0, \left[12\lambda(1-\lambda)(\int f^2(x)dx)^2\right]^{-1/2}), a.s.$$

其中 $\wp^*$ 表示在给定 X_1，…，X_m，Y_1，…，Y_n 条件下依分布收敛。

4. 数据分析

(1) 简单数据分析

首先对实验数据进行简单数据分析，按总体及各因素分类进行基本统计描述，结果如下。

表 1　总况的统计描述

变量名称	观测	平均值	标准差	最小值	最大值
	N	Mean	Std Dev	Minimum	Maximum
SOD	20	114.67	30.91	76.57	164.44
SH	20	0.14	0.06	0.05	0.27
MDA	20	4.01	2.46	0.19	8.46

表 2　按组别分类的统计描述

组别	N	变量	N	Mean	Std Dev	Minimum	Maximum
中毒组	10	SOD	10	86.95	5.71	76.57	92.46
		SH	10	0.09	0.02	0.05	0.11
		MDA	10	6.17	1.07	5.00	8.46
对照组	10	SOD	10	142.39	16.62	120.24	164.44
		SH	10	0.19	0.05	0.12	0.27
		MDA	10	1.86	1.13	0.19	3.85

表 3　按性别分类的统计描述

组别	N	变量	N	Mean	Std Dev	Minimum	Maximum
雄性	10	SOD	10	113.29	27.32	85.11	160.28
		SH	10	0.15	0.08	0.05	0.27
		MDA	10	4.20	2.81	0.77	8.46

续表

组别	N	变量	N	Mean	Std Dev	Minimum	Maximum
雌性	10	SOD	10	116.06	35.58	76.58	164.44
		SH	10	0.13	0.04	0.08	0.20
		MDA	10	3.83	2.20	0.19	6.67

从上面的简单数据分析得到如下基本信息：

1）从平均水平来看，中毒组大鼠 SOD，SH 含量低于对照组大鼠含量，中毒组大鼠 MDA 含量高于对照组大鼠含量；

2）从平均水平来看，雄性大鼠 SOD 含量低于雌性大鼠含量，雄性 SH，MDA 含量高于雌性大鼠含量；

判断是否正确，可通过下面的秩方差分析进行检验。

（2）Wilcoxon 秩和检验

本次实验得到的数据是有偏的，对该数据进行正态性检验，结果均表明该数据具有非正态性，不满足常规方差分析的正态性假设，因此采用非参的方法，用 R 软件进行编程计算，分别以组别，性别为分类变量进行 Wilcoxon 秩和检验。表 4 为结点存在时的结点校正值，该实验数据只有 SH 数据存在结点，表 5 数据为 Wilcoxon 秩和检验正态近似得到的 P 值。

表 4　SH 结点校正值计算表

同秩	一个结 3.5	和
τ_i	2	
$\tau_i^3-\tau_i$	6	$\sum(\tau_i^3-\tau_i)=6$

表 5　Wilcoxon 秩和检验

P-value	SOD	SH	MDA
组别	0.000157	0.000156	0.000157
性别	0.939743	0.5451985	0.705457

由 Wilcoxon 秩和检验的结果，组别因素检验的 P 值均小于 0.05，性别因素检验的 P 值均大于 0.05，说明中毒组和对照组对 SOD，SH，MDA 三

项指标有显著性差异，而雄性和雌性大鼠对 SOD，SH，MDA 三项指标无显著性差异。

（3）H-L-Bootstrap 检验

因本实验的数据量较小，Wilcoxon 秩和检验面对数据量小时检验可能会失效，因此需进一步用 H-L-Boostrap 检验对样本数据进行检验，表 6 为检验的结果，表中各数据均为检验的 P 值。

表 6　H-L-Bootstrap 检验

P-value	SOD	SH	MDA
组别	0	0	0
性别	0. 494111	0. 081541	0. 283487

H-L-Bootstrap 检验的结果和 Wilcoxon 秩和检验的结果基本一致，但 H-L-Bootstrap 的 P 值是在样本量较大的情况下计算得到的，因此检验的结果比 Wilcoxon 秩和检验更精确。

5. 结论与说明

结合上面的分析结果，就本次实验而言，得出如下简要结论：砷中毒实验中毒组和对照组对体内氧化损伤的 SOD，SH，MDA 三项指标均有显著性差异，说明砷对大鼠体内的生命活动具有重要的影响；而雄性和雌性大鼠对体内 SOD，SH，MDA 均无显著性差异，说明无论是雄性大鼠还是雌性大鼠对砷染毒后生命活动表现无差异，这否定了有的学者所提出的性别决定大鼠的生命活动的说法。本次实验数据真实，分析客观可靠，具有推广意义。

值得注意的是，本次实验仅针对砷中毒对大鼠的氧化损伤及机制的影响，实验选取大鼠 SOD，SH，MDA 三项指标作为变量，但对于其他动物的实验分析需要结合实际情况测定。

参考文献

[1] 汤红英，郑玉建，吴顺华，姚芹等著：《砷中毒对大鼠皮肤抗氧化系统影响的实验研究》，载《新疆医科大学学报》，2009 年第 3 期。

[2] 李云飞，王鲲等著：《中位数差值及置信区间的两种非参数计算方法及比较》，载《中国临床药理学与治疗学》，2012 年第 1 期。

[3] 周勇著：《两样本 Hodges-lemhmann 位置估计的 bootstrap 逼近》，载《系统科学与数学》，1990 年第 1 期。

[4] 申畯著：《我国近期居民价格消费指数走势分析》，载《统计与决策》，2008 年第 21 期。

[5] 任兆林著：《客观因素对中等职业教育学生成绩影响的方差分析》，载《教育在线》，2013 年第 11 期。

[6] 王星著：《非参数统计》，清华大学出版社，2009 年版。

家庭环境对学生学习影响的实证分析
——基于 Kruskal-Wallis 检验*

邢　丽　储昌木
（贵州民族大学理学院　贵州　贵阳　550025）

1. 引言

学生在学校中的学业成绩差异除源于智力因素外，还有非智力因素，比如学习兴趣、性格特点、家庭背景等也起着不容忽视的作用。在非智力因素中，家庭背景由于与学生的学习环境、学习理念、思维模式直接相关，因而成为影响学生学习行为的一种重要因素。虽然现在流传分数无法代表个人的成功与否，但是有一个完整扎实的知识体系做基础，对今后知识的应用与拓展有着举足轻重的作用。现在，中学生的学业成绩受到各界人士的关注。从非智力因素的各个角度出发对学生的学业成绩受影响程度进行分析比对，发现对学生学业有显著影响的因素，对帮助学生较好地完成学业或帮助学生提升品质，有着不可忽视的作用。

关于学生学业成绩与家庭背景的研究最早出现在“科尔曼报告”中，1966 年 Coleman 等[1]研究表明家庭经济背景与学生的学业成绩有着非常微妙的关系。此后，有大批学者对家庭背景与学生的学习成绩进行研究。20

* 项目基金：贵州民族大学 2014 校级科研基金：中等收入定位与人口度量模型的研究；2013 贵州省教育厅项目“数学建模及其应用创新人才团队”（黔教科研发［2013］405 号）。

世纪 80 年代末，丁喻和吴增强分别对 450 名中学生和 1480 名学生学业成绩与家庭背景（父母职业、文化程度、经济状况）的关系进行调查，结果显示学生家庭背景与学生学业有显著的正相关[2]。2000 年卢智泉等[3]探讨了家庭因素对初中生，高中生以及大学生学习成绩的影响，研究表明学生学业成绩与父母的文化程度、父母的职业及家庭经济收入有密切的联系。2006 年蒋国河和闫广芬[4]发现城乡家庭资本（父母职业、父母受教育的程度、家庭收入）存在较大差距是形成城乡家庭学生学业成就差异的重要因素。2009 年刘笑飞和卢柯[5]探讨了家庭经济社会背景对初中生学业成绩的影响，发现家庭收入指数越高，学生就越有可能获得较高的学业成绩。2012 年张翔等[6]的研究显示家庭环境因素中家庭教育背景、家庭结构、家庭学习资源与学业成绩显著正相关。已有研究成果在涉及家庭背景时主要考虑的是家庭社会经济地位，并未考虑到"家庭组合模式"。因此，本研究通过探讨家庭环境因素中的农村单亲、城市单亲、农村双亲、城市双亲等家庭组合模式对学生成绩的影响，分析中学生家庭组合模式和学业成绩之间的关系。

2. Kruskal–Wallis 检验的基本原理

研究影响响应变量 X 的某因素的 k 个处理是否有显著差异，对完全随机试验设计，其统计分析的模型为

$$x_{ij} = \mu_i + \varepsilon_{ij}, i = 1,2,\ldots,n_i; j = 1,2,\ldots,k$$

如果 k 个样本都是来自正态分布且方差相等，则该模型为方差分析模型，模型显著性检验使用 F 检验，处理间的比较用多重比较。检验的假设为

$$H_0\text{：}k\text{ 个总体位置相同(即：}\mu_1 = \mu_2 = \cdots = \mu_k = \mu\text{)，}$$

$$H_1\text{：}k\text{ 个总体位置不同(即：}\mu_i \neq \mu_j(i \neq j)\text{.}$$

但是对非正态样本，使用方差分析有很大的风险。

Kruskal–Wallis（1952）提出用秩代替原始数据，作方差分析[7,8]，这个方法称之为 Kruskal–Wallis 检验。当数据来自于完全随机设计，即欲比较的各组样本分别是 IID. 的，各总体独立时，先把多个样本混合然后求

秩，再按样本组合求秩和。然而各个处理的样本观测数不尽相同，可以比较各个处理样本之间的平均秩差异。当遇到有相同观测值时，则用秩的平均法定秩。

2.1 Kruskal-Wallis 检验

将混合样本中的所有数据从大到小给秩，最小值给秩 1，次小值给秩 2，以此类推，最大值的秩为 $n = n_1 + n_2 + \cdots + n_k$ 。若有相同秩，则采取平均秩。X_{ij} 在混合样本中的秩为 R_{ij} 对每一个处理的观测值的秩求和得到

$$R_{.j} = \sum_{i}^{n_j} R_{ij}, j = 1,2,3,\cdots,k$$

第 j 组样本的秩平均为 $\bar{R}_{.j} = R_{.j}/n_{j.}$ ，总的秩平均为 $\bar{R}_{..} = n(n+1)/2$，总平方和与组间平方和分别为

$$SST = \sum_{j=1}^{k}\sum_{i=1}^{n_j}\left(R_{ij} - \bar{R}_{..}\right)^2 = n(n+1)(n-1)/12$$

$$SSB = \sum_{j=1}^{k} n_j \left(R_{ij} - \bar{R}_{.j}\right)^2$$

类似于线性模型中的决定系数 R^2，考虑检验统计量

$$H = SSB/MST = \frac{\sum R_{.j}^2/n_j - n(n+1)^2/4}{n(n+1)/12}$$

Kruskal，Wallis 证明在零假设下，H 应该小，H 近似服从自由度为 $k-1$ 的 χ^2 分布。所以检验是一个 χ^2 检验，拒绝域为 $\{H > \chi^2_{1-\alpha}(k-1)\}$ 。

当零假设被拒绝时，应进一步进行 K 个处理间的多重比较，寻找差异具体出自何处。Dunn 于 1964 年提出用下面的过程检验：

$$d_{ij} = \frac{\left|\bar{R}_{.i} - \bar{R}_{.j}\right|}{SE}$$

$$SE = \sqrt{\left(\frac{n(n+1)}{12} - \frac{\sum_{1}^{g}(\tau_j^3 - \tau_j)}{12(n-1)}\right)\left(\frac{1}{n_i} + \frac{1}{n_j}\right)}$$

若 $|d_{ij}| \geqslant Z_{1-\alpha^*}$ ，则表示第 i 与第 j 处理间有显著差异，反之，则表示差异

不显著。式中 $\alpha^* = \alpha / [k(k-1)]$，$\alpha$ 为显著性水平。

2.2 有结点的 Kruskal-Wallis 检验

在处理数据时通常会遇到有结点（即：有相同的观测值）的情况，那么需要对 Kruskal-Wallis H 值（即：处理间平方和除以总均方）进行修正。若各处理观测值有结点时，则 H 校正如下式：

$$H = \frac{12}{n(n+1)} \sum \frac{R_{.j}^2}{n_j} - 3(n+1) \tag{1}$$

修正后：

$$H_c = \frac{H}{1 - \frac{\sum_{1}^{g} (\tau_j^3 - \tau_j)}{n^3 - n}} \tag{2}$$

式中 τ_j 为第 j 个结的长度，g 为结的个数。

3. 实例分析

3.1 数据说明

对贵州某县中学高二年级理科班的 794 个学生的家庭背景及期末平均成绩进行调查，按农村单亲、城市单亲、农村双亲、城市双亲等家庭组合模式进行分组，发现城市单亲有 17 例，农村单亲有 12 例，城市双亲有 525 例，农村双亲有 240 例。他们的期末成绩记录有 6 个科目的成绩，可计算其平均分，视之为响应变量。拟用 Kruskal-Wallis 检验这四个样本的学习成绩有无显著性差异。

3.2 案例的 Kruskal-Wallis 检验

假设检验为：

H_0：四种家庭情况对学生成绩影响程度相同，

H_1：四种家庭情况对学生成绩影响程度不同。

统计分析：由式（1）、（2），有

$$H=\frac{12}{794\times795}\left[\frac{97080.5^2}{240}+\frac{4354.5^2}{12}+\frac{6164^2}{17}+\frac{208020^2}{525}\right]-3\times795=22.8932,$$

$$H_c=1-\frac{6738}{794^3-794}=22.89963$$

结论：$H_c=22.89963>\chi^2_{0.05,\ 3}=7.8147$，因而拒绝 H_0，接受 H_1，表示四种不同家庭情况下学生学习成绩有显著性差异。对这个例子做进一步研究，那么就可以利用 Dunn 方法进行两两之间的比较，成对样本共有 $C_4^2=6$ 组，4 组不同家庭情况下学生平均分数的平均秩分别为：

$\bar{R}_{.1}=410.85$，　$\bar{R}_{.2}=167.79$，　$\bar{R}_{.3}=225.06$，　$\bar{R}_{.4}=401.46$.

$n_1=240$，　$n_2=17$，　$n_3=12$，　$n_4=525$；

$\alpha=0.05$，　$\alpha^*=\dfrac{0.05}{4(4-1)}=0.0042$；

$Z_{1-0.0042}=Z_{0.9958}=2.638$.

其中 $\bar{R}_{.1}$ 为农村双亲学生（A）分数的平均秩，n_1 为农村双亲的样本人数；$\bar{R}_{.2}$ 为农村单亲学生（B）分数的平均秩，n_2 为农村单亲的样本人数；$\bar{R}_{.3}$ 为城市单亲学生（C）分数的平均秩，n_3 为城市单亲的样本人数；$\bar{R}_{.4}$ 为城市双亲学生（D）分数的平均秩，n_4 为城市双亲的样本人数。α 为显著性水平，Z 为标准正态分布的分数。由 Dunn 给出的 SE 和 d_{ij} 值的比较表见表 1。

表 1　样本两两之间的显著性比较

比较式	$\lvert \bar{R}_{.i}-\bar{R}_{.j} \rvert$	SE	d_{ij}	$Z_{0.9958}$
A VS B	∣410.85−167.79∣=243.06	67.84	3.58*	2.638
A VS C	∣410.85−225.06∣=185.79	57.56	3.23*	2.638
A VS D	∣410.85−401.46∣=9.40	17.87	0.53	2.638
B VS C	∣167.79−225.06∣=57.27	86.47	0.66	2.638
B VS D	∣167.79−401.46∣=233.66	66.96	3.49*	2.638
C VS D	∣225.06−401.46∣=176.40	56.52	3.12*	2.638

由表 1 结果可知，A 与 B、C 有显著性差异，与 D 则无显著性差异。B、C 与 D 有显著性差异，B 与 C 无显著性差异。

3.3　箱线图

箱线图又称盒须图，其绘制须使用常用的统计量，最适宜提供有关数据的位置和分散的参考，尤其在不同的母体数据时更可表现其差异。为了更直观地反映上述实例中是否有显著的差异性，绘图如下：

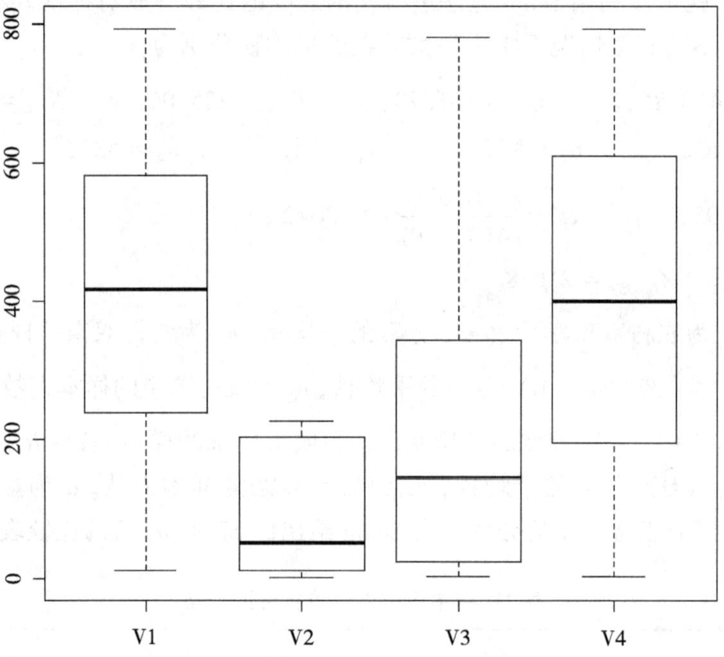

注：变量 V1 到 V4 分别表示 A、B、C、D 四个变量。

由上图可知，A 与 B、C 有显著性差异，与 D 则无显著性差异。B、C 与 D 有显著性差异，B 与 C 无显著性差异。与表 1 中得到的结论一致。也就是说，当都是乡镇户口时单亲家庭与双亲家庭的学生成绩有显著性差异；当都是城市家庭时单亲家庭与双亲家庭的学生成绩有显著性差异；农村双亲与城市单亲的学生成绩及农村单亲与城市双亲的成绩有显著性差异；而都是双亲时，城市户口与农村户口的学生成绩无显著性差异；当都是单亲时，城市户口与农村户口的学生成绩也无显著性差异。

4. 结论

过去的几十年里，由于城镇条件的差距，城市的学习资源丰富，农村的学习资源匮乏，导致城乡学生的学习成绩有一定的差距。现今，国家对乡镇教育的扶持加大了力度，让乡镇的孩子拥有良好的学习环境和更多的学习资源，使其学习成绩与城市学生成绩相媲美。然而随着经济和社会的发展，同样也出现了一些社会现象，离婚率越来越高，造成单亲孩子的数量居高不下，同样影响到学生的学习或其他方方面面。城乡的就学条件都得到了改善，但离婚率升高了，前面的研究显示，单亲家庭环境显著地影响孩子的学习。因此，在改善城乡就学条件的同时，还应关注单亲家庭环境等因素对学生学业成绩的影响。

参考文献

[1] 艾伦，兴乔著：《科尔曼报告与中国教育装备史研究》，载《中国教育技术装备》，2011 年第 30 期，第 3-5 页。

[2] 吴康宁著：《教育社会学》，人民教育出版社，1998 年版，第 236-241 页。

[3] 卢智泉，张国毅，侯长余等著：《家庭因素对学生学习成绩的影响》，载《中国行为医学科学》，2000 年第 9 期，第 16-17 页。

[4] 蒋国河，闫广芬著：《城乡资本与子女的学业成就》，载《教育科学》，2006 年第 4 期，第 26-30 页。

[5] 刘笑飞，卢柯著：《学生学业成绩与家庭社会经济背景相关性研究》，载《天中学刊》，2009 年第 2 期，第 130-133 页。

[6] 张翔，陈言贵，赵必华著：《家庭环境对学业的影响》，载《宁波大学学报》，2012 年第 4 期，第 76-80 页。

[7] 王星著：《非参数统计》，清华大学出版社，2009 年版。

[8] 田应福，张钊，朱晓坡等著：《方差分析的两个重要问题及其解决方法》，载《统计与决策》，2013 年第 16 期，第 7-9 页。

混合多种方法的大学生成绩综合评价*

赖志柱[1]，金　瑾[1]，戈冬梅[2]，张云艳[1]，冯　敏[1]
(1. 贵州工程应用技术学院,理学院,贵州 毕节,551700)

1. 引言

大学生学期或学年成绩是评价一位大学生在一学期或一学年期间学习好坏的重要指标，也可为专业任课教师、班主任及辅导员评价学生提供一定的参考，更可为评定学生获取奖助学金、评优评先、入党等提供重要参考。目前各个学校常用的评定学生成绩的方式、方法、模型均有不同，也各有利弊，因此有必要寻找一种更为科学、公平、公正、合理的成绩评级模型。

2. 常见的评价方法或模型

2.1　原始分求和模型[1]

这种模型是一种最原始的排序方法，它简单地把学生的各科成绩简单

* 基金项目：贵州省教育厅自然科学研究基金资助项目（黔教科 2010072）；贵州省科技厅联合基金项目（2013GZ96408，2013GZ36802）；毕节学院教学研究与改革课题（JG2013042，JG201222）；毕节学院实验室开放基金项目（OLF［2013］13038）。

相加后按总分从高到低进行排序。该方法的优点是显然的，但也有不可避免的缺陷。对于大学而言，同一门课程可能由不同教师执教，甚至同一门课程由于学分不同或专业要求不同而所考试卷有所差异，即使采取同一份试卷进行考核，评卷的教师不同，其评卷的尺度会有所差异。更甚者，大学中不同专业的课程大纲要求不同，对同一门课程成绩汇总的方式也会有差异，如仅仅用期末试卷分作为最终成绩，也有采用平时成绩及期末试卷分加权求和（如按照四六比例计算），也有采用平时成绩、半期考核成绩、期末试卷分按比例加权求和，有的课程还有实验分数一起加权求和等。只要加权了平时成绩等主观色彩较重的课程成绩汇总，教师的人为主观因素就会影响课程最终成绩。不同的课程其学分可能不同，而学分越高通常说明该课程越重要（如大学英语、高等数学、体育等），即使同一班级不同学生的多门课程总成绩一样时也未必能准确反映学生的学习能力差异。另外，当前许多大学都开设了选修课，以一学期或一学年为期，有的学生选修的课程多，有的选修的课程少，多门课程原始分的简单加总求和显然对选修课程多的学生有利。

2.2 原始分均值模型

该模型是原始分求和模型的简单修正，通常认为其与原始分求和模型一致。但在有选修课程且选修数目不同的情况下，均值模型显然更为合理。

2.3 平均学分绩模型[1]

该模型是课程的原始成绩与课程对应学分的一种加权模型，该方法在较多的学校被采用。平均学分绩模型的计算公式可表示为

$$t=\frac{\overline{X}-\overline{Y}}{\sqrt{\frac{S_x^2+S_y^2-2\gamma S_x S_x}{n-1}}}\overset{H_0}{\sim}t(n-1)$$

其中 n 表示考察期间内的课程数目。

该方法的优点是能够充分体现学时或学分的重要性，即学分高的课程比学分低的课程更重要，其缺陷是仍然没有消除人为主观因素的影响。

2.4 平均学分积模型[1]

该模型是表示学生学习质量的积分法，模型的应用要求学校实行学分制，从而计算平均学分积。该模型体现了学分多的课程的重要性，比平均学分绩模型更合理，因为其对不及格的课程不进行综合测评。其缺陷与平均学分绩模型相同。

更一般地，可将课程的学分用权重替换再做综合评价，各门课程的权重可依据该课程在专业设置中的重要性进行设定，也可用层次分析法、德尔菲法等进行确定。

3. 新的评价模型

3.1 主成分分析模型

主成分分析的基本思想是：针对高维数据，采取数学降维的方法，找出几个综合变量来代替原来众多的变量，使这些综合变量能尽可能地代表原来变量的信息量，而且彼此之间互不相关，其本质是将高维变量进行最佳综合和简化。该方法的计算过程比较复杂，但可借助计算机软件直接获得结果。其优点是可消除人为的主观影响，其缺陷是不能体现学分高的课程的重要性。对较短考察期内，如一学期或一学年，通常课程门数较少，且很难对课程进行分类。

也可采用主成分分析法的推广——因子分析法进行综合测评，但因子分析法有可能把学分并不高的课程看成了很重要的课程。

3.2 变异系数法

该方法的基本思想是，若某指标（课程）的数值能明确区分开各个被评价对象（学生），说明该指标（课程）在该项评价上的分辨信息丰富，因而应该给予较大的权重；反之，若各个被评价对象（学生）在某项指标（课程）上的数值差异较小，则该项指标（课程）区分各被评价对象（学生）的能力较弱，因而应给予该指标（课程）较小的权重[2]。

用变异系数法进行综合评价的步骤如下：

设 $a_{ij}(i=1, 2, \cdots, m; j=1, 2, \cdots, n)$ 表示第 j 个样本（学生）的第 i 项指标值（课程成绩），n 表示样本数（学生数），m 表示指标（课程）数目。

Step 1：计算各指标（课程）的变异系数 $v_i = s_i / |\bar{x}_i|$，其中 $\bar{x}_i = \sum_{j=1}^{n} a_{ij}/n$ 为第 i 项指标（课程）的平均值，$s_i^2 = \sum_{j=1}^{n}(a_{ij}-\bar{x}_i)^2/(n-1)$ 为第 i 项指标（课程）的方差。

Step 2：对 v_i 归一化，得到各指标（课程）的权重 $w_i = v_i / \sum_{i=1}^{m} v_i$，$i = 1, 2, \cdots, m$。

Step 3：计算各样本（学生）的综合得分（成绩）$y_j = \sum_{i=1}^{m} w_i a_{ij}$，$j = 1, 2, \cdots, n$。

Step 4：对各样本（学生）的综合得分 y_j 从大到小进行排序即可。

3.3 熵值法[2]

熵值法赋权是一种客观赋权法，它根据来源于客观环境的原始信息，通过分析各指标之间的联系程度及各指标所提供的信息量来决定指标的权重，从而在一定程度上避免了主观因素带来的偏差。信息量越大，不确定性就越小，熵也就越小；信息量越小，不确定性越大，熵也越大。

假设有 m 个样本（或方案）n 个指标（属性），以 $x_{ij}(i=1, 2, \cdots, m; j=1, 2, \cdots, n)$ 表示第 i 个样本第 j 个指标的数值，构成原始指标数据矩阵 $X=[x_{ij}]_{m\times n}$。

对于某项指标的指标值 x_{ij} 的差距越大，则该指标在综合评价中所起的作用越大；若某项指标的指标值全部相等，则该指标在综合评价中不起作用。

用熵值法进行综合评价的步骤：

Step 1：指标的标准化处理

正向指标（效益型）数据的处理：$x_{ij}' = \dfrac{x_{ij} - \min\limits_{1\le i\le m} x_{ij}}{\max\limits_{1\le i\le m} x_{ij} - \min\limits_{1\le i\le m} x_{ij}}$

负向指标（成本型）数据的处理：$x_{ij}' = \dfrac{\max\limits_{1\le i\le m} x_{ij} - x_{ij}}{\max\limits_{1\le i\le m} x_{ij} - \min\limits_{1\le i\le m} x_{ij}}$

为简约，下面仍记 x'_{ij} 为 x_{ij} 。

Step 2：将各指标同度量化，计算第 j 项指标下第 i 个样本的比重（或贡献度）

$$p_{ij} = \frac{x_{ij}}{\sum_{i=1}^{m} x_{ij}}, \ i = 1,2,\cdots,m; j = 1,2,\cdots,n$$

Step 3：计算第 j 项指标的熵值 E_j（所有样本对指标 x_j 的贡献总量）

$$E_j = -k\sum_{i=1}^{m} p_{ij} \ln p_{ij}, \ j = 1,2,\cdots,n$$

其中 $k > 0$，一般取 $k = \dfrac{1}{\ln m}$。当 $p_{ij} = 0$ 时，假定 $p_{ij}\ln p_{ij} = 0$。

Step 4：计算第 j 项指标的差异性系数 G_j（第 j 个指标下各样本贡献度的一致性程度）

$$G_j = 1 - E_j, \ j = 1, 2, \cdots, n$$

Step 5：对差异性系数进行归一化计算权重

$$W_j = \frac{G_j}{\sum_{j=1}^{n} G_j}, \ j = 1,2,\cdots,n$$

当 $W_j = 0$ 时，第 j 可以剔除，其权重等于 0。

Step 6：计算各样本的综合得分

$$S_i = \sum_{j=1}^{n} p_{ij} W_j, \ i = 1,2,\cdots,m$$

3.4 TOPSIS 法

TOPSIS 法（Technique for Order Preference by Similarity to Ideal Solution），也称逼近理想解排序法、理想点法，由 C. L. Hwang 和 K. Yoon 于 1981 年首次提出。TOPSIS 法是根据有限个评价对象与理想化目标的接近程度进行排序的方法，是在现有的对象中进行相对优劣的评价。其基本步骤如下：

Step 1：标准化（规范化）评价矩阵

对评价矩阵进行标准化或规范化，常用的标准化方法主要有两种：线性规范化和向量规范化。设规范化后得到矩阵 $R=(r_{ij})_{m\times n}$，其中

线性规范化方法：$r_{ij}=\dfrac{x_{ij}}{\max\limits_{1\le i\le m} x_{ij}}$，$i=1,2,\cdots,m; j=1,2,\cdots,n$

向量规范化方法：$r_{ij}=\dfrac{x_{ij}}{\sqrt{\sum\limits_{i=1}^{m} x_{ij}^2}}$，$i=1,2,\cdots,m; j=1,2,\cdots,n$

Step 2：构造带权规范化矩阵

给定权向量 $W=(W_1, W_2, \cdots, W_n)$，构造带权规范化矩阵 $V=(v_{ij})_{m\times n}$，满足

$$v_{ij}=r_{ij}\cdot w_j=w_j\cdot r_{ij},\ i=1,2,\cdots,m; j=1,2,\cdots,n$$

$$w_j=\frac{W_j}{\sum\limits_{j=1}^{n} W_j},\ j=1,2,\cdots,n$$

其中 $w=(w_1, w_2, \cdots, w_n)$ 为权向量 W 的归一化向量，权向量 W 可以主观确定，但更多是利用其他方法计算，如专家打分法（Delphi 法），层次分析法 AHP、熵值法、对数最小二乘法等。本文利用熵值法确定。

Step 3：确定正负理想解

根据带权规范化矩阵 V 确定正理想解 $S^+=(s_1^+, s_2^+, \cdots, s_n^+)$ 和负理想解 $S^-=(s_1^-, s_2^-, \cdots, s_n^-)$，满足

$$s_j^+=\begin{cases}\max\limits_{1\le i\le m} v_{ij}, & j\in J^+\\ \min\limits_{1\le i\le m} v_{ij}, & j\in J^-\end{cases},\quad s_j^-=\begin{cases}\min\limits_{1\le i\le m} v_{ij}, & j\in J^+\\ \max\limits_{1\le i\le m} v_{ij}, & j\in J^-\end{cases},\ j=1,2,\cdots,n$$

其中，J^+，J^- 分别表示效益型和成本型指标集。

Step 4：计算距离尺度

计算距离尺度，即计算每个方案（目标）到正理想解和负理想解的距离，距离尺度可以通过 n 维欧氏距离来计算。目标到正理想解 S^+ 的距离为 $D^+=(d_1^+, d_2^+, \cdots, d_m^+)$，到负理想解 S^- 的距离为 $D^-=(d_1^-, d_2^-, \cdots, d_m^-)$，满足

$$d_i^+ = \sqrt{\sum_{j=1}^{n}(v_{ij} - s_j^+)^2},\ d_i^- = \sqrt{\sum_{j=1}^{n}(v_{ij} - s_j^-)^2},\ i = 1,2,\cdots,m$$

Step 5：计算相对贴近度

相对贴近度 $C = (C_1, C_2, \cdots, C_m)$ 表示方案（目标）到负理想解的距离与到正负理想解距离之和的比值。显然，相对贴近度居于 0-1 之间。当某方案（目标）的贴近度越接近 1，说明该方案（目标）越接近最优方案；贴近度越接近 0，说明该方案（目标）越接近最劣方案。

$$C_i = \frac{d_i^-}{d_i^- + d_i^+},\ i = 1, 2, \cdots, m$$

Step 6：对贴近度从大到小排序

根据贴近度 C 的值按照从大到小的顺序对各评价方案（目标）进行排序。贴近度 C_i 越大，其所对应的方案（目标）越优。贴近度最大的为最优评价方案（目标）。

还可以采用的综合评价方法还有很多，如功效系数法、密切值法、灰色理论、模糊综合评价方法、可拓综合评价（物元法）、投影寻踪等，在此不一一介绍。

4. 混合多种方法的成绩综合评价模型

统计中，通常用多种方法对样本数据进行综合评价后，再用斯皮尔曼（Spearman）等级相关系数检验各个方法的一致性，剔除和多数方法不具有一致性的方法，再进行适当地综合评价。考虑到各种方法各有优缺点，针对具体的样本数据，无法确定哪种综合评价方法更好，哪种方法不好。

为此，本文对采用的综合评价方法不再检验一致性，而认为所有方法都有一定的合理性，据此开展混合型的大学生成绩综合评价。具体步骤如下：

Step 1：选择待评价样本（学生）的指标值（一定时期内各科课程的成绩），针对该样本数据确定要采用的评价方法。

Step 2：用选择的多种评价方法对样本数据计算，确定各样本（学生）的综合得分及排名（位次）。

Step 3：计算各样本（学生）在不同方法下的排名（位次）的平均值及方差值。

显然，排名（位次）的平均值越小，排名越靠前；对于排名（位次）的平均值相同的样本（学生），方差越小，表明该样本（学生）在多种方法评价下名次更稳定，从而排名应靠前。

Step 4：先按排名（位次）的平均值从小到大排序；若有平均值一样的，再根据方差值进行排序，将方差值更小的样本排名靠前。

5. 具体实例

下面采用混合多种方法的成绩综合评价模型对贵州工程应用技术学院信息与计算科学专业 2011 级本科班学生重新评价，以 2013-2014-1 学期的所有课程成绩为样本，各门课程的学分向量为［3，3，3，1，3，0.167，1，3，3］，利用 MATLAB7.1 编程实现。样本数据来自贵州工程应用技术学院理学院教学科研科，数据真实可靠。考虑到一学期课程门数不多，采用主成分分析或因子分析未必合适，故论文仅选用原始分均值模型、平均学分绩模型、变异系数法、熵值法、TOPSIS 法构造混合型的成绩综合评价模型，其结果见下表 1（限于篇幅，单种方法的评价结果不列出）。

表 1　混合多种方法的成绩综合评价结果

学号	总位次	位次均值	位次方差	学号	总位次	位次均值	位次方差
1	32	28.8	177.7	24	26	25.6	3.3
2	5	6.2	9.7	25	34	32.8	6.2
3	19	20	38.5	26	28	26	22
4	38	37	2.5	27	43	42.4	1.8
5	42	41.6	0.8	28	16	18.6	32.3
6	20	20	131.5	29	1	1.2	0.2
7	21	21	39.5	30	8	9.8	6.7

续表

学号	总位次	位次均值	位次方差	学号	总位次	位次均值	位次方差
8	13	12.6	60.8	31	14	13	12.5
9	31	28.6	9.3	32	30	28.6	2.8
10	44	42.8	1.2	33	10	10.8	37.2
11	18	19.6	8.8	34	29	27.8	64.2
12	22	21.6	21.3	35	23	23.8	14.7
13	6	8	10.5	36	4	4.8	0.2
14	25	25.4	16.3	37	33	31.8	39.7
15	7	9	6	38	2	4.2	7.7
16	37	36.2	3.2	39	41	41	5.5
17	35	34	5.5	40	45	45	0
18	24	24.2	56.7	41	3	4.2	9.2
19	36	35	8.5	42	12	11.8	4.7
20	40	40	18.5	43	27	25.6	41.3
21	15	16.2	8.7	44	39	38.8	5.7
22	11	10.8	45.2	45	9	9.8	54.2
23	17	19	18.5				

从单种方法的结果及表 1 的结果可以得出结论：混合多种方法的成绩综合评价模型获得结果比单种方法更合理。

参考文献

[1] 吴海英，张杰著：《学生成绩排名的综合评价模型》，载《大学数学》，2006 年第 4 期，第 142-145 页。

[2] 李柏年著：《 模糊数学及其应用》，合肥工业大学出版社，2007 年版。

我国西部地区居民消费结构特点分析
—基于面板数据模型*

姚旭敏，田应福
（贵州民族大学理学院　贵州　贵阳　550025）

1. 引言

进入21世纪以来，我国西部地区经济增长速度显著加快，人民生活水平明显提高，居民消费结构发生了很大的变化，其中恩格尔系数一直处于下降趋势。截止2012年末，除西藏外其他西部地区的恩格尔系数均在35%-45%之间。而相对于全国，西部居民消费水平普遍较低，促进消费是保持其经济持续稳定快速增长的内在动力，因此研究西部地区居民消费结构变动趋势，了解居民消费需求，有效扩大消费市场，对促进西部经济增长和协调区域经济发展具有重要意义。

目前，学术界对居民消费结构研究的主要方法是扩展线性支出系统模型和面板数据模型，但都通过研究人均收入与消费之间的关系来探讨各地区消费结构的差异，如：樊茂清，任若恩[1]（2006）运用面板数据模型以可支配收入为自变量研究我国城镇居民消费结构的边际消费倾向以及地区

* 基金项目：贵州省科学技术基金（黔科合J字［2011］2108号）；2014年贵州民族大学科研基金资助项目：校学生科研2014（32）号；贵州省模式识别与智能系统重点实验室建设项目（黔科合J字［2009］4002号）；贵州省“信息处理与模式识别”研究生教育创新基地。

差异对消费结构的影响；胡莲[2]（2010）利用扩展线性支出系统模型分析了我国城镇居民消费的特点和变动趋势。而对居民消费性支出的影响因素，还应包括社会生产力发展水平、居民消费行为和消费习惯、人口社会结构、产业结构等主要因素。本文试图通过影响居民消费的四个因素，即消费者收入水平、地区经济发展水平、居民消费习惯和人口结构（人均劳动力负担系数），建立面板数据模型分析西部城镇居民的消费结构的变动趋势。

2. 消费结构面板数据模型构建

2.1 数据来源

张新起，景文宏，周潮[3]（2012）在研究人口结构对经济增长的影响时，提出以在职劳动人口数占总人口的比例来代替人口结构构造生产函数的计量模型，结果证明人口结构对经济增长具有副作用。于婧[4]（2013）在对影响河北省农民非农收入影响因素的实证分析中指出，劳动力负担系数对其具有消极的影响。因此，劳动力负担系数作为衡量某一地区的劳动负担程度对消费支出具有潜在的影响。本文采用的数据为西部地区10个省份2000-2012年的城镇居民家庭的每年人均消费性支出，包括食品 $y^{(1)}$ 、衣着 $y^{(2)}$ 、居住 $y^{(3)}$ 、家庭设备用品及服务 $y^{(4)}$ 、医疗保健 $y^{(5)}$ 、交通和通讯 $y^{(6)}$ 、娱乐教育文化服务 $y^{(7)}$ 及杂项商品和服务 $y^{(8)}$ ，人均可支配收入 $x^{(1)}$ ，人均地区生产总值 $x^{(2)}$ 以及人均劳动力负担系数 $x^{(3)}$ 。其中人均地区生产总值用来衡量地区的经济发展水平，人均劳动力负担系数指年末未就业人口数与就业人口数的比值。而用各项消费支出的前一期的消费 $x^{(4)}$ 作为居民消费习惯对消费支出的影响指标。

以上数据均来源于中国统计年鉴，其中劳动力负担系数=（年末常住人口数-年末就业人口数）/年末就业人口数。这里由于中国统计年鉴中2006年、2011年以及2012年的年末人口数缺失，而各地区的年末人口数统计口径与中国统计年鉴不一样，因此，本文根据各省统计年鉴的人口年增长率计算出2006年、2011年以及2012年的年末人口数。

2.2 模型构建

首先为各项消费支出建立面板数据模型的一般形式：

$y_{it}=\alpha_{it}+X_{it}^{'}\beta_{it}+\varepsilon_{it}\qquad i=1，2，3，\cdots，10，t=2000，2001，\cdots，2012$

式中，y_{it} 为 i 地区城镇居民在 t 时间的消费支出；$X_{it}=(x_{it}^{(1)}，x_{it}^{(2)}，x_{it}^{(3)}，x_{it}^{(4)})$ 为影响消费支出的 4 个变量，$\beta_{it}=(\beta_{it}^{(1)}，\beta_{it}^{(2)}，\beta_{it}^{(3)}，\beta_{it}^{(4)})'$ 为参数向量；ε_{it} 为随机扰动项，满足计量经济模型的基本假设 $\varepsilon_{it}\sim IIDN(0，\sigma_{\varepsilon}^{2})$。

面板数据模型通常分为混合模型、固定效应模型和随机效应模型，因此建立模型时分别对各项消费模型进行 *LR* 检验和 Hausman 检验，由检验结果可知，模型设定为固定效应模型。模型形式为：

$y_{it}=\alpha_{i}+X'_{it}\beta+\varepsilon_{it}\qquad i=1，2，3，\cdots，10；\ t=2000，2001，\cdots，2012$

式中，α_i 指对不同个体，其截距项是不同；$\beta=(\beta_1，\beta_2，\cdots，\beta_4)'$ 即对于不同个体回归系数相同。

3. 实证分析

分别对居民的各项生活消费支出建立固定效应变截距模型[5]，为了消除面板数据个体间存在异方差和序列相关性，在用 EViews6.0[6] 拟合模型时，运用“Cross-section SUR”进行加权。经整理得到各地区各项支出的结截距见表 1 和各项消费性支出影响因素的影响系数见表 2，从表 2 的结果中可知，模型的决定系数 R^2 均达 0.97 以上，D.W. 检验值接近于 2，说明各模型的拟合程度较好且各残差序列不相关，即模型可行。

表 1　变截距模型中各地区居民各项消费性支出的截距

	食品	衣着	居住	家庭设备用品及服务	医疗保健	交通和通讯	娱乐教育文化服务	杂项商品和服务
重庆	695.24	-143.94	213.69	16.01	48.22	-740.25	-339.75	-110.60
四川	785.84	-228.27	201.78	-9.38	-25.46	-711.16	-425.07	-89.89
贵州	577.76	-200.86	160.73	-33.66	-32.95	-773.16	-419.34	-108.52
云南	703.07	-240.24	120.48	-130.28	28.32	-761.76	-570.50	-158.96

续表

	食品	衣着	居住	家庭设备用品及服务	医疗保健	交通和通讯	娱乐教育文化服务	杂项商品和服务
西藏	1052.27	-233.27	107.53	-138.64	-128.66	-891.14	-772.81	-80.53
陕西	556.01	-250.64	232.96	-49.14	44.75	-878.71	-380.88	-116.85
甘肃	556.73	-178.45	230.08	-51.70	43.70	-880.03	-496.63	-106.56
青海	513.09	-269.46	210.18	-62.78	-7.14	-897.77	-591.52	-135.65
宁夏	387.04	-220.48	247.09	-56.45	23.43	-796.94	-528.42	-103.48
新疆	699.79	-268.16	231.98	-109.24	-64.00	-1169.5	-852.72	-179.86

表1中截距项分别代表了各地区对各项消费支出的平均消费水平，可看出西部地区城镇居民在食品和居住这两项消费性支出的平均消费水平皆为正值，且食品消费水平较大，说明西部地区城镇居民基本生活消费已达到饱和，其中西藏地区的人均食品消费水平最大，这与西藏地区的恩格尔系数一致；衣着、交通和通讯、娱乐教育文化服务、杂项商品和服务的平均消费水平皆为负值，说明西部城镇居民在这几项享受型消费支出具有很大的消费潜力，尤其在交通和通讯、娱乐教育文化服务这两方面的消费潜力更大。医疗保健的支出在西部各地区出现较大差异，西藏地区医疗消费水平最低。

表2 西部城镇居民各项消费性支出影响因素的影响系数

	β_1	β_2	β_3	β_4	R^2	D.W.
食品	0.149***	0.012***	-305.315***	0.358***	0.998	2.141
衣着	0.040***	0.004**	192.547***	0.604***	0.993	2.026
居住	0.020***	0.002	-69.971**	0.540***	0.981	2.060
家庭设备用品及服务	0.018***	0.003	62.019**	0.605***	0.993	2.155
医疗保健	0.013***	0.004***	74.022***	0.595***	0.983	2.134
交通和通讯	0.097***	-0.018***	608.648***	0.530***	0.993	2.144
娱乐教育文化服务	0.056***	-0.011***	524.446***	0.628***	0.975	2.168
杂项商品和服务	0.014***	0.001***	113.950***	0.536***	0.994	2.137

注：*** 1%显著水平，** 5%显著水平，* 10%显著水平。

在面板数据的回归结果中，从表 1 和表 2 中综合可以看出短期内在所有影响西部地区居民生活消费的因素中，消费习惯对居民生活消费的影响最大，居民的人均可支配收入对居民生活消费的影响次之，而各地区的人均 GDP 对西部居民的影响最小。由于劳动力负担系数在一定程度上具有消极影响，由表 1 和表 2 可以看出其对已经满足消费需求的食品以及对交通和通讯、娱乐教育文化服务等享受型消费支出的影响较大。下面以食品和娱乐教育文化的支出为例解释各影响因素的影响结果：在食品消费方面，人均可支配收入每增加 1%，西部居民在食品方面的消费增加 14.9%，人均 GDP 每增加 1%，西部居民的食品消费增加 1.2%，劳动力负担系数每下降 1%，食品消费下降 3%；在娱乐教育文化消费方面，人均可支配收入每增加 1%，西部居民的消费增加 9.7%，人均 GDP 每增加 1%，娱乐消费减少 1.1%，劳动力负担系数每下降 1%，娱乐消费上升 5.24%。

4. 结论

从以上分析结果可以得出，我国西部地区城镇居民以食品和居住消费为主，随着我国医疗体制的改革，医疗保健方面的消费逐渐占一定比例，而享受型和发展型消费每年都有所增长，但在整体的支出水平上所占的比例相对较少。我国西部地区城镇居民的收入不断上升，地区发展水平也有很大提高，但其对居民的各项消费支出的影响较小，主要原因还是西部地区城镇居民的消费需求没有达到满足，仍处于基本消费向享受型消费发展的过渡期，消费结构有待优化。针对以上分析可对我国西部地区的消费结构提出以下建议：第一，提高西部地区城镇居民的收入水平，收入是消费增加的主要来源；第二，通过投资引进大力发展西部，加快西部地区经济改革力度，提高西部地区的整体经济发展水平。第三，增加劳动密集型产业，降低西部地区城镇居民的劳动负担程度。

参考文献

[1] 樊茂清，任若恩著：《我国城镇居民消费结构的实证研究》，载《统计研究》，2006 年第 12 期，第 23-26 页。

[2] 胡莲著：《我国城镇居民消费结构变动的实证研究》，载《科技创业月刊》，2010 年第 11 期。

[3] 张新起，景文宏，周潮等著：《人口结构对经济增长影响的实证研究》，载《统计与决策》，2012 年第 10 期，第 139-141 页。

[4] 于婧著：《河北省农民非农收入影响因素实证分析》，载《石家庄铁道大学学报》（社会科学版），2013 年第 4 期，第 24-28 页。

[5] 张洛民，刘璇著：《中国各地区城镇居民消费函数的面板数据分析》，载《统计与决策》，2009 年第 1 期，第 106-108 页。

[6] 易丹辉著：《数据分析与 EViews 应用》，中国人民大学出版社，2002 年版。

中国外汇储备增长影响因素实证分析

曾红艳　田景仁
（贵州民族大学商学院，贵阳 550025）

一、引言

20 世纪 90 年代末以来，世界整体呈现外汇储备高增长格局，进一步而言，在这一轮的外汇储备高增长中，中国的现象尤为明显。表现为：从 1994 年开始，中国外汇储备规模出现持续、快速、大幅度增加；2001 年以后这一现象更加凸显，中国外汇储备规模从 2001 年的 1655.74 亿美元激增至 2012 年的 33115.89 亿美元，每年平均增加约 2961 亿美元，这 11 年来外汇储备规模增长了 20 倍多。其中即使是在次贷危机发生的 2007 年中，中国外汇储备规模仍然呈现的是迅猛增加态势，这一年增加额为 4619.05 亿美元，相当于 2007 年每天增长 12.65 亿美元。且在世界经济处于动荡的 2013 年中，中国外汇储备规模更是高达 3.82 万亿美元，比 2012 年末增长了 5097 亿美元，年增幅创出历史新高，规模也再创历史新高，见图 1。针对这一现象，国内外学者从不同的角度进行分析研究，本文结合已有的研究文献，采用协整分析方法对中国外汇储备增长因素进行实证分析。

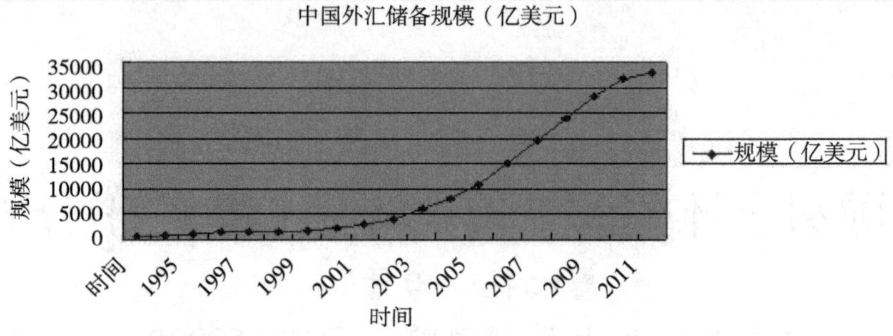

图1　中国外汇储备规模

资料来源：中国投资咨询网．http：//www. ocn. com. cn/info/201401/weihui160931. shtml.

二、变量选择与模型设定

（一）模型变量选择

1. 外汇储备余额。以外汇储备余额作为本文研究中国外汇储备持续增长的被解释变量。

2. 进口总额。购买外国的货物商品与服务是外汇储备最基本的功能之一，因而一国进口规模会对该国外汇储备余额的变化产生重要影响。由此本文将选取进口总额作为一个影响中国外汇储备增长因素来进行研究。

3. 出口总额。通过分析中国历年国际收支平衡表，货物贸易是经常项目顺差的主要贡献者，是中国外汇储备增长最主要来源。因此本文将选取中国出口总额作为中国外汇储备增长的影响因素来进行分析。

4. 外国直接投资余额。外国直接投资一般是使用外汇进行投资，所以它是一国外汇储备形成的一个重要渠道。中国历年国际收支平衡表显示：外国直接投资余额是资本与金融项目下呈长期顺差状态的主要贡献者，是中国外汇储备来源一个重要渠道。因此本文将中国的外国直接投资余额作为分析中国外汇储备增长的影响因素。

5. 短期外债余额。偿还债务是一国外汇储备重要的基本功能之一，且外汇储备余额为该国进行外债融资的信用担保。所以在国际上，长时间以来一国外债规模用来评测该国外汇储备适度规模的一个参考标准。由此本文将选取短期外债余额作为中国外汇储备增长影响因素来考虑。

6. 货币供应量。一般情形，货币供应量与一国经济增长呈正向关系，且中国经济增长中外向型经济贡献度较大。所以本文选取广义货币 M2 作为中国外汇增长影响因素。

7. 国内生产总值。出口导向型经济体，外汇储备增长与经济增长有着密切的关系。20 世纪 90 年代至今，中国经济一直持续快速地增长，因此本文将它作为中国外汇储备增长的影响因素。

8. 人民币与美元的名义汇率水平。长期以来，一国汇率水平与该国外汇储备有着紧密关系，且在中国外汇储备资产中美元资产的份额最大。所以本文将直接标价法下的人民币对美元的名义汇率也作为中国外汇储备持续增长的一个影响因素。具体变量设定表 1 所示。

表 1　变量代码及解释

变量代码	定义	变量代码	定义
fer	外汇储备余额	lnfer	外汇储备余额对数值
ex	出口总额	lnex	出口总额额对数值
im	进口总额	lnim	进口总额对数值
fdi	外国直接投资余额	lnfdi	外国直接投资余额对数值
sd	短期外余额	lnsd	短期外债余额对数值
m2	广义货币余额	lnm2	广义货币余额对数值
gdp	国内生产总值	lngdp	人民币与美元名义汇率（直接标价法）对数值
ferr	人民币与美元名义汇率（直接标价法）	lnferr	

（二）模型设定

综上所述本文将选取出口总额、进口总额、外国直接投资余额、短期外债余额、广义货币余额、国内生产总值、人民币对美元名义汇率这七个指标作为影响中国外汇储备增长的变量。为了统一模型总变量的量纲，本文将采用取对数的方法，即对模型所有变量取对数。由此本文进行协整分析的模型如式（1）式所示。

$$\ln fer = f(\ln ex, \ln im, \ln fdi, \ln sd, \ln m2, \ln gdp, \ln ferr) \quad (1)$$

三、实证分析

数据分别来源于中国经济数据库与国家统计局网站。模型中各变量均为年份数据，其中研究的样本区间为 1990 年—2012 年，使用的软件为 eviews6. 0。

（一）单位根检验

各变量需具有相同的单整阶数是可以进行协整分析的前提。因此本文首先需要对上表 1 中七个时间变量进行单位根检验。其中进行单位根检验的方法是 ADF 方法，选取确定的滞后期数是使用 SC 信息准则，其检验结果为表 2 所示，从表 2 中可以得知模型中这八个原变量均不平稳，但各变量进行差分后大部分表现为平稳，由此说明模型中这八个变量中除了货币供给都具有一阶单位根或者称为其为一阶单整序列 I（1），货币供给变量是具有二阶单位根。依据协整分析理论，可以选取这八个变量中七个变量进行协整关系检验。

表 2　变量单位根检验

变量	ADF 检验值	结论	变量	ADF 检验值	结论
lnfdi	-2. 44	不平稳	Dlnfdi	-3. 65	平稳
lnfer	-0. 19	不平稳	Dlnfer	-5. 01	平稳
lnferr	-2. 6	不平稳	dlnferr	-4. 07	平稳
lnim	1. 1	不平稳	Dlnim	-3. 44	平稳
lnsd	-0. 12	不平稳	Dlnsd	-5. 22	平稳
lnex	-0. 13	不平稳	Dlnex	-4. 48	平稳

续表

变量	ADF 检验值	结论	变量	ADF 检验值	结论
lngdp	0. 90	不平稳	Dlngdp	-5. 65	平稳
lnm2	-0. 90	不平稳	dlnm2	-0. 94	不平稳

（二）协整关系的检验

本文进行协整关系的检验是使用 Johansen 极大似然的检验法。检验结果为表 3 所示，我们从表 3 中可以得出：出口总额、外汇储备余额、进口总额、外国直接投资余额、国内生产总值、短期外债余额和人民币对美元的名义汇率水平这七个变量之间具有 5 个协整的关系，由此本文可以对这七个变量进行协整分析。

表 3　变量协整关系检验

协整方程个数	迹统计量	5%临界值	Prob
0	344. 00	111. 78	0. 00
1	173. 84	83. 93	0. 00
2	111. 68	60. 06	0. 00
3	68. 21	40. 17	0. 00
4	40. 21	24. 27	0. 00
5	16. 25	12. 32	0. 00
6	2. 35	4. 13	0. 15

（三）实证结果

对外汇储备余额、出口总额、进口总额、外国直接投资余额、短期外债余额和人民币对美元的名义汇率这七个变量进行协整分析，可以得到协整方程（2）式。

$\ln fer = 1.478\ln fdi - 1.216\ln ex + 4.940 ferr - 3.246\ln im + 2.569\ln sd +$

$1.798gdp$ (2)

从协整方程（2）式中本文可以得出，意味着这七个变量在长期中是存在如所预想的稳定的线性关系。因此可以认为这六个变量对中国外汇储备的增长具有显著的影响。下面将进一步分析这些变量对中国外汇储备余额的长期影响与关系。

1. 外国直接投资余额与外汇储备余额正相关，符合常规的经济活动。因为一般来说外国直接投资增加，会增加非储备型货币国家的外汇储备规模。中国现象更是凸显，长期以来，外国直接投资是中国资本项目呈长期顺差状态的主要贡献者。

2. 出口总额对中国外汇储备余额具有负向影响，与经济活动常识不符合。因为当出口总额增加时，出口企业可以从国外获得更多外汇。在中国长期以来要求出口企业将大部分外汇必须卖给指定银行的外汇管理制度下，银行将会获得大量外汇后又将卖给中国人民银行，这样中国外汇储备余额将会呈现长期增长的状态。此实证结果本文的解释为：中国外汇储备增长债务性的渠道在增加，削弱了传统的出口总额与外汇储备增长的正向关系，甚至转向为逆反关系。

3. 直接标价法下的人民币对美元的名义汇率水平对外汇储备余额具有正向影响，符合预期。因为，人民币对美元名义汇率是直接标价法，其数值上升表示人民币币值贬值，（2）式中 4.940 的系数表明人民币贬值 1%，中国外汇储备规模将增加 4.940%。

4、进口总额与外汇储备余额的关系为负向型，符合传统的经济原理。因为当进口量增加时，将需要使对外支付更多的外汇，会消耗一国持有的外汇储备。因此进口量增加将会减少一国持有的外汇储备规模。

5. 外债余额与外汇储备增长呈现为正向关系，符合事先预期。因为中国在经济发展过程中，政府一直在加强基础设施的建设，在大多数年份出现了国家财政赤字，在这些赤字中将会采取向外借债来进行融资。因此，一方面外债增加会最终体现为外汇储备规模增加，另一方面，为了外债债务能够按时的偿还，特别是要满足借款期限较短的短期外债的偿还，是需要充足流动性的外币资产做准备的，这意味着中国外债的增加，需要更多的偿债准备金。因此短期外债与中国持有的外汇储备规模具有同向关系。

6. 国内生产总值与外汇储备余额具有正向关系，符合事先预期。因为中国这一轮经济增长是依托于中国参与经济的全球化，属于外向型经济，所以中国经济增长必定带来外汇储备的增长。

四、研究结论及政策建议

（一）研究结论

本文对中国外汇储备持续增长的影响因素进行实证分析的方法是协整分析，其中实证结果表明中国外汇储备增长或减少与进口总额、外国直接投资余额、短期外债余额、出口总额和人民币与美元的名义汇率水平、国内生产总值这六个因素之间存在长期的协整关系。在长期中国内生产总值的增加、短期外债余额的增加、外国直接投资增加、人民币与美元的名义汇率水平上升与中国外汇储备增长具有明显的正向作用；而进口量提升与人民币币值的升值对外汇储备增长具有显著的负向影响；最值得引入思考的是中国出口总额与外汇储备余额的负向关系，与预期有所不同，本文对其的解释为：中国外汇储备增长债务性的渠道在增加，削弱了传统的出口总额与外汇储备的同向关系，甚至转向为逆反关系。

（二）政策建议

首先，改变经济增长方式，亦即对产业进行升级。长期以来中国经济的增长依赖出口，且中国出口产业处于全球生产链与价值链的中偏低端。可以说中国急速增长的外汇储备是建立在巨大环境成本与低廉的劳动力基础上的。通过产业升级来促进中国经济增长方式的改变，一方面既可以发展中国高新科技产业，另一方面可以提升国内内需对中国经济增长的贡献，这样从根本上解决中国因持有庞大规模外汇储备而产生的一系列问题。

其次，加快国内金融市场改革。中国长期以来呈现的是外汇储备高增长，与此同时外债规模也在快速增长。其中中国外汇储备投资对象主要是美国国债等低收益证券，而国外投资者在中国投资获取接近10%的收益率①。所以中国长期处于一种源于外债增加而形成的外汇储备增长，且同时中国持有其的成本剧增的尴尬局面。通过加快国内金融市场的改革，增加国内的金融供给，这样能减缓源于外债规模增加而形成的外汇储备增长。

第三，加强对外资流入与流出监管。长期以来，外资流入中国后，部分分流到实体产业成为外商直接投资（FDI），另一部分流入虚拟经济而进行炒作，亦即扮演“热钱”的角色。通过对外资的监管，对外资进行合理与科学的引导，一方面可以促进中国产业升级，且另一方面有利于减轻外资对国内金融市场的干扰，利于中国金融市场的改革。

参考文献

[1] Aizenman, Joshua and Daniel Riera-Crichton. Real Exchange Rate and International Reserves in the Era of Growing Financial and Trade Integration, NBER Working Paper 2007 No. 12363.

[2] Jeanne O and R. Ranciere. The Optimal Level of International Reserves for Emerging Market Countries A New Formula and Some Applications [R]. CEPR Discussion Paper 2008 No. 6723.

[3] 巴曙松，朱元倩著：《基于可加模型的外汇储备影响因素的实证分析》，载《金融研究》，2007年第11期。

[4] 吴丽华著：《我国外汇储备适度规模的分析和测算》，载《厦门大学学报》（哲学社会版），2009年第2期。

[5] 段洁新，王志文，陈丹等著：《我国外汇储备规模的影响因素分析》，载《武汉金融》，2013年第8期。

① 用中国经济增长率粗略代表国外投资者在中国投资的收益率水平。

股票交易中单均线价格预测有效性比较

高　伟
（贵州民族大学理学院　贵州　贵阳　550025）

一、引言

在统计学的时间序列预测方法中，我们往往使用一组具有时间序列的统计数据对未来某个统计指标做出预测分析。在股价预测上也有不少研究者使用此方法研究。考虑到某日的股价涨跌均具有较强的随机性，在实务交易中基本不会采用单日股价的时间序列数据来进行分析和预测，而往往采用多日股票价格的均价线来辅助交易。

目前，在股票交易思想中并不存在使用某根单一均线来进行股票价格预测的思想，而是经常使用不同长短周期均线相关关系的来进行交易的思想方法，其中最为出名的就是“格兰维尔移动均线法则”[1]。事实上从统计角度而言，我们可以将前者是对后者进行统计分析时的预备或基础。

本文将在以下部分分别对长短不同的各周期移动均线值进行时间序列分析，以便对股票交易实务中单均线股价预测的有效性进行比较，为下一步多均线联用的统计分析做一些技术准备。

二、统计思想概述

1. 采用价格均线预测的原因

以往在股价预测时，众多研究者都使用每日的收盘价格数据，但是经交易实践验证，每日的股价变动随机性较大，因此，使用单日的收盘价序列数据预测，其准确率高低并不稳定。在实盘交易中，准确率忽高忽低不稳定就意味着风险较大，盈亏不稳定。因此，这一预测结果在实际交易中并没有太大的用处。

因移动平均线是将多日的收盘价格进行移动平均，随时间推移逐渐递补新数据，始终以不变周期数计算最近多日收盘均价，将每个移动均价数据在统计图上依时间顺序描出后而连接成的统计图线，所以在一定程度上能有效消除因单日收盘数据随机性过大造成的预测准确性不稳定的因素。

2. 移动平均线指标的计算[1]

在移动均线指标中，按计算方法不同有算数移动均线、加权移动平均线、指数平滑移动平均线三类。为简便起见，本文使用计算方法最为简单的算数移动平均线。

所谓算数移动平均线，是指在计算移动均线的过程中，使用算数平均的方法计算多日股价收盘价移动平均数。即：$MA(N)_i = \frac{(x_{i-N+1} + x_{i-N+2} + \cdots + x_{i-1} + x_i)}{N}$（i≥N），其中，MA为移动平均值，N为移动平均值计算周期，X_i为第i日的收盘价。其计算结果因实际交易中最小计价单位约束，四舍五入只保留到小数点后两位。

例如：某股股价连续20日的收盘价为，8.00，8.05，8.16，8.42，8.07，8.15，8.07，8.84，8.10，8.40，9.10，9.20，9.10，8.95，8.70，9.12，9.35，9.44，9.80，10.28；

那么，如果要计算5日移动平均线值即MA（5），则有：第五天的5日移动均值MA（5）$_5$=（8.00+8.05+8.16+8.42+8.07）/5=8.14，第六天的 5 日移动均值 MA（5）$_6$=（8.05+8.16+8.42+8.07+8.15）/5=8.17，第七天的 5 日移动均值 MA（5）$_7$=（8.16+8.42+8.07+8.15+8.07）/5=8.17，第八天的 5 日移动均值 MA（5）$_8$=（8.42+8.07+8.15+8.07+8.84）/5=8.31，

第九天的 5 日移动均值 MA（5）$_9$=（8.07+8.15+8.07+8.84+8.10）/5=8.25……

如果要计算 10 日移动平均线值即 MA（10），则有：

第十天的 10 日移动均值 MA（10）$_{10}$=（8.00+8.05+8.16+8.42+8.07+8.15+8.07+8.84+8.10+8.40）/10=8.23，第十一天的 10 日移动均值 MA（10）$_{11}$=（8.05+8.16+8.42+8.07+8.15+8.07+8.84+8.10+8.40+9.10）/5=8.34，第十二天的 10 日移动均值 MA（10）$_{12}$=（8.16+8.42+8.07+8.15+8.07+8.84+8.10+8.40+9.10+9.20）/5=8.45

……

如果要计算 20 日移动平均线值即 MA（20），则有：

第二十天的 20 日移动均值 MA（20）$_{20}$=（8.00+8.05+8.16+8.42+8.07+8.15+8.07+8.84+8.10+8.40+9.10+9.20+9.10+8.95+8.70+9.12+9.35+9.44+9.80+10.28）/5=8.77

3. ARIMA 模型简介[2]

所谓 ARIMA 模型，是指将非平稳时间序列转化为平稳时间序列，然后将因变量仅对它的滞后值以及随机误差项的现值和滞后值进行回归所建立的模型。ARIMA 模型根据原序列是否平稳以及回归中所含部分的不同，包括移动平均过程（MA）、自回归过程（AR）、自回归移动平均过程（ARMA）以及 ARIMA 过程。模型 ARIMA（p，d，q）中的参数 p 为自回归项，q 为移动平均项数，d 为时间序列成为平稳时所做的差分次数。

使用 ARIMA 模型进行预测的一般步骤如下：

（一）根据时间序列的散点图、自相关函数和偏自相关函数图以 ADF 单位根检验其方差、趋势及其季节性变化规律，对序列的平稳性进行识别。一般来讲，经济运行的时间序列都不是平稳序列。

（二）对非平稳序列进行平稳化处理。如果数据序列是非平稳的，并存在一定的增长或下降趋势，则需要对数据进行差分处理，如果数据存在

异方差，则需对数据进行技术处理，直到处理后的数据的自相关函数值和偏相关函数值无显著地异于零。

（三）根据时间序列模型的识别规则，建立相应的模型。若平稳序列的偏相关函数是截尾的，而自相关函数是拖尾的，可断定序列适合 AR 模型；若平稳序列的偏相关函数是拖尾的，而自相关函数是截尾的，则可断定序列适合 MA 模型；若平稳序列的偏相关函数和自相关函数均是拖尾的，则序列适合 ARMA 模型。

（四）进行参数估计，检验是否具有统计意义。

（五）进行假设检验，诊断残差序列是否为白噪声。

（六）利用已通过检验的模型进行预测分析。

4. 单均线价格预测有效性判定标准

按照交易实务中参数设置的惯例，本文的移动均线周期参数分别设置为 5 天、10 天、20 天、30 天、60 天、120 天、250 天。使用移动均线数据可以用最大程度上降低单日价格波动的随机性影响。因计算移动平均值时所采用的的周期性越大，则移动均线的图形越平缓，价格趋势也越稳定。但相应地，因为在原始数据的基础上，经过移动平均也会丢失部分信息，相对来说，计算移动平均周期越长，丢失的信息也可能越多。所以在两个方面的共同影响下，我们也无法判定，使用哪条均线在股票价格预测的准确性上更稳定。

所以，本文将分别针对各周期移动均线值建立时间序列预测模型，最终通过各模型对多日数据的预测值与实际值的离差平方和来确定在单均线价格预测中最稳定的移动平均线的周期数。

三、单均线预测模型的建立

为避免本文方法对于某只股票价格走势特别相合，本文选用了 1990 年以来的上证指数作为分析数据。据新浪财经数据资料（http：//vip. stock. finance. sina. com. cn/corp/go. php/vMS _ MarketHistory/stockid/000001/type/S. phtml）的上证综合指数日线收盘价格，我们选取了 1990 年

12 月 19 日至 2014 年 9 月 3 日的全部共 5782 个交易日的收盘价（原始数据较大不再在文中附注），并计算出了各周期的移动均线指标值。下面以 5 日移动平均线（MA5）的指标数值为代表来说明建立时间序列模型的基本过程。

（一）平稳性检验

根据上证指数每日收盘价总计可以计算得到 5778 个 5 日移动平均线指标值。根据 MA5 的原始序列图（图 1），我们能发现原始序列有一定的趋势性。因此，我们首先对原始序列 MA5 做平稳性检验。

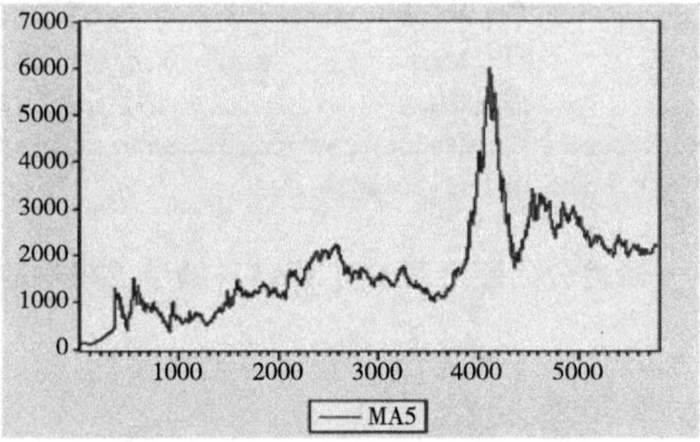

图 1　MA5 原始序列散点图

利用 EVIEWS 软件对原始序列 MA5 进行单位根检验得到图 2，从图中指标显示结果来看，原始序列 MA5 在即使 10%的概率下也无法拒绝存在单位根的原假设，即我们可以认为 MA5 存在单位根、不平稳。

Augmented Dickey-Fuller Unit Root Test on MA5

Null Hypothesis: MA5 has a unit root
Exogenous: Constant
Lag Length: 32 (Automatic based on SIC, MAXLAG=33)

		t-Statistic	Prob.*
Augmented Dickey-Fuller test statistic		-2.090937	0.2485
Test critical values:	1% level	-3.431308	
	5% level	-2.861848	
	10% level	-2.566976	

*MacKinnon (1996) one-sided p-values.

图 2　MA5 序列的单位根检验结果

对于本身不平稳的原序列 MA5，我们对其进行一阶差分再次检验，如图 3。从图中我们可以观察到一阶差分后的序列已经能在 1%的水平下拒绝存在单位根的原假设了，即我们可以认为一阶差分后的序列已经平稳了。

Augmented Dickey-Fuller Unit Root Test on D(MA5)

Null Hypothesis: D(MA5) has a unit root
Exogenous: Constant
Lag Length: 31 (Automatic based on SIC, MAXLAG=33)

		t-Statistic	Prob.*
Augmented Dickey-Fuller test statistic		-11.98607	0.0000
Test critical values:	1% level	-3.431308	
	5% level	-2.861848	
	10% level	-2.566976	

*MacKinnon (1996) one-sided p-values.

图 3　一阶差分后新序列 D（MA5）的单位根检验结果

（二）模型选择和参数估计

由于本文的主要目的是比较单根移动平均线在股票交易实务中的预测有效性，在实务交易过程中最新收盘价数据很容易就能得到，且随着股价每日运行原趋势随时都有可能打破，新趋势随时都可能产生，因此每添加一个新数据模型就需要重新拟合一次，而且在实务中我们也仅用其来预测下一个交易日的数据，因此我们在建模过程中并不需要单独留出额外数据以备预测使用。

由一阶差分序列的自相关与偏自相关函数，利用 B-J 法，初步建立 ARIMA（1，1，1）模型，根据输出（图 4）结果分析，由于常数项明显未通过检验，所以剔除常数项再次拟合（图 5）。

Dependent Variable: D(MA5)
Method: Least Squares
Date: 10/07/14 Time: 14:12
Sample (adjusted): 3 5778
Included observations: 5776 after adjustments
Convergence achieved after 6 iterations
Backcast: 2

Variable	Coefficient	Std. Error	t-Statistic	Prob.
C	0.374814	0.661089	0.566965	0.5708
AR(1)	0.769302	0.010290	74.76421	0.0000
MA(1)	0.129368	0.015968	8.101573	0.0000

R-squared	0.664205	Mean dependent var	0.368061
Adjusted R-squared	0.664088	S.D. dependent var	17.70827
S.E. of regression	10.26334	Akaike info criterion	7.495552
Sum squared resid	608105.2	Schwarz criterion	7.499012
Log likelihood	-21644.15	F-statistic	5709.510
Durbin-Watson stat	1.995332	Prob(F-statistic)	0.000000

图 4　ARIMA（1，1，1）模型拟合结果

Dependent Variable: D(MA5)
Method: Least Squares
Date: 10/07/14 Time: 15:11
Sample (adjusted): 3 5778
Included observations: 5776 after adjustments
Convergence achieved after 6 iterations
Backcast: 2

Variable	Coefficient	Std. Error	t-Statistic	Prob.
AR(1)	0.769420	0.010286	74.80510	0.0000
MA(1)	0.129312	0.015966	8.099459	0.0000

R-squared	0.664186	Mean dependent var	0.368061
Adjusted R-squared	0.664128	S.D. dependent var	17.70827
S.E. of regression	10.26273	Akaike info criterion	7.495262
Sum squared resid	608139.0	Schwarz criterion	7.497568
Log likelihood	-21644.32	Durbin-Watson stat	1.995341

图 5　剔除常数项后的 ARIMA（1，1，1）模型拟合结果

从拟合结果来看模型的可决系数 R^2 仅为 0.66，可以考虑加大模型阶数对序列进行拟合。经多次尝试，模型 ARIMA（4，1，5）的可决系数 R^2 为 0.816，AIC 值也最小，明显优于其他模型（图 6），因此，就该模型的残差进行 Q-检验，以便判断残差是否是白噪声（图 7）。

Dependent Variable: D(MA5)
Method: Least Squares
Date: 10/07/14 Time: 15:40
Sample (adjusted): 6 5778
Included observations: 5773 after adjustments
Convergence achieved after 18 iterations
Backcast: OFF (Roots of MA process too large)

Variable	Coefficient	Std. Error	t-Statistic	Prob.
AR(1)	1.026109	0.013148	78.04113	0.0000
AR(2)	-0.042816	0.018817	-2.275385	0.0229
AR(3)	0.081380	0.018813	4.325719	0.0000
AR(4)	-0.066051	0.013093	-5.044843	0.0000
MA(1)	-0.002831	0.000619	-4.575504	0.0000
MA(5)	-0.998705	0.000619	-1614.317	0.0000

R-squared	0.816718	Mean dependent var	0.366477
Adjusted R-squared	0.816559	S.D. dependent var	17.71272
S.E. of regression	7.586362	Akaike info criterion	6.891620
Sum squared resid	331907.5	Schwarz criterion	6.898543
Log likelihood	-19886.66	Durbin-Watson stat	2.007208

图 6 剔除常数项后的 ARIMA（4，1，5）模型拟合结果

Correlogram of Residuals

Autocorrelation	Partial Correlation		AC	PAC	Q-Stat	Prob
		1	-0.004	-0.004	0.0792	
		2	0.001	0.001	0.0813	
		3	-0.001	-0.001	0.0920	
		4	0.039	0.039	8.7242	
		5	-0.012	-0.012	9.5885	
		6	-0.015	-0.015	10.941	
		7	0.017	0.017	12.629	0.000
		8	-0.059	-0.061	32.982	0.000
		9	-0.026	-0.026	37.024	0.000
		10	0.030	0.031	42.254	0.000
		11	0.041	0.040	52.217	0.000
		12	0.031	0.037	57.936	0.000
		13	0.044	0.046	69.157	0.000
		14	0.008	0.003	69.515	0.000
		15	0.074	0.074	101.36	0.000
		16	-0.005	-0.007	101.49	0.000
		17	-0.013	-0.019	102.47	0.000
		18	0.044	0.048	113.56	0.000
		19	-0.044	-0.043	124.60	0.000
		20	-0.025	-0.020	128.30	0.000
		21	-0.016	-0.008	129.79	0.000
		22	0.016	0.008	131.26	0.000

图 7 剔除常数项后的 ARIMA（4，1，5）残差 Q 检验结果

经过检验，我们可以看到模型 ARIMA（4，1，5）的残差序列属于白噪声过程，因此相对其他模型而言，该模型适合用来拟合上证综合指数的 5 日移动平均线 MA5 的短期趋势。

我们用同样的方法得到以下对于各周期移动平均线的优化拟合模型：

Dependent Variable: D(MA10)
Method: Least Squares
Date: 09/26/14 Time: 14:12
Sample (adjusted): 6 5773
Included observations: 5768 after adjustments
Convergence achieved after 16 iterations
Backcast: OFF (Roots of MA process too large)

Variable	Coefficient	Std. Error	t-Statistic	Prob.
C	0.302657	0.125761	2.406607	0.0161
AR(1)	1.026721	0.013199	77.78823	0.0000
AR(2)	-0.043044	0.018860	-2.282313	0.0225
AR(3)	0.081646	0.018829	4.336179	0.0000
AR(4)	-0.067032	0.013129	-5.105744	0.0000
MA(1)	-0.002591	0.001188	-2.181036	0.0292
MA(10)	-0.997584	0.001185	-842.1043	0.0000

R-squared	0.910539	Mean dependent var	0.364776
Adjusted R-squared	0.910446	S.D. dependent var	12.67270
S.E. of regression	3.792371	Akaike info criterion	5.505073
Sum squared resid	82855.13	Schwarz criterion	5.513155
Log likelihood	-15869.63	F-statistic	9772.689
Durbin-Watson stat	2.006796	Prob(F-statistic)	0.000000

10 日移动均线拟合模型：

Dependent Variable: D(MA20)
Method: Least Squares
Date: 09/26/14 Time: 14:41
Sample (adjusted): 22 5763
Included observations: 5742 after adjustments
Convergence achieved after 13 iterations
Backcast: OFF (Roots of MA process too large)

Variable	Coefficient	Std. Error	t-Statistic	Prob.
AR(1)	1.010317	0.002715	372.0565	0.0000
AR(20)	-0.010305	0.002716	-3.794545	0.0001
MA(1)	-0.003859	0.001533	-2.517699	0.0118
MA(20)	-0.997335	0.001538	-648.3950	0.0000

R-squared	0.959879	Mean dependent var	0.364873
Adjusted R-squared	0.959858	S.D. dependent var	9.506071
S.E. of regression	1.904582	Akaike info criterion	4.127098
Sum squared resid	20814.20	Schwarz criterion	4.131735
Log likelihood	-11844.90	Durbin-Watson stat	1.975165

20 日移动均线拟合模型：

Dependent Variable: D(MA30)
Method: Least Squares
Date: 10/18/14 Time: 11:29
Sample (adjusted): 3 5753
Included observations: 5751 after adjustments
Convergence achieved after 9 iterations
Backcast: OFF (Roots of MA process too large)

Variable	Coefficient	Std. Error	t-Statistic	Prob.
AR(1)	0.999373	0.000331	3015.274	0.0000
MA(30)	-0.996883	0.001694	-588.4818	0.0000

R-squared	0.974550	Mean dependent var	0.362142
Adjusted R-squared	0.974545	S.D. dependent var	7.962853
S.E. of regression	1.270441	Akaike info criterion	3.316952
Sum squared resid	9278.997	Schwarz criterion	3.319267
Log likelihood	-9535.896	Durbin-Watson stat	1.957536

30 日移动均线拟合模型：

Dependent Variable: D(LOG(MA60))
Method: Least Squares
Date: 09/26/14 Time: 15:00
Sample (adjusted): 4 5723
Included observations: 5720 after adjustments
Convergence achieved after 7 iterations
Backcast: -56 3

Variable	Coefficient	Std. Error	t-Statistic	Prob.
AR(1)	1.074361	0.013181	81.50971	0.0000
AR(2)	-0.081937	0.013177	-6.218244	0.0000
MA(60)	-0.578064	0.010641	-54.32418	0.0000

R-squared	0.978827	Mean dependent var	0.000489
Adjusted R-squared	0.978819	S.D. dependent var	0.003845
S.E. of regression	0.000560	Akaike info criterion	-12.13823
Sum squared resid	0.001790	Schwarz criterion	-12.13474
Log likelihood	34718.34	Durbin-Watson stat	2.008690

60 日移动均线拟合模型：

Dependent Variable: D(MA120)
Method: Least Squares
Date: 10/18/14 Time: 11:32
Sample (adjusted): 3 5663
Included observations: 5661 after adjustments
Convergence achieved after 12 iterations
Backcast: OFF (Roots of MA process too large)

Variable	Coefficient	Std. Error	t-Statistic	Prob.
C	0.487891	0.142494	3.423927	0.0006
AR(1)	0.998656	0.000732	1364.425	0.0000
MA(120)	-0.987384	0.003618	-272.8752	0.0000

R-squared	0.995555	Mean dependent var	0.347467
Adjusted R-squared	0.995553	S.D. dependent var	4.823854
S.E. of regression	0.321678	Akaike info criterion	0.569997
Sum squared resid	585.4703	Schwarz criterion	0.573516
Log likelihood	-1610.375	F-statistic	633574.9
Durbin-Watson stat	1.970912	Prob(F-statistic)	0.000000

120 日移动均线拟合模型：

Dependent Variable: D(MA250)
Method: Least Squares
Date: 10/18/14 Time: 17:57
Sample (adjusted): 3 5533
Included observations: 5531 after adjustments
Convergence achieved after 9 iterations
Backcast: OFF (Roots of MA process too large)

Variable	Coefficient	Std. Error	t-Statistic	Prob.
AR(1)	0.999563	0.000295	3383.233	0.0000
MA(1)	-0.013093	0.004706	-2.782204	0.0054
MA(250)	-0.979764	0.004923	-199.0342	0.0000

R-squared	0.998063	Mean dependent var	0.353368
Adjusted R-squared	0.998062	S.D. dependent var	3.568423
S.E. of regression	0.157089	Akaike info criterion	-0.863462
Sum squared resid	136.4148	Schwarz criterion	-0.859872
Log likelihood	2390.903	Durbin-Watson stat	1.958880

250 日移动均线拟合模型：

（三）各模型的预测有效性比较结果

在 EVIEWS 软件对时间序列模型进行预测的时候有动态预测和静态预测两种方式。前者重复使用滞后因变量的预测值，因此是一种真正的多步预测，但正因为这个原因，也使得在新预测值出现时，不能及时对预测结果进行修正；后者采用滞后因变量的实际值计算一步向前的结果。在日常的实际交易过程中，每日的价格数据都能十分及时的得到，所以实际交易中只需要在递补了新数据以后对第二日的交易作出一步预测即可。因此，本文对各周期的单均线拟合模型预测采用静态预测更符合实际需要。

为比较各周期单均线在预测时的有效性，我们将各拟合模型的预测数据范围统一设置为历史数据中第 500 个交易日至本文数据截取日前第 500 日。先将各周期均线对应拟合模型预测值用软件求出，再对软件求出的均线预测值进行转换，将其转换为当日收盘价格的预测值，通过当日收盘价的实际值与预测值的差计算出该周期下均线预测的均方差。将各周期均线预测后对应的均方差做比较，结果如下表。

移动均线周期	均方差	移动均线周期	均方差	移动均线周期	均方差
5 日	7260. 672764	10 日	9. 191747	20 日	0. 003334
30 日	0. 007473	60 日	0. 030072	120 日	3427. 828914
250 日	0. 517093				

在预测有效性比较时，可以依据真实收盘价与各模型收盘价预测值的方差大小来判定。根据马可维茨均方差理论，我们可以得知方差越大对应风险越大，方差越小对应风险越小，因此，根据比较结果，我们可以确定在多周期均线预测有效性排序时，20 日均线最为有效，其次为 30 日均线，再其次为 250 日均线，最后是 10 日均线。至于 5 日均线和 120 日均线，则相对风险最大，有效性最弱。

四、结论

在本文研究中，为避免某一股票走势和本文应用的统计方法特别相合，我们选择了“上证指数”为具体股票的代表，也就是说我们将“上证指数”当做一只股票来看待，因此我们可以根据以上建模分析过程得出以下结论：

1. 对于任何股票都可以使用本方法找到一条或几条最有效的均线作为交易中的买卖依据；

2. 对于本文中“上证指数”这支范例“股票”，我们如果可以将其当做普通股票买卖，那么，短线操作时可以 20 日均线作为操作依据，即当股价从下向上突破 20 日均线时，我们可以买入“上证指数”这支股票，反之股价从上向下跌破 20 日均线时卖出。

3. 对于风险承受能力更强的交易者，短线还可以以 30 日均线作为自己的交易“上证指数”的依据，长线可以以 250 日均线作为自己的交易依据。

4. 对于喜欢短线投机的交易者，应选用风险最大的 5 日均线作为自己的交易依据。

参考文献

[1] 王燕著:《证券投资技术分析》，人民邮电出版社，2013 年版。

[2] 王振龙著:《时间序列分析》，中国统计出版社，1999 年版。

[3] 赵亮著:《股票价格影响因素研究》，载《天津师范大学学报》，2004 年第 2 期。

[4] 董晓芳:《局部线性光滑技术和 ARIMA 模型在股价动态预测中的应用》，载《宁夏大学学报》，2005 年第 4 期。

[5] 刘红梅著:《ARIMA 模型在股票价格预测中的应用》，载《广西轻工业》，2008 年第 6 期。

[6] 赵国顺著:《基于时间序列分析的股票价格趋势预测研究》，厦门大学，2009 年。

统计科学在时代的挑战与机遇
——我的一点思考*

吴有富
（贵州民族大学，550025）

一、统计与大数据

1. 什么是大数据

大数据（big data），或称巨量资料，指的是所涉及的资料量规模巨大到无法透过目前主流软件工具，在合理时间内达到撷取、管理、处理、并整理成为帮助企业经营决策更积极目的的资讯。大数据的 4V 特点：Volume、Velocity、Variety、Veracity。

对于“大数据”（Big data），研究机构 Gartner 给出了这样的定义。“大数据”是需要新处理模式才能具有更强的决策力、洞察发现力和流程优化能力的海量、高增长率和多样化的信息资产。

大数据可分成大数据技术、大数据工程、大数据科学和大数据应用等领域。目前人们谈论最多的是大数据技术和大数据应用。工程和科学问题尚未被重视。大数据工程指大数据的规划建设运营管理的系统工程；大数

* 本文获 2013 年贵州省教育厅教学质量工程项目资助、人文社科基地项目经资助。

据科学关注大数据网络发展和运营过程中发现和验证大数据的规律及其与自然和社会活动之间的关系。

大数据起源于对超市数据的挖掘。最初美国80%的超市顾客都持卡消费。通过分析这80%持卡人的信息，超市可以判断哪些物品或活动更能吸引顾客，从而增加“回头客”的数量。在大数据时代，统计学专业的任务更加艰巨。一个优秀的调查分析师不仅要能处理数据，更要看到数据背后的潜在市场。

2. 大数据的特征

大数据的4特点：第一，数据体量巨大。从TB级别，跃升到PB级别；第二，数据类型繁多。第三，价值密度低。以视频为例，连续不间断监控过程中，可能有用的数据仅仅有一两秒。第四，处理速度快，业界将其归纳为4个“V”——Volume，Variety，Value，Velocity。

3. 大数据的常见处理流程及方法

具体的大数据处理方法其实有很多，整个处理流程可以概括为四步，分别是采集、导入和预处理、统计和分析，以及挖掘。

（1）采集

大数据的采集是指利用多个数据库来接收发自客户端（Web、App或者传感器形式等）的数据，并且用户可以通过这些数据库来进行简单的查询和处理工作。

在大数据的采集过程中，其主要特点和挑战是并发数高，因为同时有可能会有成千上万的用户来进行访问和操作。

（2）导入/预处理

虽然采集端本身会有很多数据库，但是如果要对这些海量数据进行有效的分析，还是应该将这些来自前端的数据导入到一个集中的大型分布式数据库，或者分布式存储集群，并且可以在导入基础上做一些简单的清洗和预处理工作。也有一些用户会在导入时使用来自Twitter的Storm来对数据进行流式计算，来满足部分业务的实时计算需求。

导入与预处理过程的特点和挑战主要是导入的数据量大，每秒钟的导入量经常会达到百兆，甚至千兆级别。

（3）统计/分析

统计与分析主要利用分布式数据库，或者分布式计算集群来对存储于其内的海量数据进行普通的分析和分类汇总等，以满足大多数常见的分析需求，在这方面，一些实时性需求会用到 EMC 的 GreenPlum、Oracle 的 Exadata，以及基于 MySQL 的列式存储 Infobright 等，而一些批处理，或者基于半结构化数据的需求可以使用 Hadoop。统计与分析这部分的主要特点和挑战是分析涉及的数据量大，其对系统资源，特别是 I/O 会有极大的占用。

（4）挖掘

与前面统计和分析过程不同的是，数据挖掘一般没有什么预先设定好的主题，主要是在现有数据上面进行基于各种算法的计算，从而起到预测（Predict）的效果，从而实现一些高级别数据分析的需求。比较典型算法有用于聚类的 K - Means、用于统计学习的 SVM 和用于分类的 Naive Bayest 等。

二、机遇与挑战

统计学本身就是一个横向学科，涉及各个领域。在大数据时代，它更是对应多个职业 。简单地说，统计学就是通过分析数据，研究其中的联系，得出相应的变化规律。在大数据时代，统计学就要将传统文本、图像的统计、分析向数据分析转变。理工农医文，没有一个领域用不到统计学。

1. 统计学科迎来“最好的时期”

大数据研究和应用会带来大量人才需求，这对统计学的发展是一个巨大的利好，可以说，目前统计学发展正处于历史上最好的时期。这几年，从全国范围看，统计学专业毕业生就业状况都不错，今后会更好。

说它是挑战，是因为大数据可能部分颠覆传统的统计方法。比如有人认为，传统的统计方法讲究抽样，但是大数据使得我们可以对接近总量的数据进行分析，这样进行抽样调查的需求就会减少；还有人认为，传统的统计分析注重因果关系，但大数据情况下，只需明确两者之间有关系即可。另外，过去强调分析的准确性，而在大数据情况下，允许存在一定的误差，等等。

我认为，大数据对统计学带来的上述挑战确实存在，但是不会导致传统抽样调查的需求减少。因为大数据虽然数据量很大，但绝大多数情况下这些大样本都不是随机的，推断总体都有系统偏差，因而抽样调查等统计方法仍然是不可取代的。此外，在很多时候，科研和商业应用、科学决策还是需要进行准确的统计分析的。

从人才培养的角度看，统计学在教学内容、教学方法、人才培养模式等方面需要进行变革，以适应大数据时代的人才素质要求，这是统计学科发展面临的另一挑战。

大数据将对教育产生非常深远的影响。目前可以预见的，我想主要有两个方面：一是通过大数据，分析学生成长环境、兴趣爱好、能力特长等，有利于教育者对学生加深了解，有利于因材施教，使得根据学生个人兴趣、特长、能力进行个性化教育成为可能；二是带来教学内容、教学方式方法上的改变，立体化教学、案例教学、互动教学等方式的运用使得教学更加生动，MOOCs（慕课）就是大数据时代教学变革的一个例子。大数据可以促进全世界优质教育资源共享，发挥每个教师的优势特长。大数据将对教育产生一系列的深远影响，不可低估。

2. 大数据带来的问题

在大数据时代，个人的相关数据信息轻易可得，个人隐私越来越不安全。其实不仅仅是个人隐私，包括国家安全和企业的商业机密，也受到很大的威胁。怎么办？我认为对于国家而言，一方面要积极推进数据对外开放，凡是不涉及个人隐私、国家安全和商业机密的数据，都应该公开，这样才能避免形成数据孤岛，充分发掘和利用数据资源；另一方面，在开放数据的同时要加强相关立法，这两个方面是互相补充的，只有这样，才能赶上时代发展的步伐，充分发挥我们这个人口大国、经济大国的数据资源优势。从个人的角度讲，要加强个人信息防护意识，在上网发布相关信息时，要了解哪些是可以发的，哪些是不能发的，以免给自己带来困扰。

三、迎接大数据时代的挑战

1. 加速顶层设计

（1）应加制定套政策

为了适应大数据时代的需要，学校要从社会需求的角度出发，制定相应的鼓励政策。对于大数据产业项目，应给培育，给予实实在在的支持；要组建与大数据相关的实验平台。对于大数据产业人才，应加大引进力度。

（2）加强协作平台建设

应成立大数据研究所（或教研室），协调相关工作。加强与相关企业、社会的协同，利用国内外和省内外的优势力量。目前，大数据发展还面临着不少问题和挑战，比如对数据资源及其价值的认识还不够、数据资源建设滞后、技术创新支撑能力不足、信息安全和数据管理体系尚未建立等，这些问题均需要协同来解。

（3）加强宣传

定位好后，人们接受和支持还有一个过程。要加速发展，就得加大宣传力度，以最快的速度取得广大人士的支持。

2. 加强“交叉”人才培养

这需要根据大数据人才的特点决定的。第一个特点，大数据人才是多学科交叉型人才，不是某一个学科可以单独培养的。大家知道，现在进行数据分析，要有数据库和软件等计算机方面的知识，还要有数学和统计方面的知识和能力。这就涉及中国学科体系中“统计学”和“计算机科学与技术”两个一级学科。培养出的毕业生到了单位，可能还需要财经、新闻、生物医学和管理等方面的知识。所以，大数据人才的培养，也需要计算机、统计学、数学等多学科共同参与．第二个特点，这是一类应用型人才，必须重视实践环节。他们毕业后不是去做研究，而是投身业界，要能很快上手。这样的人才培养，不是仅在学校、在实验室、研究室里就能够培养出来的，而是要到实践中去，解决实际问题。

为此，我们认为在目前的情况下，我们立即在相关学校增设专业（或方向）。专业（方向）的设置是综合的、应用的，理论和应用兼而有之．应用领域应较多些，可以经济统计、社会统计、管理学、计算机、数学和统计学、金融等。培养的方案和课程可以是“大数据分析计算机基础”、“大数据分析统计基础”、“大数据分布式计算”、“大数据挖掘与机器学习”、“非结构化大数据分析”和“大数据建模案例研究”等课程。

参考文献

[1]《带您了解大数据》,《大数据》[引用日期 2014-02-26].

[2]《大数据技术与产品回顾》,《TechTarget 数据库》, 2011-12-28 [引用日期 2014-07-22].

[3] 大数据究竟是什么？. 一篇文章让你认识并读懂大数据. 大数据时代 [引用日期 2014-06-26].

[4] 大数据最核心的价值是什么？. 大数据中国 [引用日期 2014-06-25].

[5] 中国企业需要怎么来面对大数据时代的来临？. 大数据网 [引用日期 2014-02-27].

如何提高统计数据质量的思考

董淮源
（黔西县统计局　贵州毕节　551500）

1. 引言

近年来，统计工作越来越受社会关注，统计数据的质量受到质疑，公众感觉经济“被增长”，人民生活水平“被提高”。2013 年，从国家统计局公布的 31 个省（区、市）GDP 数据显示，比全国总量高出 6.1 亿元，虽然国家统计局发表声明称是由于统计制度造成的误差，但群众大呼统计数据不可信。面对复杂多变的市场经济，统计工作如何客观、准确、及时地反映经济社会发展状况，为政府宏观经济调控作依据，成为大家思考的话题。

2. 我国目前统计部门所处现状

（1）我国统计发展历程

1952 年 8 月 7 日，中央人民政府决定成立国家统计局，着手创建全国统一的统计工作。从 1953 年起，我国进入社会主义建设和社会主义改造时期。为适应国家大规模经济建设的需要，1953 年 1 月，政务院决定加强各级政府及各业务部门的统计机构和统计工作，并统一制定全国性的统计制度和统计方法。从中央到地方各级政府，迅速建立了统计机构，逐步建立健全主要专业统计制度。“文化大革命”期间，统计工作遭到严重破坏。1967–1969 年，政府统计机构被撤销，大批统计人员下放劳动，国家统计几乎陷入停顿。粉碎“四人帮”以后，1978 年 3 月，国务院批准恢复国家统计局，各地统计机构相继重建，全国统计工作重新步入正常轨道。党的十一届三中全会以后，统计工作在邓小平同志建设有中国特色社会主义理论的指引下，进入蓬勃发展的新阶段。如今，我国统计工作迈上了更新更高的台阶，但同时统计环境也更加复杂多变。

（2）我国统计体制存在的问题

国家开展统计工作的意义在于抓住一些数据变化的特点和规律，为政府宏观经济决策服务，了解国情国力、经济社会发展状况。从某种意义上来说，统计部门是“服务者”，而不是决策者。从顶层设计上看，我国建立集中统一的统计系统，实行统一领导，分级负责的统计管理体制。下级统计部门在业务上受上级统计部门领导，同时作为政府组成部门，还受同级党委政府的行政领导。双重管理产生双重需求，一是国家需要真实客观的数据为决策做依据，二是地方政府为满足自身需求夸大或篡改数据，又加上地方统计部门的工作经费由本级政府划拨，并且在组织和人事上具有绝对发言权，因此统计工作受地方政府干扰影响司空见惯。在地方统计工作中，由于统计部门与其他部门统计行政级别相同，很难协调一些交叉统计的数据，如工业产值等，导致数出多门，难以信服，在处理统计违法案件时，也难以按“法”行事。在基层中，许多统计员身兼数职，任务繁重，业务生疏，导致数据源头的准确性无法保证，等到达“金字塔”顶端时，数据早已失真。

3. 国外一些高度集中型政府统计体制的特点

世界上，实行高度集中型政府统计体制的有加拿大、澳大利亚等国家。这些国家拥有完整的统计系统，门类齐全，统计部门与政府独立行使工作，中央统计局在各地设置统计局和派出机构，对统计调查项目、机构设置、人员编制和经费支出等实行集中管理，不受政党影响。这种制度的优势在于统计数据具有高度权威性，不受外界干扰，与政府部门之间的业务分工明确，互不交叉，避免重复统计，统计工作中间环节小，统计业务人员素质较高，便于统一指挥，独立行使统计监督，保证了数据质量。

4. 当前统计工作所处形势

随着三中全会胜利召开，全面深化改革拉开序幕，统计工作也不例外。我认为，统计工作改革，首当其冲的应是我国的统计体制。要想改变当今统计数据的浮夸风气，必须正其根本，抓住矛盾源头，大刀阔斧，打破尴尬局面。

改革开放以来，我国经济社会快速发展，数据种类不断增加，数据总量继续扩大，人们逐渐意识到统计数据的重要性，统计工作的作用越发突出。为对比地方经济发展状况，了解自身存在的优势与不足，地方政府或是部门以统计数据为基础的各种考核体系应运而生。按照人的惰性心理，不做比较，就缺乏竞争力，做事必定不会尽力而为，因此考核十分有必要。但自古以来，凡是考试，就有弄虚作假之人，无法避免，此类人如不严厉惩罚，以儆效尤，必定会影响竞争对手积极性，久而久之，人们只在数据上做文章，不去踏踏实实做工作，形成恶性循环，后果不堪设想。统计部门本是“监考者”，处在中立的一方，必须公平公正行使职能，让“考生”的真实成绩得到体现，如果“考官”对作弊者视而不见，大家企图蒙混过关，那这场“考试”已经没有必要。然而“考官”也处于尴尬处境之中，受背后“主考部门”影响，不仅无法按照有关法律法规行使监督，有的甚至为迎合领导，为完成目标而知法犯法。统计数据失真，极大地影响了经济决策的准确性。

5. 总结

为客观准确的反映经济社会发展状况，只有让统计部门脱离地方政府干扰，不受政绩、考核影响，从体制上进行独立，从法律上给以保障，才能确保统计数据的真实性。作为一个庞大的统计系统，地方统计部门在财政和人事上应不受地方政府影响，俗话说“拿人钱财，替人消灾”，真实的反映出地方统计部门所处处境，导致统计法如摆设花瓶一般，毫无实际意义。

参考文献

[1] 张秀丽著：《提高基层统计数据质量的思考》，载《辽宁经济统计》，2009 年第 3 期，第 27 页。

[2] 罗天彦著：《从统计角度看影响基层统计数据质量的主要因素》，丹江口统计信息网。

构建大凯里人口问题研究

龙应梅　杨秀俊 杨勇 陈国海 刘琴
(凯里市统计局)

一、引言

2000 年以来，我国“珠三角”和“长三角”等经济发达地区崛起了城市群，城市组团是实现要素资源整合、优势互补，共同发展的需要。2010 年贵州省城镇化推进大会提出，贵州将走一条差异化、非均衡化的城镇化发展道路，重点支持以贵阳为中心，遵义、安顺、都匀、凯里等为支撑的黔中城市群。紧接着，“凯麻同城化”被提上议事日程，“凯麻”同城化建设写进 2013 年“国发二号”文件，凯里、麻江同城发展将能更好地融入黔中经济区并进一步提升凯里中心城市的功能，对周边产生更大的辐射和带动作用。

二、构建大凯里的重要意义

加快推进凯麻同城化建设是我州加快发展的重大战略选择，近年来，对推进凯麻同城化建设，从州到省到国家层面都高度重视。凯麻同城化建设具有重要意义。

（一）凯麻同城化建设是扩大我州经济总量的迫切需要

2012 年，凯里和麻江两县市经济总量占全州的 30%，凯里是全州的“火车头”和“发动机”。然而，随着凯里市经济发展和城市扩容步伐的加快，城市发展空间越来越狭小，建设用地越来越紧张，城市品位的打造和提升受限于土地、资源、劳动力等生产要素制约的矛盾越来越突出。因此，将具有一定工业基础，城市建设初具规模的凯里市和具有一定区位优势的麻江县同城发展，进而打造成黔中经济区的重要增长极，可以全面提升我州的经济总量。

（二）凯麻同城化是实施大中城市带动战略的必然选择

一直以来，在贵州东部地区缺少一个与省城贵阳对接，能辐射和带动黔东地区中小县城的大城市，凯麻同城化正是顺应这一趋势的必然选择。

（三）凯麻同城化是探索打破自治州行政体制束缚的重要尝试

由于行政区划和体制、机制的障碍，两地的要素资源没有很好的整合，围绕凯麻同城化发展面临的“管理体制差异、工作机制差异、政策差异”等问题，按照统一规划、统一建设、统一管理、统一工作机制、统一政策”的原则，实施 10 个同城化发展政策，即“管理体制同城化、规划同城化、资源配置同城化、路网建设同城化、城市功能布局同城化、产业布局同城化、城乡统筹同城化、基本公共服务同城化、政策同城化、投融资同城化”。先期采取托管方式，分别由凯里经济开发区托管凯里市鸭塘街道和麻江的下司镇，炉碧经济区托管麻江碧波乡和凯里市炉山镇。

（四）凯麻同城化推动基本公共服务均等化的重要举措

加速推进凯麻一体化建设，大力发展战略性新兴产业和现代服务业，使大凯里成为黔中经济区东部引擎。凯麻同城化建设使得生态和原生态民族文化的保护得以加强，促进发展苗乡文化旅游，从而打造具有国际影响的原生态民族文化旅游区和国家级旅游休闲度假基地。因此，抢抓凯麻同城发展战略机遇，实现大凯里经济社会又好又快发展。

三、大凯里人口问题现状（以2010年凯麻同城数据为例）

（一）人口总量规模和分布

1. 凯麻同城人口规模　从2010年人口普查资料显示，2010年末凯里市和麻江县的总人口为64.67万人，人口密度为255.8人/平方公里；比全州平均水平高141.0人/平方公里，凯麻同城后的人口密度比全州平均水平高55.1%；与周边县市相比，凯麻同城后的人口密度均高于周边县市（详见图1）。

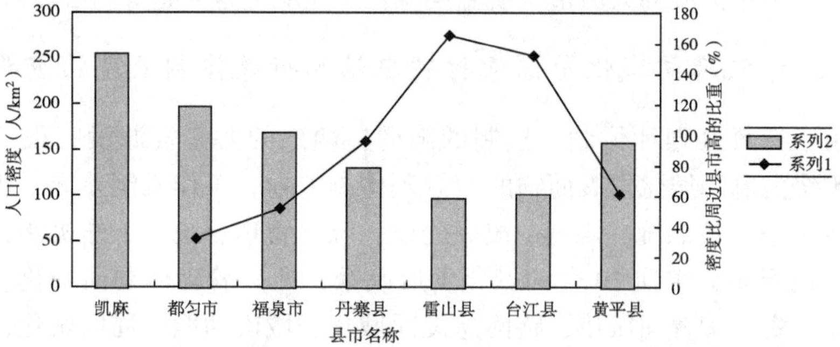

图1　凯麻同城后的人口密度与周边县市比较图

人口密度从与周边位列第二的都匀市相比，每平方公里多60.4人，比最低的雷山县相比，每平方公里多159.5人。从人口总量看，凯麻同城后年末总人口是都匀市的1.46倍，是福泉市的2.28倍，是丹寨县的5.26倍，是雷山县的5.53倍，是台江县的5.78倍，是黄平县的2.46倍。周边县市2010年年末人口数（详见表1）。

表1　凯麻同城和周边县市2010年总人口　单位：万人

县市名称	凯麻	都匀市	福泉市	丹寨县	雷山县	台江县	黄平县
2010年人口	64.7	44.4	28.4	12.3	11.7	11.2	26.3

从人口总量和人口密度看，凯麻同城后不仅在人口数量上，而且其人口密度均高于周边县市，其高出幅度均大于50%。人口数量的增加，为今后凯麻同城提供大量劳动力资源，数据显示2010年凯里市和麻江县实有劳动年龄内的劳动力人口为39.26万人，占总人口的60.7%。

从横向上比较，凯麻同城后不仅在数量上和人口密度上高于全州平均水平及周边其他县市；在纵向上凯麻同城后人口增长均比全州平均水平和我州境内其他周边县市高（详见表2）。城镇带动效应进一步增强，但从我州人口承载看，我州人口承载率比较低，目前全州只有凯里市在理论上能够承载所增加人口数量。2010年凯里市和麻江县年末总人口比2000年增长1.6%，比全州人口增长率增加11个百分点。

表2　凯麻同城和全州及周边县市人口变动情况　　单位：万人

县市名称	凯麻	全州	丹寨县	雷山县	台江县	黄平县
2010年	64.7	348.2	12.3	11.7	11.2	26.3
2000年	63.7	384.5	13.5	13.2	14.2	29.2
人口变动	1.0	-36.3	-1.2	-1.5	-3.0	-2.9

2. 人口的地区分布　城镇是人口承载率较高的区域，从2010年凯里市和麻江县的人口分布情况来看，凯麻同城人口区域分布主要还是以乡村人口为主，在同城化进程中，基础设施建设的进一步完善，产城互动进一步推进，必将使城镇化的进程进一步提高。现从人口在城乡之间、地域之间、居住区交通基础设施条件、居住区贫困程度、居住区功能划分等对人口分布进一步的分析研究。

（1）人口在城乡之间的分布情况。第六次人口普查资料显示，2010年末凯里市和麻江县有52.2%人口分布在乡村，城镇人口不足50.0%；在64.7万人口中，分布在乡村有33.7万人，有31.0万人分布在城镇。

（2）人口在地域的分布。据2010年县级社会经济基本情况表中，凯麻同城后中心城区人口为20.4万人（凯里城区和麻江县杏山镇），中心城区人口只占总人口的31.5%，大量的人口还分布在城区以外。

（3）人口在居住区交通基础设施条件的分布。凯里市和麻江县境内有凯麻高速公路、玉凯高速公路、国道320、210线、省道308、309线过境，大部分乡镇均有高等级公路过境，交通十分便利，区位优势明显。高等级公路和国省道公路覆盖乡镇总人口数为53.5万人，占总人口的82.7%；其中高等级公路和国道公路覆盖乡镇总人口数为42.2万人，占总人口的65.2%，省道公路覆盖乡镇总人口数为11.3万人，占总人口的17.5%。

（4）人口居住区贫困程度的分布。辖区内共有省定贫困乡镇13个，占辖区全部乡级机构的52.0%；其中凯里市6个，占到辖区所属乡镇（街道）40.0%；麻江县7个，占到辖区所属乡镇70.0%。贫困乡镇覆盖区有人口24.6万人，占到总人口的38.0%；其中一类区2.5万人，二类区10.6万人，三类区11.5万人。其贫困人口的现状（详见表3）。

表3　凯麻同城贫困地区覆盖人口的现状　　单位：人

指标	贫困	其中		
		一类	二类	三类
覆盖人口数	246038	24876	106366	114796
覆盖人口数占总人口比重（%）	38.0	3.8	16.4	17.8
覆盖区人口比重（%）	100.0	10.1	43.2	46.7

（5）居住区功能划分的分布。按照凯里市和麻江县的总体规划，凯麻同城后，为其发展打基础，规划了很多功能区，以凯里市的炉山镇、万潮镇和麻江县的碧波乡为凯麻同城后的工业聚集区，以凯里市的鸭塘街道和麻江县下司镇部分区域为产城互动区和高等学校聚集区，以凯里城区和麻江县城区为商贸聚集区，以凯里市的舟溪镇和麻江县龙山乡、宣威镇、贤昌布依族乡为农业产业园区，按照“一城、一县、二区”打造凯麻同城化，推进黔中城市群和以铝电一体化工业布局发展，打造宜居宜业的凯麻城市带。凯里市的炉山镇、万潮镇和麻江县的碧波乡为凯麻同城后的工业聚集区。

（二）人口的构成特征

1. 性别构成特征。从第六次人口普查汇总资料可以看出，2010年，凯里和麻江全部人口的性别比为109.09（以女性为100，下同），比全州的平均性别比低0.14，比最高的雷山县低8.66，比最低黄平县高6.31。比第五次人口普查的性别比低4.54，然而其性别比偏高呈低龄化变化（详见图3）。

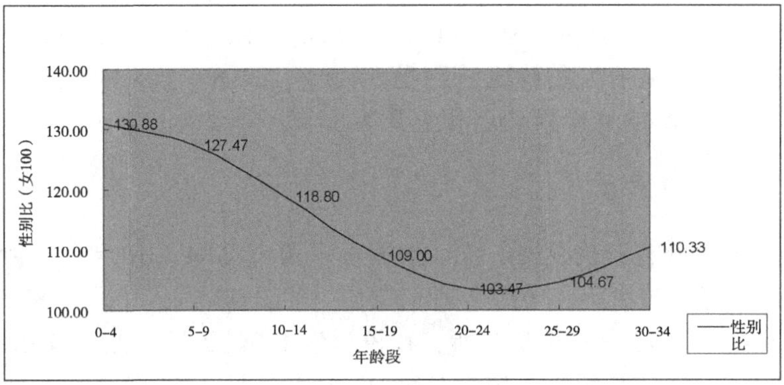

图3　2010年分年龄段的人口性别比

2. 民族构成特征。资料显示，在全国56个民族中居住在我辖区内的有39个，少数民族人口占到75.8%，除汉族外，居住着苗族、侗族、畲族、布依族等少数民族，其中畲族、布依族主要聚集区是黔东南州，凯麻同城后畲族聚集人口占全州畲族人口的比重达99.3%，布依族达87.6%。从数量看，苗族人口占比最大，达53.5%，其次是侗族，占比为5.3%，畲族占比为4.8%，布依族占比为4.6%，其他少数民族占比为7.6%。是苗族、侗族、畲族、布依族为主的多民族聚集区。

3. 年龄构成特征。10年来人口年龄结构发生很大变化，0-14岁的少年儿童年龄组的人口从2000年的16.4万人，下降到2010年的13.8万人，下降幅度达15.9%，年均下降1.7%；15-64岁的成年人年龄组的人口从2000年的43.5万人，上升到2010年的44.9万人，增长3.2%，年均增长0.3%；65周岁的老年人年龄组的人口从2000年的3.8万人，上升到2010年的6.0万人，增长57.9%，年均增长4.7%。而且人口构成也发生了很大的变化，10年中人口构成随着年龄增长呈现出正增长趋势。2010年老年人人口构成比2000年高3.3个百分点，老年人人口突破5万人，达到5.9万人；其中80周岁以上人口为7830人，占总人口的1.2%，占老年人人口的13.3%，100周岁及以上人口有16人，比10年前多1人，100周岁及以上人口占全州100周岁人口的16.2%。

4. 人口就业构成特征。从第五、第六人口普查长表抽样调查推算出，2010 年凯里市和麻江县单位从业人员为 33.5 万人，其中第一产业从业人员 19.21 万人，第二产业从业人员 4.27 万人，第三产业从业人员 10.01 万人，三次产业的从业人员构成分别是 57.2%、12.8%、29.8%，其构成比 2000 年分别下降 15.4 个百分点和上升 2.8 个百分点、12.6 个百分点。

（三）人口素质

（1）各类教育较快发展。统计数据显示两市县的 2010 年和 2000 年对比：普通高等学校 3 所，增加 2 所，在校学生 2.18 万人，是 9.87 倍；普通中等专业学校 15 所，增加 7 所，在校学生 1.94 万人，是 1.79 倍；普通中学 52 所，增加 16 所，在校学生 4.98 万人，是 1.52 倍；小学 192 所，减少 86 所，在校学生 6.87 万人，减少 8653 人；幼儿园 80 所，增加 16 个。在园幼儿 1.63 万人，增加 7596 人。凯里市初中毛入学率 91.75%，提高 6.4 个百分点；小学学龄儿童入学率 99.5%，提高 1.05 个百分点；麻江初中毛入学率 105.15%，提高 32.18 个百分点；小学学龄儿童入学率 96.63%，提高 1.33 个百分点，九年义务教育战略目标基本实现。

表 4 凯里、麻江两县市学校数、在校生人数统计表单位：所、人

		2010 年			2000 年		
		县市合计	凯里市	麻江县	县市合计	凯里市	麻江县
高等学校	所数	3	3		1	1	
	在校生人数	21783	21783		2208	2208	
中职	所数	15	15		8	8	
	在校生人数	19359	19359		10807	10807	
普通中学	所数	52	40	12	36	26	10
	在校生人数	49767	36862	12905	32679	24938	7741
小学	所数	192	119	73	278	166	112
	在校生人数	68696	50724	17972	77349	50972	26377
幼儿园	所数	80	67	13	64	64	
	在校生人数	16317	12040	4277	8721	8721	

（2）教育结构明显优化。10年间，两市县党委、政府更加突出“科教兴市（县）”战略地位，大力实施农村教育10年发展规划，加强九年义务教育，积极普及高中教育，加快发展职业教育，狠抓教育素质提高工作，两市县人口受教育结构明显优化。“六普”数据显示，2010年6岁及6岁以上人口中，受教育人口占92.39%，比2000年提高5.96个百分点；其中，大专及以上文化程度人口占9.54%，比2000年的2.65%提高了6.89个百分点；高中文化程度人口占12.56%，比2000年的11.33%提高了1.23个百分点；初中文化程度人口占32.04%，比2000年的24.89%提高了7.15个百分点；小学文化程度人口占38.25%，比2000年的47.55%下降了9.3个百分点。（见表5）

表5　受教育程度分布表

受教育程度	人数（万人）	占6岁及6岁以上人口比重（%）	比2000年上升/下降幅度（个百分点）
大专及以上	5.71	9.54	6.89
高中	7.52	12.56	1.23
初中	19.19	32.04	7.15
小学	22.91	38.25	-9.3

（3）人口总体文化水平大幅提升。大学文盲比是反映人口总体文化教育水平的综合指标，是指某一时点大专及以上受教育程度的人口数与15岁及15岁以上文盲、半文盲人口数之比。“六普”数据显示，2010年两市县大学文盲比为1.43，比2000年的0.39提高了1.05个百分点，比同期全国平均水平0.29高1.14个百分点；人口平均受教育年限7.67年，比2000年增加了1.23年，其中：15岁及以上人口受教育年限8.51年，比同期全国平均水平低0.09年。

（4）文盲人口大幅减少，文盲率大幅下降。10年间，扫盲工作取得斐然成绩，再加上老龄文盲人口的自然减少，文盲人口及文盲率大幅下降。“六普”数据显示，2010年两市县15岁及15岁以上人口中，文盲总人口（15岁及以上不识字的人）为3.99万人，比2000年的5.31万人减少了1.32万人。从文盲率看，2010年总人口中，文盲率为7.85%，比2000年的11.23%下降了3.38个百分点。

（四）城镇化进程加快

1. 城市功能不断完善、承载力增强，城市人口迅速增长

“十一五”以来凯里市按照“东延、西展、北拓、南进、中优”的发展思路，加大了基础设施建设的投入，城市建设、城市面貌发生了巨大变化。已建成从三棵树镇挂丁至麻江下司30公里城市主干道，并带动了沿线开发，使城市空间得到了较大拓展。为突破土地发展的瓶颈，我市实施了“向山要地，削峰填谷”的战略，为工业园区和城市的建设节省了不少土地。凯里市建成区面积由2000年的13.2平方公里扩大到2012年的67平方公里。从凯里市来看，2010年凯里城市人口达24.91万人，10年增加了6.64万人，年均增长3.15%，比全市人口年均增长高2.14个百分点。2010年人口普查市（县）、镇、乡村占总人口的比例分别为52%、5.4%、42.6%，比2000年的42.2%、7.2%、50.6%分别提高9.8、下降1.8、下降8个百分点。人口分布呈现出“两头粗，中间细”的格局，镇上人口2010年反而比2000年减少5336人。由于镇区经济实力弱，二、三产业不发达，对农村人口没有吸引力，绝大多数人涌入城市，会对城市造成较大压力，凯里市内人口集中，住房、交通、医疗、教育等负担人数将会增加。

2. 新增城镇人口的来源

一是城镇人口自然增长，一般每年为7‰左右；二是近年教育布局发生了重大变化，农村中小学逐渐整合，小学向镇集中、中学向县城集中，这些学生转为城镇人口。尤其是凯里学院、职业技术学院、凯里一中以及城内的州市单位逐渐向开发区和开怀迁移，不仅带动了当地的消费，拉动了当地的经济发展，提高了当地的城镇化水平，同时也缓解了市中心的压力；三是县城人口向凯里转移。一方面因工作调动，另一方面是有些家属随之而来并在凯里买房定居；四是就业政策取消了户籍限制，更多外籍大学生考取了我市公务员和事业单位；五是由于我市经济的发展，投资软、硬环境的改善，不少外地客商来我市经商、投资；六是凯里市在开发区白午村出台了让农村户口购买经济适用房的政策，解决部分农业户籍人口的居住问题，这也是增加城镇人口的举措；七是农民工返乡创业，从外地带

来了资金，技术，大多数在城镇常住办实体；八是部分乡村人口进入城镇务工或是做生意，有的租房，有的修房买房定居，其子女也进城镇中小学读书；九是考入我市大学和职业学院的外地和两市县乡村的人口。凯里麻江按迁移原因分的人口统计如下表：

表 6　分迁移原因的户口在外乡镇街道的人口　单位：人

	县市合计	凯里市	麻江县
合　计	141524	128371	13153
务工经商	50921	46960	3961
学习培训	26859	24183	2676
随迁家属	25266	22980	2286
婚姻嫁娶	8931	6969	1962
拆迁搬家	7907	7410	497
投亲靠友	6351	5689	662
工作调动	2952	2267	685
寄挂户口	204	157	47
其　他	12133	11756	377

3. “凯麻同城化”工作步伐加快

目前，凯里累计投入规划资金 2 亿多元，编制各类规划 230 多个。其中，片区控制性详细规划 17 个，凯里市总规划面积已达 792 平方公里，城市规划区内近期建设控规全覆盖面积 111.27 平方公里，乡镇总规全覆盖面积 11.18 平方公里，乡镇控规全覆盖面积 7.8 平方公里。投资力度加大，累计实现凯麻同城化项目 322 个，总投资 750 亿元。凯里开发区和炉碧经济区内的路网建设正在加速推进，基础设施逐渐完善，凯里火车站至麻江下司的滨江大道建成后，将极大提高城市品位，沿线土地随即增值，开发建设将进一步提高城市的承载力。

三、构建大凯里人口预判和分析

（一）线性增长、几何增长、指数增长预测法

按照人口预测常用的线性增长、几何增长、指数增长法来建立数学模型，预测凯麻2015年、2020年、2025年、2030年总人口数。假定各年总人口数为p_i(i=2000，2010，2015，2020，2025，2030)，根据人口普查数据显示：2000年，凯麻总人口为63.7万人（城镇人口24万）；2010年，凯麻总人口为64.7万人（城镇人口31万）。

1. 按线性增长测算

线性增长测算公式为$p_i=p_{2000}+(i-1-2000)A$，由2000年与2010年数据可求$A=0.11$万人。因此，$p_{2015}=65.14$万人，$p_{2020}=65.58$万人，$p_{2025}=66.02$万人，$p_{2030}=66.46$万人。

2. 按几何增长测算

几何增长测算公式为$p_i=p_{2000}(1+r)^{i-2000}$，由2000年与2010年数据可求$r=0.002$。因此，$p_{2015}-65.35$万人，$p_{2020}=66$万人，$p_{2025}=66.66$万人，$p_{2030}=67.33$万人。

3. 按指数增长测算

指数增长测算公式为$p_i=p_{2000}e^{r(i-2000)}$，由2000年与2010年数据可求$r=0.002$。因此，$p_{2015}=65.65$万人，$p_{2020}=66.31$万人，$p_{2025}=66.97$万人，$p_{2030}=67.64$万人。

如果到2030年，凯麻总人口要达120万人，从2013年起，每年至少新增3万人。

（二）人口自然增长和城镇带动预测法

1. 大凯里人口总量　根据凯里市、麻江县第六次人口普查的人口自然增长率和城镇化率，以及凯麻的发展现状，用人口自然增长率和城镇化率中的相关系数进行测算，预计凯里市和麻江县的总人口，在2015年将达到78.0万人，比2000年的64.7万人增长20.56%，年均增长3.81%，比

“五普”和“六普”期间的年均增长率快 3.65 个百分点。2020 年预计总人口为 88.0 万人，比 2015 年增长 12.82%，年均增长 2.44%，回落 1.37 个百分点。2025 年预期总人口可达 98.0 万人，比 2020 年增长 25.64%，年均增长 2.31%，回落 0.13 个百分点。2030 年预期总人口为 106.4 万人，比 2025 年增长 8.57%，年均增长 1.66%，回落 0.65 个百分点。预期内总人口比“六普”的期末增长 64.45%，年均增长 2.52%。2015 年至 2030 年凯麻同城预期总人口及计算用相关参数［详见表 7］。

表 7　构建大凯里人口总量预计表

年度	人口数	计算参数			
		自然增长率		城镇化率	
		人口增长率(‰)	增长率(%)	城镇化率(%)	增长率(%)
2015 年	78.0	6.44	-2.88	54.41	14.04
2020 年	88.0	6.46	0.37	56.82	4.42
2025 年	98.0	6.20	-4.08	58.42	2.81
2030 年	106.4	6.01	-3.06	58.88	0.79

从预期看，凯麻同城后，总人口年平均增长率呈下降趋势，人口发展趋势是结合凯麻发展现状，预期内总人口和年均增长速度详见图 4。

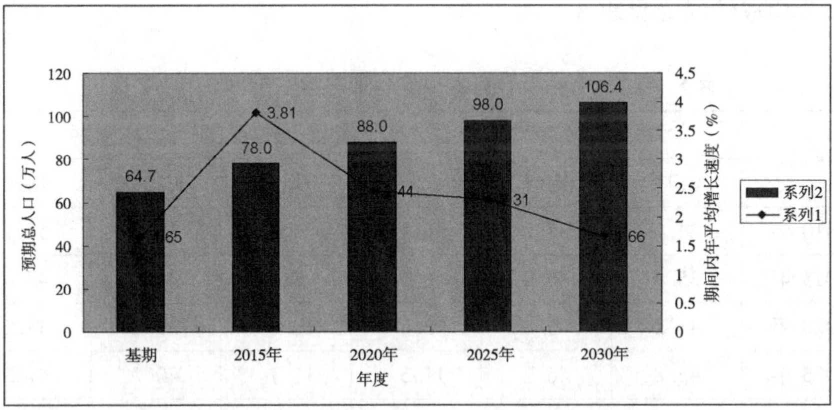

图 4　凯麻 2010 年-2030 年预期人口发展情况

在地域未发生变化的情况下，人口密度进一步增加，从2010年255.8人/平方公里，增加到2030年的420.9人/平方公里，二十年人口密度增长了64.5%。2010年凯里市建成区人口密度达到7325.5人/平方公里［2010年县级城市基本情况统计资料数据］，按照凯里–麻江城市总体规范，近期（2015年）城市规划建成区目标为46.31平方公里，远期目标（2030年）为156.33平方公里；目前凯里–麻江城市群近期规划人口总量为42.46万人，远期规划人口总量为62.64万人。从凯里–麻江城市群规划目标看，近期目标的人口密度达到9164.3人/平方公里，远期目标的人口密度达到4002人/平方公里。

2. 构建大凯里人口的分布结构及构成　第六次人口普查资料显示，凯里市、麻江县64.7万人总人口中，分布在凯里市城区的24.9万人，居住人口占到凯里市、麻江县总人口的38.5%，占到凯里市人口的52.0%；分布在以麻江县杏山镇等十一个建制镇的6.1万人，居住人口占到凯里市、麻江县总人口的9.4%。从凯里市和麻江县人口分布情况看，是以乡村为主，2010年有52.1%分布在乡村。随着凯里市城区的扩容和周边城镇基础设施建设的进一步完善，城镇承载人口进一步增加，中心城区人口预计到2030年达到50.0万人，比2010年增长1.01倍，年均增长3.54%；建制镇人口将达到12.6万人，比2010年增长1.07倍，年均增长3.69%。城镇化率达到58.9，比2010年提高8.2个百分点。凯里–麻江城市综合体人口分布及构成情况详见表8：

表8　凯里–麻江城市群人口分布情况表　单位：万人、%

年度	中心城区		镇区		乡村	
	人口数	构成	人口数	构成	人口数	构成
2010年	24.9	38.5	6.1	9.4	33.7	52.1
2015年	35.9	46.0	6.5	8.3	35.6	45.6
2020年	41.2	46.8	8.8	10.0	38.0	43.2
2025年	45.8	46.7	11.5	11.7	40.7	41.5
2030年	50.0	47.0	12.6	11.7	43.8	41.2

按照凯里–麻江城市总体规划，近期目标（2015年）中心城区规划到

开怀街道和鸭塘街道，远期目标（2030 年）规划到三棵树镇、舟溪镇和下司镇，由于产业和城镇带动，中心城区人口将进一步增加，预计到 2015 年中心城区人口达到 35.9 万人，比 2010 年增长 44.2%，年均增长 7.6%；2020 年达到 41.2 万人，比 2015 年增长 14.8%，年均增长 2.8%，回落 4.8 个百分点；2025 年预计达到 45.8 万人，比 2020 年增长 11.2%，年均增长 2.1%，回落 0.7 个百分点；2030 年 50.0 万人，比 2025 年增长 9.2%，年均增长 1.8%，回落 0.3 个百分点。镇区建设方面，远期目标内所有乡人民政府均撤乡建镇，建制镇全部覆盖凯里-麻江城市群，建立以杏山镇（覆盖碧波乡）、炉山镇（覆盖万潮镇）和宣威镇（覆盖龙山乡）为中心镇区，以凯里市的龙场镇、湾水镇、旁海镇、凯棠乡，麻江县的谷硐镇、坝芒乡、景阳乡，以及台江县的台盘乡为次中心镇全力打造凯麻城镇建设，预期内镇区人口将达到 12.6 万人，其中中心镇区杏山镇以预期 6 万人口规模进行打造，以炉山镇区 4 万人口进行打造，以宣威镇 1 万人口进行打造，其余以 0.2 万人进行打造。

（1）人口性别的分布及构成　从“五普”和“六普”资料明显看出，人口的性别比呈现出低龄化增长趋势，在 0-14 岁年龄组，各组间的男女性别比“六普”均高于“五普”4 个点左右，其预期性别详见表 9。

表 9　凯里-麻江城市群人口男女人口数预计表　单位：万人

年度	总人口	男		女		男女性别比
		数量	构成	数量	构成	（以女性 100）
2010 年	64.7	33.8	52.2	30.9	47.8	109.09
2015 年	78.0	41.1	52.7	36.9	47.3	111.53
2020 年	88.0	46.0	52.2	42.0	47.8	109.33
2025 年	98.0	50.8	51.8	47.2	48.2	107.56
2030 年	106.4	54.7	51.4	51.7	48.6	105.87

（2）人口文化结构　随着凯里-麻江基础教育工作的进一步完善，人口受教育的程度逐年提高，加之由于城镇总体功能的完善，带动大量人员流入，人员的文化结构得到进一步优化，高水平的科技人员从无到有，大学本科及以上人员占比大幅增长，预计 2030 年凯里市和麻江县大学本科及

以上人员达到23.8万人，比2010年增长11.9倍，占6周岁以上人口比重从2010年的3.3%提高到2030年的26.8%，二十年间提高23.5个百分点；小学及以下人口占6周岁以上人口比重从2010年的45.9%下降到2030年的17.2%，二十年间下降28.7个百分点。凯里-麻江城市群人口素质详见表10。

表10　凯里-麻江城市综合体人口素质预期表

年度	6岁及以上人口	未上过学	小学	初中	高中	大学专科	大学本科	研究生
2010年	59.90	4.56	22.91	19.19	7.52	3.71	1.97	0.04
2015年	70.60	3.23	22.06	23.33	10.94	4.95	5.73	0.36
2020年	80.10	2.76	17.82	28.07	15.40	5.05	9.70	1.29
2025年	88.70	2.08	15.21	26.65	22.38	6.13	14.29	1.96
2030年	96.30	1.01	15.61	20.26	27.38	6.27	23.22	2.55

四、构建大凯里人口发展城市化方面存在的问题

（一）人力资源方面

从人口数量上看：流出人口大于流入人口。10年来，人口净流出常住人口约2万人。大量的本地户口居住地的人口减少，从2010年的人口登记状况数据显示，本地户口居住本地比2000年减少5.68万人，这很可能导致一定的人才和劳动力的流失，对经济发展不利。主要是江浙和广东福建等沿海地区打工收入较高，出门打工的人数增加。低廉的劳动力成本优势正逐渐丧失。现今随着农民工外出务工等各种因素，越来越多的劳动力资源尤其是较低层次劳动力仍源源不断向发达地区转移，必将带来劳动力的流失。凯里、麻江两市县外出半年以上人口总计16.17万人，其中出省人数总计8.89万人。州内多数县常住人口均有减少，麻江的常住人口“六普”比“五普”减少了3.58万人，外出人口较多，2010年外出人口6.31

万人，其中出省4.41万人，大部分去往浙江、广东两省，人数达3.28万人之多，占出省人口的74.36%。凯里2010年外出人口达9.86万人，其中出省4.49万人，主要去住广东、浙江两省，占出省人口的七成多一点。从人口质量上看：一方面两县市人口文化素质偏低，尤其是农村劳动力文化程度低，2010年人口普查数据显示平均受教育年限仅6.7年。农闲进城打工、农忙返乡种地。由于文化程度低，一般从事低收入工作，买不起房，不能长久居住。农村青年一般都是初、高中文化，平均受教育年限仅10.67年，也只能从事娱乐、餐饮、建筑等行业，薪水低。要在城内定居也是难上加难。产业结构升级与人口结构优化互相制约。将近10年的发展，辖区工业仍然在升级转型的过程中，产业结构与人口结构存在着互相制约的关系。具体表现为：产业的生产主体是人，产业结构的转型需要人口结构的优化作保障；而人口结构的优化又必须以产业的升级为导向。如何处理好这种看似有些“悖论”的关系，是急需处理好的问题。另一方面两县市同样面临人口老龄化问题，人口红利将减少。从2000-2010年的数据显示，老龄人口逐渐增长，2010年15-64岁的人口为44.95万人，占69.5%，65岁以上的人口为5.9万人，占9.1%。人口的老龄化，影响劳动力供给和劳动生产率，在一定程度上增加社会负担，对经济发展产生一定的负面影响。

（二）城镇的承载力和经济发展方面

一是经济发展水平不能满足城镇化的需要。两市县工业化程度还不高，服务业也需大力发展，同时城镇化也需要大量的建设资金，需要强大的财力作支持，二是城市空间仍需大力拓展，城市人口的增多，会带来住房交通就业等一系列的问题，2010年外地户口居住本地和无户口居住本地的人口大量增加，加速城镇化的同时，城市的接纳能力将面临考验，如住房、交通、就业等现实突出问题。

（三）社会管理方面

一是户籍问题。户籍制度是城镇化的最大障碍。“六普”统计，户口在外乡镇街道人口占总人口的21.9%，其中凯里市占到26.8%，由于户籍制度改革仍在酝酿中，具体措施尚未出台，因此，这部分人给社会管理带来了难度。户籍制度改革应和土地流转等政策结合进行；二是地方稳定问题。凯里市和麻江县是少数民族聚居的地方，大量的外地户口居住本地和无户口居住本地的人口涌入，难免对我们有一定的冲击，影响地方稳定。

（四）农村劳动力转移方面

农村劳动力转移压力大，从2012年从业人员看，两市县第一产业从业人员达19.21万人，占全部从业人员的57.2%，但第一产业创造的增加值只占生产总值的9.43%。人员投入多，生产效率低下，产出不高。

五、措施和建议

将凯里建成独具苗侗特色的国际滨江旅游城市，力争建成贵州省第三大城市，省州领导寄予厚望，全州人民充满期待；建设宜居、宜游、宜业的新凯里，吸引更多的外来人口来凯兴业、深造、旅游、定居；将凯里打造成百万人口的大城市，实现经济社会发展的大跨越。为此，要注重以下几个方面的结合。

（一）城镇化与旅游发展相结合

一是建立市（县）、镇、乡村为链条，科学合理的城镇化体系，加快特色小城镇建设，小城镇建设要与发展旅游统筹考虑，如下司、三棵树、鸭塘等特色小城镇；二是大力发展农副产品加工、民族手工服饰、银器加工等产业，创造更多就业岗位，让农村人在镇上就能就业，提高镇区的人口比重，缓解市区压力；三是对于居住在山高路远的深山区的人口，应进行迁移，在交通、水源便利的地方建新的定居点。

（二）城镇化与产业空间布局相结合

一是要重视区域产业空间生产要素的整合利用，深入研究全区工业、投资、商业等生产要素空间地理特征，加快各产业结构调整，进一步加强各产业与劳动力、区位、交通、市场等生产力要素的空间集聚整合；二是要把工业园区与城市化进程相结合，配合城市空间转型和功能提升，以工业园区为突破口引导产业空间集聚，并与城镇空间格局联系，发挥基础设施优势，实现工业拉动经济，进而促进区域城市化；三是要更加重视推进产业空间集群化，实现各产业自我更新和发展，延伸优势产业和资源型产业链，充分发挥产业集聚规模优势。

（三）人口增长与城镇的承载力和经济发展相结合

一是城镇化要与经济发展速度相适应、相协调，应加快发展县域经济，尤其是二、三产业，为进城人员提供更多的就业岗位；二是积极拓展城市发展空间，加快路网建设，加快下司至宣威城市干道建设，加快凯里至麻江、丹寨城市主干道可行性规划，使城市公共设施和基础设施生活设施向麻江和丹寨延伸，加快凯麻环城高速公路立项建设。在凯里和麻江、丹寨三地之间兴建“凯麻新区”，将其建成连接三地的桥梁和纽带，成为经济发展的新高地；三是制定优惠政策使部分市内人口向市郊迁移，特别是老城区内居民，改变他们的守土主义思想，对影响路网建设的，该搬迁的搬迁，能迁的尽量迁，使城内路网更加通畅；四是坚持两手抓原则，既抓人口问题又要抓经济发展问题。认真搞好人口发展的规划和布局，充分认识人口的增长对凯麻同城化经济发展的贡献，采取积极措施，促进人口的适度增长，增加必要的人气，是促进经济发展的重要措施。也要根据凯麻同城化今后经济和社会发展规划在搞好调查研究的基础上，对人口的适度增长作一个长远的规划。比如，同城化人口的发展应该控制在什么样程度和水平，人口发展应该如何定位和控制，在制定人口规划时，要对人口的增长速度与经济发展相应的规划。要全面推进社会、政府、企业和家庭信息化进程，整合政府、教育、劳动社保、卫生、交通、统计、旅游等资源，加快建立“数字凯麻”。

（四）坚持“引进来”与“走出去”相结合

一是统筹兼顾，带动经济协调发展。既要坚持“引进来”，引进技术、资金、人才，提高自主创新能力为凯麻同城化提供智力和资金支持，又要坚持“走出去”，学习外面的先进技术，加强交流学习，扩大市场占有份额，提高市场竞争力；二是要加强凯里市和麻江县之间的相互交流与沟通，统筹兼顾，才能促进凯麻同城经济又好又快协调发展；三是加大农村高中普及和职业教育的力度，提高农村人口文化素质，使他们有一技之长，进城镇能站稳脚跟。

参考文献

[1] 张新起，景文宏，周潮等著：《人口结构对经济增长影响的实证研究》，载《统计与决策》，2012年第10期，第139-141页。

[2] 张为民著：《人口和就业统计分析技术》，中国统计出版社。

[3] 苏辉，李刚著：《北京市第六次全国人口普查课题汇编》，中国统计出版社。

[4] 郝嘉伍著：《贵州人口发展研究》，贵州人民出版社。

[5]《凯里城市总体规划》（2009-2030）。

[6]《黔东南州第五次人口普查资料汇编》。

[7]《黔东南州第六次人口普查资料汇编》。

[8]《凯里市2002-2012年统计年鉴》。

[9]《麻江县2002-2012年统计年鉴》。

黔东南州统计强“双基”纪实

杨政荣

（黔东南州统计局　贵州凯里　556000）

一、背景简介

统计“双基”指统计基层基础工作，统计基层基础工作规范化建设是保证数据源头质量、提升统计体水平、充分发挥统计服务功能的根本保障和重要举措。几年来，黔东南州全面实施统计“四大工程”（基本单位名录库、企业一套表制度、数据采集处理软件系统和联网直报系统），着力推进“三个提高”（提高统计能力，提高统计数据质量，提高统计公信力），坚持“三个面向”（面向统计用户、面向统计基层、面向调查对象），牢固树立和践行服务发展是统计工作的第一要务思想，坚定“党委政府决策到哪里，统计工作服务到哪里”理念，全州统计基层基础工作通过夯实基础，提升能力，赢得支持，逐步迈向规范化、制度化、信息化，不断谱写着统计改革创新、为党委政府和社会公众服务、推动为经济社会发展服务的新篇章。

黔东南州位于贵州省东南部，与湘桂两省区毗邻，总面积3万平方公里，下辖15县1市，州府所在地凯里市，户籍人口460多万。境内居住着33个民族，其中苗族人口占42.4%，侗族人口占29.8%，是全国少数民族人口最多的民族自治州。境内资源富集，森林覆盖率63.44%，是全国八大林区之一；重晶石保有储量占全国60%以上；有“舞阳河”和“黎平侗乡”两个国家级风景名胜区，有中国历史文化名城镇远。1992年国际旅游年会将黔东南列入世界“返璞归真、重返大自然”十大旅游景区之一，随后又被联合国保护世界乡土文化基金会列为世界少数民族文化保护圈，施秉云台山今年6月23日在多哈第38届世界遗产大会上获准列入世界遗产名录。

虽然当地有较好的资源，但人均GDP和农民收入处在仍是欠发达的贵州省各地区的末位，尽管近几年当地经济快速发展，但与全国平均水平对比和建成全面小康要求有较大差距仍是不争的现实。几年前的全州统计基层基础工作，就像当地经济社会发展水平一样落后。黔东南州统计局在2009年8月20日向国家统计局领导的汇报材料显示，全州的基层基础统计工作主要困难和问题，一是乡镇统计办职能不明，县市统计局对其管理缺位，“统计办”对乡镇的农牧站、林业站、教育辅导站等“七所八站”的统计业务关系不清，产生数出多门的现象；县市统计局对乡镇统计工作疏于指导和管理，造成一些乡镇统计人员与县市统计局只存在报表关系，而不了解《统计法》赋予他们的权利和义务；乡镇统计经费没有保障。二是队伍不稳定。由于统计工作的繁重琐碎和统计人员的清苦贫寒，尽管各乡镇都配备了统计人员，但统计人员变动频繁，个别乡镇甚至一年几换。三是人员少、工作任务重。乡镇统计人员96%以上都是兼职，98%以上乡镇统计人员只配备一人。四是统计服务不到位。在一定程度上，基层统计人员的工作只局限于一种简单的报表收集和初级数[1]据汇总整理，而忽视了统计分析和综合服务的职能。五是统计方法制度不够科学，加重基层负担。县（市）一些部门常常擅自制发不符规定、未经统计部门审批的报表叫乡镇填。六是乡镇统计基础资料管理有待加强。

几年来，当地党政领导的政绩观由“西电东送、扶贫开发、保住青山绿水”向“既要金山银山，又要绿水青山”转变，为2020年与全国一道进入全面小康社会而倒排时间表，统计监测工作受到前所未有的重视程度，统计工作特别是统计基层基础工作的环境、内容和成效发生了巨大的改变。

二、落实措施保障情况

（一）机构和人员情况

全州州县统计局[2]（不含调查队系统）共有编制544人，上半年末实有人数380人，有大专及以上学历356人，研究生以上学历3人，中高级职称68人。州统计局现有县级干部11人，内设科室10个，下属事业单位3个（其中副县级单位为州民意调查中心、州统计抽样调查中心），总编制数49个，现有干部职工38人。全州有16个县市统计局，各县市均设置了由县统计局管理的正科级单位乡镇统计管理办公室，县级统计局及其下属事业单位共有编制495人（行政编制127人，事业编制368人），平均每个局30人，现实有人员342人。

全州辖区内乡镇198个，街道7个。每个乡镇（街道）都有分管统计工作的领导并设有专兼职统计人员，各行政村也明确1名兼职统计人员。全州各部门和企业都明确专（兼）职统计人员，尤其是联网直报的统计“四上”企业统计人员相对稳定，并能熟练上报企业一套表。全州有专兼职统计人员10112人，其中获得统计从业资格的有5350人。

三年来，全州统计系统机构人员编制由260人增加至544人，实有人员由253人增加至380人，目前全州和各县市缺编人员正在陆续开展遴选和招考中。由于编制和人员的增加，在黔东南州相当于再造了一个统计系统。人的力量是工作推动的最大动力，在黔东南州，以前想开展的统计工作，因没有条件和精力去开展完成的，现在有条件可以去实现和解决。

（二）办公条件得到明显改善

一是办公资金保障方面，全州各级党委和政府高度重视统计，首先是在统计经费上给予充分保障，黔东南州财政决算支出明细表中统计信息事务费用由2010年的2706万元增加到2013年的5042万元，统计经费三年基本翻了一番。二是办公场所设备方面，全州各县市都有单独的会议室、机房，办公用车辆33辆，现有办公电脑488台，人均1.44台，比2010年共增229台，各县市均新购进了一批网络服务器、打印机教学培训用的投影仪、打印机、复印机、扫描、传真机、数码摄像机和摄影机等设备。

（三）规范制度保障

一是州级层面，黔南州州政府下发了《加强统计基层基础建设的意见》、《关于贯彻〈省人民政府关于进一步加强统计工作的通知〉的通知》、《50万元以上固定资产投资项目入库管理审核制度》、《主要指标匹配性协调性分析调度工作机制的通知》、《关于县市主要经济指标数据公布管理办法的通知》、《关于印发黔东南州与省内经济发展对比分析工作办法的通知》、《黔东南州统计抽样调查中心管理实施办法》等文件，规范了统计基层基础建设，完善了项目报送方式、物质经费保障等制度。二是各县市相继完成相关统计工作制度，建立健全各种规章制度，以制度规范统计行为、以制度管理人员。仅三穗县几年来，先后规范制定了《重大问题集体决策制度》、《统计数据质量审核评估制度》、《国家周期性普查责任过错追究制度》、《乡镇统计工作综合考核办法》等64项工作制度；三是建立县市乡镇统计管理办公室工作员包乡镇、局领导班子成员联系乡镇工作制度，各乡镇统计工作年终考核成绩纳入干部职工个人年终考核，充分调动了全局干部职工对乡镇的业务指导、工作督促的积极性和主动性；四是明确基层统计工作职责，提高基层统计水平，将乡（镇）、村（居）、企事业单位统计人员的工作职责具体细化，明确各项报表上报时间、填报范围以及法律责任。

（四）落实网络保障

完善统计信息化建设。实施网络架构改造，各县市由以往的MODEM网络架构升级成采用光纤传输线路，把快速以太网结构改造成交换网络结构，县（市）已全部完成内外网改造，网速由原来的2M提升至10M，建立完善统计内网，对统计内网门户网站进行了重新设计。继续完善做好统计网络延伸工作，目前有40%的乡（镇、街道）开通内网。组建了计算机辅助电话调查系统（CATI）。

组织实施“四大工程”。认真执行调查单位名录库管理的相关规定，组织好“四上”企业入库工作。加强统计信息网络建设，依托政府政务外网，完成了部分乡镇通过VPN接入到统计内网，实现了省、州、县、乡镇（街道）四级统计信息网络的连接，一套表制度覆盖范围稳步拓展，全州2013通过“一套表”进行联网直报的企业达到1047家，比2012年增加398家。

基层统计网络建设不断完善。经过几年不懈努力，建立了县市、部门、乡（镇、街道）、村（社区）“四位一体”全覆盖的统计网络。

（五）抓好培训

加强培训，提高基层统计能力。多渠道多形式，开展统计业务培训工作，一是邀请国家和省局专家对当地开展工作培训，开展了投资试点、当前经济形势分析、国民经济核算方法、工业统计等统计专业知识培训和讲座，今年7月1日国家统计局许宪春副局长带队的一行对州直副县级以上领导干部进行培训，各县市设置视幕分会场，培训人数超过600人；二是对县市和部门开展了增比进位、全面小康、文化产业、投入产出调查培训，仅小康监测知识就讲座9次培训1600余人；三是与黔东南州委党校联合举办全州统计能力提升培训班。四是做好统计从业资格认定和统计从业继续教育培训工作。2013年，全州765人参加统计从业资格培训，考试合格722人；678人参加统计从业继续教育培训；几年来共培训基层统计人员1.32万余人次。做好县市统计局新任局长和新进统计系统人员培训工作，分期分批组织有关人员参加国家和省统计局举办培训班，几年来有213人参加培训。

（六）完善档案管理

规范基层统计档案管理。根据《贵州省乡（镇、街道）统计工作规范（试行）》要求，对全州16个县市的乡（镇、街道）统计工作规范提出要求和督促落实，目前超过90%的乡镇均已建立台账和档案。明确和细化档案管理职责，积极组织相关业务人员参加档案业务学习，及时立卷归档，保证档案完善规范。根据统计工作实际和县市各单位年报报送情况，县级行政文书档案立卷归档在4月底前全面完成，各专业统计报表档案在5月底前全面完成，在收集、整理过程中力求做到完整、规范。三是加强设备投入，确保档案安全保管。州级和县市均购买了档案柜用于存放行政文书档案和各专业档案。充分利用乡镇统计规范化建设契机，从严规范各乡镇、企业等统计单位的统计报表，各乡镇也投入经费加强档案管理建设。

（七）统计法制建设

认真开展统计法制工作。州县统计部门充分利用宣传月、宣传日等时机，通过“知识竞赛”、普法考试等形式，切实加强统计法制宣传。拓展统计执法联络网点建设，黔东南州雷山县、施秉县、麻江县、天柱县作为全省第二批统计执法联络县。强化统计执法检查工作，坚持开展统计执法检查工作不间断，每年每县市均组织统计执法人员随机抽取 20 个以上的法人单位的进行统计法律、法规及统计制度、统计报表数据质量情况进行检查，提高数据质量，对存在的问题提出整改意见并限期整改。几年来立案查处 191 件，结案 173 件，罚金 12 万余元，对违法单位和人员依法做出处理，为提高统计数据质量营造了好的环境。

三、努力做好基层统计工作

（一）开展统计监测

各县市统计工作任务正常开展，除农业、工业、商业、投资、建筑业、劳动工资、综合、核算等常规统计业务外，每年还承担了个体商业调查、生态畜牧统计监测调查、旅游监测调查、规模以下工业调查、城镇化调查、民营经济统计监测、文化产业统计调查、劳动力调查、夏秋农产量抽样调查、1%人口抽样调查、群众安全感调查、妇儿“两纲”监测调查、同步小康监测统计、农村住户调查、农村贫困监测统计等，遇普查年份，还要做好各种大型普查工作。各乡镇统计办公室除完成国家统计系统的工作任务外，同时还完成乡镇党委政府中心工作和其他部门的统计报表，如乡镇企业月季报表、扶贫开发报表、劳动就业报表等等。

（二）规范设置和管理原始统计记录和统计台账，完善统计资料管理

县市各专业统计人员按照《统计法》的规定设置原始记录、统计台账，做到数出有据。原始记录和统计台账的设置和管理做到规范化，保证电子原始记录和统计台账及时、准确、安全。同时，要求各部门通力协作，为统计局提供开展统计调查所需的行政记录资料。对统计调查取得的原始资料、统计台账、经过整理汇总的综合资料、统计报告、重要文件及其他有保存价值的资料进行分类整理并装订成册。统计资料由填表人签名、统计负责人和单位负责人审核、签署并加盖公章后上报。有关财务统计资料由财务部门提供，并经财务负责人审核、签署或者盖章；因特殊情况，用电话报送的，及时补报纸介质统计报表。采用网上直报方式上报统计资料的企业，拒绝参加网上直报、擅自退出网上直报的或不通过网络上报统计资料，经县统计局催报仍拒不报送的，均视为拒报统计资料。为提高统计工作质量，加强工作责任心，建立考核制度，县考核工作领导小组定期对企业、行政事业单位统计人员实行考核，具体考核内容包括：原始记录、统计台账、参加业务培训、数据资料真实、完成报表质量等，实行月打分、季公布，全年以考核分数定奖，对优秀统计人员向县政府推荐表彰。

（三）开展数据质量评估，加强数据质量审核和检查

为提升统计数据的准确性，提高政府统计的公信力，黔东南州统计局加强对统计数据质量评估工作的领导，建立以局长为组长，分管领导为成员的统计数据评估工作领导小组，办公室成员包括各科室负责人。完善统计数据质量评估制度，黔东南州统计局在贵州省率先制定了工业、投资、贸易统计主要指标数据质量评估试行办法，综合运用各种科学评估方法如德尔菲法等，规范数据质量评估工作流程，主要指标数据的协调性和匹配性进一步增强，数据质量得到提高。采用综合判断、实地核实、集中会审、统计数据执法检查等方式，做好统计数据质量评估工作。每年5月、8月、11月组织县市业务人员和分管领导开展对工业、投资、贸易的统计数据质量交叉检查，检查结果作为下一个月数据评估的重要依据。季度对非公有制民营经济监测统计指标，召开相关部门会议，逐个指标进行协调

性、相关指标匹配性评估；对粮食、蔬菜、木材等农业生产主要指标召开农业相关部门会议进行评估。

（四）加强统计分析和统计产品开发服务

加强统计分析。发挥统计数据由经济发展“温度计”、“晴雨表”向“风向标”角色转变，紧紧围绕产业升级和结构调整，积极适应统计改革形势，变事后服务为超前服务，加强事前预测预警，开展经济形势超前研判，从统计角度对全面小康、凯里–麻江同城化、市场主体培育等进行超前研判，不断提高对宏观运行趋势的把握能力，全力做好主要经济指标预测预警工作。提高事后分析力度，针对社会公众关心的热点问题和当前经济运行中的难点问题，切实加强对农业、工业、投资、消费等领域的统计分析力度，开展大量的专项调查和专题分析，并与各相关部门建立了 GDP 核算会商制度，每月为州政府组织召开一次经济运行分析会议。在不断提高成员单位经济运行分析调度水平的基础上，收集大量的数据和情况，为党委和政府提供有针对性和可操作性的措施。全州国民经济核算分析工作的顺利开展，催生了合理可靠的经济措施出台，为经济持续稳定增长发挥了积极的作用。

完善了原有的服务方式成果。认真做好每月的《工业生产月快报》、《投资、房地产开发统计月快报》、《园区统计月快报》和《黔东南统计月报》等快报数据的编印发，撰写《统计公报》通过当地主要媒体及时向社会发布，组织编印每年度《领导干部手册》（1000 册）、《统计年鉴》（600 册），搞好全国 30 个民族自治州和省内州市的资料交流；定期和不定期撰写《统计资料》、《经济运行分析报告》，为全州各种大型会议提供数据分析，在“两会”前，整理《黔东南州经济社会发展情况》（1350 份）计 2 万余字的内容资料，为各部门及社会公众提供统计咨询服务。各县市的服务产品也各有特色，如镇远县编印了《现行经济社会发展统计指标体系采集和测评实用手册》、《统计知识简明读本》、《经济社会发展主要指标综合手册》等。

（五）加强和范围部门统计工作

强化部门管理源头数据、统计资料等基础工作规范的责任。黔东南州政府率先在全省印发了《关于加强和规范部门统计工作的意见》。各部门重视支持统计工作，基本上做到了“五有”：有领导、有机构、有人员、有设备和有经费保障，州县两级政府各部门均明确了分管统计工作的领导、责任科室和统计人员，确保了领导到位、责任落实，形成了各部门齐抓共管的局面。建立了部门综合协调机制，各有关部门特别是有经济管理职能的部门加强了与综合统计部门（统计局）的协调配合，部门及时向统计局提供有关统计资料，共同完成了经济核算和综合统计数据服务工作。各县市也积极加强部门协调，整合统计力量和统计资源，实现了与各部门的优势互补。

四、重视人文发展，丰富职工文体生活

三年来，全州新增统计人员基本为招考进入的年轻同志，多数没有成家，而且离家较远，有的甚至从本州外、本省外考入，时间久了，思乡之情溢于言表。为此各县市做出了积极的应对，努力创造同志彼此间沟通机会，营造活跃的统计文化氛围。多数县市挤出一定经费，开办了职工食堂。积极举办各种文体活动，开展了全州《统计法》知识竞赛，榕江县还举办了有各县直门部门、乡镇、企业单位参加的全县“经普杯”职工篮球运动会，镇远县在今年“七一”期间还举办了象棋、跳棋、拔河、跳棋、五子棋等的职工运动会。

五、成效

（一）得到各级表彰。

在局班子的带领和努力下，黔东南州统计局不断获得表彰和荣誉：第二次全国经济普查先进集体、全省投入产出调查先进集体，全国统计法制宣传教育先进单位，黔东南州政府岗位练兵标兵单位，黔东南州年度目标绩效考核评比一等奖，黔东南州创先争优先进妇联基层组织，贵州省统计

系统职工运动会象棋比赛团体第一名，全省统计系统集体记三等功，贵州省机关党建工作先进党组，贵州省“五好”基层党组织，贵州省非经济普查年份第三产业调查先进集体，全国企业“一套表”联网直报先进集体、贵州省企业“一套表”联网直报特别奖，等等。三穗县统计局荣获国家统计局、人力资源和社会保障部联合表彰的“全国先进集体”称号。

（二）功臣受重用。

在干事创业的同时，干部职工的业务水平也得到了提高，个人也得到了成长。近年来，统计机构、干部队伍建设取得突破，从州统计局内部提拔了1名副厅级干部，3名正县处级干部，从中层干部中提拔了8名副县处级干部，选拔一批德才兼备的中青年走上局中层领导岗位。各县市中，有统计刚刚参加工作的年轻同志就崭露头角，如台江县的小女生覃舒平去年刚考进统计局，现已经是全县第三次经济普查的业务负责人；一批仅工作六七年的业务骨干走上了领导岗位；一些业务副局长到经济开发区（全州共有10个省级经济开发区）统计局任局长（正科级）；一些统计干部有交流到发改、工信等重要部门任职，有提拔为政协副主席的、政府副县长的、州统计局副局长的。

（三）涌现一批先进人物和事迹。

统计工作综合性、社会性较强，也能锻炼人，几年也造就了一些先进典型。龙勋，不是学统计专业的他1996年调入三穗县统计局工作，他做人诚实、作风正派、勤奋学习、工作认真，从对统计工作的陌生到精通，负责农村住户工作的他，州统计局忙不过来的时候，经常请他来帮忙，同时他也是全州农村住户工作的老师，全州的住户业务培训有时由他主讲。王正和，锦屏县三江镇码头社区的一名普通居民，是全县城乡住户一体化调查的辅助调查员，他积极热情做好住户调查的宣传工作，努力打消调查户的思想顾虑，虽然没比普查调查户多拿多少报酬，但他热爱本职工作，与调查户建立了密切的工作关系，甚至成为调查户的知心朋友，他努力提高业务水平，做好业务指导，提升记账质量，争做一名合格的调查员，他的爱心沟通和以实际行动认真负责工作的态度是值得学习的榜样。杨胜荣，苗族，雷山县统计局业务副局长，从事和分管过多项统计业务和大型普查工作，他爱岗敬业，临近退休之年仍不断刻苦钻研，兢兢业业，练就了过硬的统计业务能力和扎实的工作作风，他工作严谨，作风务实，无私奉献，他到基层用苗语与乡村统计员沟通，多年来他主抓全县统计基层基础工作，为夯实雷山县统计基础建设做出了贡献，多次被评为国家和省州先进工作者。

参考文献

[1] http：//baike. so. com/doc/3395512. html.
[2] http：//www. qdn110. gov. cn/ztjj/.
[3] 黔东南州统计局编：《黔东南统计年鉴》（2013）。
[4] 中华人民共和国国家统计局编：《统计基层基础建设经验交流材料汇编》。

毕节试验区“十二五”期间投资、消费、出口对经济增长拉动研究*

宋　毅
（毕节市统计局　贵州　毕节　551700）

一、理论阐述

消费的统计意义及计算方法：消费即最终消费，包括城乡居民消费和政府消费。居民消费是指常住居民对货物和服务的全部最终消费支出。政府消费指政府部门为全社会提供的公共服务的消费支出，以及免费或以较低的价格向居民住户提供的货物和服务的净支出。地县在计算居民消费时通常使用城乡调查对人均资料进行推算，政府消费则通常用财政决算支出中具体项目来计算。

投资的统计意义及计算方法：投资即资本形成总额，包括固定资本形成和存货增加（或减少），固定资本形成总额是指常住单位在一定时期内建造、购置、转入和自产自用的固定资产价值，扣除销售和转出的固定资产后的总额。存货增加指常住单位在一定时期内存货实物量变动的市场价值，即期末价值减期初价值的差额，存货包括生产单位原材料、燃料、产

* 基金项目：（1）贵州省教育厅《文化生态与社会管理基地》项目“贵州生态环境与经济发展关系的统计分析”；（2）贵州省“模式识别与智能系统”重点实验室建设项目（黔科合计［2009］4002）；（3）贵州省“信息处理与模式识别”研究生教育创新基地；（4）数学建模及其应用创新人才团队，黔教科研发［2013］405号。

成品、半成品、在制品库存、销售单位商品库存及物资储备等。固定资本形成与投资关系密切，但与全社会固定资产投资完成额是有一定区别的，固定资本形成总额绝对数通常要高于全社会固定资产投资完成额，因为在固定资本形成总额中还包含农民饲养的大牲畜增长增重等非投资项目。

净出口的统计意义及计算方法：净出口指货物和服务的净出口，即出口减进口的差额，可以为负值。对于地方而言，出口与进口的范畴是本行政区域内与外的贸易，然而由于没有完全的地方行政区域意义上的"海关"以及消费地域的不确定性导致基础数据难以取得，所以地县在核算时通常采用倒推法（假定生产法与支出法核算的 GDP 没有误差），即：净出口=生产法 GDP-总消费-固定资本形成和存货增加。

最终消费是对当期生活需求的满足，资本形成则体现了投资积累，使下一时期的生产可以在扩大的规模上进行，与当期消费相比，资本形成代表了被延迟的消费。在国民经济管理中，消费和投资的关系极为重要，通常通过计算消费率和投资率来反映[1]。

二、毕节试验区经济发展现状

（一）毕节试验区工业化进程的时期判断

工业化水平往往被用来衡量人类社会文明发展的状态，为了能更好地研究毕节试验区的经济发展，有必要运用相关理论对毕节试验区当前的工业化水平进行总体判断。经典的工业化理论认为衡量一个国家或地区的工业化水平，一般可以从经济发展水平、产业结构、工业结构、就业结构和空间结构等方面来进行。具体的代表性指标分别为人均 GDP、三次产业结构、制造业增加值占总商品增加值比重、人口城市化率、第一产业就业人员比重。依照美国经济学家 H·钱纳里的划分，将工业化过程大体分为工业化初期、中期和后期。

根据相关理论研究和国际经验估计确定的工业化不同阶段标志值[2]，结合毕节试验区 2008 年相关指标值进行定位分析。⑴人均 GDP 5761 元（约合 860 美元），该指标表明毕节试验区还处在前工业化阶段；⑵三次产业结构为 26：42：32，数据显示处于工业化初期；(3)制造业增加值占总商品增加值[3] 比重约为 9.4%，表明处于前工业化阶段；(4)人口城市化率（以城镇化率数据代替分析）22.23%，表明处于前工业化阶段；(5)第一产业就业人员比重为 56.97%，勉强进入工业化初期。根据以上五个指标的对位分析，可以简单判断我区处在前工业化向工业化初期过渡阶段。

（二）毕节试验区“三驾马车”拉动经济增长的基本状况

根据全区 2001-2007 年核算资料进行计算（见表 1）可以看出，拉动全区经济增长的因素主要是投资和消费，净出口的拉动呈现负数。

表 1　毕节地区投资、消费、出口的贡献和拉动[3]

年份	投资率（%）	消费率（%）	三大需求对地区生产总值增长的贡献率和拉动					
			消费		投资		货物和服务净出口	
			贡献率（%）	拉动（百分点）	贡献率（%）	拉动（百分点）	贡献率（%）	拉动（百分点）
2001	43.9	76.3	56.6	5.6	129.8	12.9	-86.4	-8.6
2002	49.4	75.5	87.1	8.1	113.4	10.6	-100.5	-9.4
2003	45.7	72.6	46.8	4.9	91.9	9.6	-38.8	-4.1
2004	37.6	88.7	72.0	11.7	114.0	18.5	-86.0	-13.9
2005	39.5	80.8	36.2	4.7	115.1	15.0	-51.4	-6.7
2006	41.3	79.0	59.2	8.8	83.5	12.4	-42.7	-6.3
2007	39.5	80.7	100.3	14.0	100.7	14.1	-101.0	-14.1
平均	42.4	79.1	65.5	8.3	106.9	13.3	-72.4	-9.0

注：1. 本表数据来源于地区各年核算资料；2. 投资率和消费率按现价计算，其他按不变价计算。

1. 投资是拉动经济增长的主导力量，工业是当前投资的主要领域

全区 2001 至 2007 年生产总值年均增长 12.6 个百分点，其中投资拉动增长了 13.3 个百分点，贡献率高达 106.9%。从这七年来看，投资拉动经济增长的百分点几乎都在 10 个点以上，贡献率只有两年低于 100%，这说

明投资是当前拉动我区经济增长的主要力量。在工业化水平较低的情况下，投资拉动是典型的阶段性经济特征。

表 2　毕节地区按国民经济行业和产业分组的城镇固定资产投资

单位：万元

指　　标	2003	2004	2005	2006	2007	2008	累计	累计结构（%）
合计	492276	728438	632334	595017	650762	802138	3900965	100
按国民经济行业分组：								
A、农林牧渔业	1364	4260	667	7836	21374	19505	55006	1.4
B、采矿业	38291	124666	103451	119874	122359	238946	747587	19.2
C、制造业	4960	38752	6843	24943	48443	82214	206155	5.3
D、电力、燃气及水的生产和供应业	322534	426841	391699	305234	264967	104920	1816195	46.6
E、建筑业	5104	350	249	46			5749	0.1
F、交通运输、仓储和邮政业	48134	65037	37899	50037	64098	124283	389488	10.0
G、信息传输、计算机服务和软件业	32083	26628	26318	22819	18455	46795	173098	4.4
H、批发和零售业	1697	2025	3245	1776	722	20	9485	0.2
I、住宿和餐饮业	90	110	1176	1801	1539	3568	8284	0.2
J、金融业	387	338	200	5		1960	2890	0.1
K、房地产业	100	1393	1112	5952	6240	11644	26441	0.7
L、租赁和商务服务业		292	423		90		805	0.0
M、科学研究、技术服务和地质勘查业		80	1779	220		180	2259	0.1
N、水利、环境和公共设施管理业	11470	8117	15627	8659	65879	120170	229922	5.9
O、居民服务和其他服务业				1168	575		1743	0.0
P、教育	12588	12152	13629	12431	12683	15574	79057	2.0

续表

指　　标	2003	2004	2005	2006	2007	2008	累计	累计结构（%）
Q、卫生、社会保障和社会福利业	813	1119	661	12197	4135	5826	24751	0.6
R、文化、体育和娱乐业	293	25	890	672	713	675	3268	0.1
S、公共管理和社会组织	12368	16253	26466	19347	18490	25858	118782	3.0
按产业分组：								100.0
1、第一产业	1364	4260	667	7836	21374	19505	55006	1.4
2、第二产业	370889	590609	502242	450097	435769	426080	2775686	71.2
3、第三产业	120023	133569	129425	137084	193619	356553	1070273	27.4

从投资完成额来看，全区投资增长迅速，但结构显得比较单一。2000年以来，全区城镇固定资产投资平均增幅达到了24%，尤其在“西电东送”的拉动下，煤电开发走上了快车道。以2003-2008年城镇固定资产投资分行业数据（2003年起国民经济行业分类执行新标准）为例可看出：工业的投资比重达到71%，其中电力、燃气及水的生产和供应业和采矿业的比重高达46.6%和19.2%（见表2），其他行业所占比重都比较小，除交通运输业达到10%的比重外，其他均在6%以下。从分产业来看，第二产业的比重达到71.2%，是一产和三产累计投资的2.47倍。在工业化前期或初期，对工业的主体投资方向是必然的选择。

2. 消费拉动弱于投资，消费水平不断提高，消费结构不断升级

全区2001至2007年生产总值年均增长的12.6个百分点中，消费拉动增长了8.3个百分点，比投资低5个百分点，年均贡献率为65.5%，比投资的年均贡献率低41.4个百分点。相对于投资的拉动作用，消费是“短板”，拉动力度不够。但近年的资料显示，消费的拉动度呈增长态势，平均消费水平在不断提高，居民消费水平七年年均增长了7.2%（见表3）。

表 3 毕节地区居民消费水平

	居民消费水平（元/人）		
	全体居民	农村居民	城镇居民
2001 年	1120	986	3171
2002 年	1186	1026	3645
2003 年	1241	1072	3953
2004 年	1414	1219	4394
2005 年	1960	1347	5147
2006 年	2134	1424	5408
2007 年	2700	1771	6861
平均增长速度（%）	7.20	4.41	11.85

注：本表绝对数按现价计算、相对数按可比价计算。

从消费结构来看，全区城乡居民的消费正朝着一个良性的方向发展，消费结构正不断变化和升级，恩格尔系数[4]的不断降低就是实证。2007 年农村居民的恩格尔系数在 2001 年 64.8%的基础上下降了 9.6 个百分点，年均下降 1.6 个百分点，城镇居民的恩格尔系数在 2001 年 47.2%的基础上下降了 7 个百分点，年均下降 1.16 个百分点。

从八大类消费品的来源来看，我区消费品主要来源于区外。食品类消费乡村基本能够自给，城镇主要靠进口（指区外供给，下同）；衣着消费基本靠进口，区内有少量的、规模较小的低端产品生产；居住消费是自己生产，钢材、涂料、漆类主要依靠进口；家庭设备、用品基本依靠进口，有少量的家具生产；交通和通讯消费中交通通信工具主要靠进口；文化教育、娱乐消费品类基本依靠进口；医疗保健消费品基本依靠进口，区内制药业还相当薄弱。据调查，在市场上流通的消费产品约有 9 成属于外地生产。本地生产的消费品在所有的消费品中所占比例不高，我们的消费更多的是拉动区外的生产，也即是为我区的“进口”买单。

3. 净出口持续高负拉动

全区 2001-2007 年资料显示（见表 1），净出口拉动地区生产总值年均下降 9 个百分点，年均贡献率达到-72.4%。也就是说我区生产生活消费品主要依靠进口，高额的进口抵消了相当一部分投资和消费的拉动效果。我区目前的出口主要体现在煤电和卷烟，而这正是我区当前工业生产的主要支柱。前述八大类消费品中约九成来自外地区，这些消费品中的工业品很大一部分属于制造业，而我区制造业比较薄弱，所以主要依靠进口。就消费品中的农产品而言，我区虽是农业大区但不是农业强区，我区的食品类消费不能自给，如主要粮食之一的大米就需要进口。从财政资金的流动来看，我区的财政资金上解下拨差体现为正数，即中央转移支付大于我区上解中央税收额度，体现为进口。上述因素形成了我区净出口高负拉动的现状。

三、毕节试验区“三驾马车”拉动经济增长对比及存在问题分析

（一）毕节与全国及东中西部平均水平对比

1. 平均投资率和消费率均高于全国，净出口持续负值状态与全国相悖

根据 2001 至 2007 年数据显示，我区投资率一直在 40%左右波动，七年平均投资率 42. 4%（见表 1），高于全国 40. 9%的平均水平（见表 4）。消费率 72. 1%，也高于全国 54. 7%的水平。但我区净出口一直为负数，年均贡献率达到-72. 4%，远低于全国 11. 1%的水平。

由于我区净出口对经济持续的高负拉动，使我区投资和消费与净出口之间呈现此消彼长的关系，尤其消费与净出口之间联系更为紧密，消费往往为净进口“买单”，使高于全国平均水平的投资率和消费率并不能代表真正的投资水平和消费水平，事实上我区的投资水平与消费水平均远低于全国平均水平。2007 年我区的投资密度为每平方公里 48. 5 万元，是全国每平方公里 143 万元的 33. 9%。2007 年我区城乡居民人均消费水平仅 2700 元，全国平均水平达到 7081 元，是我区的 2. 6 倍。

表 4 全国投资、消费、出口的贡献和拉动

年份	资本形成率（投资率）（%）	最终消费率（消费率）（%）	最终消费支出		资本形成总额		货物和服务净出口	
			贡献率（%）	拉动（百分点）	贡献率（%）	拉动（百分点）	贡献率（%）	拉动（百分点）
2001	36. 5	61. 4	50. 0	4. 1	50. 1	4. 2	-0. 1	
2002	37. 9	59. 6	43. 6	4. 0	48. 8	4. 4	7. 6	0. 7
2003	41. 0	56. 8	35. 3	3. 5	63. 7	6. 4	1. 0	0. 1
2004	43. 2	54. 3	38. 7	3. 9	55. 3	5. 6	6. 0	0. 6
2005	42. 7	51. 8	38. 2	4. 0	37. 7	3. 9	24. 1	2. 5
2006	42. 6	49. 9	38. 7	4. 5	42. 0	4. 9	19. 3	2. 2
2007	42. 3	48. 8	39. 4	4. 7	40. 9	4. 9	19. 7	2. 3
平均	40. 9	54. 7	40. 6	4. 1	48. 4	4. 9	11. 1	1. 2

注：1. 本表数据来源《中国统计年鉴（2008）》；2. 投资率和消费率按现价计算，其他按不变价计算。

2. 投资率低于欠发达的西部、甚至低于发达的东部，消费率高于东中西部

从全国东中西部的数据（见表 5）来看，越发达的地区投资率与消费率越低、净出口比重越高。不发达地区普遍工业化水平都低，这就需要通过扩大投资提升生产能力，因此投资率就会偏高。而发达地区的生产呈现出扩张性，净出口体现为正值，消费不需为进口买单，因此消费率会回落，从西方发达国家的发展历程来看，在外贸趋于平衡的一个状态下，消费率会随着经济水平的不断提升而上升，我国发达地区的消费率在回落到一定的时候，也同样会反弹提升，最终呈现高消费率的状态。

2007 年我区投资率为 39. 5%，与欠发达的西部地区 12 个省级区域的平均投资率 57. 5%对比，整整低了 18 个百分点。甚至比我国东部发达地区 11 个省级区域的平均投资率 46. 53%还要低 7. 03 个百分点。这说明整个西部落后地区均处于投资扩张期的时候，我区的投资拉动还显得相当薄弱，作为西部地区的一部分比西部的平均水平还要低，这也是我区到目前

仍处于前工业化到工业化初期过渡阶段的主要成因。

2007年我区消费率为80.7%，分别高于西部的54.9%、中部的50.2%、东部45.55%的25.8个百分点、30.5个百分点、35.15个百分点。但同时我区的净出口比重为-20.2%，拉动经济降低14.1个百分点，整整抵减了同年的投资或消费拉动水平，与同样为负值的中西部地区相比，净出口比重分别低7.74和19.02个百分点，而东部地区净出口比重达到7.92%，更远远高于我区。因此，毕节的高消费率是因为总量小和高负出口率导致的，也就是前面所说的因为消费的是区外产品，消费在对经济进行拉动的时候首先要为进口买单。只有生产发展了、经济发达了，净出口成为正值，投资和消费拉动经济增长的每一个百分点才不会打折扣。

表5　2007年分地区投资、消费、出口的贡献和拉动

地　区	资本形成率（投资率）（%）	最终消费率（消费率）（%）	净出口比重（%）	地　区	资本形成率（投资率）（%）	最终消费率（消费率）（%）	净出口比重（%）
东部地区	46.53	45.55	7.92	西部地区	57.5	54.9	-12.46
北　京	48.7	54.3	-3.08	内蒙古	73.8	43.2	-16.99
天　津	57.9	40.9	1.26	广　西	51	55.1	-6.08
河　北	49.3	43.1	7.54	重　庆	62.3	57.2	-19.42
辽　宁	57.5	41.6	0.94	四　川	49.4	54	-3.35
上　海	45.7	49.4	4.96	贵　州	51.8	77.8	-29.67
江　苏	48.1	42	9.92	云　南	56.2	61.3	-17.58
浙　江	45.3	46.1	8.61	西　藏	79.6	70.5	-50.09
福　建	50.4	45.7	3.91	陕　西	60.9	45.2	-6.13
山　东	48.6	43.3	8.16	甘　肃	48.9	59.8	-8.71
广　东	35.9	48.8	15.34	青　海	63.4	65	-28.4
海　南	45.6	53.4	0.91	宁　夏	3.6	59.4	-32.96
中部地区	51	50.2	-1.18	新　疆	59.3	54.8	-14.12
山　西	55.9	45.1	-1.05	江　西	50.3	50.8	-1.09

续表

地　区	资本形成率（投资率）（%）	最终消费率（消费率）（%）	净出口比重（%）	地　区	资本形成率（投资率）（%）	最终消费率（消费率）（%）	净出口比重（%）
吉　林	69.3	46.2	-15.48	河　南	55.7	45.5	-1.23
黑龙江	43	49.7	7.27	湖　北	46.6	52.4	1.05
安　徽	46.4	54.1	-0.5	湖　南	43.9	58	-1.83

注：1. 本表数据来源于《中国统计年鉴（2008）》；2. 本表按当年价格计算。

（二）规律探索

从全国及发达地区的发展历程来看，可以得到一些规律供“欠发达”并处在历史发展最好机遇期的毕节试验区借鉴。

1. 投资需求越旺盛，投资占经济总量的比重越大，经济增长率越高[4]

改革开放以来，我国投资率与经济增长同向变动，消费率与经济增长反向变动。投资率高的年份，投资对经济增长的贡献率就高，经济增长速度就快；同时，消费率相对较低，消费对经济增长的拉动力减弱。数据显示，凡投资率超过40%的年份，除个别年份外，投资贡献率均高于消费贡献率，经济增长率也处于较高的水平。相反地，投资率低的年份，投资贡献率也相应降低，消费率和消费贡献率较高，经济增长速度减慢。

2. 投资增长与经济增长的相关程度大于消费

利用全国1979—2007年的投资增长率和消费增长率与经济增长率进行相关分析，计算出投资增长率与经济增长率的相关系数[5]为0.74，其中，固定资本形成增长率与经济增长率的相关系数为0.80；消费增长率与经济增长率的相关系数为0.60。可以看出，消费增长与经济增长的相关关系不像投资那样明显。

3. 投资的波动幅度远远大于消费

改革开放以来，全国投资现价增长率的波动幅度达到53.9个百分点，而消费增长率的波动幅度仅为26.4个百分点，前者超过后者的两倍。这主要是由于消费需求的刚性较强，增长相对平稳，而不稳定性是投资的显著性特征。

4. 净出口变动对经济呈现出稳定的调节作用

消费的刚性决定其相对稳定的属性，净出口越趋向于平衡，投资的影响越具有代表性，投资拉动的效果越明显。对于地区而言，生产水平越高、经济越发达，出口额度就越大，净出口的拉动效果就越明显。

5. 投资率、消费率和净出口率的变化彰显经济发展水平

发达地区投资率和消费率首先开始回落、净出口率稳步上升，随着人民生活水平的不断提高，消费率会再次上升并最终成为经济增长的主体。

欠发达地区在投资扩张期，投资率和消费率呈扩大趋势、净出口率在负拉动状态徘徊，在投资效果显现期，投资率和消费率逐步回落、净出口率上升并最终走上发达地区的道路。

（三）毕节试验区当前“三驾马车”运行中存在的主要问题

1. 投资拉动经济存在的主要问题

一是投资率严重偏低反映出的投资总量不足的问题。2007 年我区投资率仅为 39.5%，不仅低于同样需要通过投资扩张来拉动生产、拉动经济增长的西部地区，甚至低于中部和东部地区，这说明我区当前的投资规模还相当小，远未达到经济发展的时期要求。

二是区内积累未有效转化为投资的问题。2007 年我区居民储蓄存款余额 135.63 亿元，储蓄率达到 40.43%，略高于全国 40.1%、全省 39.97% 的平均水平。而我区同年的全社会投资完成额才 130 亿元，也就是说我区的投资状态还不是负债投资，通常快速发展地区的投资都是扩张性投资、都必然是负债投资。从金融机构存贷差来看，2003 年以来，全区金融机构存款一直大于贷款，存贷差以年均 69% 的速度递增，2007 年存贷差达到 145 亿元，占存款的比重高达 46.3%。这充分说明了毕节人的积累未能充分通过投资转化为扩大再生产，没能用来有效发展自己，高达近一半的资金积累躺在银行或外流。

三是投资结构不合理的问题。以 2003 至 2007 年统计数据为例（见表 2），我区城镇固定资产投资中采掘业和电力、燃气及水的生产和供应业累计投资比重高达 65.8%，据具体的项目观察，主要是煤矿和电力投资的贡献。体现工业化水平的重要行业制造业的投资比重仅为 5.3%，一产的比重才 1.4%，三产也只有 27.4%。这样的投资结构显然存在缺陷，投资以

工业行业为主并没有错，但不能局限于煤电等能源工业，尤其制造业不应受到忽视。

2. 消费拉动经济存在的主要问题

一是居民收入水平较低直接导致消费水平低。2007 年我区城镇居民可支配收入是 9962 元，是全国的 72.3%，全省的 93.3%；农民人均纯收入 2458 元，是全国的 59.4%，略高于全省平均水平。城乡居民人均储蓄存款余额 1950 元，仅为全国的 14.9%，全省的 43.3%。城乡居民收入水平直接导致了消费水平的低下，2007 年我区全体居民人均消费水平仅为 2700 元（见表 3），分别为全国平均水平 7081 元的 38.1%、全省平均水平 4279 元的 63.1%。

二是收入差距的扩大形成了高储蓄率，抑制了消费水平的提升。极少的高收入者囤积了资金积累，要么转为投资、要么形成储蓄，对消费的贡献不大，而众多的低收入者无钱消费。我区目前 700 多万人中有 100 多万贫困人口，而且高达 8 成左右的农村常住人口普遍收入偏低。

三是社会保障体系的不完善导致保守的消费心理普遍存在。看病贵、上学贵、住房贵…这些客观存在的生活难题没有完善的社会保障体系支撑，使广大的城乡居民不敢消费，更谈不上超前消费，这也是形成高储蓄率的一大因素。

四是物流不畅，物价水平高，消费环境差。由于目前毕节的交通环境还比较差，城市功能不健全，未能形成物流中心，在物资流动中处于分散地而不是集散地，批发行业属于最后一道批发，价格一般高于大中城市价格，物流成本相对较大，这一方面制约了消费的升级，另一方面还造成很大一部分居民消费外流。

五是城镇化水平低，消费能力弱。消费水平相对高的城镇居民群体比重偏低，2007 年城镇化率仅 20.75%，同年农村居民人均消费水平仅为 1771 元，城镇居民人均消费水平为 6861 元，由于农村人口比重较大，使全区全体居民人均消费水平仅为 2700 元。

3. 净出口存在的主要问题

一是制造业水平低使生活消费品主要依赖进口。我区原有存在的一些传统制造业如纺织制造、食品制造等在市场经济过渡时期纷纷走向衰亡，直接导致了我区制造业比重下降，而在新一轮的投资进程中主要集中在煤电等能源的开发上，制造业未受到足够重视。2008 年全区制造业增加值占工业的比重约为 20%左右，占总商品增加值的比重不到 10%，这一指标反映了我区还处于工业化前期阶段。而广大的生活消费品、必需品均属于制造业，因此我区的主要消费品均需向区外进口，这主要导致了我区净出口对经济增长的负拉动。

二是出口产品单一且多为低端产品。我区的出口主要为煤电等能源产品、卷烟及部分畜牧产品，深加工产品、高新技术产品、高附加值产品较少。尤其煤电等能源产品作为生产其他产品的基础产品，未能充分发挥其潜在的经济价值，产业链过短，产品利润外流。

四、毕节试验区“十二五”期间投资、消费和出口的战略目标预测及对经济增长的拉动分析

国家的宏观经济政策总体上要求投资、消费和出口协调拉动经济发展，更加注重扩大内需，扩大内需的投资政策是以基础设施建设和调整产业结构政策为主。投资政策对东部以高科技、出口导向为主，西部以能源原材料开发为主，提高基础设施水平。消费政策主要是提高中低收入人群消费水平和消费结构升级。站在我区经济欠发达，工业化、城市化水平低的基础上，实施跨越式发展战略，“十二五”期间投资、消费和出口的发展目标将怎样选择？

（一）毕节试验区“十二五”期间投资、消费、出口预测

根据国民经济运行规律，再生产由投资决定，生产的结果决定消费水平，由生产水平、消费水平及经济社会的发展程度决定进出口水平。预测的程序是投资—生产—消费—出口。

1. 投资需求预测

由于投资的波动性比较强，特别作为一个地区，大项目的影响率比较高。要对投资进行预测，首先要尽量消除这种影响，而且作为一种长期趋势预测，所选取的时期数据的历史跨度要足够长。现运用全区历史数据进行三年移动平均，建立起一个长度达到 20 期的时间序列（见表 6）。根据

该时间序列建立指数曲线预测模型，通过计算得到如下指数曲线方程：Y = a · bt = 1. 728 · 1. 294t

表 6　毕节地区全社会固定资产投资及指数曲线分析计算表

单位：亿元

年份	全社会固定资产投资完成额	时期序号（t）	三年移动平均数（Yt）	趋势值（Y^）	误差额
1991	2. 66	1	2. 48	2. 24	-0. 24
1992	3. 11	2	2. 77	2. 90	0. 13
1993	4. 08	3	3. 28	3. 75	0. 47
1994	5. 98	4	4. 39	4. 86	0. 46
1995	7. 19	5	5. 75	6. 28	0. 53
1996	9. 94	6	7. 70	8. 13	0. 43
1997	11. 71	7	9. 61	10. 52	0. 90
1998	19. 30	8	13. 65	13. 61	-0. 04
1999	21. 15	9	17. 39	17. 60	0. 21
2000	24. 35	10	21. 60	22. 77	1. 17
2001	54. 97	11	33. 49	29. 46	-4. 03
2002	70. 29	12	49. 87	38. 11	-11. 76
2003	82. 57	13	69. 28	49. 31	-19. 97
2004	95. 24	14	82. 70	63. 79	-18. 91
2005	111. 65	15	96. 49	82. 53	-13. 96
2006	107. 81	16	104. 90	106. 77	1. 86
2007	130. 10	17	116. 52	138. 13	21. 60
2008	170. 68	18	136. 20	178. 70	42. 50
2009	256. 00	19	185. 59	231. 18	45. 59

注：1、2009 年为初步测算数；2、趋势值是按建立的指数曲线方程计算的数值；3、误差额是趋势值与三年移动平均数的差额。

根据上述指数曲线方程对“十一五”期末的2010年及“十二五”期间的投资完成额进行推算，得到预测值（见表7）。毕节试验区整个“十二五”期间全社会固定资产投资可望完成3483亿元，年平均增长29.6%。

由此对“十二五”期间各年的投资完成额所做的预测数，由于受投资本身的不确定性因素及数学模型自身的影响，必然会形成一个误差额。我们据此预测方程还原已知年份的趋势值（见表6），并将趋势值与实际完成值的移动平均数进行对比，从而得到一个误差区间［-19.97，45.59］，也就是说对于“十二五”期间各年的预测值，在不考虑其他特殊因素影响的前提下，可能下浮20亿元或上浮46亿元左右。

表7　毕节地区“十二五”全社会固定资产投资预测数

年份	时期序号	预测值（亿元）
2010	20	299
2011	21	389
2012	22	504
2013	23	652
2014	24	844
2015	25	1093
“十二五”时期合计	3483	

那么“十二五”期间究竟能否完成3483亿元的投资？“十二五”期间发改部门重大项目的投资预计为2547亿元，50万元以下的投资按2001年到2008年的数据预测，大约能够累计完成855亿元。两项合计3402亿元，与预测数据3483亿元差距不大。所以我们认为3483亿元的累计投资是有可能完成的。

根据投资的预测，到2015年固定资本形成应该在1000亿元左右。

2. 生产总值预测

投资的方向对生产具有不同的影响，工业投资的作用是直接导致生产增加，基础设施建设投资的作用是改善生产条件，直接导致建筑业增加值的增加，投资对第二产业的影响最为明显。

根据“十二五”期间累计投资3483亿元，年均增长29.6%（有可能有些年份增长速度较高或较低)。根据2001年到2010年投资与第二产业增加值的高度相关性(相关系数是0.965[6]),推算2010年到2015年的第二产业增加值数据;根据农业生产的特点,结合2000年到2010年数据,按照6%的年均增长幅度计算第一产业增加值;按照2000年到2008年第三产业现价自回归模型推算第三产业增加值。生产法预测结果如下:

表8 2010年到2015年GDP预测数据表

年份	GDP	第一产业	第二产业	第三产业
2010	561	118	262	181
2011	611	125	271	214
2012	733	133	343	257
2013	882	141	434	308
2014	1065	149	548	368
2015	1289	158	690	441

说明:本表按现价计算,不能直接对比计算GDP发展速度。

2015年投资1000亿元,建筑业增加值150亿元左右,这要求工业增加值要达到540亿元以上。根据工业投资项目,到2015年500亿元煤炭投资,煤炭产量可过1亿吨,增加值160亿元,焦煤5亿元,煤化工30亿元,电力生产600亿度,增加值90亿元,两烟20亿元,电力供应和水的生产和供应5亿元,农业产业化工业增加值20亿元,锌铁钼采掘加工20亿元,磷产业10亿元,医药制造10亿元,汽车制造20亿元,水泥20亿元,砖沙石80亿元,粮食和其他小加工10亿元,陶瓷10亿元,东部产业转移20亿元,合计510亿元。2015年第二产业增加值690亿元是有可能完成的。

2015年生产法GDP1289亿元,扣除2001年到2008年年均103.1%的价格指数,实际增长14.5%;第一产业158亿元,第二产业690亿元,第三产业441亿元。产业结构是12.3:53.5:34.2,第一产业大幅度下降,第二产业大幅度上升,第三产业稳步发展,产业结构基本是合理的。

3. 消费需求预测

消费需求源于生产。生产力的提高使收入增加,居民收入增加就会拉动消费。我们根据城乡居民的消费发展趋势和城乡人口结构变化预测居民消费总量，根据政府消费发展趋势预测政府消费总量，进而预测 2015 年全区总消费。

到 2015 年，按照人口自然增长率 7‰，常住人口 737.13 万人；按照每年城镇化率增加 1.5 个百分点，农村 567.59 万人，城镇人口 243.25 万人；根据 2000 到 2008 年城乡居民消费性支出预测 2015 年人均城乡居民消费性支出分别为 3505 元、16506 元，年均分别增长 10.86%、13.88%；到 2015 年城乡居民消费是 600 亿元。

根据 2000 年到 2008 年政府消费预测 2015 年是 437 亿元，年均增长 25.38%。政府消费主要源于生产和中央转移支付。地方财政收入的增加，近年来财政收入占 GDP 比重 17%左右，国家占 20.5%，到 2015 年由于第二、三产业结构上升，我区财政收入占 GDP 比重上升到 19%，到 2015 年我区财政收入将达到 285 亿元，其中地方财政收入占财政总收入的 50%，2015 年地方财政收入 142.5 亿元。“十二五”期间中央转移支付力度不会减少，增长幅度可能会降低，考虑全国经济增长在“十二五”期间名义增长在 10%左右，财政收入增长 11%水平，转移支付按 13%的增长速度计算，2008 年财政总支出是 110 亿元，中央转移支付是 75 亿元，到 2015 年中央转移支付达到 176 亿元。地方财政收入和中央转移支付相加是 318.5 亿元。所以政府消费到 2015 年达到 437 亿元的可能性不大。到 2015 年政府消费可能达到 300 亿元左右。

由此可知，到 2015 年全区最终消费可望达到 900 亿元左右。

4. 进出口预测

净出口按前述倒推法，即净出口 = 生产法 GDP - 总消费 - 固定资本形成。到 2015 年生产总值为 1289 亿元，固定资本形成 1000 亿元，总消费 900 亿元，则净出口就是-611 亿元，投资率是 77.6%，消费率是 69.8%，出口率是-47.4%。与 2000 年到 2007 年平均水平相比，投资率上升 35.2 个百分点，消费率下降 9.3 个百分点，出口率下降 25.9 个百分点。消费对经济增长的贡献是 59.5%，投资是 83.3%，出口是-42.79%，与 2000 年到 2007 年平均水平相比，消费下降 6 个百分点，投资下降 23.6 个百分点，出口上升 29.6 个百分点，经济发展依赖进口的局面有较大缓解。GDP 比 2010 年实际增长 97%，消费增长 72.2%，投资增长 112.2%，经济增长的 97 个百分点中，消费拉动 57.7 个百分点，投资拉动 80.8 个百分点，出口负拉动 38.5 个百分点。

表 9 “十二五”时期消费投资和出口对经济增长的贡献和拉动

	GDP	总消费	资本形成总额	出口	消费率	投资率	出口率
2010 年	561	448	404	-291	79.9	72.0	-51.9
2015 年现价	1289	900	1000	-611	69.8	77.6	-47.4
2015 年可比价	1105	771	857	-534	69.8	77.6	-47.4
现价速度	230	201	248	210			
可比价速度	197.0	172.2	212.2				
年均可比价速度	114.5	111.5	116.2				
年均现价速度	118.1	115.0	119.9				
贡献率	100	59.5	83.3	-42.79			
拉动度	97.0	57.7	80.8	-38.51			

（二）毕节试验区“十二五”期间投资、消费和出口对经济增长的拉动分析

上述预测均基于现行价格的计算，投资消费和出口对经济增长的拉动的计算必须用可比价格计算，在“十二五”期间假定物价水平与预测基础数据时期相当。通过对 GDP 投资消费和出口的价格缩减计算结果如下：2001 年至 2008 年年均价格指数是 103.1%。“十二五”时期 GDP 年均名义增长 18.1%，年均实际增长 14.5%。根据 GDP 总体价格水平分别计算投资和消费的实际增长速度，“十二五”时期投资实际平均增长速度是 11.8%，消费是 11.9%，投资、消费和出口贡献率分别是 32%、32%、36%，投资、消费和出口分别拉动 GDP 增长 25.94、26.05、48.01 个百分点。

五、毕节试验区“十二五”期间投资、消费、出口的战略重点及政策建议

（一）指导思想

抓住毕节试验区“十二五”时期这一重要战略机遇期，坚持投资拉动保增长的主体战略，重视保障民生促消费的和谐社会建设，协调生产布局以改善高度依赖进口的被动局面，充分发挥“三驾马车”的共同作用促进跨越式发展。

（二）投资战略重点

第一是加大城乡人民生产生活水平的基础设施建设力度。毕节地区之所以落后，其中最重要最根本的原因就是基础设施建设十分落后，我们应该努力争取国家的投资。基础设施建设方向应该是：迅速形成与外界联系的大通道，打破交通瓶颈制约，改善农业生产条件的道路建设；改善工程性缺水、提高农业生产率的水利设施建设；完善城市功能、提高城市形象的软硬件基础设施建设。

第二是强力推进以提高工业化水平为主的工业投资。继续发展煤矿、磷矿、锌矿、铁矿、钼矿等采掘业；大力发展加工工业，以煤磷化工、建材生产、农林牧业产品加工工业、机械制造业等承接发达地区劳动密集型产业投资项目；继续发展能源基地建设，适度发展火力发电，大力开发水力发电，争取风力发电项目近期投资，积极应用太阳能，深入挖掘开发生物质能源。

第三是大力发展房地产开发投资。随着交通条件的改善，毕节市作为三省交会的区域性中心城市，在气候资源等适宜人居条件的吸引下，城市强大的凝聚功能会逐步体现。区外气候炎热地区的部分人口将受到吸引选择毕节为居住地，毕节地区广大的农村人口也会迅速向中心城市转移，从而强力推动毕节的房地产开发。

第四是积极争取社会投资项目。主动出击，抓住中央加大西部社会及

民生项目投资的历史机遇，从社会投资的角度拉动经济、促进和谐发展。

（三）毕节地区消费和净出口协调发展方向

1. 积极响应国家扩大内需政策，让消费指导投资促进产业结构的科学调整，从而努力实现城乡居民收入的快速增长，提高购买力水平促进消费结构升级。要使消费、投资和出口协调拉动 GDP 增长，扩大内需是我国今后发展的主要选择，降低经济对外依存度，让外需回归理性的平衡。为此，毕节地区必须依据消费需求刺激投资的最终目的，科学分析当前全区产业结构的缺陷和不合理性，从而促使全区消费品生产结构、区域分布结构不断优化，使消费真正能够拉动本地生产。

2. 增大出口、降低进口，逐步改善净出口拉动经济增长的被动状态。要增大出口比例的唯一出路就是扩大生产和改善结构。提高制造业在工业中的比重，提高农产品加工工业出口比例；降低消费品进口比例，承接日用消费品加工产业转移到毕节；进一步提高能源、原材料出口产品能力。

（四）政策建议

第一、努力改善投资环境，千方百计招商引资。一方面要不断加大基础设施建设力度、迅速改善投资硬环境。另一方面要着力抓好软环境建设，规范执法程序、简化办事流程，并且坚决阳光运作，既不允许个别办事人员对创业实体吃拿卡要，同样也不允许非法实体合法化损害群众利益。

第二、激活民间投资，大力发展非公经济。创新投融资手段，盘活存量，使区内存款转化为区内投资。各金融机构要转变观念，加大对中小企业、非公有制经济的资金支持力度。

第三、对能源资源的开发要坚持走可持续发展道路。首先对煤电等支柱产业的开发一定要本着规模化、集约化、清洁化的原则展开，坚决杜绝为保增长而不惜一切代价的做法；其次响应国策坚决取缔落后产能；再次大力倡导水能、风能、太阳能等绿色产能的开发利用。

第四、全面加快农业产业化进程。我区是农业大区，但绝不是农业强区，农业生产力水平还处于相当低下的位置，加大农业产、供、销一体化的农业产业化发展，可以使农业生产从无序到有序、从盲目到科学，农产品商品率的提高既可实现农民收入的稳定增长，又可推动农业规模化生产，从而提高劳动生产率。

第五、要重点调整工业内部产业结构。一是要努力改变产业结构比较单一的局面，使全区经济具有较高抗风险能力。二是要扩大产业链，促进附加值提高。三是尽快建立工业园区，促进产业集聚，发挥产业集聚效应。四是致力于制造业的发展，提高制造业在工业中的比重。

第六、要把发展“三产”的一大重点放在旅游业。可持续发展的旅游经济是低碳经济、是绿色经济。我区要依托丰富的旅游资源，通过投资打造旅游软硬件环境，让毕节地区的经典旅游、红色旅游、乡村旅游逐步成为“品牌旅游”，使旅游服务变进口为出口。

第七、加快城镇化建设步伐，以城带乡、以工促农，实现消费水平的不断升级。城镇对人力、对资金均有着极强的聚集性，打造好城镇品牌，既可拉动外来投资，也可推动内部消费增长。

第八、加强社会保障体系建设，提高中低收入者收入预期，提振消费心理，刺激消费增长。

第九、积极打造物流环境，创建畅通的商贸通道。商贸流通的顺畅、物流市场的繁荣是工业化、城镇化建设的必然趋势，也是发展“第三产业”重要的一环。要在中心城市建立起物流中心，在其他城镇建立配套的二、三级市场，形成覆盖面广的物流运输网络，从而降低物流成本，改善消费环境，拉动地方经济增长。

参考文献

[1] http://baike.so.com/doc/6795726.html.

[2] 陈佳贵，黄群慧，钟宏武等著：《中国地区工业化进程的综合评价和特征分析》，载《经济研究》，2006年第6期。

[3] http://www.cztjj.gov.cn/node/tjzs_3/2011-9-30/1721487759.html.

[4] http://baike.baidu.com/view/28093.htm?fr=aladdin.

[5] 郑学工著：《改革开放以来我国三大需求走势分析》，载《统计研究》，2007年第9期。

[6] http://baike.baidu.com/view/172091.htm?fr=aladdin.

[7] http://baike.baidu.com/view/2106533.htm.

大数据背景下统计实务的创新发展

周海　王文江　陈生艳　毛金莉　李二鹏　左勇
（贵州省毕节市　552100）

一、引言

随着现代信息技术的飞速发展，大数据浪潮正以锐不可当之势向我们袭来，大数据时代，统计工作如何适应新形势开拓利用大数据，更深入地服务经济社会发展，对实现全面建成小康社会宏伟目标具有很大的现实意义。大数据时代带来的是一场技术革命、一次管理革命，是统计实务工作与大数据深度融合的契机，既是机遇也是挑战。如果不把握好整体形势革新统计方法制度，统计实务将面临发展滞后难以满足日益扩大的信息需求的尴尬。

二、大数据对统计工作的影响

大数据时代给统计工作带来了巨大的冲击，对统计的工作方式、工作职能、方法制度、数据质量、数据安全、数据权威等方面提出了挑战。但我们同时应该看到，大数据是一把“双刃剑”，对于统计业务的再造、数据质量的提高、解决统计调查的瓶颈，拓宽调查视野，提高调查水平，无疑是一个难求的机遇。

（一）提出更高的要求。一是在大数据背景下，我们要做的是分析与某些事物相关的所有数据，而不是现有的统计系统中有什么数据我们就分析什么数据。二是在大数据背景下，数据不再是少量的，或者是只涉及哪一类型的很少的数据，而是庞大、海量的数据，在这种情形下，我们必须要接受数据的纷繁复杂，而不能只追求数据的精确性；三是在大数据背景下，我们的思想也必须要发生转变，要从原来探求的因果关系转向关注事物的关联性，如果我们还是一味通过了解这些庞大的数据因果关系，那么在海量的数据面前，将很难得到我们想要的数据。

（二）带来巨大的机遇。一是基于国家统计局推行的企业“一套表”联网直报系统、手持 PDA 采集系统、扩大地理信息系统、遥感测量技术在统计调查中的应用，推动物联网技术与统计调查专业、云计算技术与数据挖掘分析的结合，促进现有统计报表制度的改革；二是数据的传输、存储难度降低，数据和信息将呈现“完整、透明、公开”的特征，这样我们就可以把更多的精力放在解决好数据采集方式上，通过搭建数据平台等方式实现“大数据”下的资源共享；三是在大数据时代，面对海量的信息，统计部门不在为如何收集到准确的源头数据浪费更多的人力物力，而是要在海量数据中去粗取精，用过硬的数据处理技术，来删除冗余的数据，筛选出对公众、对政府有用的数据，并从中找到其发展规律进行分析应用，这样统计部门将能把更多的精力投入到统计研究分析上，从而形成一支高素质的数据处理队伍。

三、当前统计工作存在的问题

（一）统计制度不健全，统计服务能力不强。随着“四大工程”的深入推进，统计实物升级优化，统计服务能力得到提升，但在源头数据采集上的根本问题尚未彻底解决。一是统计调查对象数量增长迅速，新增企业对统计工作重视程度不够，统计人员更换频繁素质普遍不高，统计报表填报任务重时间短，源头数据有失真；二是抽样调查对象不配合，大多数调查户不在乎每年的调查补助，没有养成按期记账的习惯，到月底凭印象随意登记，更有的是由辅助调查员根据掌握的情况直接代笔。三是当前各级各部门间沟通交流平台不畅通，部分统计数据口径不一致数据不统一，降低了统计数据的公信度。四是涉及经济发展、民生建设、社会保障等相关的指标体系建设还不完善，不能满足全面发展需求，降低了统计服务质量。

（二）信息化水平低，基础力量薄弱。基层统计工作中，除按规定贯彻上级联网直报外，在数据分析应用方面掌握信息量极小，信息化建设相对滞后，基础薄弱。一是信息化技术落后。当前基层统计实务工作更偏重于数据采集环节，在充分利用统计资源出分析、出成果服务当地政府方面没有太多办法，对整合利用统计数据上技术能力不足，而传统的分析方式点小面窄，难以发挥监测、预警职能；二是信息化人才匮乏。虽然近年来配备的乡镇统计人员充实了统计基础力量，但统计、数学、计算机等相关专业人才比重不大，调查对象中大多没有专业的统计人员，联网直报工作开展不顺畅；三是信息化基础薄弱。统计工作不直接产生经济利益和社会效益，花钱在看不见的信息化建设上看不见明显成果，因此政府支持力度不强，尤其在县乡一级财政比较困难的区域较为明显，连必需的统计工作经费都难以得到保障。

（三）统计巡查力度不强，数据把关不严。当前统计巡查工作没有被摆在重要位置，除重大国情国力调查，常规统计工作巡查力度不强。一是存在上级监督太远、同级监督太软、下级监督不敢的尴尬局面。对规模以下工业、亿元以下固定资产项目等抽查工作，即使是巡查也只是简单核实数据匹配性，并没有真正深入基层，走进企业；二是统计法律法规弱化，统计违法违纪行为的危害性不直观，不直接涉及切身利益，致使统计执法氛围不浓；三是《统计法》过于笼统和原则，统计法的认定和责任又不清晰，对统计违法案件的处罚力度不够，大多限于责令整改，通报批评，对于违法行为人来说，这种处罚无异于“隔靴搔痒”，根本起不到任何震慑力。

四、建立全方位一体的大统计格局

大数据上升为贵州省的战略产业，对带动经济社会的发展具有不可估量的意义和作用。统计部门必须要超前谋划和思考如何在大数据背景下建立全方位一体的大统计格局，整合各方面统计数据，把统计工作做广、做深、做实，更好的服务政府、服务企业、服务群众。

（一）强化统计联席会商机制。统计工作要适应新形势发展，一方面建立部门联席会商机制，加强政府统计与部门统计之间的沟通、协作和交流，明确部门职责，强化部门统计工作责任，确保数据高效运行和数据价值最大化；另一方面定期召开部门联席会议，形成对部门统计数据进行分析研究的长效机制，提升统计数据的利用空间。

（二）组建大数据研究办公室。大数据具备突破样本推断总体而直接对总体进行相关分析的特性，但从海量数据中挖掘有价值数据进行分析应用需要更专业的信息技术，基层统计能力短期内难以迅速达到较高的水准，必须要在专业队伍的带领下实现提升；一方面各级统计部门要抽调人员组建大数据研究办公室，培养一支业务熟、技术精的人才队伍，密切联系省内外高等院校及研究服务机构，把握好大数据服务发展的方向和成果；另一方面要自上而下建立搭建大数据采集平台，出台相应统计制度，全面深入收集政府统计数据，实现全国范围内统计数据的即时共享。

（三）提升与分析机构合作层次。统计部门应积极加强与研究机构合作，实现数据共享和数据价值深度挖掘与利用。一方面要建立统计人才培养平台，通过与国内院校及分析机构合作开办业务培训课程，加深各级统计人员的学习交流，全面提升统计服务能力；另一方面要加大与大数据研发中心的深度合作，在统计实务中数据采集整理、分析应用等方面获取更科学、高效的高新技术。

五、借力大数据创新机制拓展统计工作范围

（一）延展传统业务，力求更准更透。当前统计实务工作需要在传统业务的基础上实现拓展提升，确保统计数据采集更直接、分析更精确，要借助大数据完成四大职能工作。一是将政府部门、企业、个人群体细分，然后为每个群体量定特别的统计服务；二是在统计软件中植入能够模拟现实环境的模块，及时帮助基层统计部门发掘新的需求，同时提高政府部门

工作效率，提高企业投资的回报率，提高个人认识程度；三是加强部门联系，提高整条数据管理链条和产业链物流的效率；四是降低统计服务成本，及时发现隐藏线索进行统计产品的服务和创新。

（二）扩大统计范围，关注新兴产业。随着信息化与工业化的融合发展，信息技术渗透到了工业企业产业链的各个环节，每一台计算机面对的都是海量的统计数据，很多的调查在大数据中通常只需要一秒，这是对当前统计实务的革命。一是要维护经济安全，从原材料市场、人力市场、生产制造、消费市场、政策服务、教育医疗等各个方面综合分析，实现线下物流，线上数流，数物双控的局面；二是要重点把握产、税、运三个环节产生的数据，通过计算机模型，将来自政府、企业、社会各方面的关联数据进行整合分析；三是要提高经济预测的精度。不是简单发布通过模型得出的数据，而是要告诉政府和企业要在什么时间段完成哪些任务，或对危险的发生做出预警。

（三）强化统计执法，排除干扰因素。严格遵守统计法律法规，排除一切干预统计工作的负面因素，为统计工作保驾护航；一是要科学文明执法，既要做到实体上证据确凿，也要做到有理、有利、有节，还要做到在程序上无漏洞可钻，让被处罚对象心悦诚服；二是要加强执法监督检查。既可以及时发现和总结各地在统计执法检查过程中存在的问题，也能及时纠正或查处在统计执法检查过程中的执法违法行为，进一步规范统计执法人员的工作；三是要完善统计执法的大数据平台。针对县级统计部门人员少、任务重、独立执法经验不足的问题，利用上级统计部门的资源优势，不定期对基层统计执法工作进行监督、检查和指导。

六、信息化带动，争当改革排头兵

大数据时代的来临，促使经济社会逐渐向产业化、信息化、数字化发展，要结合统计实务，争当改革排头兵，注入与经济社会发展相适应的统计正能量。

（一）全面深化统计改革。统计改革要着力提升统计信息化能力，构建一体化平台创新统计调查机制，重点在国民经济核算、固定资产投资、工业统计、贫困检测一体化、农业统计、劳动工资等领域加强改革力度，加快建立完善全新的统计报表制度。利用数字信息化技术，研究开发集数据采集、汇总、分析、处理、发布功能于一身的云计算平台，以高端电子和数字软件产品代替现有复杂的汇总分析软件和纸质化报表形式，形成质量更好、成果时间更短、分析效率更高、数据处理更精准、数据发布更及时的一体化新格局，切实加强全面统计深化改革，着力提升统计服务水平，客观研判经济发展形势。

（二）加快统计信息化建设水平。信息数字化操作平台将是以后统计行业变革的主要方向，统计行业应该打破以往墨守成规的统计思维，充分运用计算机、互联网等平台，代替传统纸质化报表和各项统计调查，更多运用数字化平台操作处理数据。高效、方便、快捷是未来统计调查的主攻方向。要完善一套与民生发展、全面小康社会建设、节能环保等重大事项指标监测体系，利用大数据、物联网、云计算，加快建立起顺应时代发展、转型服务升级的统计系统，确保统计监测工作的制度化、规范化、常态化。在一场变革中，科技型、技术型人才是不可或缺的，要打造一支稳定、信息化、高素质统计队伍，紧扣人才资源队伍建设，建立人才引进、人才培养、人才发展、和留住人才长效机制。建立统计数据模型，正如数学模型一样，直观建立可分析计算的可视化平台，分析处理统计海量数据，提高网络实名调查的普及率，配合电话调查、问卷调查，在重要的民生、政府工作方面扩大问卷数据量，增加调查精度运用数理统计、运筹、概率、采用模式化的数据模型，提高分析的大众化，简便化，清晰化、可视化的数据才是大数据应用和采集的意义之所在。

（三）打造立体统计监测平台。进行立体化的统计数据监测，要创新开发数据统计监测系统，在大数据环境下打造大统计格局。一是打通立体式交互通道。统计部门收集数据主要向上级机关单位、同级机关单位、下级机关单位和各调查对象收集数据，如今可以利用大数据便利，不仅仅局限于纸质数据的报送和企业联网直报平台，可开发数据全方位收集、处理的数据交流软件，调查单位和调查对象可以通过交流平台按时报送数据、解决了传统统计部门收集数据一对一跟踪服务模式，减少了人力投入，降低了统计成本，提高了统计质量。二是研究数据终端处理技术。在巩固“基本单位名录库”、“联网直报平台”、“企业一套表制度”、“数据采集处理软件”四大工程基础上，融合信息数字技术开发数据监测系统，全国“三经普”就运用了手持终端电子设备进行登记，直接上报国家统计部门，取得了良好成效，大数据的开发运用就是建立在海量数据的分析、处理基础之上，下步要将终端处理技术进一步延伸，同时突破数据采集、分析、发布高度集成的分析处理软件系统，解决大量数据复杂分析过程等问题。三是加强统计监测管理。统计改革不断深入，信息化网络式的统计监测，立足统计发展需求，必须不断加强对统计监测工作的管理，全面提升服务意识，加强统计执法力度，建立健全统计法律法规，定期开展统计巡查工作，监管全套统计服务体系全过程，保证统计数据质量之魂。

信息化产业的发展，为统计监测提供了历史机遇，特别是在云计算和大数据时代，统计监测的功能也因此而实现延伸扩展。中关村贵阳科技园落户贵阳，三大通信运营商落户贵安新区，加上诸多政策红利，贵州大数据时代实现跨越赶超将不再是梦，要紧紧抓住大数据产业发展契机，不断改革创新统计实务，开发好大数据资源，实现统计系统与信息化充分融合，统计实务工作的前景将会十分开阔。

参考文献

[1] 维克托·迈尔·舍恩伯格著：《大数据时代》，浙江人民出版社，2013 年版。
[2] 埃里克·西格尔著：《大数据预测》，中信出版社，2014 年版。
[3] 成田真琴著：《大数据的冲击》，人民邮电出版社，2013 年版。

浅谈贵州大数据战略以及政府统计部门的应对思路

蒋　旻
（贵州省毕节市统计局　551700）

一、大数据时代

（一）大数据的概念

大数据，按照百度百科①的解释有两种：一是指所涉及的资料量规模巨大到无法通过目前主流软件工具，在合理时间内达到撷取、管理、处理、并整理成为帮助企业经营决策更积极目的的资讯，又叫巨量资料。二是维克托·迈尔-舍恩伯格及肯尼斯·库克耶编写的《大数据时代》[1]中指不用随机分析法（抽样调查）这样的捷径，而采用所有数据的方法。前者描述了大数据的形，后者则描述了大数据的神，就笔者看来，更加认同李金昌教授的描述："大数据就是一切可以记录信号的集合。"[2]

那么我们要如何来理解大数据这一概念呢？这和文章一开始所提到的云计算又有何关系呢？简单来说，我们如果把广义互联网②看作是一个人的神经网络，那么我们的智能手机、平板、个人电脑、数码传感器以及各种连接在网络上的终端，都可以看成是一个个覆盖在人体表的神经末梢，每一分钟，这些神经末梢都会"自动"的将大量的数据传输到我们的储存器（服务器）中储存起来，在过去，面对这样的数据，我们的计算机就像是单个的脑细胞，很难处理这些来自全身的神经信息，但伴随着云计算技术的成熟，我们可以同时调用很多计算机来完成这样的数据处理，就像运用所有的脑细胞来对这些神经信息进行加工和分析，并做出正确的识别，最后得出决策并做出反应，完成一个完整的信息收集、处理、反馈的过程。像这样一个个类似大脑和神经系统处理全身信息的过程，就相当于赋予了其智慧，而当城市拥有了这样一个可以自动收集大量数据，并自动筛选，分析，并作出判断的计算机“大脑”时，我们即可将其称为智慧城市，而这就是我们即将要经历的时代——大数据时代。

（二）大数据的特征

在大数据时代里，各种终端是神经末梢，用于收集数据，大数据是在神经元中传递的信息，广义互联网是神经系统，云计算是无数的脑细胞，人工智慧的体现则是信息的反馈，而这其中最根本，最基础的核心就是大数据，如果说其他的硬件设施是其血肉的话，那大数据则是人工智慧的灵魂。对于大数据的特征，有人用了四个“V”来描述：Volume（大量）、Variety（多样）、Velocity（高速）、Value（价值）。

Volume（大量）是指数据量的巨大，。有报道称，2013 年中国产生的数据总量超过 0. 8ZB（相当于 8 亿 TB），2 倍于 2012 年，相当于 2009 年全球的数据总量，面对这样一个数量级的数据，原始的计算方式很难得到结果，只有通过云计算才能实现对数据的处理。

Variety（多样）是指数据来源或类型非常的多样化。比如网页数据，网站生成的日志数据，网络用户上传的图片、音频、视频等等，而这里面又包含了各种行业的各种专业性的数据，数据类型层出不穷。

Velocity（高速）是指处理速度快，时效要求高。面对大量的数据，需要及时的处理并得有用的信息，这就要求必须要有快速运算的能力，云计算正是为此而产生；

Value（价值）是指数据的价值密度相对较低，而如何从数据海洋中提取出有用的信息，是大数据时代最亟待解决的问题。例如，全球拥有 3000 亿个中文网页，在其中提取出对我们有用的信息无异于大海捞针。

而以上这些特征，在数学或是统计学的历史上，都是未曾有过的，那在这样的数据环境下，我们的传统统计将会面临何等的挑战？而如何在大数据环境下开展新的统计工作？这都是非常值得我们统计工作者深思的问题。

二、大数据时代与贵州

（一）云计算中心

大数据和云计算，一个是材料，一个是加工机器，加工机器是为了处理材料而生，材料也必须使用专门的加工机器才能变成有用的产品。就贵州而言，三大通信运营商的云计算中心已经准备就绪，我们已经走在了全国的前列，而下一步将是整个大数据产业的部署，我们是否又能继续抓住时代的脉搏，通过大数据来改变贵州落后的现状呢？

三大运营商选择贵州打造云计算中心，不仅仅是政策上的大力扶植，而是从条件上说，贵州就拥有着得天独厚的优势：一是拥有足够的电力资源，火电、水电等电力资源丰富，完全能够保障大量服务器的正常运行；二是拥有丰富的水利资源，上百万台的服务器运行，会散发出大量的热，需要水冷降温的强效保障；三是拥有良好的自然气候凉爽、空气洁净，在云计算基地运行中能大大降低用电量和机器维护成本。

从基础环境上来讲，是云计算和大数据选择贵州是个非常理智的决定，但云计算和大数据又能对贵州带来什么样的机遇呢？

（二）大数据产业对与贵州的意义

如果按照传统的发展眼光来看，贵州的发展历程应该是承接中东部的产业，通过产业转移让我们把之前的老路再走一遍，但这却也让我们很难跟上中东部前进的速度，而贵州也必将长期处于落后的状况。现在，大数据和云计算来了，也给我们带来了很多的机会：一是大数据产业是人类社会信息化的必然产物，是拥有着巨大潜力的朝阳产业。伴随着技术工艺的提升以及各种电子芯片的微型化，各种终端、传感器会变得更加的普及，整个人类社会将会构架在信息之上，任何事情都会变得更加的自动化、智能化，而这些所有的技术都紧紧与大数据密切相关，这是一次新的技术革命，大数据产业将会给贵州的经济带来巨大的推动作用，能从本质上改变贵州发展的方向；二是在大数据时代贵州落后的传统劣势变得不再那么明显。由于大数据处理不受时间和空间的限制，贵州的交通基础设施不再是限制产业发展的瓶颈，反而因为开发晚而留存下来的良好人居环境，对外来高科技企业以及人才有着较大的吸引力；三是因为贵州落后，反而没有发展遗留的历史包袱，对于发达省份来说，由于经济的快速发展，已经构筑起了一定的发展方向，在面对大数据时代的时候，由于发展的惯性，想及时的参与到大数据之中来，就必须要解决好之前的遗留问题。而贵州恰恰是因为落后，在发展上留有很多的空白空间，而这些空间之上就能直接架起大数据产业的宏伟蓝图。四是大数据与贵州有着较高的契合度。从云计算的外在来看，几乎不存在污染的问题，这能有效的保护贵州的生态环境，从云计算的内在来看，这能为贵州带来大批的高科技企业和人才，能够从根本上改变贵州技术落后的局面，从而带动整个产业结构的变革。所以，大数据对于贵州来说，是一个非常完美的契机，想要后发赶超中东部地区的发达省份，就必须要抓好这个机会，乘势而起，把贵州打造成中国新一代的信息技术中心，彻底扭转依靠出售矿产资源的粗犷型经济增长方式。

三、大数据时代与统计

面对大数据时代的崛起，贵州已经率先做好了应对的准备，而作为政府的统计机构工作者的我们也应该抱着科学、理性的心态积极的参与到大数据之中，深刻的去认识大数据给我们带来的冲击，通过对大数据和我们传统的统计工作之间差异的比较，让我们的统计工作做好应对的变革。

（一）大数据和传统统计的差异

从传统的统计工作来看，主要包括了统计设计、统计调查、统计整理和统计分析四个环节，而在大数据的环境下，这四个方面与我们的传统统计有了根本的区别。

第一，大数据环境下统计设计几乎丧失了目的性。在传统的统计工作中，由于受人力、财力、地理条件等诸多成本的限制，我们很难取得全面的数据，所以我们往往采取的都是抽样调查和定期报表制度。在这种统计制度下，就需要我们带有强烈的目的性去设计统计方案，以用最小的成本获得具有代表性的数据。而大数据时代的统计设计工作，往往直接与自动收集各种数据的终端有关，而这些终端的功能就是尽可能完整的的收集终端上生成的数据，而这些数据的收集也没有任何的针对性，统计设计在这一环节也基本变成了终端应用软件的设计。

第二，大数据环境下统计调查失去了存在的意义。在传统的统计工作中，统计调查是我们获得基础数据的重要步骤，没有统计调查就没有基础数据，后面的工作也就无法展开。而在大数据环境下，统计调查的工作由各种终端自动执行，收集储存到服务器上，不需要花费任何的人力物力，而相应的，统计调查也失去了存在的意义。

第三，大数据环境下统计整理工作发生了质的变化。在传统的统计工作中统计整理就是将搜集到的原始格式化资料进行科学的加工整理，使之条理化、系统化，把反映总体单位的大量原始资料，转化为反映总体的基本统计指标。与大数据的统计整理相比，这一过程则相对比较简单，在大数据环境下，统计整理需要三个方面的条件：一是要有庞大的数据处理能力。与传统统计相比，大数据环境下需要处理的数据量可能是传统统计的成千上万倍，而我们传统的数据处理能力则无法满足这要求，而云计算的应运而生则是为了解决这一问题。二是要将数据中的各种“噪声”进行排除。在大数据的环境中，因为得到的大部分数据都是非格式化或者半格式化的数据，而在这些数据中就存在着大量、无用、起干扰作用的数据，如何将有用的数据从这些数据中筛选出来，则是大数据处理工作的重中之重。三是数据整理人员需要更加专业的技能知识。在传统统计工作中，我们的专业知识主要集中在数理统计及计算机基础知识，而在大数据面前，这些能力却不足以满足我们的工作需要，作为大数据的整理分析人员来说，可能需要掌握的技能要涵盖统计学、数据分析、数学、信息学以及计算机编程的能力，需要更高的技术素养。

第四，大数据环境下的数据分析更加的智能化。在传统统计工作中统计分析需要统计工作者的根据自己的专业素养、历史经验和相关理论去分析各数据之间的相关性，以及因果性，这一过程根据能力的不同需要花费一定的时间。而在大数据时代，这一步骤通常是由计算机自动分析完成，在很短的时间内就能得到数据之间的相关关系以及可以直接运用的结果，以达到智能化的目的。

从这四个阶段来看，我们的统计工作在大数据的环境下发生了较大的变化，而要很好的适应大数据的分析工作，就必须要做出相应的调整或是变革，以保障统计工作在未来的经济社会中存在的价值。

（二）大数据环境下的贵州统计变革

贵安新区云计算中心的建立，标志着贵州大数据产业已经走在了全国的前列，作为贵州数据研究的重要部门，贵州统计系统更要紧紧依托云计算的契机，做好大数据的各项研究工作，抢抓机遇，迎难而上，成为政府大数据工作的先导者。而要走在时代的前列，就必须要转变传统的统计思维，要建立起高水平的平台和专业的人才队伍。

1. 加大对统计思维的转变力度

在大数据的环境下，数据的获取渠道已经不仅仅依靠政府统计，国内的一些互联网企业已经建立起了独立完善的数据收集、挖掘、分析渠道。而这些数据渠道的建立，使得政府统计机构已经不再是公共统计数据的主要拥有者，政府传统统计的重要性正在逐渐减退，统计工作面临着严峻的挑战。要保障政府统计工作的重要地位，就必须要改变过去的统计思维，不能回避大数据所带来的各种挑战。一是要打破对传统数据的认知，树立起大数据意识，不能仅仅只在传统的统计框架中做研究，闭门造车。而是要积极的参与到大数据的变革中，从大数据的基础做起，找到大数据与传统统计结合的平衡点，建立起符合现代大数据的研究体系，并将这些成果转化为政府部门可用的决策信息。二是要以开放包容的心态来看待大数据下样本观念以及精确性等的变化。要尝试大数据下大量非格式化数据的样本与传统格式化样本之间的匹配研究，如果说传统的数据收集是做加法，那么大数据就是做减法，要找到两者之间的匹配关系，整合传统数据资源与大数据资源，通过两者之间的相互印证关系，在大数据的体系内实现数据的最终价值——通过数据来揭示事物的本质、规律和发展趋势，不断的探索大数据环境下的统计新思路。三是要继续做好因果关系的研究，作为政府统计，和商业行为并不一样，商业行为追求的是商业利益，在某些情况下信息的时效性就显得尤为重要，所以在做大数据分析的时候可以说相关分析比因果分析更容易得到企业的认可。但作为政府统计，我们的目的仍然是要通过数据来揭示相关事物的本质变化，这就要求我们不能轻视因果分析，特别是在大数据的环境下，我们可以优先做出相关分析，但后续的因果分析，才是我们工作的主要目的，这也是我们政府统计工作者区别于其他数据分析工作者的根本。

2. 加大对数据平台的建设力度

大数据的核心仍然是数据，而放眼现阶段的数据的来源，相互之间过于分散，数据与数据之间无法关联起来。因此，要进一步加大的数据的开放力度，以政府统计部门为主导，在保障数据安全的前提下，将政府数据、企业数据、个人数据等各类数据全部综合起来，建立起有序、规范、高效的综合性数据平台，以供政府数据分析机构所用。要建立综合数据平台，一是要进一步加快政府统计的信息化建设，以贵安云计算中心的建立为契机，通过使用计算机输入、联网直报、PDA 采集上报等技术手段，实现各政府统计数据的的数字化采集和储存。二是要建立政府数据共享机制，统一由政府统计部门主导，将各部门所拥有的统计数据纳入综合统计平台，实现各政府部门数据之间的共享合作，全面提升政府的大数据分析处理能力。三是要加大对政府大数据的研发投入，通过与云计算中心内企业的合作，加大对各种技术手段的研发力度，加强大数据的采集、储存、筛选、分析能力，打破瓶颈限制，整体提升政府大数据处理能力，打造智慧型政府。

3. 加大对专业人才的培养力度

云计算是大数据的硬件、大数据是云计算的软件，而专业技术人员则是这两者的黏合剂，要实现大数据的应用，就必须有一支技术过硬的人才队伍。一是要有一支拥有大数据观念以及全局意识的领导队伍。大数据兴起不过数年，今天的大数据明日就可能成为小数据，在这样瞬息万变的信息社会中，如何去积极的应对改变，这就需要一支有着长远大数据观念的领导队伍，全局部署好大数据时代的战略准备。二是要改善政府统计机构的人员结构，要进一步加大对信息技术及计算机编译人才的引进和培养，加大对现有统计工作人员的培训力度，避免在大数据时代政府统计机构因人才短板而在大数据处理能力上落后于商业分析机构的情况出现。三是要加大与企业和高校的合作，通过合作的方式培养更多的大数据人才。通过高校复合型的定向培养，打造出一批具有高综合水平的大数据专业人才，增加贵州省大数据人才的储备力量，为政府统计部门和企业输送源源不断的人才资源。通过与企业合作共同开发大数据项目，加大政府统计工作者对大数据的认识理解，增长政府统计机构大数据人才的实际操作能力，为政府统计部门的大数据工作打下坚实的人才基础。

四、用大数据推动贵州的跨越发展

在未来的发展中，我们要紧紧的抓住大数据这一次新的技术革命，以政府大数据为先导，转变政府统计机构发展思路，加大政府对大数据的支持力度，带动相关企业在贵州安家落户，积极发展好大数据这一高科技、低成本的绿色信息产业。要建立起完整的大数据生态产业链，带动软件应用、移动互联、物联网和智能终端等行业的发展，打造贵州特色的智慧商务、智慧城市和智慧政府。要进一步整合云计算和大数据资源，积极的为国内外大数据企业提供成熟的大数据或云计算服务，逐步转变贵州的经济发展方式，改善全省产业结构，推动贵州新一轮的改革发展，将贵州打造成为中国未来的新的信息中心，实现跨越发展的宏伟目标，为西部落后省份的发展方式探索出一条新思路。

参考文献

[1] Viktor Mayer-Schŏnberger, Kenneth Cukier. 盛杨燕 周涛译 大数据时代［M］. 杭州：浙江人民出版社，2013.

[2] 李金昌著：《大数据与统计新思维》，载《统计研究》，2014 年第 1 期。

[3] 涂子沛著：《大数据》，广西师范大学出版社，2013 年版。

[4] 涂子沛著：《数据之巅》，中信出版社，2014 年版。

[5] 徐继华，冯启娜，陈贞汝等著：《智慧政府：大数据治国时代的来临》，中信出版社，2014 年版。

[6] 许小乐著：《“大数据”与政府统计改革》，载《调研世界》，2013 年第 5 期。

[7] 郭秦川著：《官方统计和大数据对比分析》，载《调研世界》，2013 年第 8 期。

积极探索大数据的发展与应用助推铜仁统计工作科学发展

周登波

（铜仁市统计局　贵州铜仁 554300）

随着现代信息技术的飞速发展，在世界范围内，一个大规模生产、分享和应用数据的时代——大数据时代正在到来。美国总统科学技术顾问委员、世界著名咨询机构麦肯锡和联合国在内的许多组织都曾先后发布报告称："大数据"将成为"改变世界的第一科学技术"，必将推动世界经济的发展。大数据在行政管理、生产经营、商务活动等诸多领域不断产生、积累、变化、发展，并被视作能够与物质资产和人力资本相提并论的生产要素。统计部门作为调查、采集、处理和发布数据的政府综合部门，谁能抓住大数据发展的历史机遇，在大数据发展与推进统计工作发展上取得突破，谁就能够适应时代的发展，把政府统计提升到一个新的发展水平。

一、大数据有关概念

（一）大数据的定义

"大数据"概念最早源于80年代，但真正成为互联网技术行业的流行词是在2011年5月麦肯锡全球研究所发表专门研究报告《大数据：下一个创新、竞争和生产率的前沿》[1]之后。计算机、互联网、社交媒体、智能手机、物联网相继出现，通信技术与互联网技术结合，传播技术不断推陈出新，各种以“电子形式存储”的数据以几何级数增长，其数量之大，已经无法计算，只能进行估算，使得我们进入了“大数据”时代。

互联网等信息技术的发展导致了信息大爆炸，大数据在社会生产活动中的价值逐步显现，并引起了IT巨头、发达国家和国家组织的高度关注和开展了战略研究，但目前对大数据还没有统一的和更为权威的定义。如IBM实体分析的首席科学家杰夫·乔纳斯认为，大数据是这样的一堆数据：它是如此之大，并且利用起来如此之好，以至于它能够做出大体上更好的预测。维基百科、数据科学家以及一些研究机构和相关厂商，也提出过大数据的概念，然而截至目前并未形成统一的定义。但是，通过分析不同概念发现，提出过相关概念的各方之间存在一个共识，即：“大数据”就是一个数据体量特别大，数据类别特别广，需要迅速及时操作处理的非结构化数据集合。

“大数据”不只是一个概念，实际上也是对一种社会状态的描述。在大数据时代，数据成为重要的社会资源和生产资料，如何开放、收集、保存、维护、管理、整合、分析、共享数据，是个人、企业、政府的共同课题，通过分析、挖掘数据可以获得新的知识，可以创造价值，学习、工作、生产、投资、理财、管理都离不开数据，人人都要收集数据、使用数据，管理社会、治国安邦更需要用先进技术处理庞大的数据。谁拥有数据、掌握数据、主导数据并加以整合应用，谁就在社会中占据着重要地位。

（二）大数据与传统数据的区别

与传统数据相比，大数据主要有以下五个方面的不同之处。一是大数据多属自动化或者半自动化生成，不涉及与人的互动；二是大数据来源有多种数据源，包括对传统数据进行了扩展收集、全新的数据源等；三是大数据既包含传统的结构化数据，也包含了文档、文本、图片、音频、视频等非结构化的数据类型；四是大数据的分析方法和理念不同以往，分析中不再需要随机分析，而是采用“总体=样本”的全新数据模式，目的上更加注重解答“是什么”，而不是“为什么”；五是大数据要求数据处理技术有新的突破，传统的数据处理模式难以保证其可用性和扩展性，需要包括数据采集技术、预处理技术、存储技术和数据分析技术和结果展示技术等数据处理技术。

(三) 大数据的来源及特征

大数据的来源主要有五大方面：一是媒体数据，特别是互联网、社交媒体产生的数据，包括人们浏览网页的数字化记录等；二是各类企业的生产、销售、管理等等数据；三是政府部门的数据；四是物联网、各种传感器产生的数据，以及未联网的各种摄像头拍摄的数据；五是民众个人留存的数据，包括个人、家庭文字及音像数据。

根据《大数据在政府统计中的探索与运用》[2]一书介绍，大数据具有“6V”特征。一是数据体量巨大（Volume），大型数据集规模一般为TB级左右，而大数据一般是PB级至EB级。二是应用价值大（Value），大数据在经过分析后具有巨大价值，对民众消费、企业经营、政府决策、医疗服务和教育等都具有应用和支撑作用。三是数据种类多（Variety），大数据类型很多，不再是传统结构化数据，更多是非结构化、分布式和单调模式，如日常所使用的日志、视频、图片、地理信息等。四是处理速度快（Velocity），大数据不需要消耗仓储，且大数据的数据挖掘技术与传统有所不同，因而其处理速度非常快。五是数据获取与发送方式自由灵活（Vender），无论是政府、商业企业还是个人使用大数据都会受到较少的限制，可根据需要随时灵活地发送和获取大量数据资源。六是真实准确性高（Veracity），大数据是一种客观存在，其反映出的结果是相对准确的，对大数据分析处理的结果可信度也较高。

二、大数据时代政府统计面临的机遇与挑战

大数据涵盖数字、文本、声音、图片、视频等各种信息类型，多源异构、分布广泛、增长快速，数据的收集、保存、维护、处理以及应用都将发生翻天覆地的变化，为统计事业的科学发展带来了难得的历史机遇。同时其生产应用方式的深刻变革，势必对政府统计带来影响与冲击，对统计人员的思维理念、生产管理、方法技术也提出了新的要求。

（一）大数据给政府统计带来的机遇

一是大数据将拓展统计调查的空间大数据时代，随着电子商务、即时通讯、搜索引擎和网络游戏等为主体的互联网经济飞跃发展，物联网、手机、平板电脑、PC以及遍布全球的各种传感器，都成为数据的来源或载体，数据采集不再局限于人工，政府统计部门不再是海量数据的唯一拥有和发布者。大数据将以其数量之大、类型之多、变化之快，将成为统计调查丰富的海量原始数据，极大拓展统计调查的空间和范围。

二是大数据将提高统计工作的效能大数据的开发应用日益成为经济价值的重要来源之一，正渗透到商业、科技、医疗、政府、教育、经济、人文以及社会的各个领域。大数据时代，数据产生会随时随地发生，从生成到消耗，间隔时间极短。互联网上的数据“以秒更新”。数据量的飞速增长，对处理分析的时效性要求相应提高，丰富的数据来源加上高科技搜集技术，大数据可以极大地缩短数据生产时间，减少报表填报，减轻调查负担。

三是大数据将促进统计设计的标准化面对日益丰富的电子化行政记录、指数式倍增的互联网信息、数以亿计的电子化企业生产经营记录，以及各类信息公司积累的大量数据，统计部门必须制定和规范数据标准，并在此基础上对大数据进行有效的整合利用。

四是大数据将有效提高统计服务水平驾驭大数据，首先需要过硬的软件和硬件技术，在推动大数据信息平台建设的同时，政府统计的整个统计服务理念和统计业务流程都将实现大变革。大数据时代，统计系统可以通过物联网和互联网设备自动记录等方式获取更全面、更及时、更详实的数据信息，这种自动化进程大大降低了数据出错的概率。而且大数据的利用，将为传统的统计指标数据提供更多的验证和补充，从而有利于在一定程度上加强政府统计的数据质量。

（二）大数据给政府统计带来的挑战

一是统计工作职能日趋弱化大数据背景下，通讯、电力、金融、电商、搜索引擎等越来越多的行业拥有统计系统以外的海量数据，越来越多的企业和社会调查机构具备开发、挖掘和利用大数据资源的能力，政府统计部门不再是数据的主要提供者，也不再是数据的唯一发布者，这将是对传统政府统计的一个很大革新，也是对政府统计职能设计的一大挑战。

二是统计体系制度受到冲击随着大数据挖掘技术的深入，加之各类信息咨询业的崛起，传统统计的内容、对象、渠道将会发生很多变化，目前的统计体系和方法制度将不能适应新时代的要求。数字化的行政商业记录、网络在线文本、流媒体数据大大拓宽了统计机构收集数据信息的渠道，“样本即总体”的新趋势，统计调查部门的业务工作方式也势必发生改变。

三是统计分析方法面临创新传统的统计分析主要针对结构化数据展开，方法相对单一、固化，对相关关系的论证通常需要人为选择关联因子和假设前提。而海量数据往往能更直接、更准确、更快速地揭示事物之间的相关关系，且不受偏见影响。大数据背景下的统计分析将不仅仅是简单的数据汇总、罗列和比较，更需要专业化、细分化和精确化的数据分析技能，需要高能力、高知识素养的专业统计分析人员来进行数据分析挖掘工作。

四是统计数据质量更受关注统计调查数据的获取，需要被调查者的参与，人工采集、整理数据的方式本身就会产生一定的误差，一旦调查对象不予配合或者采用虚报、瞒报、乱报等方式消极配合，数据质量更加难以保证。而真实性恰恰是大数据的主要特征之一，一方面因数据来源于客观交易行为和实时的个体行为，目的指向性不强且人为干扰程度低，另一方面因可以多源头多维度对同一对象进行验证，从而剥离一定的假数据。

三、大数据环境下推进政府统计的建议

（一）切实树立大数据思想

思想决定行动，思路决定出路。面对大数据时代的到来，作为新时期统计工作，我们要正确认识到，推进大数据在统计工作的应用是统计未来发展的必然趋势，必须要积极应对，主动作为；要科学把握大数据对统计工作带来的机遇和挑战，积极进行大数据应用的探索和实践，把挑战转化

为动力，把机遇改变为成果；要改变固有思维，针对海量即时数据，绝对的精准不再是我们追求的主要目标，要改变长久以来固守的因果关系律，而应该寻找事物之间的相关关系，要树立关口前移的统计观念，促使统计管理真正从事后转向事前和事中管理，从静态走向动态。

（二）加强信息技术建设

技术是第一生产力。大数据广泛存在于互联网至上，而互联网又将计算资源不断整合，找到恰当的搜集、处理、分析软件，是大数据能更好地应用于政府统计的必要条件。要加强技术攻关，积极开发大数据搜集、处理、分析各种软件，为大数据建设提供支撑。要改进现行技术，减少数据的冗余，实现数据的唯一性，提高信息资源的共享与利用率，及时地为政府和行业统计部门提供必要的统计资料，也为企业统计信息决策提供重要依据。

（三）加强大数据应用法制保障目

前统计法中关于政府统计的调查权、调查对象的填报义务、隐私保护等方面的规定远远满足不了大数据背景下政府统计发展的需要，需进一步加以界定。要在充分调研、评估、论证、广泛征求各方面意见的基础上，修订完善统计法和相关法律、法规，为大数据应用提供法制保障；要以法律法规的形式明确各部门、企业的有关义务，依法向政府统计部门提供行政记录、商业记录等重要电子化数据信息；要对大数据应用中泄漏了应该得到保护的隐私，必须依法对相关责任者进行追责和处罚。

（四）加快新型复合型统计人才队伍建设

传统的统计学、经济学乃至计算机技术，与大数据的发展要求有很多明显不适应的地方。大数据要求更多的统计人员向统计数据专家、数据分析师方向转变。要强化交流培训，加强政府统计系统的队伍建设，促使统计人员改进自身的知识结构，尽快学习和掌握新的知识和技术，既具备良好统计思维、又娴熟信息技术，造就一支适应大数据时代要求的高素质复合型的统计人才队伍。

四、铜仁探索大数据应用的初步打算

大数据迅速发展对传统统计生产方式的影响，必将带来统计工作思维的大变革。大数据是客观真实存在的，作为官方数据生产主体的统计部门，如果缺乏足够重视，不积极应对，不加以利用，必然会影响统计事业的科学发展、不利于统计地位的提高，政府统计的主体地位必将受到削弱和影响。虽然目前大数据的应用领域才刚起步，但各级统计部门应树立大数据意识，就大数据在本地区的积极应用进行有益探索。作为经济社会发展各方面均相对滞后的铜仁，我们将围绕“三步走”战略来逐步探索大数据在统计工作的应用与发展。

第一步是整合部门统计信息资源　政府综合统计与部门统计是政府统计的双翼，部门统计是政府统计的重要组织部分，促进政府综合统计和部门统计的协调发展，整合统计信息资源，是大数据背景下充分发挥统计在国民经济和社会发展中的决策参考作用的必然要求。当前市级政府统计部门与部门统计工作联系不紧密、各自为战，部分领域重复统计，部分行业无人统计，还有部分指标数据统计口径不一致，数出多门的现象时有发生，资源没有得到有效整合，还不能完全满足市场经济发展需要、党委政府决策需要和社会公众信息需要。根据《铜仁市人民政府办公室关于深化市区管理体制改革》的要求，铜仁下一步将着力强化部门统计，加强部门统计力量，落实与部门统计工作任务相匹配的人员、经费等工作条件，营造良好的统计环境；将着力强化部门联动，由政府统计部门牵头，做好对部门统计工作的协调、管理、指导和服务，将充分运用现代信息技术手段，建立政府统计和部门统计数据统一的搜集、查询和发布平台，对统计、公安、工商、财政、税务、金融、民政、教育、卫生各类统计数据和调查数据进行有效整合，实现部门数据高度共享，力争用 5 年左右时间基本建成能满足市场发展需要、党委政府决策需要和社会公众信息需要的统计数据体系。

第二步整合企业统计信息资源　马建堂局长曾指出，与企业共同建立的国家统计局大数据应用合作平台是中国政府统计抓住大数据机遇，应对大数据挑战的重要举措。大数据作为非结构化和电子化的海量数据，数量之大、类型之多、变化之快，前所未有。开发好、利用好这一巨大宝藏，非一家之力可成。企业既是大数据的主要生产者，也是经验丰富的使用者，还是大数据的直接受益者，有数据的资源、有应用的技术、有市场化的机制；统计局作为组织领导和协调统计工作的主管部门，具有统计制度和标准制定，统计数据搜集、发布、分析等方面的优势，有效整合企业信息资源，必将极大推动大数据开发利用的科学性、统一性、规范性。下一步，我们将加强和电子商务企业、物流企业的合作，着力解决电子商务交易统计缺失的问题，有效补充和完善现有统计制度；将加强与市内企业的合作，摸清企业现状，利用大数据处理方法，分析、汇总名录库在库单位的行业分布和发展动向，查找原因，挖掘本地经济可能潜在的增长点。

第三步整合网络信息资源　“大数据”则包括了“结构化数据”、“半结构化数据”和“非结构化数据”。推进统计大数据建设除了要整合部门统计、企业生产有关的“结构化数据”外，关键在于整合网络信息等“半结构化数据”和“非结构化数据”。大数据时代，统计部门要充分利用大数据技术的优势，建立健全统计信息网络，在做好数据存储处理的基础上，通过专业分析提升数据信息的附加值。重点要开发适合自身特点的技术软件，要开发大数据搜集工具、开发大数据汇总软件及大数据储存和分析软件，借助云计算等有效工具，分析海量数据，深度挖掘流量与数据价值，在孤立的数据间建立关联，探寻出数据间，数据与人、环境、政策间的各种相关性，掌控数据增值的“金钥匙”，为政府决策提供更全面的分析，更准确的预测，发挥出统计具有实际意义的辅助决策功能。这一步，作为市级统计机构，由于物力、人力还是技术上的缺陷，独立开展的难度较大，我们将在国家及省的统一部署下积极开展大数据应用有关工作。

参考文献

[1] http：//bbs. pinggu. org/thread-2477598-1-1. html.

[2] 马建堂著：《大数据在政府统计中的探索与运用》，中国出版社，2013 年版。

[3] 张瑜著：《浅议大数据时代政府统计面临的机遇与挑战》，载《管理观察》，2014 年 6 月。

[4] 马丽著：《浅谈大数据时代政府统计面临的挑战与机遇》，载《统计科学与实践》，2014 年第 4 期。

贵州企业技术创新主体地位评价研究*

李定猛　赵　勇　张贵平
（贵州省科技信息中心　贵阳　550002）

1. 问题的提出

2006年全国科技大会提出“要建立以企业为主体、市场为导向、产学研结合的技术创新体系”[1]。2012年召开的全国科技创新大会提出“着力强化企业技术创新主体地位”[2]。在认识上，企业是技术创新的主体逐渐成为共识；在实践上，如何测度企业技术创新主体地位成为迫切需要回答的一个问题。因而，客观监测和评价企业技术创新主体地位发展情况具有重要意义。

2. 企业技术创新主体概念

关于企业技术创新主体的概念，从文献检索来看，较早从1994年连燕华发表“试论企业是技术创新的主体”一文[3]至今鲜有研究者[4-13]给

* 项目基金：贵州省科技厅软科学项目（黔科合体R字［2013］2034号）。

出一个较为明确的定义。从系统的观点来看，创新参与者众多，企业只是众多参与者中的一员；从行为的角度来看，技术创新是一个科技、经济一体化的过程[14]。企业技术创新主体，是指企业在主要技术创新活动承担者中占据主导地位、发挥核心作用，完成技术创新全过程，并实现创新收益。

对于这个概念，可以从几方面来理解：技术创新的参与者有政府、企业、高校、科研机构、科技中介等，企业在通常认为的主要技术创新活动承担者（企业、高校、科研机构）中占有较大的份额；政府一再发文强调要强化创新主体地位[15]，说明需要发挥政府的作用；企业是将技术创新实现市场化的唯一主体，需要将所有企业作为一个整体来考量。

3. 企业技术创新主体地位评价

3.1 评价构成要素

企业是技术创新主体在 NIS（国家创新系统）中是毋庸置疑的，关键是其主体作用的发挥程度如何。同时，NIS 结构和企业技术创新能力与效率是一个互动的演进过程，前者影响企业技术创新的实现，企业技术创新又改变企业在 NIS 中的地位[16]。

根据企业技术创新主体的概念，将企业技术创新主体地位评价内容分为三个部分：(1) 反映政府在企业技术创新中的作用，即创新支撑；(2) 反映企业在国家（区域）创新系统中相对位置与份额的指标，即创新份额；(3) 反映企业在技术创新全过程中功能和作用的指标，即创新活动。

3.2 评价指标体系

基于上述三个内容，根据科学性、客观性、可操作性和可比性原则，对评价指标进行了隶属度分析、相关性分析和鉴别力分析，构建如下评价指标体系。

表 1　企业技术创新主体地位评价

企业创新主体地位评价	创新支撑	企业 R&D 经费中政府资金比重
		企业 R&D 经费加计扣除与企业 R&D 经费的比值
	创新份额	企业 R&D 经费占全省 R&D 经费的比重
		企业 R&D 人员占全省 R&D 人员的比重
		企业职务发明专利授权占全省职务发明专利授权量的比重
	创新活动	企业 R&D 经费支出与企业主营业务收入之比
		企业 R&D 人员占企业从业人员的比重
		有 R&D 活动的企业占全部企业的比重
		企业每千 R&D 人员发明专利申请量
		企业新产品销售收入与主营业务收入的比值
		企业全员劳动生产率
		高技术产品出口额占工业企业出口交货值比重

4. 指数测算结果分析

基于贵州科技统计数据，采用综合评价方法，测算了 2006 年（以 2005 年为 100）至 2011 年的企业技术创新主体地位测度指数。

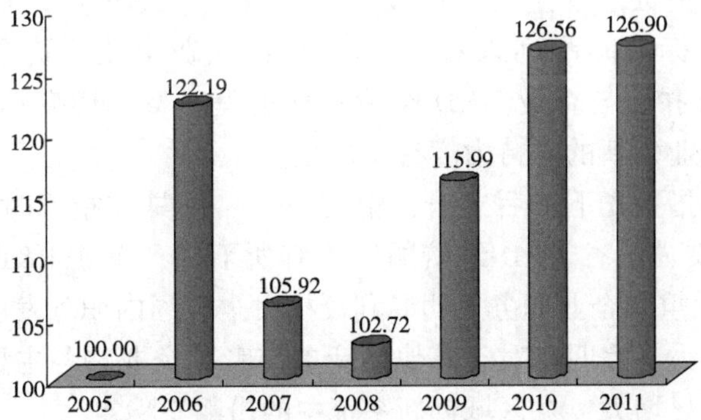

图 1　贵州企业技术创新主体地位测度指数的变化

4.1 指数整体分析

从指数计算结果上看，2006 年至 2011 年 6 年内监测指数呈波动上升态势，表明自 2005 年以来贵州企业的技术创新主体地位总体在加强。从年度变化上看，2008 年以后，指数平稳上升，表明贵州企业技术创新主体地位稳步提升。

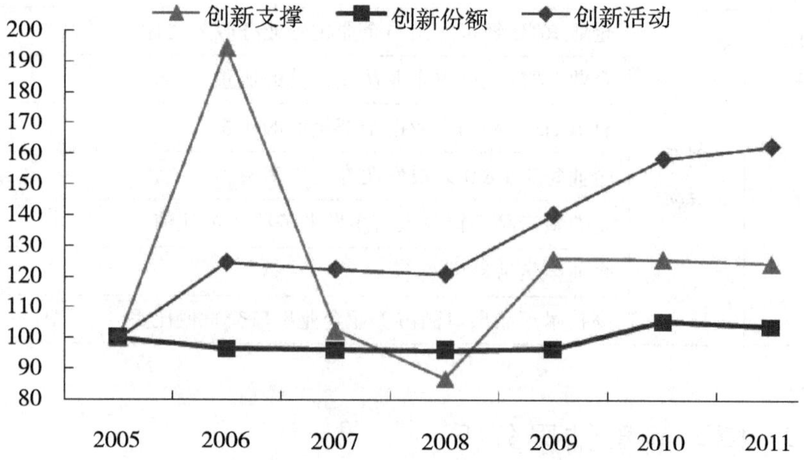

图 2 创新支撑、创新份额、创新活动指数变化情况

4.2 分指标变化趋势动态分析

创新支撑指数总体上升，但波动幅度较大，2008 年之后开始相对平稳。从具体指标时间序列来看，企业 R&D 经费中政府资金比重和企业 R&D 经费加计扣除与企业 R&D 经费的比值呈“M”型变动，趋势一致，表明政府对企业创新的支持力度有待加强。

创新份额指数先下降后上升，幅度不大。从具体指标时间序列来看，企业 R&D 经费占全省 R&D 经费的比重有所下降；企业 R&D 人员占全省 R&D 人员的比重和企业职务发明专利授权占全省国内职务发明专利授权量的比重变化不大，表明相对于其他创新参与者，企业在各主要指标上所占的份额没有明显增大，在区域创新系统中的份额不稳定。

创新活动指数变化平稳，上升趋势明显。从具体指标时间序列来看，企业每千 R&D 人员发明专利申请量和全员劳动生产率上升明显，表明产出能力大幅提升；其他指标前后波动，表明创新投入不稳定。

5. 结论与建议

通过指数分析可知，尽管 2005 年以来贵州企业的技术创新主体地位总体在加强，但企业的 R&D 能力仍是薄弱环节。“十二五”时期，是贵州大力实施工业强省战略，加快推进产业结构调整升级的时期，需进一步突出企业在技术创新中的主导地位和核心作用。基于上述分析，当前加强企业技术创新主体地位，应更侧重于加强对企业创新的支持，提高企业 R&D 投入产出和产出能力。

5.1 着力推进企业研发机构建设

要加强各类计划项目对研发机构的支持，鼓励符合条件的研发机构牵头或参与重大研发和产业化项目。按照国家和省有关鼓励科技创新创业的一系列文件规定，严格落实企业研发机构的税收优惠和奖励政策，引导和鼓励企业企业建设各类各层次研发机构，尤其要推动传统行业的中的企业积极开展研发活动，努力实现企业研发机构建设量的飞跃。

5.2 进一步持续加大对企业的支持力度

各级政府科技计划项目要向企业倾斜，主体计划要更多的由企业牵头或有企业参与实施，为企业创新提供资金支持。切实落实企业 R&D 费用加计扣除、技术转移所得减免等激励政策，处理好地方税务税收工作任务与加计扣除政策之间构成的矛盾，理顺 R&D 统计与认定方法，切实发挥企业 R&D 费用加计扣除政策的杠杆作用。

5.3 进一步完善对企业的考核评价机制

对国有大中型企业、批准建设省部级重点实验室、工程技术（研究）中心和企业技术中心的企业的评价考核，不仅要重视经济指标，更要重视科技指标。通过考核评价机制的完善，激励企业从思想上和行动上真正重视创新活动，加大对创新的投入。

参考文献

[1] http://wenku.baidu.com/link? url=8t1OjV6Scj1fPuNh6gMGharyeKYud8LcfqoGhjjn9oTXUogmj0CGRSqEpVUJEjniFtBd0FpKzgjQrGZW4tVWmt0-_vmwTMKS1Zb8Q_e7X9C.

[2] http://www. most. gov. cn/ztzl/qgkjcxdh/qgkjcxdhttxw/201207/t20120704_95383. htm.

[3] 连燕华著:《试论企业是技术创新的主体》,载《科学管理研究》,1994 年第5 期,第 1-6 页。

[4] 郭树东等著:《以企业为主体的国家创新系统的构建研究》,载《中国软科学》,2004 年第 4 期,第 103 -105 页。

[5] 杜伟著:《关于技术创新主体问题的理论分析与实证考察》,载《经济评论》,2004 年第 3 期,第 32 -35 页。

[6] 陈士俊,关海涛著:《技术创新主体的合理确定及其评价指标分析》,载《科学管理研究》,2005 年第 2 期,第 23-26 页。

[7] 吴忠泽著:《大力推动企业自主创新,加快建设创新型国家》,载《中国软科学》,2006 年第 5 期,第 1-4 页。

[8] 刘新同著:《我国技术创新中的企业地位分析》,载《自然辩证法研究》,2007 年第 1 期,第 49-53 页。

[9] 刘艳,吴剑辉著:《广东企业技术创新主体地位的实证分析》,载《广东行政学院学报》,2010 年第 1 期,第 80-83。

[10] 杜欣著:《河北省企业技术创新主体地位剖析》,载《产业与科技论坛》,2011 年第 8 期,第 43-44 页。

[11] 汪锦,孙玉涛,刘凤朝等著:《中国企业技术创新的主体地位研究》,载《中国软科学》,2012 年第 9 期,第 146-153 页。

[12] 袁立科,杨起全著:《我国企业技术创新主体地位的结构性分析》,载《中国科技奖励》,2013 年第 9 期,第 68-70 页。

[13] 张赤东等著:《 企业技术创新主体地位:现状与建议》,载《中国科学报》,2013 年 4 月 15 日。

[14] http: //www. dss. gov. cn/Article_ Print. asp? ArticleID=50399

[15] http: //www. gov. cn/zwgk/2013-02/04/content_ 2326419. htm

[16] 张赤东著:《2000-2012 年中国企业技术创新动态监测分析》,载《中国科技论坛》,2014 年第 6 期,第 9-16 页。

贵州固定资产投资与经济增长关系研究

董安娜 邓曼 王朝晖 龙立楷 孙瑜 刘莉亚 戚得玉
（贵州省统计局，贵州 贵阳 550001）

近年来，全省紧紧围绕“加速发展、加快转型、推动跨越”的主基调，大力实施工业强省和城镇化带动两大战略，坚持抓投资就是抓发展的理念，以深入开展实施“项目建设年”活动为抓手，大力引进项目，加快项目建设步伐，实施大产业引领、大园区承载、大项目支撑，发展基础进一步夯实，投资环境不断优化，一大批产业、民生项目加快实施，固定资产投资实现持续快速增长。投资先导作用发挥明显，对经济增长的贡献突出，带动经济增长的潜力较大释放，加快了同步小康的进程。

一、近十年贵州固定资产投资与经济增长变化的总体态势

（一）固定资产投资与经济增长呈同向周期性发展

近十年，贵州地区生产总值从2004年的1677.80亿元上升到2013年的8006.79亿元，十年总量增加6328.99亿元，年均增长18.8%；全社会固定资产投资总量从2004年的869.25亿元上升到2013年的10354.77亿元，增加9485.52亿元，年均增长27.1%，高于经济增长8.3个百分点。

2012 年开始，全社会固定资产投资总量超过地区生产总值。详见表 1。

表 1　2004–2013 年贵州省固定资产投资与地区生产总值总量和增速

年份	地区生产总值（亿元）	地区生产总值增速（%）	全社会固定资产投资（亿元）	全社会固定资产投资增速（%）
2004	1677.80	11.4	869.25	15.3
2005	2005.42	12.7	1018.25	17.1
2006	2338.98	12.8	1197.43	17.6
2007	2884.11	14.8	1488.80	24.3
2008	3561.56	11.3	1864.45	25.2
2009	3912.68	11.4	2450.99	31.5
2010	4602.16	12.8	3186.28	30.0
2011	5701.84	15.0	5101.55	60.1
2012	6852.20	13.6	7809.05	53.1
2013	8006.79	12.5	10354.77	32.6

注：2004–2013 年全社会固定资产投资统计口径为 50 万元及以上固定资产项目投资，房地产开发项目投资及农村农户投资。以下相关表同。

从增速上分析，2004 年以来，全省固定资产投资与生产总值增速趋势一致，且投资增速明显快于生产总值增速，二者增速差距呈扩大趋势。2011 年贵州投资增速达到十年来的最高点，增长 60.1%，当年地区生产总值增速也达到 15.0%的最高点。固定资产投资增速与经济增速周期波动基本同步。见图 1。

图 1　2004–2013 年贵州省全社会固定资产投资与生产总值增速走势

（二）投资对经济增长的贡献不断扩大

2004-2012年，全省投资率呈上升趋势，投资对经济增长的拉动作用不断扩大，投资需求对经济增长的贡献已占据主导位置。投资贡献率由2004年的60.4%上升到2012年的69.2%，投资对GDP的拉动从2004年的6.9个百分点提升到2012年的9.4个百分点。详见表2。

表2 2004-2012年贵州省投资率、投资贡献率及拉动率

年份	投资率（%）	投资贡献率（%）	投资拉动（百分点）
2004	20.0	60.4	6.9
2005	49.7	61.8	7.8
2006	49.3	62.0	7.9
2007	47.3	65.0	9.6
2008	47.5	65.0	7.3
2009	52.3	69.0	7.9
2010	54.5	62.5	8.0
2011	55.2	69.3	10.4
2012	59.4	69.2	9.4

注：由于2013年全省GDP核算年报还未完成，因此无法计算相关数据。

二、贵州固定资产投资和经济增长的关系

（一）全社会固定资产投资与固定资本形成的关系

从使用角度来看，GDP包括三个部分：最终消费、资本形成总额、净出口\净流出。资本形成总额就是我们常说的“三驾马车”中的投资，包括固定资本形成和存货变动。其中固定资本形成总额是指常住单位在一定时期内获得的固定资产减处置的固定资产的价值总额。可见固定资产投资与固定资本形成具有对应关系。但两者在内涵上存在明显区别，一是全社会固定资产投资额包括土地购置费、旧建筑物购置费和旧设备购置费、计

划总投资50万元以上项目的投资，固定资本形成总额则不包括这些。二是全社会固定资产投资额不包括商品房销售增值、新产品试制增加的固定资产以及未经过正式立项的土地改良支出，固定资本形成总额包括这些价值。三是全社会固定资产投资额只包括有形固定资产的增加，固定资本形成总额既包括有形固定资产的增加，也包括矿藏勘探、计算机软件等无形固定资产的增加。

（二）投资促进经济增长的效应

1. 需求和供给双重效应

投资作为经济增长的原动力，对经济增长的作用具有双重效应，即兼有需求效应和供给效应。一方面，投资是社会总需求的重要组成部分，投资增加时，会增加对水泥、钢材等投资品的需求，增加投资品生产企业的产量和效益，促进消费、就业、居民收入的增加，从而促进经济增长加快。另一方面，投资是增加社会总供给的重要途径，能够扩大社会的生产能力。一般而言，投资的需求效应在短期内影响经济增长，供给效应在长期的经济增长中发挥作用。

从生产角度看，投资本身就是一种生产活动，通过投资可以直接创造工业、建筑业、房地产业等其他相关产业的增加值，使其成为当期生产总值的一部分。2004年以来的十年间，贵州固定资产投资年均增长27.1%，工业增加值年均增长19.4%，社会消费品零售总额年均增长17.8%，建筑业增加值年均增长19.2%，这些行业的增长，无不与投资需求的拉动有关。

2. 外溢效应

投资活动增加对社会的有效需求，通过投资资金购买实现拉动国民经济增长。投资的购买功能具有购买谁的商品，拉动谁的经济的特征。有关数据显示，每百元投资中，有40%左右的投资转化为消费资金，促进了消费品生产发展和市场繁荣。但是随着投资规模的迅速扩张，其外溢效应也会越来越大，即在拉动本地区经济的同时，也会带动其他地区经济的增长。我省固定资产投资的高速增长，在推动本省经济快速增长的同时，通过投资购买的实现，有相当一部分投资资金流入省外，拉动了外省经济增长。

产生这种状况的原因有：一是全省工业基础仍然薄弱。我省工业经济不发达，在国民经济中占比低，且行业集中度较高，造成产品供给不能满足高速增长的投资需求。2013 年，煤、电、烟、酒四个行业占规模以上工业增加值的比重就达 65%。二是投资的结构不协调。多年来，我省固定资产投资主要集中在基础设施建设和房地产开发中，而实体经济的投资相对较少，使得投资不能在较短时间内形成生产力。2013 年，基础设施和房地产开发投资占 63.8%，工业投资仅占 29.5%。三是我省产品竞争力不强，产品结构不优，产业链不长，市场占有率不高，导致投资的高速增长中，过多依赖省外进口，实质是拉动省外的经济增长；四是总部经济问题。由于大企业、大公司设立总部一般在发达地区，分支机构企业未在我省注册，增加值和税收算不进。

3. 时滞效应

投资对经济增长还具有时滞效应，表现出一定的滞后特征。主要是受建设时间、生产时间、流通时间、当期技术水平、生产率水平、投资收益水平的影响，导致了投资效益的滞后。固定资产投资中制造业、公路、铁路、电力行业项目建设平均周期为 2-3 年。因此投资对经济增长的推动是一个循序渐进的过程，由于时滞效应投资的作用在当年经济增长中并不一定反映出来，但在第二年，甚至第三年才会明显反映出来。表明经济增长既是当年投资需求拉动的直接后果，也是以前年份固定资产投资积累所产生的后发优势效应。

（三）投资结构对产业结构的影响分析

投资结构包括产业结构、行业结构等。投资结构直接影响着经济结构的形成及变化，进而影响经济增长的质量和效益，投资结构调整是产业结构优化升级的先导和杠杆。

1. 投资产业投向对三次产业结构调整的影响

2004 年以来，贵州投资和经济的产业结构变化基本符合由一产向二产再向三产依次转移的演变规律，在演进过程中，投资结构的调整总是领先于经济结构的调整，并为产业结构调整奠定坚实基础。2004 年-2013 年，贵州全社会固定资产投资一直呈现“三、二、一”格局，同期经济产业结构 2004-2005 年为“二、三、一”结构，2006 年以后为“三、二、一”结构。2004 年，投资三次产业结构为 2.6：40.3：57.1，到 2013 年为 3.1：29.6：67.3，十年间一产投资比重提高 0.5 个百分点，二产比重下降 10.7 个百分点，三产比重上升 10.2 个百分点。2004 年，经济的三次产业结构为 19.9：40.6：39.5，到 2013 年为 12.9：40.5：46.6，十年间一产比重下降 7 个百分点，二产比重下降 0.1 个百分点，三产比重上升 7.1 个百分点。详见表 3。

表 3　固定资产投资和生产总值分产业构成变动情况

年份	固定资产投资分产业构成（%）			生产总值分产业构成（%）		
	一产	二产	三产	一产	二产	三产
2004	2.6	40.3	57.1	19.9	40.6	39.5
2005	2.6	43.8	53.6	18.4	40.9	40.7
2006	2.3	43.1	54.6	16.3	41.4	42.3
2007	2.0	43.5	54.5	15.5	39.0	45.5
2008	2.7	42.6	54.7	15.1	38.5	46.4
2009	3.0	37.2	59.8	14.1	37.7	48.2
2010	2.5	34.1	63.4	13.6	39.1	47.3
2011	3.2	36.3	60.5	12.7	38.5	48.8
2012	3.2	32.0	64.8	13.0	39.1	47.9
2013	3.1	29.6	67.3	12.9	40.5	46.6

2. 投资行业结构调整对经济产业结构的影响

从我省的投资结构看，投资额大的主要集中在工业投资、基础设施投资和房地产开发投资，这三个行业构成推动我省投资快速增长的“三驾马车”，其投资效益的好坏也直接对经济增长产生影响。

（1）工业方面。2004 年以来，工业投资稳步增长，但占总投资比重下降，导致工业在 GDP 中比重有所下降。2004-2013 年，全省工业累计完成投资 1.21 万亿元，年平均增长 24.9%。工业投资占全社会固定资产投资的比重由 2004 年的 40.1%下降为 2013 年的 29.5%，十年间下降了 10.6 个百分点。同期，工业增加值占 GDP 的比重也从 2004 年的 34.4%下降到 33.6%，下降了 0.8 个百分点。说明全省工业投资力度仍显不足。

主要工业行业分析，2006-2013年，总体上煤、电、烟、酒四个行业投资占比和增加值占比的变化趋势基本一致，投资占比上升，增加值占比上升。相对煤、电等重工业，烟、酒等轻工行业的投资少，但对经济增长的贡献大。2013年，煤、电两个行业投资占比为8.2%，增加值占比为11%，烟、酒两个行业投资占比为2.6%，增加值占比为9.6%。从投资效果系数看，烟、酒两个行业投资效益明显高于煤、电，煤、酒行业投资效益近两年呈下降态势，电力行业投资效益变化不大，烟行业投资效益波动明显。

表四　主要工业行业投资与增加值占比

	占投资比重（%）				占 GDP 比重（%）				投资效果系数			
年份	煤	酒	烟	电	煤	酒	烟	电	煤	酒	烟	电
2006	6.9	0.9	0.1	20.7	2.5	2.1	3.7	8.1	0.2	1.0	7.3	0.2
2007	6.7	0.7	0.3	17.4	3.2	2.6	3.5	7.1	0.3	2.5	3.3	0.1
2008	8.7	0.7	0.3	14.2	3.6	2.7	3.0	6.4	0.2	1.4	0.7	0.1
2009	10.2	0.8	0.5	10.3	4.1	2.9	3.0	7.0	0.1	0.8	0.9	0.2
2010	10.6	1.1	0.3	8.0	6.0	3.5	3.3	4.4	0.4	1.5	3.6	-0.3
2011	8.8	1.5	0.2	6.1	7.7	4.3	3.1	4.2	0.4	1.1	2.7	0.1
2012	6.5	2.1	0.1	3.6	6.9	5.5	3.6	4.3	0.1	0.8	9.3	0.2
2013	4.7	2.5	0.1	3.5	7.0	6.2	3.4	4.0	0.2	0.5	3.6	0.1

（2）交通运输、仓储及邮政业方面。2004年以来，我省交通运输、仓储及邮政业投资力度不断加强，有效地缓解了交通对社会经济发展的“瓶颈”制约，为经济发展奠定了良好的基础。2004-2013年累计完成投资5145.56亿元，年均增长27.7%。其中，公路运输业累计完成投资达3837.93亿元，年均增长23.7%。十年间，交通运输、仓储和邮政业投资占全社会固定资产投资比重呈平稳态势，增加值占GDP的比重波动也不大。

（3）房地产业投资方面。2004年以来，我省房地产投资快速增长。2004-2013年，全省房地产业累计完成投资8579.83亿元，年均增长30.6%。房地产业投资额占全社会固定资产投资的比重由2004年的19.7%

上升到2013年的26.5%，提高了6.8个百分点，已成为投资的主要组成部分之一，但房地产业增加值占GDP的比重却从2003年的4.1%下降至2.5%，下滑了1.6个百分点，可见房地产业投资对经济增长的支撑性不强。

表5　工业、交通、房地产业投资和增加值占比变动情况

年份	占全社会固定资产投资比重（%）			占GDP比重（%）		
	工业	交通运输仓储和邮政业	房地产业	工业	交通运输仓储和邮政业	房地产业
2004	40.1	14.4	19.7	34.4	8.0	4.1
2005	43.6	12.7	19.8	35.3	6.9	3.8
2006	42.9	13.8	20.9	35.9	8.2	3.4
2007	43.3	12.1	22.5	33.9	9.8	3.2
2008	42.2	13.2	23.1	33.6	10.4	2.9
2009	36.9	17.0	18.7	32.0	10.2	3.5
2010	33.7	18.7	24.4	33.0	10.4	3.0
2011	35.7	15.3	23.5	32.1	10.4	2.8
2012	31.5	14.1	25.8	32.4	10.0	2.6
2013	29.5	13.5	26.5	33.6	9.7	2.5

3. 投资结构影响投资效果

2004年以来，受投资结构影响，贵州在投资规模迅速扩大的同时，投资效益整体呈现下滑趋势。投资效益可以从投资效果系数来分析，投资效果系数是指一定时期内单位固定资产投资增加的国内生产总值的数量，其值越高，单位投资实现的增加值就越多，投资的经济效益也就越好。

2013年，投资效果系数为0.11，比2004年下降0.18。分产业来看，一产投资效益相对较高，但一产增加值小，三产投资效益最低。2004-2013年三次产业的投资效益均呈下降态势。详见表六。

表 6　贵州固定资产投资及三次产业投资效果系数

年份	投资效果系数	一产	二产	三产
2004	0. 29	1. 58	0. 32	0. 21
2005	0. 32	1. 29	0. 31	0. 28
2006	0. 28	0. 48	0. 28	0. 27
2007	0. 37	2. 19	0. 24	0. 40
2008	0. 36	1. 82	0. 31	0. 33
2009	0. 14	0. 15	0. 12	0. 16
2010	0. 22	0. 93	0. 30	0. 14
2011	0. 22	0. 62	0. 21	0. 20
2012	0. 15	0. 65	0. 19	0. 10
2013	0. 11	0. 42	0. 18	0. 06

三、全国、部分省份固定资产投资与经济增长关系

(一) 贵州与全国的情况对比

1. 从总量来看

相对于全国，无论是 GDP 还是投资，我省都是总量较小，比重较低，但比重呈上升趋势。2013 年，贵州 GDP 占全国比重为 1. 41%，比 2004 年提高 0. 36 个百分点。同期投资比重提高更快，贵州投资占比提高了 1. 09 个百分点。2011 年以来，投资总量占比高于 GDP 总量占比，且增加量呈逐年增长的趋势。数据见表 7。

表 7　2004-2013 年我省 GDP 及投资占全国总量比重

年份	GDP			全社会固定资产投资		
	全国（亿元）	贵州（亿元）	贵州占全国（%）	全国（亿元）	贵州（亿元）	贵州占全国（%）
2004	159878. 34	1677. 80	1. 05	70477. 43	869. 25	1. 23

续表

年份	GDP			全社会固定资产投资		
	全国（亿元）	贵州（亿元）	贵州占全国（%）	全国（亿元）	贵州（亿元）	贵州占全国（%）
2005	184937.37	2005.42	1.08	88773.61	1018.25	1.15
2006	216314.43	2338.98	1.08	109998.16	1197.43	1.09
2007	265810.31	2884.11	1.09	137323.94	1488.80	1.08
2008	314045.43	3561.56	1.13	172828.40	1864.45	1.08
2009	340902.81	3912.68	1.15	224598.77	2450.99	1.09
2010	401512.80	4602.16	1.15	278121.85	3186.28	1.15
2011	473104.05	5701.84	1.21	311485.13	5101.55	1.64
2012	519322.07	6852.20	1.32	374675.66	7809.05	2.08
2013	568845.21	8006.79	1.41	447074.00	10354.77	2.32

注：全国2011、2012和2013年全社会固定资产投资统计口径为500万及以上固定资产项目投资、房地产开发项目投资及农村农户投资，其余年份为50万口径。以下相关表同。

2. 从增速来看

2004-2013年，全国GDP年均增速15.4%，贵州年均增速18.8%，较全国高3.4个百分点。同样，贵州投资年均增速为27.1%，也高于全国2.9个百分点。从增速走势看，全国GDP和投资的增速差距呈现缩小趋势，贵州与全国不太一致，贵州差距呈现扩大趋势。全国GDP和投资的增速差距由2004年的16.5个百分点到2013年的8.8个百分点，我省则由3.9个百分点扩大到20.1个百分点。主要由于我省除了国家宏观政策效应的带动外，2011年以来，我省加大投资力度，投资增速明显快于全国。

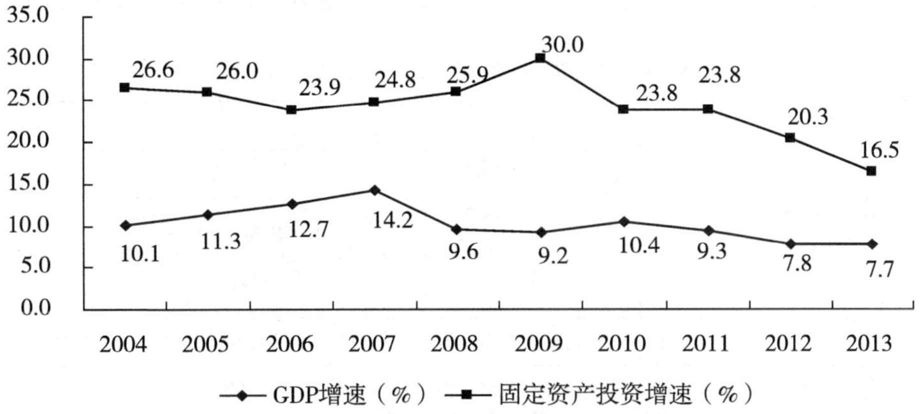

图二　2004-2013 年全国固定资产投资与 GDP 增速走势

3. 从投资占 GDP 比重来看

2004-2013 年，我省与全国投资占 GDP 比重变化趋势一致，投资占 GDP 比重逐年增加，但我省在 2012 年全社会固定资产投资总量超过 GDP 总量，详见表 8。

表 8　全社会固定资产投资占 GDP 比重对比情况

年份	2004	2005	2006	2007	2008	2009	2010	2011	2012	2013
全国（%）	44.1	48.0	50.9	51.7	55.0	65.9	69.3	65.8	72.1	78.6
我省（%）	51.8	50.8	51.2	51.6	52.3	61.6	67.5	89.5	114.0	129.3

（二）与部分省份对比

1. 选取 GDP 总量 8000 亿左右的四个省份与我省对比

当 GDP 总量达到 8000 亿时，我省投资效果系数最低，为 0.11，比 2004 年 GDP 达到 8000 亿水平时河北省的投资效果系数低 0.37，比上海市低 0.34，比 2006 年 GDP 达到 8000 亿水平时四川省的投资效果系数低 0.19，比 2010 年 GDP 接近 8000 亿元水平时重庆市的投资效果系数低 0.10。再看二产投资占比情况，达到相近水平 GDP 总量时，我省全社会固定资产投资总额最高，但第二产业投资额占投资总额的比重最低。我省第二产业投资总量所占比重还不到30%，比最高的河北省低14.8个百分点。

表9　GDP总量8000亿左右各省相关数据对比表

省份	达到年份	GDP（亿元）	投资效果系数	全社会投资（亿元）	一产（亿元）	二产		三产（亿元）
						总量（亿元）	占投资总额比重（%）	
河北	2004	8477.63	0.48	3218.80	192.70	1433.60	44.5	1592.50
上海	2004	8072.83	0.45	3050.30	5.30	1010.60	33.1	2034.40
四川	2006	8637.81	0.30	4412.90	127.70	1695.00	38.4	2590.20
重庆	2010	7925.58	0.21	6688.90	276.10	2364.80	35.4	4048.00
贵州	2013	8006.79	0.11	10354.77	372.64	3080.17	29.7	6901.96

2. 选取投资总量一万亿左右的四个省份与我省对比

当全社会固定资产投资一万亿左右时，我省当年达到的GDP总量最低，投资效果系数也最低。GDP总量比最高的江苏省低13735.26亿元。我省在五省中投资效果系数最低，比最高的江苏省低0.20。同样，在五省中我省第二产业投资额占投资总额的比重最低，江苏、河南两省第二产业投资额占比都超过了50%，分别比我省高出24和22个百分点。

表10　投资过万亿各省相关数据对比表

省份	达到年份	GDP（亿元）	投资效果系数	全社会投资（亿元）	一产（亿元）	二产		三产（亿元）
						总量（亿元）	占投资总额比重（%）	
江苏	2006	21742.05	0.31	10069.20	65.40	5410.10	53.7	4593.70
河南	2008	18018.53	0.29	10490.64	537.60	5422.40	51.7	4530.64
辽宁	2008	13668.58	0.25	10019.07	325.10	4833.10	48.2	4860.87

续表

省份	达到年份	GDP（亿元）	投资效果系数	全社会投资（亿元）				
					一产（亿元）	二产		三产（亿元）
						总量（亿元）	占投资总额比重（%）	
四川	2009	14151. 28	0. 14	11371. 87	441. 40	4230. 70	37. 2	6699. 77
贵州	2013	8006. 79	0. 11	10354. 77	372. 64	3080. 17	29. 7	6901. 96

四、主要结论

从以上情况分析，贵州经济保持连续十年两位数的快速增长，主要得益于高速增长的投资。但投资总量与经济总量的不相匹配，主要影响因素：

一是多重效应的影响。由于短期内主要是投资需求效应影响经济增长，供给效应要在长期的经济增长中才能发挥作用，再加上投资的时滞效应，这些因素使得在较长一段时期内才能反映出投资总量与经济总量的匹配性。

二是投资产业结构的影响。第二产业投资规模扩大的同时，缺乏合理的结构优化和转型升级，导致部分行业产能过剩、产能利用率不高、产业竞争力减弱，并由此带来的单位投资效益的逐步降低，而第三产业中基础设施投资、保障房建设等项目建设周期长、投资回收期长、社会公益性较高，间接拉动经济增长作用较强，但短期投资效果系数相对偏低。

三是投资行业结构有所失衡。我省投资主要向基础设施和房地产倾斜，而实体经济特别是工业的投资比重逐步下降，投资力度不足，工业主要行业投资效益偏低，缺乏对经济增长的强力支撑，而基础设施投资回报周期长，房地产业投资对经济增长的贡献度呈下降态势。

四是外溢效应明显。自身的基础不能完全满足投资需求，形成“拉外不拉内”的局面。

总体而言，贵州与全国和发达省份比较，经济基础薄弱，技术水平低下，工业化进程滞后，相当长的一段时期，经济增长主要通过扩大投资规模，过多依赖资源的大量消耗来实现，且投资结构不优，投资效益偏低，仍属于粗放式经济增长。贵州固定资产投资对经济增长的贡献还是以数量推动为主，尚未进入以质量推动为主的高层次阶段。经济增长方式要向集约型转变，必须要通过改善投资结构，加大产业投资，合理配置投资资源，提高投资效率，来发挥投资对促进经济更大的作用。

五、有效运用投资拉动经济增长的建议

当前，贵州已经进入后发赶超、加快全面小康建设的重要阶段，处在加速发展的重要战略机遇期，投资拉动战略既是促进经济增长措施中“看得见”的手，也是现阶段我省实现跨越发展的重要手段。有关研究表明，人均 GDP 进入 3000 到 5000 美元阶段，投资是经济增长的关键，工业化、城镇化进程的加快，经济社会发展环境的改善都需要靠高投入来推动。2013 年贵州人均 GDP 已达到 3701 美元，必须有效运用投资拉动经济增长。

（一）深化投资体制改革，加强和改善投资宏观调控

着力加大不适应当前形势的体制机制改革力度，促进投资更加有效拉动经济持续、稳定、协调发展。加强和改善投资宏观调控，保持投资规模的适度性，着眼于经济发展的需要、资源承受能力与可能条件，着眼于经济结构调整、升级的要求，投资发展略为领先经济的发展速度。深化投资体制改革重点是行政审批制度改革，继续依法取消和下放行政审批事项，加快推进项目审批。对于我省投资“拉外不拉内”问题，政府应出台相关政策，使得实施投资拉动过程中，更多采用本地产品，更多安置本地人员就业，解决我省的发展问题。

（二）调整和优化投资结构、促进产业结构优化升级

投资结构的调整优化必须与推进产业结构优化升级紧密结合，才能发

挥投资促进经济增长的最优效果。在实施工业强省战略下，贵州最重要的是抓好投资结构和工业结构优化升级的结合，努力实现全省第二次工业发展大会提出的“传统产业生态化、特色产业规模化、新兴产业高端化”，具体来讲，就是强化传统能矿产业的技术创新和改造，通过投资增量投入带动存量调整，加大对烟、酒、茶、特色食品、民族医药“五张名片”为代表的特色产业的投入，努力在扩大总量、优化增量中做大做强，重点投入以大数据为重点的电子信息、新材料、生物技术、装备制造等战略性新兴产业，加快培育成我省重要的支柱产业。加快推进产业相关项目建设，及时将投入有效转化为生产力。促进经济增长。

（三）完善投资项目管理体制，提高投资效益

通过项目管理，着力解决我省项目规模不大、科技含量和产业关联度不高、产业链不长、整体效益偏低等突出问题，努力提高项目质量。一要扎实做好项目前期工作。提高项目决策的前瞻性和科学性，谋划和实施一批事关长远、经济支撑力强的重大项目。二要加强项目管理制度建设，营造良好的项目服务环境。三要加大项目建设的要素保障。在资金、土地、用电等要素保障方面，加大工作力度，确保项目能及早投产达产。

参考文献

[1] 许宪春主编：《经济分析与统计解读》（2012-2013），北京大学出版社，2013年版。

[2] 王国著：《经济可持续增长中的投资效率问题探索》，载《投资研究》，2006年第1期。

[3] 谭姝琳著：《固定资产投资与GDP的辩证关系分析》，载《中国商界》，2010年第6期。

[4] 叶文飞著：《要素投入与中国经济增长》，北京大学出版社，2004年。

[5] 王鹏著：《如何看待固定资产投资总量超过GDP》，载《观察思考》，2006年第12期。

企业联网直报环境下的能源统计数据全过程质量管理研究

张小芳　张仁舰　刘昭宏
（贵州省统计局，贵州 贵阳 550000）

第一篇　理论篇

第一部分　研究背景

一、企业联网直报的实施背景

随着社会经济的不断发展，国家的宏观管理以及现在社会各界对统计信息的需求越来越多，要求也越来越高。[1]统计部门如何在有限的资源条件下更好地完成统计任务，满足各方面日益增长的统计需求，是摆在全体统计人面前的重大课题。[2]我国现行的统计调查方式具有一定的分散型的特点，主要是以国民经济行业和专业统计为主进行数据搜集和处理，各个专业分别向调查对象采集数据，相对独立地完成统计业务流程各环节的工作。这就容易导致统计业务工作的效率不是很高，工作的衔接性也比较差，同时增加基层的工作负担。

如何科学采集统计数据？“企业一套表”打破了专业界限，是对传统的统计数据生产方式和工作模式的改革和完善。[2]“企业一套表”工作是社会经济快速发展的需求，也是统计工作自身发展的需要。国家统计局总结以往工作经验的基础上，在通过试点之后，2012年正式启动“企业一套表联网直报”工作，改变了层层上报的数据采集方式。企业直接登录平台上报数据，四级统计部门及时查询、审核数据，并监控各级统计部门的所有操作痕迹；实现了国家统计局直接掌控源头数据，用“两点一线”的模式确保原始数据真实可信。通过实施“企业一套表”的改革，逐步实现统计工作的规范化和标准化，提高统计效率、统计工作的质量和统计工作的服务水平，从而也可以从根本上减轻基层统计机构和统计调查对象的负担。

二、企业联网直报的重要性

深化“企业一套表”改革实施联网直报，是现阶段统计改革的重要途径与手段，是新形势下统计改革的迫切需要，是形势所迫、大势所趋。实施联网直报，是统计数据采集、传输、处理和管理模式的全新变革，它对减少中间环节干扰、提高各项统计数据的时效性、准确性以及提高数据质量、减轻基层统计负担都有着非常重要的意义。

一是确保数出有源，提高数据质量。“企业一套表”可以保证在统一的单位名录下收集全面的全行业统计数据。同时，“企业一套表”采取集中设置调查内容、统一布置给调查对象的方式，可以有效避免“数出多门”和“一门多数”的现象。此外，基层单位通过“企业一套表”将数据集中报送到“中心数据库”，减少中间环节，不但可以提高数据的实效性，还能保证数据的历史衔接、综合数据和基层数据的衔接，以及企业统计信息的一致性，有效保证源头数据的质量。

二是实现资源共享，提高统计能力。实施“企业一套表”，极大地丰富了统计信息，既可得到基层单位各方面微观信息，也可以为宏观分析和决策提供全面数据，为各级党和政府决策提供更为翔实、准确和全面的数据，从而提高统计服务的时效性、科学性和预计性，从根本上提升统计服务水平和能力。

三是适应科学管理，提高统计公信力。实施“企业一套表”，使各级统计机构的所有单位名录和数据都由专门机构统一管理，消除了过去各个专业各自管理本专业名录和数据的弊端，各专业实现了资源共享，也能够更有效地进行资料应用开发和分析研究，提高统计工作整体效率。同时，市场经济条件下，基层单位内部管理机构趋于精简化和集约化，“企业一套表”模式更加适合在目前环境下进行数据收集。

四是把握工作方向，提高统计服务力。不断搞好能源统计工作，是节能减排等工作的需要，从国家“十一五”发展规划开始，对单位GDP能耗规定了明确的考核指标，“十二五”期间此考核指标更加严格，能源统计基础数据质量的高低，直接影响着能源、资源、环境和温室气体排放“四位一体”统计工作，直接关系国家宏观调控决策。因此，深入开展“企业一套表联网直报”工作，提供准确的监测、信息和咨询职能，切实提高统计服务能力，是能源统计的工作方向。

三、企业联网直报的问题及下步方向

一年来，贵州通过联网直报系统工作平台，联网直报工作取得了一定成效和工作经验。各种定期报表上报的及时性、直报率和数据质量都有了较大提高，但也存在不少困难和问题，主要表现在部分企业联网直报软硬件条件不够完善。对联网直报工作的重要性认识不足。在参与报表报送的企业中，少部分统计员积极性差，填制报表拖沓，每个月的报送需基层统计局多次催促；不认真进行联网直报业务学习，统计、计算机方面的业务能力欠缺，对报送过程中常见问题束手无策。政府统计部门对联网直报“三上”企业的指导和服务有待进一步加强。统计局应会同相关经济管理部门，督促企业落实联网直报软硬件条件和人员配置，及时掌握统计人员变动情况。对有的企业因更换统计人员，导致直报工作受影响的企业，给予及时指导和培训。

在下步工作中，贵州在数据报送工作中必须要坚持以企业联网直报工作为中心，坚持数据质量控制，多手段并举，确保企业联网直报工作取得好的效果。

一是统一思想，提高认识。要充分认识到联网直报制度的重要意义，努力克服困难，做好联网直报工作；认真贯彻落实国家统计局能源司的各项工作安排，积极主动、创造性的做好能源统计工作。

二是精心指导，主动沟通。企业要指定专人负责联网直报工作，积极参加有关部门组织的业务培训，同时要加强对统计力量薄弱的直报企业业务指导，获得企业对统计工作的更大支持，实现企业与政府有关部门的良性互动。同时，重视与相关业务处室、名录管理部门、数管中心的沟通协调，加强数据质量把控力度。

三是积极宣传，加强培训。鉴于目前还有部分企业统计机构及人员水平参差不齐和网络配置低下的现状，一方面要加强对企业的宣传引导力度。另一方面要加强对企业统计人员的引导，让他们学会从网站上获取反馈信息，积极为企业的生产经营出谋划策，体现联网直报工作的重大意义，进而提高统计工作在企业中的地位。

四是加强调度，统筹安排。各基层统计局调度安排报表上报时间，尽量指导企业避免在报表填报高峰期上报（可选择刚上班或临下班前上报），尽量不要选择最后期限再上报，若遇到网络问题无法报送数据，应及时与上级统计部门联系，以防因拖延了时间或因网络问题而无法准时报送。决不能因怕麻烦而缺报。

五是严格考核，确保质量。国家及省统计局要根据各单位联网直报系统中的网上上报时间，考核数据上报时效；通过审核、汇总联网直报系统中的数据，考核数据质量和上报率。同时，定期通报联网直报的工作情况，把联网直报工作纳入统计执法检查内容。对严重违反联网直报统计制度的企业，统计部门将按照《统计法》的有关规定，依法处理。

第二部分　研究内容及思路

本研究课题通过结合能源统计实践过程，解决企业“一套表”联网直报环境下数据审核、查询和修正；地区综合数据的审核、查询、验收；能源数据管理工作规范等一系列问题，为进一步完善联网直报环境下的能源统计制度，改进、规范能源统计工作，确保能源统计数据质量提供现实的指导意义。本课题通过调研、座谈和模拟真实填报的方式，带数据测试联网直报平台上能源统计报表的上报、审核、查询、验收、汇总等功能的稳定性、实用性，最终形成一份指导企业统计人员和政府统计人员在“一套表”平台进行实操的指南。

第二篇　操作流程篇

第一部分　企业端

企业作为统计数据生产流程的源头、重要环节，必须严格按照《统计法》[3]和其他统计规章制度的要求，高度重视企业统计工作，努力夯实统计基础，依法独立、客观、真实的上报企业统计数据。

一、夯实统计基础

（一）明确企业能源统计的基本任务

按照统计部门下达的各项统计任务和本企业生产经营活动的需要，制定、实施本单位的统计工作计划和统计制度；进行统计调查、统计分析，搜集、整理、提供统计资料和统计咨询意见，实行统计监督；管理本单位的统计调查表和基本统计资料；完善计量、检测制度，建立、健全原始记录、统计台账和内部报表制度，逐步实施统计信息现代化。

必须依照《统计法》和国家规定如实提供统计资料，不得虚报、瞒报、拒报、迟报，不得伪造、篡改和编造虚假数据。

（二）配备相应的能源统计人员

应明确一名企业领导负责管理和组织协调本企业的能源统计工作，并根据规模大小、核算体制的不同，指定负责能源统计工作的具体部门，配备与企业能源统计任务相适应的统计人员，建立健全企业内部统计网络。能源统计人员应具有统计从业人员资格证书，积极参加所辖地政府统计部门组织的业务培训和统计法律知识培训。

企业能源统计人员应保持相对稳定。能源统计人员工作调动的，必须在办理完交接手续后方可调离。交接的内容包括未移交档案部门的应归档的各类统计资料、统计业务书籍、统计制度以及由能源统计人员保存的文件、资料、制度等。

（三）健全能源统计的原始记录、内部报表、统计台账

必须建立健全与企业能源购进、消费和库存相适应的各类原始记录，对原始记录进行汇总、加工、整理形成各类内部报表。企业能源统计必须建立健全满足企业能源管理和上报能源统计报表所需的各类统计台账，并使用规定的格式系统地、经常地登记积累有关统计资料。根据管理的不同要求，分别建立健全历史台账和年内进度台账。

企业原始记录、内部报表、统计台账的记载必须真实、完整、连续，严格核算，确保有根有据、没有遗漏，字迹要清晰端正，填写人、负责人等的签字手续必须齐全。

（四）加强能源统计资料的管理

企业在生产经营过程中所形成的各种统计资料，应由企业统计机构会同企业档案管理机构，按照资料重要程度的不同，分别立卷归档。实行统计网上直报后，企业对外上报的各种能源统计报表必须打印出来，加盖企业印章后进行归档。企业应建立定期数据质量检查制度，保证企业内部资料的核算准确。企业统计机构每年必须掌握本企业所需上报的能源统计报表的表种、指标解释、分类目录、计算方法、完成期限、报送单位、完成情况等。

(五）掌握统计数据的填报要求

根据各能源品种的出入库单、车间用料单及相关资料建立能源统计台账，进行填报能源统计报表，做到数出有据。

按报表中列明的计量单位填报，对企业使用的能源计量单位与要求不符的，做好相应的计量单位转换。

对发现错误的数据允许在本期报表中予以改正，并简要地说明情况。各能源消费量、购进金额“本（月）季止”应大于等于“上（月）季止”，各（月）季度的“年初库存”应保持一致，如有变动请附上说明。

主要能源品种填报的注意点：

原煤的消费统计，原煤包括无烟煤、烟煤、褐煤；质量标准为绝对干燥，灰分含量在40%以下，并未经过加工或只经过人工拣矸而未筛选分级的煤炭。不包括用作燃料的低热值煤炭。原煤购进量应按实际入库数量填报，消费量也应按实际投入的数量填报，不包括其他添加物（如石灰石、煤渣、水等）的数据。不能简单地按购买发票的数量填报。为了使原煤的折标系数更切合实际，原则上要求按实测原煤的平均实际热值，求得原煤折标系数。

电力产出包括发电厂的厂用电；新增发电设备未投产前所发电量以及发电设备大修或改造后试运转期间的发电量，凡被本厂或用户利用，均应统计在电力产出中。

热力产出量是指工业锅炉、电厂在生产或发电的同时对外供出的热水、过热或饱和蒸汽的实际供热量。

年初库存、购进量、消费量和年末库存之间的关系。基本满足以下条件：“年初库存+购进量-消费量”与“年末库存”的数量大致相近。

对同期基数的填报要求。1、对本期、同期同时存在的企业，同期基数要按上年实际上报数填报。2、由规模以下成长为规模以上的企业、改制企业、拆分或兼并企业必须填报同期数，且本期数、同期数的核算范围必须保持一致。3、对于上年新建新投产企业，应从本年对应的投产月份开始，如实填报同期数。

（六）注意数据上报方式和渠道

纳入规模工业统计范围的企业必须按规定直接通过联网直报系统向统计部门准确、及时地报送基层统计报表。并同时打印报表，由统计员、统计负责人、单位负责人签字，并加盖单位印章，做好归档工作。

（七）做好数据质量的评估工作

能源数据质量评估的内容主要包括：

主要工业经济指标与工业增加值增长的衔接情况。

实物量的消耗、产出与工业增长的匹配性。包括工业用电量增长速度与产品实物量增长速度，主要消费的能源品种与产量是否衔接等。

能源转换企业对电力、热力的转换效率波动是否合理。

二、报表上报流程

（一）证书管理

企业统计人员首次报送数据时，必须先安装证书，方可正常上报。证书经下载后，可以保存在 U 盘等移动存储媒介中，直接安装，无需重新下载。

1. 登录企业联网直报平台。企业统计人员利用 Windows 自带的 IE 浏览器（不要使用除 IE 外的其他浏览器，如遨游、360 浏览器等）登录 www. lwzb. cn，点击页面左边“企业填报登录（京云万峰）”，进入企业联网直报平台登录页面。

2. 证书下载及安装。首次登录需要下载、安装根证书和个人证书。点击下方“申请证书”，进入申请证书页面。（1）安装根证书（即对本台电脑赋权，允许在该电脑上报送数据），点击“根证书及配置工具”，在弹出的对话框中选择“运行”，当提示“客户端配置成功”时，点击“确定”，完成根证书的安装。（2）安装个人证书（即授权允许企业登录报送页面，报送报表），在申请证书页面中的“用户名”中输入企业 9 位数的企业法人代码（各数字之间没有其他任何符号，字母为大写），初始“口令”与“用户名”一致，点击确定后进入个人证书下载安装页面（核对企业简称、企业名称是否为本企业，如不是，请重新登录或与主管统计部门联系），点击“证书下载”，安装流程与安装根证书一致。

3. 证书管理。根证书与个人证书可以保存在本地电脑硬盘或U盘等移动存储媒介。点击“根证书及配置工具”后，在弹出的对话框中选择“保存”，按照提示将文件名为“ConfigTools. exe”的文件保存，便于下次直接安装，无需下载。个人证书的下载流程相同。

4. 注意事项。（1）推荐使用IE 6.0及以上版本浏览器，显示器分辨率为1024×768，否则可能出现页面显示不正常的情况；（2）可以在任何一台电脑上安装证书、上报数据，建议只在常用电脑上安装、上报；（3）如要在一台电脑上报送多家企业的统计报表，需要同时安装这些企业的个人证书，但根证书只需安装一次；（4）安装根证书“ConfigTools. exe”时，WindowsXP用户直接双击该文件，Windows7及WindowsVista用户请右键单击该文件，选择“以管理员身份运行”；（5）证书有效期为3年，失效后需重新申请、下载、安装；（6）证书出现异常，无法正常登录时，可以在申请证书页面执行“废除证书”后再“重新申请证书”。

（二）基本操作

企业联网直报平台具有强大的报表分配，数据上报、查询，报表打印，消息互动等功能。

1. 登录企业报表报送页面。进入企业联网直报平台后，输入“用户名”、“密码”、“验证码”，左键单击“登录”，在弹出的“选择数字证书”中选择与用户名一致的证书，再单击“确定”，即登录企业报表报送页面。在企业登录页面，勾选“记住用户名”，便于以后登录。如果需要在同一台电脑报送多家企业报表，需注销原有登录，关闭浏览器后重新打开，方能匹配用户和证书。

2. 密码设置。为防止数据泄露，企业应及时修改登录密码。新密码长度不限，最好由6位以上且便于记忆的数字和字母组成，区分大小写。如果忘记密码，联系主管统计部门重置密码为初始密码（即企业9位数的企业法人代码）。

3. 子用户管理。如果企业统计报表由多人负责或需要不同人员报送报表，可以设置子用户，由各子用户分担报表报送任务。左键单击“子用户管理”模块中的“新增”，设置好子用户的“用户名”和“密码”，点

“确定”，回到子用户管理页面，点击“分配”，在弹出的对话框中将计划由该子用户报送的报表勾选后点“确定”，完成子用户设置。提示：（1）子用户个数不限，各用户名（即登录名）为企业法人代码-XXX；（2）子用户也需证书登录，与主用户共用证书；（3）同一张统计报表可以分配给多个子用户。

4. 数据查询。企业利用该功能可以查询所有上报统计报表的历史数据。选择好“报告期”后左键单击该报表名称即可，对查询到的报表可以执行“打印”、“导出 Excel 文件”。点击“打印”后将弹出“打印选项设置”对话框，若为首次打印，需要“下载打印控件”，安装“griesetup5. exe”文件。安装成功后，点击“打印选项设置”对话框中的“确定”，跳转到打印预览界面，可以对纸张大小、打印方向、页边距等打印格式进行设置以符合排版要求。建议打印 205-1 和 205-2 表时将纸张设置为 A3、纸张方向设置为横向。

5. 打印空表。即打印所需统计报表的表样，从一套表平台导出的统计报表带有统计局的标识，以水印的方式显示在打印页面上。

6. 消息管理。该模块包括企业报表报送页面左边的“消息通告栏”和菜单栏的“消息管理”，通过这两个模块实现了企业统计人员与省、市、县统计部门的在线互动。企业通过“发送新消息”，可以向三级统计部门咨询有关问题、反馈查询等；通过“消息通告栏”和“消息管理”中的“已接收信息”了解统计部门的回复、查询等。

（三）报表报送

企业统计人员要严格按照能源统计制度中的上报时间要求，在规定时间内登录企业联网直报平台完成报表数据的上报工作，包括数据上报和接受数据查询。

1. 数据预审。能源 205-1、205-2 报表表式及相关审核规则比较复杂，为提高报送效率，请企业按照统计部门下发的“6-企业 205-1-205-2 预先审核模板 . xls”或“7-企业 205-1-205-2 基层台账 . xls”对需要报送的报表数据进行直报前的预先计算和审核，规避因录入和审核时间过长，网络中断等情况，提高报送效率。

2. 数据录入。企业统计人员在报表开网时登录企业报表报送界面，左键单击“报表报送”，页面显示报表表号、表名、报告期别、报告期、报送开始时间、报送截止时间、报送与验收状态等。点击报送与验收状态下的“未填报”，进入报表报送界面。(1) 直接录入。按 205-1 主表、205-2 主表、205-1 表补充资料的顺序录入数据，录入完毕时先“暂存”；若无能源加工转化过程的企业，不用填报 205-2 表；能源 205-3 表只在季度末填报，其与工业专业的 B204-1 表进行了产品产量的关联，因此，需要重视两张表的关联审核关系。(2) 预审模版导入。报表报送支持复制、粘贴功能，点击预审模版中的“复制”按钮，在网报平台报表左上角的第一个单元格单击右键中的“粘贴”，粘贴完毕后点“暂存”，最后录入 205-1 表补充资料数据。

3. 数据审核、上报。在报表页面，点击“审核”，若数据通不过审核，则弹出显示内容包括“编号”、“审核类型”、“审核错误”、“错误说明”、“错误数据”的对话框。如果“审核类型”为强制性或准强制性的数据经核对有误，请及时修改，否则联系主管统计部门并告知审核错误“编号”；“审核类型”为核实性的数据经核对有误，请及时修改，否则在“错误说明”栏填写澄清说明；“审核类型”为提示性的数据经核对有误，请及时修改，否则不用理会。首先对暂存的 205-1 表数据进行“审核”，通过后点击“暂存”，切换到 205-2 表进行“审核”，通过后即可“上报”。

4. 查询反馈。企业报表数据上报后，提交到统计部门进行再次审核，如果数据通不过审核，则在企业报表报送界面相应报表的“报送与验收状态”将显示“X 级验收不通过”，点击进去后，在页面左上方将显示内容包括“验收机构”、“验收说明”的数据验收不通过提示框，请按照提示核对数据后再重新“上报”。

5. 注意事项及使用技巧。(1) 由于能源 205-1 表和 205-2 表需要摘抄其他报表或者和其他报表进行关联审核，如“201-1 法人单位基本信息表”和“B204-1 工业产销总值及主要产品产量表”，如果相关报表的指标发生变化，则需要对能源报表进行重新审核，以确保关联报表相关数据的一致性；(2) 核对粘贴后的数据，确保录入正确，不存在错行、漏数等情况；(3) 能源 205-1 表和 205-2 表中“原煤”、“能源合计”、“本期综合能源消费量”数据直接通过“计算”功能得到，不需要企业填写，补充资料中的其余指标为自动摘抄，如有调整请及时修正；(4) 当企业“上报”数据成功后，就看不到报表了，如有数据需要修改，需要统计部门对企业报表执行“验收不通过”后，企业方可在一套表平台看到该报表；（5）只有当“报送与验收状态”显示为“国家级验收通过”才表明本期数据报送完毕。

第二部分 统计部门端

本部分内容从各级能源统计部门的职责出发，按照报表的报送流程，具体介绍各级所需承担的工作及如何在一套表中实现。

一、录入进度监测

通过该模块功能实时监控企业报表报送情况，主要以报送率和直报率来反映；根据报送进度，指导、督促企业独立上报有关报表；通过查看“修改痕迹”功能，掌握企业上报报表中各个指标的修改变动情况，并查询、核实修改的真实性、准确性和合理性。

（一）各级统计部门职责

各级统计部门通过企业一套表平台，要各司其职、积极沟通、相互协作，努力确保企业及时、独立、真实的上报数据。

1. 县级统计部门。县级统计部门是统计部门工作的最前端，与企业直接对接，担负的职责主要有：（1）核实辖区内应报报表的企业数量、法人码、企业名称等资料的准确性；（2）核实应报报表企业在企业一套表平台名录中；（3）实时掌握辖区内企业报表报送进度；（4）指导、督促企业独立上报有关报表；（5）了解并注明企业未报送报表的原因；（6）查询、核实企业修改数据的真实性和独立性。

2. 市、省两级统计部门。市、省两级统计部门起到承上启下的作用，担负的职责主要有：（1）确保辖区内应报报表的企业数量、法人码、企业名称等与名录管理部门和工业专业的名录一致，包括直管企业的名录信息；（2）确保应报报表企业在企业一套表平台名录中；（3）实时掌握辖区内企业报表报送进度，提醒、督促下级统计部门催促企业在规定时间内上报有关报表；（4）核实企业未报送报表的原因；（5）核实企业报表的代报情况；（6）查询、核实企业修改数据的真实性和独立性；（7）指导下级统计部门完成报表催报工作。

（二）具体操作

1. 核实企业数量。登录企业一套表平台，点击“数据录入、修改”模块下的“录入进度监测”功能，选中“制度选择”中的“企业一套表统计调查制度（2013）”，设定好“专业”、“期别类型”、“报告期”，点击报表右边的“查看”，在新展开的进度监测界面中，本级及以下统计部门辖区内需报送该报表的企业数量显示在“应录入”下。将各级企业数量与名录管理部门或工业专业的名录进行比对，确定该能源报表的上报企业数量是否正确。如数量不一致，请与名录管理部门和计算中心联系。

2. 报送情况监测。通过该功能模块，实时监控本级及以下统计部门辖区内企业报表报送进度；掌握企业不能报送报表的原因；根据报送率、直报率，掌握企业自行报送或代报情况。

（1）进度监测。点击进入进度监测界面，重点关注“未录入”和“代报”企业的情况。县级统计部门要实时监测“未录入”企业的数量，根据辖区内企业的报送时间规律，及时提醒企业上报报表；市、省级统计部门利用“代报”功能，查询、核实企业报表代报的原因；利用“直报未录入”功能，可以为企业“设置补报”，“补报”时间最迟不超过上级验收截止时间。

（2）查询、核实未报送原因。进入进度监测界面，点击“未录入”下的数字，进入未录入企业监测界面。县级统计部门根据未录入企业的情况，点击其右边的“未填写”，在弹出的界面中勾选企业未报原因；市、省级统计部门在未录入企业监测界面中，查询、核实企业未报原因的真实性、可靠性。

（3）使用技巧。点击“查询”，实时刷新报送进度；点击“应录入”等标题，可以对该标题下的数字进行升降序排列；点击“导出”，可以将各级统计部门辖区内企业报表的报送数量下载到本地电脑，通报下级；点击“每页 XX 条记录”，可以修改每页显示的记录数，最高修改为 500 条；点击“多行查询”，输入一个企业的法人码后回车再输入另一个，一次最多可以同时输入 500 个企业的法人码。

3. 修改痕迹监测。利用该模块功能，查看企业数据变动情况，分析、判断企业数据的真实性、可靠性。登录企业一套表平台，点击“数据录入、修改”模块下的“录入、修改”功能，选中“制度选择”中的“企业一套表统计调查制度（2013）”，设定好“期别类型”、“报告期”，点击报表右边的“查看”，在新展开的编辑痕迹查询页面，罗列了自本次开网报送报表以来企业报表各指标的修改情况。

（1）查看 IP 地址。在编辑痕迹查询页面中，将“IP”按升序排列，若 IP 地址段为“10.52. ＊＊＊. ＊＊＊”，则是统计部门人员进行的修改；通过查看“IP”列左边的“修改人”列，可以最终定位到具体是谁对企业指标进行了修改；重点查询同一“IP”报送多家企业报表的情况。

（2）查询企业数据修改情况。在编辑痕迹查询页面中，点击“查询条件”，进行相关设置，可以查询所有企业在某个时间段内数据的修改情况（组织机构代码后的两个空格均保持为空），也可以定位到具体的一个企业（组织机构代码后空格内选择“等于”并输入企业法人代码）。从“全部指标”中将需要查看的指标“>>>”到“查询指标”后点“查询”返回编辑痕迹查询页面。重点查询“本期综合能源消费量”、“工业生产消费量：原煤”、“工业生产消费量：电力”、“工业生产消费量：能源合计”这四个指标数据由大改小的情况，特别是对月均能耗3500吨标准煤且调低幅度超过5%的企业要专门重点查询。将指标修改前数值和修改后数值进行汇总，对比修改前后的变化和影响，以此判断整体能耗的变化发展趋势。

4. 注意事项。（1）各级统计部门不得为除军工企业、破产、关停外的企业代报报表；（2）因破产、关停无法上报数据的企业，如果截至上月报表有累计数，则由主管统计部门登录统计内网，在“未报原因“下设置原因，系统将自动把企业上期的累计数带到本月的报表中；（3）坚决不允许统计部门对除“行业代码”等属性指标外的企业其他数据做任何改动。

二、数据查询、审核

（一）各级统计部门职责

数据质量是统计工作的生命，各级统计部门要认真、负责、严格的对企业上报数据进行审核，确保企业数据客观、真实、不重不漏。

1. 县级统计部门职责。县级统计部门作为企业数据质量的第一道关口，一定要本着爱岗敬业、认真负责的态度，通过重点审核、关键指标审核、逐条审核等方式，及时对企业数据进行审核、查询，对企业说明认真甄别、判断；按照上级下发的查询模板，针对性的审核企业数据；重点关注和掌握本辖区内能耗大户、重点品种的数据变动情况；及时将了解到的企业数据异常原因向上级部门反映。

2. 市级、省级统计部门职责。市、省级统计部门通过查看下级部门对企业审核错误验收的情况，加强对下级统计部门的指导、考核；设计、共享数据查询模版；实时审核、查询企业上报的数据；下发、反馈国家有关查询；分析、判断企业审核说明，了解企业数据异常的原因。

（二）具体操作

1. 公式审核功能审核。通过“数据审核”模块中的“公式审核”功能，利用系统预先设定好的各类型公式对企业上报的报表数据进行审核。登录企业一套表平台，点击“数据审核”模块下的“公式审核”功能，选择好“期别类型”、“报告期”，在右上角的下拉列表中选择“按报表显示”，选中需要审核的报表，勾选“审核时记录错误新增情况”和“包含不审企业”，点击“全部审核”。当“我的消息”中提示报表审核执行完毕后，可以对审核错误进行查询。

（1）审核结果统计。点击“数据审核”、需要查询报表旁边的“集中审核信息统计”功能，查看企业上报、数据审核情况。通过该功能，可以查看“审核错误调查对象数”、单条公式“出错单位数”，各地区“出错单位数”及企业对审核错误的说明等信息。

（2）审核结果查看、核实。点击“数据审核”、需要查询报表旁边的“集中审核信息查询”功能，各项设置和“公式审核”一致，点击“集中审核错误清单”下的“查看”按钮，在新弹出的页面中，设置“按错误显示”、“显示企业用户说明”，将“公式编号”升序排列。重点查询“强制性”和“准强制性”、跨表审核（如 205-1 和 205-2、205-1 和 B204-1、205-3 和 B204-1）的错误；对重点错误进行重点查询，如本同期能耗调整量查询、火力发电煤耗查询、能耗与产值趋势查询等；对企业用户说明为空或为“企业情况属实”等的错误一律“验收不通过”，要求企业重新核实数据、填写说明；分析本级及下级审核错误的数量、类别等情况，为指导、改进能源统计工作提供依据。

（2）如果企业经核实数据无误后仍通不过某些“强制性”或“准强制性”审核，可以对企业屏蔽该条审核公式。在“公式审核”功能下，点击报表对应“审核关系”下的“查看”，找到企业无法通过的那条审核公式，点击“设置说明企业”下的数字，在新弹出的页面中点击“添加”，在“代码查询”中输入企业法人代码后直接按键盘的“Enter”键，将企业勾选上，点击“确定”，按照提示填写设置原因（一定要写明具体原因，严禁出现“情况属实”等字眼)。

2. 数据验收功能审核。通过“数据审核”模块中的“数据验收”功能对企业报送的数据进行审核。点击“数据审核”模块下的“数据验收”功能，选择好“期别类型”、“报告期”，点击要审核的报表，在新弹出的验收界面中进行审核。

(1) 设计计算列。点击“选择指标”中的“计算列”，在下拉列表中选择205-1表或205-2表或205-3，设计以下计算列：①“综合能耗同比增长”计算列，在左边方框中找到并双击“本期综合能源消费量”，选择“/”符号，再找到并双击“上年同期综合能源消费量”，依次输入“*”、“100”、“-”、“100”，点“保存”；②“工业原煤消费量同比增长”计算列，在左边方框中找到并双击“工业生产消费量：原煤”，选择“/”符号，在日期下拉表中选择“去年同期”，找到并双击“工业生产消费量：原煤”，依次输入“*”、“100”、“-”、“100”，点“保存”；③“加工转换效率”计算列，在左边方框中找到并双击“能源加工转换产出：能源合计”，选择“/”符号，再找到并双击“工业生产消费量：加工转换投入合计：能源合计”，依次输入“*”、“100”，点“保存”；④“单位产品能耗同比增长”计算列，在左边方框中找到并双击“本期：本期指标值”，选择“/”符号，再找到并双击“上年同期：上年同期指标值”，依次输入“*”、“100”、“-”、“100”，点“保存”。按照此模式，设计其他所需的计算列。

(2) 设计查询模版。①设计205-1和205-2的查询模版。点击“选择指标”，将右边方框中的“国家验收—村级说明”全部“<<<”到左边方框内，然后将左边方框内所列的以下指标“>>>”到右边方框内：本期综合能源消费量、工业生产消费量原煤、工业生产消费量电力、工业生产消费量能源合计；点击“计算列”，勾选“综合能耗同比增长”、“工业原煤消费量同比增长”、“工业电力消费量同比增长”和“加工转换效率”后返回验收界面，点击“保存查询模版”按钮并命名。②设计205-3的查询模版。点击“选择指标”，将右边方框中的“国家验收—村级说明”全部“<<<”到左边方框内，然后将左边方框内所列的以下指标“>>>”到右边方框内：本期指标值、本期子项值、本期母项值、上年同期指标值、上年同期子项值、上年同期母项值；点击“计算列”，勾选“单位产品能耗同比增长”后返回验收界面，点击“保存查询模版”按钮并命名。在验收界面点击“管理模板”，勾选上要共享的模板后点“增加地区”按钮，勾选要共享的地区，点“确定”即可。可以跟踪各共享用户对“共享模块”的使用情况，在“管理模板”页面，“全选”所有共享模块，点击“模块使用统计”，可以看到各共享用户的使用情况，绿色“√”表示该用户使用了此模块，红色“×”表明未使用，以此考核各用户。

（3）重点审核内容。在“查询模版”中，①将“本期综合能源消费量”降序排列，对综合能源消费量合计占比超过本地区综合能源消费量80%的企业重点审核、查询（以2012年7月份报表数据统计，贵州省前94家的综合能源消费量占比超过80%，前137家占比超过85%，企业数增加近一半，但能耗仅提高5个百分点，因此选择80%作为界限）；②点击重点企业的“往期”数据，通过对多指标历史数据的对比，判断这些企业数据的真实性和可靠性；③对月均综合能源消费量超过3500吨标准煤（含）且同比变动超过±10%、2000吨（含）-3500吨标准煤且同比变动超过±20%的企业，一律“验收不通过”；④对月均综合能源消费量超过2000吨标准煤（含）且电力消费量增幅与综合能耗增幅相差20个百分点的企业一律“验收不通过”；⑤对月均综合能源消费量超过2000吨标准煤（含）且工业总产值增速与综合能耗增幅相差15个百分点的企业一律“验收不通过”；⑥对“单位产品能耗同比增长”变动超过10%的产品要重点查询，一律“验收不通过”。在“查询模版”下，可以点击“过滤条件”，对报表中的指标或“计算列”进行筛选，精确定位符合筛选调减的企业进行重点审核。

3. 数据汇总功能审核。通过“数据汇总”功能，重点把握汇总数据的趋势，包括本地区、下级地区等各指标数据比上期、比同期的变化情况，分析、判断异常状况从而定位到企业数据，便于开展审核、查询。

（1）汇总表简介。汇总表不仅用于加工、提供数据，还可用于审核、查询数据。国家局能源司组织精干力量编写了多张汇总表，便于省市县三级使用。其中需要重点关注的汇总表有：P400产值能耗表（累计与当月）；P401电力数据205-1/205-2与B204-1对比；P406分品种能源消费量（与上月比）；P40005工业企业能源购进、消费与库存附表情况（加工转换能源合计）；P40012能源转换效率（十类别分组）；P40030分行业大类能源消费量（本期等价值）；P40038 分行业综合能源消费量（当量值）；P40041 分行业电力消费量；P441 主要耗能工业企业单位产品能源消耗情况汇总表（与上季对比）；通过这 9 张汇总表，对比去年同期、上期数据，审核分行业、注册类型、能耗规模和能源产品的产值、能耗、加工转换效率、单位产品能源消耗等方面的数据变化趋势。

（2）重点汇总表审核。点击“数据汇总”模块下的“汇总表选择”功能，勾选以上介绍的 9 张重点汇总表，点击右上角的“执行”按钮，当“我的消息”中显示执行完毕后可以查看。点击“数据查询”模块下的“专业综合数据查询”，找到相应的报表进行审核。①P400 产值能耗表（累计与当月），在该表中，重点观察各注册类型、各行业能源综合消费量、产值能耗本期、上期、同期的变化，综合能源消费量与工业总产值的趋势；②P406 分品种能源消费量（与上月比），重点查看该表中原煤、热力、电力、余热余压的环比变动情况，对于变动百分比大于（1/本月月份数）的品种要查找到相应的企业进行核实；③P40012 能源转换效率（十类别分组），对比这十种品种能源加工转换产出和能源转换效率本月、上月的变化，对火力发电、原煤入选和热电联产转换效率差值大于 10 个点的，要查找到相应的企业进行查询、核实；④P40038 分行业综合能源消费量（当量值），结合 P400 表，重点查看煤炭开采和洗选业及六大高耗能行业本期、上汽、同期的能源消费量变化情况；⑤P441 主要耗能工业企业单位产品能源消耗情况汇总表（与上季对比），该综合表将重点产品能源消耗比去年同期、比上季的增减变动均罗列出来，重点查看指标值变动 10%以上的产品，以及贵州重点的工业产品的能耗，如吨原煤生产综合能耗、单位合成氨生产综合能耗、吨水泥综合能耗、吨钢综合能耗等，再结合子项值和母项值的变动综合判断指标值变动的可靠性，再查找到相应的企业进行查询、核实。

三、数据验收、汇总

（一）数据验收

1. 数据验收流程。可通过两种方式对企业数据进行验收，一是“数据审核”模版中的“集中审核信息查询”功能，对企业错误信息逐条验收，即该功能验收的是企业的单条数据，而非整体验收，但如果企业所有单条数据都已验收通过，则也实现了企业数据的整体验收；二是通过“数据审核”模块中的“数据验收”功能，对认可的企业数据整体验收。这里介绍第二种验收方式，点击“数据审核”模块中的“数据验收”功能，设置好“期别类型”、“报告期”。

（1）设定下级验收截止时间和报表锁定。点击相应报表的“设置”，勾选“所有地区时间与第一个地区相同”，将第一个地区的验收截止时间设定为国家最后上报时间当天早上 9 点整。当企业报表已全部上报并通过本级及下级的审核后，可以锁定报表，使得企业不再修改数据，点击相应报表的“未锁定”，在提示框中点击“确定”，提示“加锁成功”即可。

（2）数据验收。县级统计部门要即录即审即验，及时对企业上报数据进行审核、查询、验收，点击要验收的报表，在弹出的页面中，对本级“未验收”的企业数据进行审核，验收；市、省级统计部门在验收页面，“下级验收状态”下拉列表中选择“验收通过”，对下级已经验收通过的这些企业数据进行查询、核实，如企业数据得到认可，则勾选该企业，点击“验收通过”按钮，否则执行“验收不通过”，并注明不通过的原因，返回企业查询。

（3）注意事项。严格执行单个企业查询、验收的原则，逐一验收企业数据，严禁批量验收；根据实际需要通过多维、多组合的查询方式，掌握各级统计部门对企业数据的验收情况，如省级统计部门可查看县级验收通过但市级验收不通过的企业情况、以此作为对下级验收工作的考核依据；通过查看各级统计部门的验收时间，判断是否为批量验收。

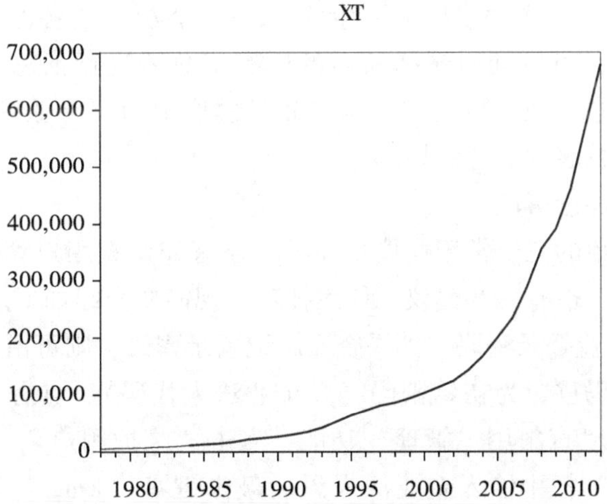

2. 数据验收进度监测。通过该功能，对各级统计部门数据验收的情况进行统计、汇总，以此作为指导、考核下级统计部门的依据。点击“数据审核”模块下的“数据验收”功能，选择好“期别类型”、“报告期”，点击要审核的报表，在新弹出的验收界面中进行数据验收进度监测。在下级统计部门“验收状态”下，通过选择“未验收”、“验收通过”和“验收不通过”，确定下级统计部门对企业上报数据的验收进度，并将其除以已报送企业个数，计算验收率。通过查看“验收不通过”中的“全部”、“重报”了解企业核实数据及最终上报的情况。

（二）数据汇总

通过“数据汇总”功能，对已经通过验收的企业数据进行汇总、分析。

1. 汇总表介绍。国家局能源司组织精干力量编写了多张汇总表，作为常规汇总表，便于各级统计部门使用。各级统计部门也可根据实际使用需要，通过元数据库管理系统设计自定义汇总表，如果设计了自定义汇总表，则在“数据汇总”的“自定义汇总表”功能中，可以将设计的自定义汇总表分组、归类，也可共享给其他用户。

2. 数据汇总。点击“数据汇总”模块下的“汇总表选择”，设置好“期别类型”、“报告期”，并勾选所需汇总的报表，点击“执行”按钮即可。可通过对“范围”设置，汇总单个地区、下一级、下两级统计部门辖区内企业的数据；可通过“条件设置”，按照具体需要，点击“更多报表”，实现跨报表、跨时期、跨指标的汇总。能源专业各汇总表不存在相互读数的情况，可以同时选择所需的所有汇总表进行汇总。当“我的消息”中提示汇总完成，可在“数据查询”模块中的“专业综合数据查询”功能中查看汇总表的汇总结果。

四、其他注意事项

除以上介绍的三个常用模块功能外，还有如调查用户管理、数据管理等模块，同时，也有一些建议、使用技巧，现简要介绍如下。

1. 重置企业登录密码。如果企业忘记登录密码，则可由主管统计部门将企业登录密码重置为初始密码（即企业法人代码）。点击“调查对象管理”模块下的“直报用户管理”功能，点击“维护用户”、“密码重置”，在“代码查询”框中输入企业法人码后敲击键盘“Enter”键，勾选该企业后点击“密码重置”按钮，则操作成功，并通知企业重新用其法人代码登录。

2. “数据管理”的“数据导出”功能。点击“数据管理”模块下的“数据导出”功能，点击“导出定制文件”，勾选“选择久其导出任务”、“报告期”、“导出地区方式”，点击“导出”按钮即可。在“我的消息”中下载文件压缩包，解压后将有两个文件，一个是数据文件，一个是名录库文件，可直接通过久其程序“数据收集”模块中的“转换统计局数据”功能导入企业数据。可以选择“定时导出”，即设定一个时间后，系统会在设定的时间点到来时自动导出数据，可在“我的消息”中查看。

3. 根据各种查询和汇总表制作电子台账。通过将每期各种汇总表的结果整理成台账，即可以用于判断、审核数据，也可以很好的用于提供数据、撰写分析文章。如将 P400 产值能耗（累计与当月）汇总表中重点行业的综合能源消费量当期、累计速度，P40012 能源转换效率（十类别分组）汇总表中各类别的能源转换效率等按月做成时间序列表；P441 主要耗能工业企业单位产品能源消耗情况汇总表（与上季对比）中主要产品的能耗指标值及同比变动情况按季度做成时间序列表。

参考文献

[1] http://finance.people.com.cn/h/2011/0819/c227865-987493519.html.

[2] http://www.xzqtj.gov.cn/tjnr.asp? id=832.

[3] http://www.xianyou.gov.cn/tongji/service/webinfo/2011/1325127049686499.htm.

大数据背景下的政府统计工作：机遇与挑战

张北平

（贵州省统计局，贵州　贵阳　550000）

一、顺势而为，迎接大数据时代的到来

当今社会，已经进入以电子化、海量性、多样性等为重要特征的大数据时代。继云计算、物联网之后，又一波技术革命理念席卷而来，大数据巨大的应用潜力和创新空间，令人神往。贵州的应对之策，就是顺势而为，追赶潮流，实现跨越。统计的应对之策，就是收集数据，挖掘数据，分析数据，应用数据，建设面向未来的现代化的服务型统计。

（一）大数据是大机遇、大产业、大红利

“大数据”这一新概念，不仅指规模庞大的数据对象，也包含对这些数据对象的处理和应用活动，是数据对象、技术与应用三者的统一。当前，全球的数据总量呈指数增长，通俗的说法是爆炸式的增长，特别是进入2010年以后，用美国谷歌公司前CEO施密特的说法，每两天产生的数据量，就相当于2003年以前全世界所有的数据量。移动互联网、物联网等的迅速发展，使新数据源不断出现，GPS、传感器等数据持续、大量产生。而数据获取成本、存储成本和处理成本的大大下降，也推动了数据量的膨

胀。人们在不同领域采集到的数据量之大，达到了前所未有、过去难以想象的程度。最早提出“大数据时代”这一概念的，是全球知名智库麦肯锡。2011年6月，美国麦肯锡全球研究院发布题为《大数据：下一个创新、竞争和生产力的前沿》的研究报告，宣告“大数据时代已经到来”，这份研究报告说：“数据，已经渗透到当今每一个行业和业务职能领域，成为重要的生产因素。人们对于海量数据的挖掘和应用，预示着新一波生产率增长和消费者盈余浪潮的到来”。仅互联网数据，每天的信息量可以刻满1.68亿张DVD，发出的邮件有2940亿封之多，发出的社区帖子有200多万个，相当于美国《时代》周刊杂志770年的文字量。数据正成为与物质资产和人力资本相提并论的重要生产要素，大数据的使用将成为未来各个国家提高竞争力的关键要素，许多国家都把大数据提升到国家战略层面，认为未来国家层面的竞争力，将部分体现为一个国家拥有数据的规模及应用数据的能力。今年7月11日，生态文明贵阳国际论坛2014年年会期间，《大数据时代》的作者，著名数据科学家、牛津大学教授维克托．迈尔．舍恩伯格来到贵阳，他在“云上贵州．大数据国际年会高峰论坛”上发表演说：“大数据时代的到来，就像200多年前的科学革命一样伟大，我们可以利用大数据对未来做更好的预测，这也就意味着将会带来新的经济价值”。

有学者把大数据形象地比喻为推动人类社会发展的“新石油”，大数据将给经济社会发展带来巨大影响。加快推动大数据产业发展应用，是培育和壮大我省战略性新兴产业的有效途径，是我省守住发展和生态两条底线的现实选择，是实现我省产业转型升级、推进经济社会跨越发展、同步实现全面小康的重要抓手，对于推动贵州经济结构调整，加快新型工业化、信息化和城镇化进程，打造贵州经济社会发展升级版，具有十分重要的战略意义和现实意义。

综上所述，大数据的理论、实务和应用，统统没有NO!、统统没有问号——大数据时代已经来临。我们每一个人都生活在大数据之中，我们的学习、工作、生活、创业、经营、住房、医疗、养老、娱乐、旅游、衣食住行等等，都与大数据息息相关，也就是说：人人都生活在云端，人人都是大数据。走过，必留下痕迹。谁不顺势而为，就会落伍，就会被淘汰。

（二）抢抓机遇，培育壮大新的经济增长点

舍恩伯格说，在大数据时代，数据已经变成了一种资源，如同黄金、能源等资源一样，日益成为重要生产要素和社会财富。信息掌握的多寡，将成为国家软实力和竞争力的重要标志。但这种资源不同的是，它可以反复使用，这就意味着大数据不仅是资源这么简单，它将成为经济发展的驱动力和革新者。英国今年8月中旬的一期《经济学人》杂志说：未来，是云端上的战争。

在新的形势下，面对机遇和挑战，贵州省委、省政府高度重视大数据产业发展。省级层面作出了非常果断的决策，产、官、学相结合，走有贵州特色的大数据发展之路，把大数据产业作为引领未来贵州加快发展的最重要的支撑之一。今年2月，省政府印发了《关于加快大数据产业发展应用若干政策的意见》和《贵州省大数据产业发展应用规划纲要（2014—2020年）》，各地各部门积极响应，凝心聚力，强力推动，各项工作取得了重大阶段性进展，成功举办了贵州·北京大数据产业发展推介会等一系列重大招商引资活动，先后引进和落户了一批引领性项目，中国电信、中国移动、中国联通三大电信营运商，全部在贵安新区建立了大数据中心，推动建设“七朵云”：电子政务云——面向政府部门提高职能效率、实现跨部门信息资源共享和推进政府信息公开的需求，建立统一的贵州省电子政务云服务平台，发展电子政务云计算服务；智能交通云——面向政府决策、交通管理、企业营运、百姓出行等需求，建立智能交通云服务平台；智慧物流云——面向物流作业与行业管理需求，建立智慧物流云服务平台；智慧旅游云——面向日益增长的旅游行业管理、旅游景区信息化发展需求及自驾、自助游爆发式增长的趋势，建立智慧旅游云服务平台；工业云——以提升智能化和柔性敏捷生产水平为重点，建设工业云服务平台，面向国防工业、装备制造、轻工食品等行业提供云计算服务；电子商务云——面向贵州省电子商务发展需求，建立电子商务云服务平台；食品安全云——面向政府有效监管、企业品质提升、公众知识普及、科学和健康消费等需求，促进健康消费服务产业的发展，集合全省农产品生产、食品加工企业、流通环节中省内外食品企业中的数据资源，加强食品安全与营养标准及知识库建设。通过前期高质量、大容量的软硬件建设，形成中国南

方最大的大数据中心，并逐步发展成为全国最大的数据中心之一。台湾鸿海科技集团也在贵安新区建设了富士康第四代绿色产业园和大数据中心，贵州与北京合作，在贵阳建立了“中关村贵阳科技园”，建立了贵阳信息产业研究院和中国科学院软件研究所贵阳分院，并且正在筹备建立贵州软件研究院。以贵州大学为基础，联合浙江大学、省内高校和科研院所，组建贵州大数据产业发展应用研究院，集政策标准制定、科研、教育、产业孵化等为一体，对促进全省大数据产业发展发挥引领作用。另外，贵州还按照“一区、两极、七基地”的布局，以贵安新区为核心，以贵阳市和遵义市为两极，各板块抓住自身重点，加快形成亮点，着力建设好产业园区等发展平台。引进了一批大数据产业研发机构和重点龙头企业，与戴尔、英特尔、甲骨文、华为、博科通讯、红帽软件等国内外知名企业结成大数据产业技术联盟，抢占了大数据产业发展的先机，力图做大做强，带动形成产业链和产业群。与此同时，大力引进更多的战略投资者，培育更多的中小企业，促进我省电子信息企业和产业整体素质持续提升。上述种种举措，全部是围绕大数据全生命周期，重点打造基础设施、系统平台、云应用平台、增值服务、配套端产品五个产业链层级，延长产业链，拓宽产业幅，推动大数据产业加快发展，为全省实现经济社会加快发展、加快转型、推动跨越提供有力支撑。

（三）改革创新，提高政府统计能力

为顺应大数据时代的到来，2011 年以后，国家决策层面开始关注大数据问题，国家社科基金逐步加大对大数据研究课题的支持力度。在统计领域，去年，国家统计局面向全国公开招标的一半左右的重大科研课题，就是组织专家学者和统计工作者对大数据问题进行全方位的跟踪研究，大数据正成为政府统计获取原始资料的重要源泉。对于各级政府统计机构来说，大数据时代的到来，将会对政府统计工作的各个环节产生广泛而深刻的影响。特别是在统计制度设计、数据采集（挖掘）、数据处理、数据存储、数据发布、数据分析等六个方面，政府统计都可以充分利用大数据挖掘技术，从大量结构化和非结构化数据中获取有价值的信息，并努力发现海量数据中所隐含的现象和规律，从而提高政府统计的能力。随着信息技术的迅猛发展，大数据将在政府统计中扮演越来越重要的角色，比如，互

联网商品交易信息、企业电子化经营记录、电子化部门行政记录等等，为统计调查提供了海量原始资料，能够极大拓展统计调查范围，有效提高统计数据的真实性和及时性。

如何紧跟时代步伐，采用科学的方法和手段获取大数据并进行统计化处理，是大数据时代给统计工作带来的历史性机遇和重大挑战。在当前和今后的统计工作当中，一定要高度重视“广泛应用大数据”这样一个问题，这也是今后几年中国统计改革的一大目标。要改革传统的统计工作模式，开展基于信息化、云计算等新技术条件下的工作方式新探索，在确保数据安全的情况下，实现数据开放共享，充分利用互联网信息、企业生产经营记录和部门行政记录等等大数据来拓展统计调查资料来源，全力推进商场、超市和电商等企业电子化财务会计信息和生产经营记录在统计调查中的应用，加大对政府部门电子化行政记录的应用力度，进一步强化统计与公安、民政、财政、税务、工商、质检、测绘等部门在电子化行政记录和统计信息上的开放与共享，为构建符合科学发展观要求的统计调查体系、提高基层数据质量提供丰富的原始资料。

随着现代信息技术特别是云计算、大数据技术的广泛应用，统计生产方式在与现代信息技术的融合中发生变革。为了满足新形势下各级党委、政府、职能部门以及社会公众对统计信息的需求，统计的范围在不断扩大，统计的内容也日益丰富，已经涉及经济社会的各个领域。统计已经由传统的事后记账算账和简单预测状态，向事前、事中、事后全过程监测转变，向科学预测未来发展趋势转变。统计方法的运用不是停留在简单的算术运用上，而是更多地运用数理统计方法来分析数据、解析数据。数学模型、数量经济模型的应用已是屡见不鲜，成为常态，而云计算、大数据、统计模型的应用，正在成为不可逆转的时代潮流。

二、大数据的特征及其与传统统计数据的区别

统计是一门数据分析的科学，大数据也是一门数据分析的科学。它们既紧密相关，又各有区别。

大数据是数据与技术的结合，两者紧密联系，缺一不可。从数据的角

度看，在大数据时代，世间万物都可以数据化，通过分析研究，从而创造价值。从技术的角度看，计算机软、硬件技术的迅猛发展及互联网的普及，是成就大数据的关键，大数据在数据采集、数据存储、数据分析和挖掘等方面取得的突破，使得处理不同数据源头、多类型海量数据成为现实可能。具体来说，大数据的基本特征可以归纳为以下六个方面，简称为6V：

一是数据量巨大（Volume）。目前，人类社会的数据集合规模以几何级数增长。2011年全球产生的数据量达1.8ZB，1ZB的规模是十万亿亿字节，这一数据量相当于2000亿部时长2小时的高清电影，一个人要连续看4700万年，如果把这些数据存储到光盘上，这些光盘可以堆成五堆，每堆都可以从地球延伸到月球。

二是应用价值巨大（Value）。大数据在经过精确分析后具有巨大的价值。大数据对民众消费、企业经营、政府决策、公共管理、医疗卫生和教育文化等都具有应用价值和支撑作用。但是，由于目前技术的发展和相关信息的缺乏，现阶段大数据中有价值的部分占比还比较低。随着技术革新，大数据的应用价值将更多地体现在我们日常生活中。

三是数据类型繁多（Variety）。数据类型包括结构化数据、半结构化数据和非结构化数据。当前，互联网和通信技术的迅猛发展，出现了网络日志、音频、视频、图片、地理位置信息等多种类型的数据。随着互联网应用的进一步发展和物联网的广泛启用，数据类型将更加多样化。

四是处理速度快（Velocity）。速度是有关数据的变化率，以及其必须如何快速被使用，以创造真正的价值。大数据往往是以数据流的形式实时快速产生，其价值的高低随着时空的变化而变化，很大程度上取决于互联网数据分析技术的发展情况。

五是数据获取与发送方式自由灵活（Vender）。大数据可以通过数据共享、交叉重复使用，然后获取最大的数据价值。在大数据的存储环境中，无论是政府、商业企业还是个人使用大数据都会受到较少的限制，可以根据需要灵活地发送和获取大数据资源。可以预见，数据很可能成为未来最大的交易商品。

六是真实准确（Veracity）。随着市场经济节奏的加快，人们在制定市场策略的时候，需要更多真实有效的大数据作为决策支撑平台。由于大数据是一种客观存在，因此其反映出的结果是相对准确的，对大数据进行分析处理以后的结果，可信度是比较高的。

大数据与传统统计数据的区别主要有五个方面：

（一）大数据多属自动生成。大数据通常是由机械自动化或者半自动化生成的。一方面，一部分大数据的生成仍然需要人工因素的参与。如零售业和银行交易，电话呼叫的详细记录等；另一方面，某些大数据的生成根本不涉及与人的互动。比如，引擎中内置的传感器，即使没有人触摸或下达指令，也会自动生成关于周围环境的数据。

（二）大数据来自多种数据源。大数据的数据源具有以下几个特点：一是大数据对传统数据进行了扩展收集。如通过互联网，顾客可以与银行或零售商进行在线交易，企业可以收集这些网络交易数据。虽然数据类型并未改变，但数据量大大扩展。当数据量达到一定程度后，就会衍生出一些新的数据；二是大数据源有时会是全新的数据源。如对互联网用户浏览行为进行收集，就产生了一种本质上全新的数据；三是很多大数据源并不规范。以社交网站上的文本流为例，无法要求使用统一标准的语法、语序或是词汇表；四是大数据源的信息有时是杂乱无序的，需要对大数据进行提炼和取舍，把有意义的留下来，把无意义的去掉。

（三）大数据包含非结构化的数据类型。从数据类型上讲，根据数据存在的形式划分，可分为结构化数据和非结构化数据，而传统数据都是结构化数据。所谓结构化数据，就是存储在数据库里，可以用二维表结构来逻辑表达实现的数据。而不方便用数据库二维逻辑表来表现的数据称为非结构化数据，包括所有格式的办公文档、文本、图片、XML、HTML、各类报表、图像和音频/视频信息等等。

（四）大数据的分析方法和理念不同以往。与传统数据分析不同，大数据的分析方法和理念都产生了明显的思维变革。一是在传统数据分析中，通常采用随机抽样，崇尚用最少的数据获得最多的信息。但在大数据时代，不再需要随机分析，而是采用“总体=样本”的全数据模式；二是在传统数据分析中，收集的信息量比较少，因此必须确保记录下来的数据尽量精确，而大数据有时是混乱无序的，通常只用“概率”说话，不用担心某个数据点对整体的影响；三是大数据更关注相关关系。维克托．迈尔-舍恩伯格指出，大数据把人们从对因果关系的追求中解脱出来，转而将注意力放在相关关系的发现和使用上。大数据分析的目的，更加注重解答“是什么”，而不是“为什么”。

（五）大数据要求数据处理技术有新的突破。从信息处理技术上讲，大数据的技术包括数据采集技术、预处理技术、存储技术、数据分析技术和结果展示技术。传统的数据采集来源单一，且存储、管理和分析数据量也相对较小，大多采用关系型数据库和并行数据仓库即可处理。对依靠并行计算提升数据处理速度方面而言，传统的并行数据库技术追求高度一致性和兼容性，根据 CAP 理论，难以保证可用性和扩展性。

在大数据时代，传统的数据处理方法不再完全实用。一是大数据环境下数据来源丰富，而且数据类型多样，存储和分析挖掘的数据量庞大，对数据展现的要求较高，并且看重数据处理的高效性和可用性；二是在大数据场景下，对数据进行了预处理，即对采集的数据进行填补、平滑、合并等处理；三是大数据的存储技术，需要借助云计算等更多的技术手段，以应对爆发式增长的数据存储问题；四是大数据的数据库管理方式转变较大；五是开发出了更多的海量数据挖掘技术；六是大数据更加注重结果展现的交互式和可视化。

三、大数据背景下政府统计发展面临新挑战

2010 年以来，大数据逐渐成为互联网信息技术行业的流行词汇，为了在新一轮竞争中抢得先机，各个国家相继开展了大数据的战略研究，作为统计数据与信息的生产和管理部门，政府统计面临 21 世纪信息化时代发展带来的新挑战。

（一）传统统计学面临挑战。传统统计学的核心，是通过数理统计原理进行统计推断，但是大数据迅猛发展的趋势以及大数据本身的特性，将促使统计学面临大变革、大挑战：一是统计学方法。大数据条件下，“样本=总体”，传统统计学通过样本分析推测总体的方法将会大大转变。在大数据背景下，虽然也会用到抽样，但抽样的方法通常只会在数据挖掘的前端使用，而不会像传统统计学那样被经常普遍地使用；二是统计学逻辑侧重。大数据将更加关注事物之间的相关关系，有别于传统统计学的因果关

系；三是统计学个体与总体的关系。传统统计学关注的是总体的平均行为，对个体的偶然行为并不关注，大数据则更注重结果，海量数据传递出来的信息，就代表了事物的发展方向，大数据的核心是预测。

（二）统计法律法规亟待完善。目前的统计法规要求国家机关、企事业单位和其他组织以及个体户和个人应当依法向统计部门提供统计资料，但是统计法中并没有明确以什么方式提供什么内容的统计资料。大数据条件下，一切皆是数据，数据的范围、内涵得到极大扩展。与此同时，大数据的应用涉及道德伦理和法律问题，大数据的公开性、透明性和流动性，决定了从网上可以直接抓取数据，出现这样的新情况，法律怎样授权？调查对象的隐私如何得到保护？因此，统计法律法规必须相应进行调整。

（三）统计流程的改革创新。在大数据背景下，推动政府统计改革发展，关键在于重塑政府统计的生产流程。统计数据的生产流程包括统计标准的确立、统计设计、数据采集、存储、处理、发布和分析等几个步骤。而大数据的特点，意味着大数据一旦为政府统计部门所采用，统计的工作流程将打破传统模式，在一定程度上进行革新甚至再造。

（四）统计管理职能转变。目前，政府统计部门的职能以生产数据为主，包括制定统计标准、核算国民经济、进行专业统计、组织各类普查以及搜集部门统计数据等。大数据时代则要求政府统计部门管理职能进行转变，统计管理职能的转变首先要关注以下两个方面：一是数据生产职能。由于大数据的地域特征不再明显，因此，中央、省级以及以下各级政府统计机构之间的关系、职能和角色如何进行调整；二是质量管理职能。政府统计要应用大数据来弥补或代替传统通过调查取得的指标，就应该对所采用的大数据进行监管，对其数据质量进行评估、分析。

四、大数据背景下政府统计的改革发展

大数据的迅猛发展对政府统计具有划时代的意义。对政府统计而言，大数据是采用多种数据收集方式、整合多种数据来源的数据，是采用现代信息技术和架构，高速处理和挖掘具有高度应用价值和决策支持功能的数据、方法及其技术集成。在大数据时代，政府统计亟待在变革中完善、在

发展中调整。

在统计制度设计方面，统计要将各种数据来源，通过标准化过程生成统计指标，注重与动态的结合和适应，揭示事物之间的关联性，全面描述社会经济现象。因此，一要重视元数据的重要性。明确数据来源和数据类型，按照电子化的方式对数据进行标准化定义，区分结构化数据和非结构化数据的报表结构；二是根据数据类型制定数据收集的样本范围，实现政府统计逐步从抽样方式到抽样方式与搜索方式相结合的方式转变；三是整合下发的报表。如对企业一套表进行整合，完善基层表设计；四是在综合表设计中考虑关联性，改变原来综合表是基层表叠加的状态。

在数据采集方面，一要丰富结构化数据来源。大数据的涌现要求政府统计在传统数据收集基础上，提高对行政记录和商业记录的利用程度，开发在电子企业等新兴模式中的数据，丰富结构化数据源。比如，如何利用超市、电子商务网站的各类商品价格信息来采集价格，作为 CPI 调查的有效补充，减少实地采集的工作量，同时也提高了数据的生成速度；二要提高非结构化数据的比例，选择性地收集在互联网等领域产生的用户交互数据，包括图片、文字信息等。

在数据处理方面，调整数据汇总整理的工作方式，尽量缩短数据汇总和整理的时间。在社交网站等新闻媒介上产生的海量交互数据，具有明显的实效性，数据更新速度明显快于传统数据的更新速度。如果政府统计将这部分数据纳入到官方统计范围，则必须对大数据做出迅速反映，进行必要的数据处理，包括审核、查询和汇总。

在数据存储方面，没有数据中心，就没有云计算。政府统计部门要搭建云存储平台，应对大数据的海量数据流。云计算可以以低成本的方式在短时间内扩大数据的存储空间，有效应对大数据量大、快速的特点。而且云存储可以大量节省数据库的维护费用和运行维护人员，有利于缓解政府部门信息化投入不足，人才匮乏的问题。

在数据发布方面，政府统计需要丰富数据发布的形式，努力将数据结果可视化。通过可视化，把统计数据或其他数据信息以直观的图形或图像形式表示出来，并根据数据变化进行动态调整。比如，利用可视化技术，可以按照人均 GDP 大小对中国甚至世界各地区进行分类，以颜色的不同和深浅程度来表示发展水平，一目了然。而且对于进度数据，还可以制作成纵向可比的可视化图像来直观反映一个地区的发展情况。

在数据分析方面，要充分利用大数据挖掘技术，从大量结构化和非结构化数据中获取有价值的信息。数据挖掘，是通过分析每个数据，发现数据所隐含的规律的技术。如在网上购物时有“浏览了该商品的人还浏览了如下商品”这类提示，在对大量用户留下的购买信息和浏览信息进行挖掘分析的基础上，就可以找出具有类似消费行为的购买者，从而进行精准推介。传统的关系型数据库，难以实现对不同类型数据和不同字符集数据的高效访问，更无法进一步实现数据的分析挖掘。而且，大数据中海量交互信息的产生往往是阶段性或暂时性的现象，数据连续性难以保证，连续可比存在难度。这就要求政府统计部门在应用大数据过程中，必须充分重视大数据挖掘技术的重要性，有效利用并行计算、异地计算、云计算、实时计算等多种技术，提高数据价值挖掘和分析的实效性，发挥大数据的大值。

参考文献

[1]维克托·迈尔·舍恩伯格著:《大数据时代》,浙江人民出版社,2011 年版。

[2]麦肯锡全球研究院大数据——下一个创新、竞争和生产力的前沿,2011 年 6 月。

[3]马建堂著:《大数据在政府统计中的探索与应用》, 中国统计出版社,2013 年版。

[4]http://www. pkulaw. cn/fulltext_form. aspx? Db=lar&EncodingName&Gid=17604888.

[5]http://xuewen. cnki. net/CCND-GERB201402270013. html.